图书馆·情报·文献学

国家社科基金项目书系

本书是国家社会科学基金重点项目“新型出版模式对学术图书馆的影响研究”（项目编号：15ATQ001）研究成果

学术图书馆与新型出版

Academic Library and New Publishing

初景利 主编

国家图书馆出版社

图书在版编目（CIP）数据

学术图书馆与新型出版 / 初景利主编. — 北京 : 国家图书馆出版社, 2021.4
（图书馆·情报·文献学国家社科基金项目书系）
ISBN 978-7-5013-6962-1

Ⅰ.①学… Ⅱ.①初… Ⅲ.①图书馆事业—研究—中国 Ⅳ.①G259.258.9

中国版本图书馆CIP数据核字（2020）第017958号

书　　名　学术图书馆与新型出版
著　　者　初景利 主编
责任编辑　王炳乾　金丽萍
封面设计　陆智昌

出版发行　国家图书馆出版社（北京市西城区文津街7号　100034）
（原书目文献出版社　北京图书馆出版社）
010-66114536　63802249　nlcpress@nlc.cn（邮购）
网　　址　http://www.nlcpress.com
排　　版　北京旅教文化传播有限公司
印　　装　北京科信印刷有限公司
版次印次　2021年4月第1版　2021年4月第1次印刷

开　　本　787mm×1092mm　1/16
印　　张　22.25
字　　数　440千字
书　　号　ISBN 978-7-5013-6962-1
定　　价　125.00元

本书编委会

主编：初景利

编著：赵　艳　魏　蕊　王　铮　沈东婧　常　唯　秦小燕

韩　丽　孙　杰　栾瑞英　盛怡瑾　唐果媛　段美珍

张　颖　张国瑞　于　宁

目　录

第三部分　分论：不同类型出版模式对学术图书馆的影响

第四部分　结论：新型出版模式下学术图书馆建设策略

图表目录

表目录

图目录

以图书馆的视角看出版，以出版的视角看图书馆

（代前言）

图书馆的存在与发展，从来都不是孤立的，而是受到所处环境的直接而深刻的影响。图书馆也正是在与环境的互动与相互作用中不断寻求自身的发展机会。如果图书馆隔绝于所处的环境，那图书馆也就失去其存在的意义和价值，失去其生存和发展的生命力。面向学术机构提供科研支持服务的学术图书馆也是如此。高校与科研院所是学术图书馆生存与发展的土壤。科研用户的需求是学术图书馆不断发展创新的动力。图书馆与用户之间的关系越紧密，图书馆对学术机构的作用、价值和贡献就越大，反过来，图书馆自身就赢得了更大的发展机会与发展能力。因此，图书馆和图书馆学研究，都必须将自己的视野放大到环境之中，研究环境，分析环境并利用环境，从中审视自己的机会与作为，形成图书馆与环境良好的发展生态关系。

不同类型图书馆定位和作用不同，因此应有不同的研究和认识。本书所述的图书馆指的是学术图书馆。学术图书馆是指依托学术机构（高校与科研院所）而提供学术支持服务的图书馆。构成图书馆的发展环境有多种因素，其中一个重要的因素就是出版，特别是新型出版。此处的“出版”指的是出版者、出版过程与出版的产品（结果）的集合体，尤指出版结果。传统的出版是纸质出版或印刷文献，而新型出版是指以数字技术为基础的数字出版以及基于数字出版的各种新的出版模式与出版结果，比如开放出版、数据出版、语义出版等。如果说传统出版对图书馆的影响是缓慢的过程，主要表现为对图书馆馆藏量的增长，新型出版对图书馆的影响就是“颠覆性”的，主要表现为图书馆传统的性质和功能面临挑战，带来图书馆从基本形态到核心能力的转型变革。

有人不认同新型出版对学术图书馆具有重大的影响，仍然认为新型出版只是带来图书馆资源来源上的多样性和处理上的复杂性，也只是带来图书馆“馆藏”量的增长。持这种认识的人，要么是对新型出版无知或视而不见，要么就是对新型出版和学术图书馆的直接、深刻而长远的影响缺乏洞察力。试想，如果将来出版的资源都是数字化、数据化的（数据库或平台），如果数字化的资源都是或绝大多数都是开放获取的，那图书馆的资源建设做什么？图书馆员做什么？图书馆做什么？只要把我们的眼界放宽一些，放长一些，就不会对新型出版及其可能对图书馆带来的影响熟视无睹，或者不敢说破，不敢正视这种

变化，抑或不愿意接受这种变化，如同鸵鸟一般把自己的头埋在沙子里，宁愿一切都没有发生、没有变化。

新型出版对学术图书馆的影响看似是消极的、负面的，给我们带来挑战、带来压力，其实，我们更应该有正确的认识、良好的信念和积极的应对。新型出版让我们重新认识图书馆是什么，需要图书馆员做什么。我们不仅要积极正视和拥抱环境的变化，而且要积极利用环境的变化给我们带来的创新发展机遇，推动图书馆的转型变革，再造图书馆的能力，重塑图书馆的形象，提升图书馆的地位，增强图书馆在社会中新的影响力、作用力和贡献力，让用户和社会重新认识图书馆（国外称“redefining the library”“redefining the academic library”“libraries beyond libraries”）。

因此，研究新型出版及其对学术图书馆的影响，不应仅仅着眼于新型出版本身，而是要在新型出版环境下关注图书馆如何重新定位和重构能力。图书馆一定要变革，新型出版也许给我们提供了一个推手。要以图书馆的视角看出版，也要以出版的视角看图书馆。未来的图书馆一定不是（或不仅仅是）现在的（传统）图书馆，而一定更富有生机和活力，更有价值，更有担当，更有作为。但这一切都不是凭空产生的，需要我们积极思考，主动设计，前瞻谋划，大胆尝试，勇于创新，善于变革。“不改革，就将被改革”。没有什么是亘古不变的，Change is constant。我们不是要唱衰图书馆，相反，我们要激活图书馆，让图书馆在新的时代焕发出新的生机和活力。有人提出“人文救图”“技术救图”，笔者则认为是“服务救图”“能力救图”。图书馆能走多远，图书馆的发展乃至生存，都取决于图书馆拥有什么样的能力，什么样的服务能力，特别是是否具有新型的服务能力（如学科服务能力、情报研究能力、数据分析能力、出版服务能力、智慧服务能力等）。图书馆（特别是学术图书馆）拥有新型服务能力，图书馆就一定会存在，就一定会发展得越来越好，是不可或缺的，是至关重要的。

本书试图探讨和分析新型出版对学术图书馆的影响这一主题。环境在变化，新型出版在变化，图书馆在变化。尽管我们也在努力，但这一问题还是足够复杂。本书作为社科基金重点研究项目成果只是记录我们对这些问题的思考和分析，阐释我们的一些见解，可能还存在争议，但我们认为需要持续加强对这一主题的关注、研究。我们不能惧怕变化，而是要驾驭未来，赢得发展的主动权。未来的 5 年或 10 年将是图书馆发展的机遇期和窗口期，机遇不总有，窗口也终将关闭。错过了这个机会，可能一切都不复存在，我们将会对此承担不可推卸的历史责任。我们愿意为这一主题的研究贡献我们应有的一份力量。也许 5 年以后、10 年以后，时间会证明这样一种努力的意义所在。

本书结构大纲主要由初景利设计，终稿由初景利修改审定。

本书分五部分：第一部分是绪论，是对各章内容的精炼与概括；第二部分是总论（学术图书馆与新型出版的基本认知），包括第二、三、四章；第三部分是分论（不同类型出版模式对学术图书馆的影响），包括第五、六、七、八章；第四部分是结论（新型出版模式下学术图书馆建设策略）；第五部分是附录。

各章及分工如下（作者排名不分先后）：

1　深刻认识新型出版模式对学术图书馆的影响（初景利、张国瑞）

2　学术图书馆与出版关系的理论基础与认知（王铮）

3　新型出版的内涵与意义（沈东婧）

4　新型出版及其与学术图书馆关系研究现状（盛怡瑾、段美珍、张颖）

5　数字出版对学术图书馆的影响（常唯）

6　开放出版对学术图书馆的影响（段美珍、栾瑞英）

7　数据出版对学术图书馆的影响（秦小燕）

8　语义出版对学术图书馆的影响（韩丽）

9　新型出版模式影响下学术图书馆建设策略（初景利、赵艳、孙杰、魏蕊、唐果媛、张颖）

感谢国家社科基金给了我们对这一问题进行研究的机会。感谢众多的专家（刘兹恒、索传军、张学福、曾建勋、宋姬芳、林家乐等）在本研究及相关研究中所给予的指导和帮助。感谢中国科学院文献情报中心的关心、支持和所提供的实践上的历练。感谢所有参与问卷调查和其他给予各种支持和关心的同人和师友以及我的在读和毕业的博士和硕士，感谢张颖和张国瑞两位博士生在课题研究、课题报告整理和课题结项方面所做的大量工作。项目结项后、图书出版前，清华大学图书馆于宁老师根据出版社的要求，对整个书稿进行了整理、修改，做了很多有价值的工作。博士生刘敬仪、王译晗、任娇菡对文字和格式进行了审订。也特别感谢国家图书馆出版社及邓咏秋老师对本书的认可、欣然接纳、同意出版，感谢金丽萍、王炳乾两位责任编辑对本书编辑出版付出的辛苦。没有大家的支持，就没有这份研究报告、研究成果和图书的出版。由于水平所限，研究成果还有诸多的不足和局限，诚恳接受学界业界和广大读者的批评和指点。

初景利 于北京中关村

2019 年 5 月 18 日第一稿

2020 年 5 月 28 日第二稿

2020 年 10 月 16 日定稿

2021 年 4 月 22 日审定

第一部分

绪论：总报告

1　深刻认识新型出版模式对学术图书馆的影响

传统的学术交流系统和传统的图书馆学理论认为，出版与图书馆之间是上下游的关系，是单纯的业务合作关系，是两个不同领域维度的关系。新型出版与学术图书馆之间存在着什么样的内在关系与作用和影响，不仅关系到我们如何认识新的时代环境下图书馆的发展问题，而且也影响到对图书馆学理论的重新认识。在技术的驱动下，新型出版模式不断成熟与日益强大，其自身的能力与影响力也在不断增强，也必然对学术图书馆带来前所未有的影响。为此，必须正视新型出版的快速发展，客观地看待新型出版模式对学术图书馆的影响，因势而谋、应势而动、顺势而为，在应对新型出版模式挑战的同时，把握新型出版模式给学术图书馆发展带来的新的机遇。

1.1 新型出版的概念及基本认知

所谓新型出版，是相对于传统出版而言，是一定时期内在原生数字化状态下各类出版方式的总称。它是数字出版发展到相对成熟阶段的产物，是以促进学术交流、知识共享为目的的高级数字化出版方式。具体而言，新型出版就是指建立在数字出版基础上的开放出版、语义出版、增强出版、数据出版、优先出版、自出版、图书馆出版、可视化出版等多种基于技术、内容和传播三要素发展的代表性新型出版方式或模式。随着技术的迭代与进步，新型出版也总是处于不断的发展演变与变革创新过程中。新型出版各种模式的界限并不是很清晰的，人们的研究视角也有所不同，因此，本书选取四种主要的新型出版模式（数字出版、开放出版、数据出版、语义出版）加以介绍，重点阐述其对学术图书馆带来的现实和潜在影响。

据检索，在过去的十年（2008—2018），在 Web of Science 上发表有关新型出版的文章 375 篇，通过中国知网检索，在 CSSCI 上发表的有关新型出版的文章 2779 篇。分析可见，近 10 年国外新型出版研究文献的数量总体呈平稳上升趋势，而国内新型出版研究文献的数量在急剧上升之后迅速回落。总体上看，10 年之间，新型出版成为国内外的热点研究领域，学术界和实践界都十分重视对新型出版的研究，取得了较为丰硕的研究成果。

经统计，近10年国外新型出版研究文献共有555个关键词，国内该领域文献共有3543个关键词。国外新型出版的研究热点主要以“open access”为中心向外扩散，其他关键节点还有“academic publishing”、“scholarly publishing”、“digital publishing”和“journals”等。归纳总结国外新型出版领域的研究热点，包括：开放出版的发展趋势和困境，学术期刊的开放存取，出版行业的盈利模式和市场状况，图书馆出版的模式和趋势，语义出版的技术探索。

国内新型出版的研究热点以“数字出版”为中心向四周扩散。节点“数字出版”远大于其他节点，说明“数字出版”是国内新型出版研究的绝对热点。大部分节点都与“数字出版”存在连线，反映出国内新型出版的研究多是围绕“数字出版”展开，“数字出版”与其他研究点有着良好的互动关系。国内该领域的其他关键节点还涉及“科技期刊”、“学术期刊”、“数字出版产业”、“传统出版”、“出版社”和“商业模式”等。归纳总结国内新型出版研究热点，有数字出版发展的趋势和挑战、学术期刊在新型出版环境下的转型、传统出版与数字出版的融合路径、数字出版中的版权保护问题、出版的产业链变革和商业模式创新。

所谓学术图书馆，主要是指为高等院校或科研机构人员服务的图书馆类型，其职能主要是为了支持教学活动和研究活动。学术图书馆的子类型可以包括大学图书馆、科学图书馆及专业图书馆等。国内外关于学术图书馆在新型出版中的作用研究，主要表现为推动政策及标准制定、提供技术和基础设施、开展专业咨询与知识服务、进行需求捕捉与资源获取。新型出版业务对图书馆影响的研究主要体现在对图书馆战略制定的影响、对图书馆内部建设的影响、对图书馆运营的影响 3 个方面。

纵观国内外关于新型出版及其对学术图书馆的影响的研究，往往研究主体是分别站在出版者和图书馆各自的角度，缺乏从新型出版看学术图书馆以及从学术图书馆看新型出版的双重视角，往往从新型出版或学术图书馆的某一个点进行研究，而没能从新型出版模式的个体和整体认识其对学术图书馆的影响。学术图书馆也没有从新型出版的宏观视角审视和看待新型出版领域及其变化。随着新技术的快速发展，新型出版与学术图书馆之间的相互关系、相互作用与相互影响将变得越来越直接，越来越明显。从学术图书馆角度，如果无视新型出版的变化及其影响，那将给图书馆带来被动乃至灾难性的后果。图书馆不能脱离环境而存在，更不能脱离新型出版而孤立地发展。因此，必须将学术图书馆的现实与未来发展置于新型出版的环境下，重新认识新型出版与学术图书馆的关系，重新认识新型出版对学术图书馆的影响。

在传统的学术交流系统中，图书馆与出版处于学术交流系统的不同节点，扮演不同的角色。二者常常属于不同的业务范畴与职业领域。但随着信息技术和用户需求的变化，图书馆与出版之间的关系越来越紧密、越来越直接。从生态学的视角和理论看，二者同属于学术交流生态系统的重要组成部分，具有密不可分的依存关系，不可以将二者割裂开来。这要求我们重新审视学术图书馆与出版之间的关系，重新认知二者的定位与能力，以图书馆的视角看出版，同时以出版的视角看图书馆，在新型出版的环境与背景下，审视、调整与优化学术图书馆的角色与能力，推进学术图书馆的转型变革。

用生态学的视角和理论考察新型出版与学术图书馆的关系，则是将新型出版与学术图书馆均纳入学术交流生态系统之中，并以此解析学术交流系统中两个核心角色——学术图书馆与出版。为此，需要我们认识 4 个前提：

（1）学术图书馆和出版机构都是学术交流生态系统中的生态主体，处在生态环境中并受其影响。主体既具有独立性又具有依存性。主体之所以能够独立存在，是因为其具备选择性、自主性、能动性、创造性和特有作用取向及价值定位。因此所谓的“出版机构取代图书馆”等这样一类“一个主体取代另一个主体”的观点是伪命题。在生态系统中，在一定历史时期之内，每一个主体都因其特质而具有不可取代性。而主体又会因环境变化而变化，主体亦可改造环境。因此，我们不仅需要研究出版机构对于学术图书馆的影响，还要综合考虑其他环境要素；不仅要研究学术图书馆受到的影响，还要关注学术图书馆对环境的改造和能动作用。

（2）学术图书馆和出版机构作为生态主体，都是学术交流生态环境中遗传的产物。这就要求我们以历史的观点和发展的观点来认识学术图书馆与出版，明确各自的基因，也就更容易把握其未来的发展脉络。学术图书馆承袭整体图书馆职业的价值取向，其内在“遗传基因”包括了注重服务和人文关怀，尊重科学、理性、知识、真理，尊重对知识的追求，倡导阅读，倡导合作和技术创新，倡导公正、宽容和包容，追求公共利益和公共价值等。这种基因决定了学术图书馆在学术交流生态体系中的立场和站位。尽管环境在发生变化，但是上述的本质追求却在不同历史阶段以不同的形式得到彰显。学术图书馆不可能脱离本位和自身生命轨迹去追求或迎合趋势，甚至摇身一变成为另一种形态的机构，但是也不能否认在遗传的过程中有“变异”的现象存在，不能否认学术图书馆在适应环境的过程中会进行自我改良。

（3）学术图书馆和出版机构在本质上是合作竞争、共存共荣的关系。在自然生态中，存在竞争、捕食、寄生、互利共生等多种互动关系。在学术交流领域，首先需要明确的是图书馆与出版并不是寄生关系，学术出版并不寄生于图书馆而存在，图书馆也不完全依赖于出版。尤其是在新型出版环境下，图书馆资源可以来自于开放获取资源，也可以来自于自建资源；而出版机构也可以越过图书馆直接向终端用户提供服务。图书馆与出版机构也不是完全的竞争关系，而是竞争合作的关系（竞合关系）。按照生态学观点，生态重叠程度越大，竞争的程度就越激烈。而学术图书馆与出版机构在历史上就处于不同的生态位，担负着不同的社会分工，在新环境下二者既有交集也有差集。学术图书馆与出版共同作为学术信息的供给端，其最终目标都是为读者用户群体服务，实现学术信息资源的共享与传播。二者在历史上就基于馆配供给制度形成了稳定的共生关系，而在新技术条件下，图书馆与出版更需要发挥各自优势，就数字内容在生成、表示、传输、共享的标准化方面展开合作。

从学术交流生态系统观出发，还可以进一步以整体的观点、历史的观点、发展的观点、层次的观点、协同的观点来看待学术图书馆与出版的关系，运用历史、技术、经济、学科等多维视角进一步分析学术图书馆与出版的关系渊源。从历史的维度看，二者之间的发展演变过程常常伴随着这两种体系之间的对话和冲突。从技术的维度看，在数字时代，图书馆和出版需要的是同样的技术基础与能力，同样需要走向知识服务。从经济的维度看，出版领域在寻求集群化出版与运营，而图书馆也在寻求集群化模式与管理，根本目的在于成本效益控制，实现既定目标利益最大化。从学科的维度看，科研组织模式与科研行为的改变要求出版机构和学术图书馆所提供的学科信息与知识服务必须改变信息与知识的组织方式，既要把握学科整体发展态势，又要进行深入学科内部的细粒度分析。

正如学术生态系统中出现的种种危机一样，出版与学术图书馆的关系在外在大环境和内在小环境的共同作用下，也暴露出种种问题，出现学术交流生态失衡，表现为学术图书馆与出版机构在议价博弈中地位的不平衡、学术资源集聚的不平衡、区域发展的不平衡、学术风气与学术心态的失衡等。为此，需要加强学术交流生态治理，加强出版机构、学术图书馆、政府管理部门、公众等多元主体的协商协调、责任共担，从而在动态平衡和矛盾化解中实现发展演进，实现学术交流生态的再平衡。

从生态平衡的视角出发，要正确认识学术图书馆与出版业之间利益冲突与矛盾。冲突与矛盾是普遍存在的，并且构成了产生新平衡的契机。学术图书馆与出版业表现为不同的生态位，必然存在矛盾与冲突，想要完全消除图书馆与出版业之间的矛盾是不现实的，甚至会产生消极的影响。这对于我们的启示在于，需要认识到学术图书馆与出版业之间存在冲突的合理性，达到生态平衡的目标并不是要消除矛盾、弥合差异，而是通过生态治理将冲突矛盾控制在一定的范围之内，既维护学术交流生态系统的基本功能，又保持系统的创新活力。学术图书馆要通过与上下游各方主体的合作来完善自己的生态位，避免与系统中其他种群生态位的重叠，在互动中形成分离和相邻的生态位关系，实现自身的可持续发展。

进入21世纪以来，学术图书馆正处在一个旧平衡被打破、新平衡正在建立的历史时期，这也催生了学术图书馆的自我进化，这一过程伴随着内外部因素的综合作用。当前学术图书馆面临的平衡态势主要体现为：①学术图书馆的地位与价值受到冲击，学术图书馆的使命需重新确认；②学术资源形态的变化影响学术图书馆的资源组织形式；③学术用户行为需求变化推动学术图书馆重塑服务模式。

为此，学术图书馆需要建立自我平衡机制：①在开放学术信息环境中寻求新定位。积极主导协调各类权益关系，成为开放学术信息环境中不可或缺的“平衡者”和“稳定器”。②在数字时代形成资源组织新机制。从文献组织到信息组织再到知识组织，实现用户需求与资源组织能力之间的平衡。③在数据环境中挖掘内容的新价值。实现数据资源采集与发布、入藏与开放、保存与利用并重，从知识宝库到知识喷泉，完成资源能力到服务的转化。④在传统角色和新角色间保持新平衡。需要学术图书馆在维护自身的资源采集与阵地服务的角色同时，强化学术图书馆作为支撑创新、成为科研合作伙伴的角色。

1.2“新型出版模式对学术图书馆的影响”调查分析

为了解图书馆对新型出版模式对学术图书馆影响这一主题的看法和判断，以便研究者能更准确地把握发展趋势，更好地提出适应新型出版环境下图书馆转型变革的方向与策略，笔者于2018年4月23日—5月22日，基于问卷星进行网络调查，面向出版编辑、作者及读者、图书馆员发放问卷，共回收1471份有效问卷。在此次问卷答复者中，身份为作者和读者的答复者最多，占比73.1%，图书馆员占比为33.9%，占比最低的为编辑出版人员，为15.0%。

表1-1 问卷可信度检验

Cronbach's Alpha	项数
0.932	196

本研究中共有196个变量及3个非参数变量，综合所有变量进行可靠性检验，α系数为0.932>0.9，表明这些变量均有良好的内部一致性，问卷整体可信度高。

表 1-2　针对编辑人员的问卷结构效度检验

取样足够度的 Kaiser-Meyer-Olkin 度量		0.855
Bartlett 的球形度检验	近似卡方	97829.959
	df	11175
	Sig.	0.000

在针对编辑的问卷中，经过 KMO 及巴特利的球形检验，该部分问卷的 KMO 值为 0.855>0.8，表明该部分问卷具有良好的结构效度，且适合做因子分析进行下一步降维。

表 1-3　针对作者及读者的问卷结构效度检验

取样足够度的 Kaiser-Meyer-Olkin 度量		0.906
Bartlett 的球形度检验	近似卡方	127559.850
	df	13366
	Sig.	0.000

在针对作者及读者的问卷中，经过 KMO 及巴特利的球形检验，该部分问卷的 KMO 值为 0.906>0.9，表明该部分问卷具有良好的结构效度，且适合做因子分析进行下一步降维。

表 1-4　针对图书馆员的问卷结构效度检验

取样足够度的 Kaiser-Meyer-Olkin 度量		0.883
Bartlett 的球形度检验	近似卡方	110781.371
	df	11026
	Sig.	0.000

在针对图书馆员的问卷中，经过 KMO 及巴特利的球形检验，该部分问卷的 KMO 值为 0.883>0.8，表明该部分问卷具有良好的结构效度，且适合做因子分析进行下一步降维。

主要的调查结果如下：

新型出版与学术图书馆的关系趋势，认为是一体化关系的占比最多，为 72.6%，认为上下游关系的占 48.2%，认为替代关系的占 21.21%，认为没有关系的占 6.25%，认为不确定的占 10.27%。

关于新型出版视角下学术图书馆的竞争力，认为有优势的占 53.5%，认为有劣势的占 19.37%，认为有机遇的占 70.77%，认为有威胁的占 35.42%，认为不确定的占 6.66%。

有 42.28% 的人认为自己处于知识生产环节，有 77.29% 的人认为自己处于知识传播环节，有 60.44% 的人认为自己处于知识利用环节。67.85% 的人认为新型出版对自己所在环节的影响最大，而影响最大的环节是知识传播（占 41.86%），其次是知识利用（占 35.31%），再次是知识生产（占 21.78%）。

在数字出版时代，出版商关注的核心、关键问题首先是丰富资源种类和数量（占 72.73%），其次是提供基于数字资源的深层次数字服务（占 70%），再次是提供高质量资源（占 69.55%）。

作者对于需发表渠道选择偏好依次是：同行评议的学术期刊或专著、非同行评议的学术期刊、机构知识库、预印本数据库、个人网站、社交媒体等。

针对馆员的调查中，2017 年新购和续订的数字资源中，经费比例从高到低排序是：图书、期刊、学位论文、会议论文、研究报告、二次文献、其他。

在调查中，了解开放出版的占 51.33%，不了解的占 48.67%。认为开放出版对学术图书馆有很大影响的占 34.47%，有一定影响的占 51.26%，没有多少影响的占 6.87%，不确定的占 7.41%。

关于学术图书馆在开放出版时代的定位与功能，排在第一位的是开放知识服务者（占 90.01%），其次是知识库建设者（占 89.73%），再次是开放出版者（占 72.26%）。关于图书馆如何参与开放出版，认为提供图书馆出版的占 81.17%，认为提供出版服务的占 83.07%，认为提供数字资源整合与服务平台的占 90.69%。

关于在开放出版时代学术图书馆需要重构的能力，认为提供开放知识服务的占 91.09%，认为提供开放资源建设的占 90.28%，认为加强技术的引入和应用的占 90.96%，认为打造知识基础设施的占 88.17%。

认为新型出版模式对学术图书馆最主要的影响，依次体现在资源建设模式、服务模式、业务布局与管理结构、核心能力。学术图书馆资源建设面临的最主要的挑战依次是新型资源体系的重新构建、资源建设业务布局的重新构建、资源建设业务交互模式的重新定义、资源建设人员角色的重新定位、资源建设预算结构的重新配置。

在新型出版模式影响下，图书馆工作人员能力转型的重要性依次是从文献服务能力到知识服务能力、从文献管理能力到数据治理能力、从资源能力到服务能力、从信息采集能力到内容出版能力、从信息服务能力到智慧服务能力。

最后，关于图书馆被边缘化，认同的占 43.92%，不认同的占 48.54%。关于当前的图书馆已经进入新时代，认同的占 69.61%，不认同的占 24.81%。关于图书馆是否存在空壳化现象，认同的占 47.52%，不认同的占 42.56%。关于图书馆自身能力是否存在弱化趋势，认同的占 63.09%，不认同的占 31.27%。关于学术图书馆与新型出版是否应该实现生态系统的平衡，认同的占 78.18%，不认同的占 14.62%。

1.3 新型出版模式对学术图书馆的影响与对策分析

新型出版不仅仅是出版模式的变化，更重要的是带来学术交流系统的改变，带来学术交流生态的变革。学术图书馆作为学术交流系统的重要组成部分，受到的影响和冲击最大，同时也推动图书馆加快转型变革，以更好地适应变化的用户与学术交流系统的需要。但我们也应该看到，不同的新型出版模式（本书侧重于数字出版、开放出版、数据出版、语义出版四种模式）对学术图书馆的影响有共性，也有个性，因而学术图书馆应采取的对策也各有所差异。

1.3.1 数字出版对学术图书馆的影响

主要体现在资源建设、用户服务、员工发展 3 个方面。

在资源建设方面，数字出版使得图书馆的馆藏内容丰富化、获取渠道多元化、销售方式立体化，同时改变了资源存储方式，改变了用户使用需求，也对资源长期保存和永久使用、合理使用与版权保护等提出了新的要求。这些变化冲击和改变着传统图书馆原有的资源格局、组织方式和利用方式，传统图书馆的资源建设与利用模式不再适用于数字环境，需要进行调整：制定或更新与数字资源相适应的馆藏政策，制定或调整与出版模式相一致的采购政策，在此基础上，要实现对数字资源的集成、整合，内容的深度挖掘和关联揭示，提供新的服务项目，提高用户的信息素养。

在用户服务方面，由于数字出版时代，资源以网络为主要传播渠道，科学研究也已进入数字学术时代，传统印本环境中的到馆服务吸引的读者越来越少，图书馆的服务方式必然从到馆服务向网上虚拟服务转变。为此，我们必须适应用户的使用习惯，充分利用各种新平台、新工具（例如社交媒体）开展服务，与上下游各方密切合作，包括与生产者合作，通过图书馆出版的方式协助生产者实现自出版，更加关注用户的隐私问题。要探索实体空间需要与虚拟空间的有效结合，辅助读者数字学习和数字科研工作的顺利开展。

在员工发展方面，在数字出版环境中，文献资源不再是稀缺资源，图书馆的服务需要更多地关注读者，以人为本，以读者为中心。原有的许多非核心业务以及部分核心业务可以通过外包的方式实现，或通过数字技术的应用而化繁为简，图书馆的核心职能将是围绕读者需求开展多种形式的用户服务。图书馆员的自身定位随之从资源管理者转变为服务者。图书馆员自身能力要求也越来越高，除了原有的资源组织、管理，人员沟通等能力外，其应具备的素养还包括数字素养、法律素养、学科素养和心理学素养。

1.3.2 开放出版对学术图书馆的影响

开放出版的初衷是为了应对“期刊危机”，缓解学术图书馆面对持续上涨的期刊订阅费无能为力的窘境。随着开放获取的发展，特别是国际上 OA2020（开放获取 2020）和 S 计划的推行，开放获取不仅仅是应对期刊危机问题，同时为学术图书馆带来多种深刻而长远的影响。从消极的意义上讲，当资源主体上变为开放获取，传统图书馆围绕着资源的采购、采集、加工等业务环节受到严重影响，它冲击和挑战图书馆的生存和发展。从积极的意义上讲，这种新型出版方式的出现拓展了图书馆获取和提供资源的途径，丰富了资源的数量和类型，同时还有利于学术图书馆对所获取资源的充分利用，实现学术资源价值的最大化。关键是学术图书馆是否意识到变化，是否掌控变化、把握住发展机遇并转换能力。

首先是资源建设模式的转变。以 SCOAP3 为例，它实现了出版后支付文献采购费与出版前支付开放出版服务费的转换，将高能物理领域的高水平论文实现开放出版，使得图书馆将原来用于订购的费用转为开放出版支持费。其次是业务和服务内容的转变。从购买资源到建设、组织和再利用资源等业务领域的扩展。图书馆通过建设机构知识库、学科知识库或者参与预印本平台建设与运营等绿色 OA 的方式，采集、组织和揭示本机构的学术资源，保存机构知识资产，提高机构知识成果的彰显度和流动性。同时，学术图书馆还积极扩展其角色职能，在 OA 运动中，或通过参考咨询的方式为用户提供与开放出版相关的信息咨询等服务，或融入并参与开放出版，努力成为活跃的 OA 期刊出版者，积极推动开放出版学术的发展。此外，图书馆是知识服务的重要机构。通过参与开放出版，构建开放资源体系，完善用户服务机制，提升知识服务水平，从而实现开放知识服务的长足发展，这是图书馆实现知识普惠社会的有力体现。

由此可见，学术图书馆在开放出版时代的主要功能定位应该是知识库的建设者、开放出版者以及开放知识服务者。学术图书馆不仅要参与开放出版过程，还需要充分利用好开放出版资源，将资源能力转化为服务能力，为用户提供所需要的资源和深度的服务，更好地满足用户在开放科学时代对信息、数据、知识的需求，从而图书馆也实现自身的价值与功能，赢得自我发展的机会。

在开放出版时代，学术图书馆要加强能力建设。首先要以开放知识服务，推动创新驱动发展战略的实施，努力促进开放科技基础设施和服务业的发展，进一步加强对开放知识、开放工具和知识服务的支撑。其次，要以开放资源为基础，面向开放信息环境，重塑其资源建设模式，构建一个全方位的覆盖多渠道、多类型资源的开放资源体系。再次，要以信息技术驱动为引擎，借助于数据存储技术、搜索引擎技术、语义技术、信息采集和融合技术以及个性化服务系统、可视化技术、知识推荐技术和多媒体技术等，实现信息资源的发现、采集、存储、组织、集成、挖掘和知识发现。最后，以知识基础设施为依托，加强组织和机构知识资源建设及知识服务所需的网络设施与系统平台等软硬件设施的建设，保证社会知识交流和知识服务活动的正常进行，同时加强相关的业务安排、岗位设置、人员配备、过程管理以及制定相关制度、政策、评价模式等。

1.3.3 数据出版对学术图书馆的影响

随着以数据密集型为标志的第四科研范式的出现，科学数据的重要性得到了科学界和社会的高度重视。科学数据不仅仅成为科学研究的一种副产品，而是成为驱动科学创新与发展的重要基础设施，是科研产出的基石，也是一种重要的科研成果类型。这也催生了数据出版以及相应的数据论文和数据期刊的产生、面向数据共享与利用的数据平台的创建。

科学数据是指在科研活动中，通过观测、探测、实验、调查、实践等活动产生的原始事实记录。对这些数据进行必要的加工整理，并通过网络发布实现科学数据的共享与利用，就构成了数据出版。数据出版必须具备一些基本要素，主要包括：①科学数据资源，科研活动所产生或收集的高质量的原始数据或经再加工形成的数据及数据产品；②数据存储技术，通过互联网或机构库等多种技术对数据资源进行长期保存；③出版和引用机制，经同行评审等机制按照一定规范和标准对数据进行公开发布，并提供标准引用格式和永久访问地址。

数据出版的意义主要体现在：深化数据开放共享，促进科学技术发展；明晰数据知识产权，协调数据权益分配；实现数据重用价值，降低科研成本压力。数据出版正在呈现出版内容大数据化、出版主体合作化、出版模式多元化等态势。数据出版有不同的模式，主要有基于论文支撑材料的数据出版、基于数据仓储库的数据出版、基于数据论文的数据出版等。数据出版也包括：数据出版、同行评议、数据发布和永久存储、数据引用、数据评价等基本流程。

数据出版对学术图书馆提出了新要求，主要体现在：①馆藏资源重构与融合。随着数据出版的发展，数据资源正在成为重要的馆藏内容而受到青睐，成为馆藏资源的重要组成部分，也成为用户需求的重要信息资源。②科学数据管理与服务。图书馆将在科学数据管理政策制定与宣传、数据管理参考咨询、数据管理的基础设施建设以及数据管理教育与培训等领域发挥重要作用。③数据密集型知识服务。支持科学数据等各类数字科研对象的分析、组织、管理和重用，面向科研过程、支持语义关联、融入社会网络，提供更加智能化、语义化的功能，从而进一步满足科研用户深层次的知识需求。④科学数据素养教育。培养用户在科学研究过程中理解、使用和管理科学数据的能力，包括数据意识、数据基本知识、数据技能等。⑤数据馆员能力建设。包括承担数据馆员职责所应具备的专业学科背景、相关理论知识与实践技能，以及数据规划、组织、安全、记录和共享、数据集存储和长期保存等相关的能力。

1.3.4 语义出版对学术图书馆的影响

随着互联网的发展，网络的功能经历了从 Web1.0（万维网）到 Web2.0（社交网络）再到 Web3.0（语义网络）的演进过程。语义网需要 XML、RDF 和 Ontology 等三大关键技术的支持。语义技术的发展就是希望能用计算机理解的方式来理解信息，建立起信息间的相互关联，从而形成网络。

语义技术在出版领域的应用就形成了语义出版，即从技术及逻辑关系层面实现语义与出版的有机融合。本研究认为，语义出版就是：借助自然语言处理技术、语义技术等技术，对数字资源及其内容（概念、属性、实体、主题、对象、事件等）进行语义化抽取和标注，建立数字资源的科学结构的语义关系与知识结构网络，实现对内容的深度信息揭示与知识挖掘。

语义出版的价值在于改变学术出版形态，与传统出版流程融合，打通出版产业生态链条。语义出版在学术交流中的作用主要体现在：促进学术交流中信息的生产与融合，变革学术交流系统，改变学术交流方式，推动数据密集型科研，改变信息传播方式，改变知识组织形式。语义出版有助于内容资源的有序整合，提高出版时效，创新出版形式，帮助用户高效获取信息。

从某种意义而言，图书馆的语义知识组织与语义出版具有异曲同工之效，就是一个大型语义出版系统。图书馆的发展目标是超越图书、超越图书馆，即以知识交流为主体，促进知识流通、创新交流环境、注重多元素养，而这一目标的实现与图书馆的语义出版有着千丝万缕的联系。语义出版及语义技术成为图书馆构建知识网络的基础。

图书馆实施语义知识组织有助于对象识别、分割和索引，开展语义分析，实现知识表示，实现人机交互和信息可视化。图书馆实施语义知识组织的价值在于：促进图书馆向生产者转变，提升图书馆的知识服务能力，为用户提供更为完善、契合、个性化的深度服务。

另一方面，图书馆出版作为图书馆的新领域，可以利用语义知识组织的特长，将语义与图书馆出版有机结合，从而可以搭建具有竞争力、高质量、数字的学术期刊和专著出版平台，尝试新的出版模式，重新审视同行评议的方式、方法、机制、意义，应用更多的传播方式及评价方法，支持管理和保存新的研究方法和产品。

语义出版与学术图书馆具有融合趋势，体现在语义技术发展推动智慧图书馆的实现。但也面临着一些问题需要解决，比如技术发展与需求不匹配，语义技术与图书馆业务融合的问题，资源的长期保存以及版权问题等。

1.4 新型出版与学术图书馆应对策略

随着技术的发展，新型出版与学术图书馆之间的关系越来越密切，相互的影响越来越直接而深刻。在新型出版模式的影响和推动下，学术图书馆必须加快资源建设模式变革，推动服务模式转型，实施业务管理结构重组，加强核心能力建设，参与出版与出版服务，构建新型出版模式下的学术图书馆新生态。

在资源建设上，要充分认识新型出版对资源建设提出的新要求，打破传统馆藏建设模式，创新资源建设理念，在整个数字空间（而不仅局限于图书馆）发现、评估、登记、采集、描述和组织各类信息资源，植根于用户环境构建开放综合、支持用户定制集成的信息资源体系。与此同时，将资源体系转换为可计算、语义化的知识资源，重构资源建设业务交互关系，大力支持知识工具的开放与安全共享，发挥资源建设人员作为数据馆员、学术交流馆员、出版馆员的作用。

在服务模式上，要积极适应用户行为需求的变化，对传统的图书馆服务进行重新设计，向学术交流生态系统的上下游拓展。向上游即进入出版领域，借助于图书馆的资源优势和学术优势提供出版服务；向下游则继续深化用户服务，挖掘用户需求，与用户建立合作伙伴关系，共同致力于学术创新。在此过程中，需要更新服务理念，拓展服务内涵，打造新的图书馆服务形态，将图书馆的资源能力转变为以用户为中心的服务能力。为此，也要求图书馆员要成为专家型馆员，对用户的知识需求提供基于研究的服务，也能对图书馆服务开展创新性研究，为用户提供满足其需求、更精准的知识服务。

在业务管理结构上，新型出版要求图书馆主动适应新型出版环境，利用图书馆的资源优势，融入新型出版发展之中，参与出版业务，创新开拓图书馆的新型出版业务，进行出版人才的引进与招聘，加强对现有人员的培训，为用户提供多元而深入的服务。为此，要从传统的出版环境下“以资源为本”转变为新型出版环境下“以服务为本”，以开放创新的态度投身于新型出版发展变革之中，与出版界跨界合作和融合。将出版纳入进来，以信息资源的管理和出版为重组的核心，对原有的与信息资源管理相关的部门功能进行拆分，通过分解合并从中析出知识出版与服务部门。该部门专门负责信息资源的组织、学术出版与出版咨询等事务，从而将文献的采集、管理与服务延伸到学术出版与服务。

在核心能力建设上，图书馆需面向用户新的需求，建立与之相适应的新型核心服务能力，加快图书馆从资源能力到服务能力的转变。这种转变包括从资源建设到知识组织、从馆内服务到嵌入式服务、从参考咨询到知识咨询、从文献检索到情报分析、从阅读推广到知识发现、从信息素质教育到创新素质教育、从文献服务到出版服务、从文献管理到数据管理、从图书馆服务到智库服务、从人工服务到智慧服务。为此需要：从以图书馆为中心走向以馆员为中心，从以馆员为中心走向以用户为中心，从以资源为中心走向以服务为中心，从以到馆服务为中心走向以嵌入用户过程为中心，从以服务过程为中心走向以服务效果为中心。

在参与出版与服务上，由于数字和网络技术的发展极大地推动了学术出版的数字化进程，打破了出版界和图书馆的原有界限。图书馆需要借助于数字出版技术，充分利用自身的优势，从支持新知识的生产和传播学术内容，转向直接参与学术出版，成为内容的出版者。图书馆应该在出版理念、出版模式、交流模式中不断创新，在转型变革中寻求新的发展机会，通过学科库、知识库等开放出版的形式，适应数字化资源的保存、管理和利用需求，提供出版服务，从而重新定位自身角色，成为学术交流体系的主导力量。图书馆出版服务的路径包括提供开放知识服务、自助开放期刊出版、推进出版素养教育、加强与各类机构合作。

在学术图书馆新生态上，新型出版模式与学术图书馆更需要寻求二者依存共生、协同谐振的发展关系，构建与新环境发展相适应的新型生态关系与系统。为此，需要重新审视学术图书馆与出版商的生态关系，强化学术图书馆与出版商之间的多种竞合关系，立足于信息资源获取和管理的优势开展各项服务，以促进学术交流而不是营利为最终目的，结合发展战略与自有优势定位图书馆的新业务。同时，要充分认识新型出版带给学术图书馆的挑战与机遇，通过新型出版驱动图书馆的创新发展，推动科研成果管理服务、科研成果出版服务、科研成果聚合服务，加强出版资助经费管理。

第二部分

总论：学术图书馆与新型出版的基本认知

2　学术图书馆与出版关系的理论基础与认知

当前在学术信息交流与传播体系中，出版领域发生的一系列变革正向图书馆领域传导，而图书馆面对环境所做出的一系列应变也反过来对出版行业产生了影响。在传统的学术信息交流系统中，学术图书馆与出版是两个不同但相互关联的领域，处于学术交流系统的不同节点。具体表现为：图书馆处于出版领域的下游，被动地受到来自上游变化的影响。而出版领域处于上游，更接近知识生产源头，更容易感知和接触到知识属性、知识技术、知识环境的变化。随着数字技术的发展和用户需求的变化，学术图书馆与出版之间的关系变得越来越紧密，相互的作用与影响也越来越直接而深刻，并且从传统“上游”对“下游”的单向影响，变为在更加复杂系统中的相互作用与影响。因此，二者之间已经成为学术交流生态系统的重要组成部分，并且扮演着既有重合又有差异的角色。这样一种生态关系，要求我们重新审视学术图书馆与出版之间的关系，重新认知二者的定位与能力，以图书馆的视角看出版，同时以出版的视角看图书馆。

2.1 学术交流生态系统要素构成与演化

2.1.1 学术交流生态系统的引入与意义

图书馆作为一个社会机构和一种社会制度安排，自其诞生之日起，就深受社会环境的影响，并通过适应外界变化实现自身的发展进化，推动科技、文化、教育的进步和全社会全人类的可持续发展。

在现实层面，受到社会经济发展和技术进步的影响，我们正处在社会环境急剧变化的历史阶段，多种利益关系与利益配置重新调整，原有格局遭遇震荡和冲击，各类博弈和竞争态势加剧，新的秩序正在形成和建立。处在这一时代背景下的各类行业、产业、组织、机构，也必须具有大视野和大格局，如果能够认清形势，把握先机，明确路径，就有可能实现变道超车与可持续发展，否则就有可能面临被边缘化、消解和淘汰的危险。特别是对于那些具有悠久历史、传统积淀、资源禀赋或先发优势的组织或机构来说，更应该居安思危，未雨绸缪，因为优势传统很可能形成“路径依赖”和“隧道眼光”（tunnel vision），构成改革创新中的阻碍，使组织成为汹涌变革的社会环境中的“认知孤岛”。这一点对于图书馆行业和职业来说尤其具有重要的警醒意义。

在理论层面，随着我国图书馆学研究的日益成熟和规范，无论是规范研究领域的制度分析研究方法，还是实证研究领域的质性研究方法，其背后的研究动机都是趋向于将图书馆置于社会环境中进行整体认识和分析。在这种研究趋势下，图书馆作为研究对象，不再是被孤立地进行静态“解剖”，而是越来越多地被放置在背景、场域、情境和互动的关系中，进行长期动态的“观察”。这种综合考察图书馆在一定环境下的生存和发展状态及其个体与周围环境关系的研究取向，已经越来越多地体现出了图书馆研究视角的“生态观”。可以预期这种基于系统思考的研究与实践路径必将日益影响到图书馆的发展，也将会催生对相关问题的理论阐释。

进一步聚焦到学术图书馆这一对象上，学术图书馆因其特质可能是所有图书馆类型中最容易受到社会环境影响的一类。所谓学术图书馆，主要是指为高等院校或科研机构人员服务的图书馆类型，其职能主要是支持教学活动和研究活动，可以进一步将其功能细分为支持教学过程和研究过程，支持自主学习和探究，直接实施教学和研究活动，直接开展图书馆学情报学和相关领域的研究等。学术图书馆的子类型可以包括大学图书馆、科学图书馆及专业图书馆等，此外在企业等其他组织机构中具有研究性质的图书馆也可以相应地纳入学术图书馆范畴。从学术图书馆的属性上看，具有鲜明的知识化、专业化、深层化、个性化等特征。这意味着学术图书馆在用户对象、资源内容、组织方式、服务方式上都具有更高的要求，而且学术图书馆始终是扮演着整个图书馆事业中“尖兵”和“先锋”的引领性角色。和其他类型图书馆相比，学术图书馆往往是新理论思想的最早提出者、新技术工具的最早采纳者、新领域业务的最早开拓者、新模式机制的最早实施者、新体系范式最早的构建者。典型的例证如学术图书馆在实践领域最早从文献层面深入到知识层面的加工处理揭示，从文献储藏功能过渡到知识服务功能，从资源能力转变为服务能力，促进了图书馆能力的价值转换与提升，当然也更容易受到技术发展等外在环境的影响，面对着更为复杂的利益冲突和风险威胁。

在以上背景下，生态学理论及其衍生的学术交流生态系统视角可以成为把握学术图书馆历史发展脉络、识别现时发展定位、明确未来发展的重要工具。学术图书馆不仅是学术交流系统的一部分，更应以生态学的视角，将自身有机融入学术交流生态系统之中，其意义体现为如下几个方面：①学术交流生态系统是学术图书馆赖以生存的客观存在。学术交流生态系统并不是自然生态系统在学术领域的简单迁移或仅仅是语义修辞上的类比隐喻，生态不仅是一种“生物存在”，而且是一种“社会存在”。作为社会存在，它可以描述不同学术参与主体之间及其与环境之间相互联系、相互作用的复杂统一体。而且学术领域本身即具有知识生产、知识创新的特质，这与生态系统的创生进化机制是高度统一的。②在生态系统中，个体与环境之间的交互关系不仅包括物质、能量的交换，在很大程度上也涵盖了信息的交换，这与学术领域中的信息交流与传播现象也是高度契合的。③生态学经过长期的发展完善，不仅适用于工农业生产和自然科学研究领域，而且作用于社会科学领域[①]。由此产生了大量研究成果，具有坚实理论基础，可以提供丰富的理论视角和解释工具。④对于学术图书馆来说，在实现使命履行职能的过程中，面对了上下游及周边大量多元复杂的利益相关群体，包括不同类型、不同需求、不同层次的用户读者、技术供给者、设备供给者、政策供给者、内容原创者、资源集成者，无论是传统组织理论中的科层制、网络结构，还是一维单向的链条结构，都表现出解释力的不足。而建立学术交流生态系统视角，则能够较好地描述包括图书馆在内的不同利益相关主体的生态位并揭示其间的交互关系。

2.1.2 学术交流生态系统的内涵与外延

学术交流生态系统的上位类依次为学术生态系统和生态系统，这反映了一个生态系统是由不同的子系统构成的，同样，学术交流生态系统也可以分为不同的子系统。生态源于古希腊文中的“住所”或“家居”一词 Oikos。生态系统（ecosystem）最早由英国科学家坦斯利（Tansley G.）提出，是指一定空间中共同栖居的所有生物与其环境之间由于不断进行物质循环和能量流动过程而形成的统一整体，分别由非生物环境、生产者、消费者、分解者组成，彼此相互作用[②]。此后美国学者林德曼（Lindeman R.）提出了生态位阶和生态金字塔学说，极大丰富了生态学的内涵。当前生态学的研究对象主要包括个体、种群、群落、生态系统和生物圈等。

值得注意的是，在生态学的发展过程中，一个重要的规律就是其认识对象逐渐从动植物扩展到人类社会，从生物圈扩展到社会圈，并且致力于研究和解决当代人类面临的重大问题（例如环境、资源、人口问题），继而在社会科学领域衍生出诸多生态学分支。这些学科又可以分为两类：①用其他学科的理论方法研究和解决生态问题；②用生态学的理论

---

① 王全林，程东峰. 大学教师学术生态问题与重构[J]. 教师教育研究，2013，25(2): 12–17.

② 韩丽，王敏，初景利. 生态学视角下开放获取驱动的学术交流系统变革研究[J]. 中国科技期刊研究，2017，28(2): 105–111.

方法观察社会问题[①]。后者中较为成熟的是教育生态学领域，它借助生态学理论，将高等教育领域视为一个与外界不断进行能量、物质和信息交换的自组织耗散结构系统，参与教育活动的个体处于一定环境当中，形成一定群体。

学术生态主要是指在学术研究领域，对学术研究和学术发展具有影响、调节、创新及应用的相关学术参与主体与客体之间的作用关系，而学术创新主体与学术环境共同构成了学术创新生态系统[②]。其中，学术主体主要指从事学术活动的研究者，例如专职研究人员、教师和学生队伍，客体主要指学术研究的对象，如学术课题和学术知识。学术环境主要指影响学术产生、存在和发展的软硬件因素的综合，例如学术评价体系、知识交流与传播体系、科研资料、基础设施等[③]。

学术交流生态系统是学术生态系统的子系统，而且起到了对学术环境的基础性支撑作用。因为“交流”是“学术”的本质要求，学术交流在科学技术发展史上被比喻为科学研究和技术进步的催化剂、创新发明和突发灵感的点火器、新理论和新思想的摇篮、学术人才培养的土壤。学术交流是原始创新源头之一，是促进科技、思维、技能、知识创新和进步的重要形式，其价值在于科学思想交流的创新，通过这种创新激励新的创新活动[④]。学术交流本身并不是一个单向线性的活动，根据美国大学与研究图书馆协会（Association of College and Research Libraries，简称 ACRL）的定义，学术交流是指进行创造性的学术研究并进行产出，对其进行质量评估，在学术社群中进行传播，并存档以供将来使用的“系统”[⑤]。学术交流随着社会进步和科技发展变得更为频繁，交流的载体也从纸质材料拓展到电子期刊、数据以及音频视频等各类资源，交流的参与者、交流模式都得到了极大丰富。学术交流领域的生态现象日益得到了学者的关注。

在传统学术交流生态系统中，作者、出版者、图书馆、用户是其主要组成部分，分别占有独特的生态位，同时他们彼此间也受到外界自然因素及社会因素的影响和制约[⑥]：

（1）信息作为物质循环和能量流动的载体，在各个学术社区中流转。作者是信息的生产者，同时也是信息的消费者和分解者。作者在充当消费者获取信息的基础上，通过分析

---

① 杨移贻．知识经济时代的学术生态[J]．教育发展研究，1999(S2)：13-16.

② 佟林杰，孟卫东，郭沛．学术生态视角下研究生学术创新激励机制异化及治理研究[J]．学位与研究生教育，2014(3)：62-66.

③ 张启强．学术生态与学术可持续发展[J]．科技管理研究，2007(4)：110-111.

④ 陈雄辉，杨晓，付盛松．基于学术交流生态系统的科技创新人才培养研究[C]// 中国科协第三届学术交流理论研讨会，2008.

⑤⑥ 韩丽，王敏，初景利．生态学视角下开放获取驱动的学术交流系统变革研究[J]．中国科技期刊研究，2017，28（2）：105-111.

及挖掘，发现其中的科学问题，并努力创造信息，转而成为信息的生产者，通过自己的再创造将新的知识编码在新的信息中形成研究成果（以论文为典型表现形式）。此后作者通过投稿，将信息传递到出版者手中。

（2）出版者充当信息的生产者和分解者。之所以说出版者充当信息的生产者是因为学术期刊编辑在其中充当了信息再创造的生产者的角色，他们通过对学术论文的编辑出版，将个人的智慧和劳动融入作者提供的信息中。出版者对信息进行再创造和分解后，将信息传递到图书馆，图书馆通过馆藏建设来完成信息的获取。图书馆在学术交流生态系统中充当消费者和分解者，将获取的信息通过资源共享的方式分解到各个用户手中。

（3）用户作为学术交流生态系统的末尾一环，是消费者的典型代表，也是潜在的生产者，他们通过大量阅读获取知识，部分用户会转为生产者，创造更多的信息资源。这样最终形成了传统的学术交流生态系统的信息交流回路。

这个学术交流生态系统（如图 2-1 所示）周而复始地循环，是典型的正式交流系统，其中作者创造信息并将其以论文的形式投稿给出版者，出版者通过同行评议对信息进行质量评估，通过编辑加工赋予信息更多价值，同时，出版者通过售卖的方式将信息传递给图书馆，图书馆则购买信息再将其分发到用户手中，在信息的不断流转中产生越来越多的知识，从而实现了知识的创造与增值。

图 2-1　学术交流生态系统模型

2.1.3 学术交流生态系统的特征与规律

学术交流生态系统表现出生态系统的一般性特点[①]，主要包括：①学术交流生态系统具有客观性，这意味着该系统是一种业已形成的客观状态，是一系列制度规则、行为习惯

① 司林波，乔花云. 学术生态、学术民主与学术问责制[J]. 现代教育管理，2013(6): 7-11.

和关系约束的集合，任何学术活动参与主体都要受到这一系统的约束和规制。②学术交流生态系统具有稳定性，学术参与主体的角色定位及相互关系一旦稳定下来，很难短时期内改变，并且会对系统中的个体产生潜移默化的长期影响，进而加固和强化已形成的关系状态。③学术交流生态系统具有扩散性，这意味着该系统会扩散到论文写作、编辑出版、科研评价等子系统中。除此之外，还包括地域上的扩散和时间上的扩散，例如学术交流生态系统不仅影响现有成员，而且影响后来者。④学术交流生态系统具有可塑性，这意味着该系统并不是一成不变的，来自系统内外的技术创新、制度创新、模式创新和观念创新以及其他变化都有可能促进学术交流生态系统的改变。⑤学术交流生态系统具有开放性，这意味着该系统内部要素之间以及系统与外部都存在大量交互，尤其表现为信息的流动，也包含了技术、资金、人员的流动、集聚与配置。

正因为学术交流生态系统的上述特征，使其既具有较为稳定的要素构成，又呈现动态的变迁演进态势。在演进的过程中，同样遵循着生态学的一般规律。有学者将自然生态系统和社会生态系统共同遵循的生态学基本原理归纳为胜汰原理、拓适原理、生克原理、反馈原理、乘补原理、瓶颈原理、循环原理、渗透原理、机巧原理、累加原理等[①]。这些原理对于学术交流生态系统同样具有解释力，可以帮助理解当前学术交流领域的发展态势（表 2-1）。

表 2-1 学术交流系统遵循的典型生态学原理[②]

原理概述	说明
优胜劣汰	生态系统的承载能力和容纳总量在一定时空范围内是恒定的，但其分布是不均匀的。差异导致竞争，竞争导致优胜劣汰
拓展适应	任何“物种”都有其特定的资源生态位，想要成功发展演进就必须善于拓展资源生态位和需求生态位，以改造和适应环境
相生相克	任何系统都有某种利导因子主导其发展，也有某种限制因子抑制其发展。资源的稀缺性导致系统内的竞争和共生，这种相生相克作用是增强系统自生活力、实现可持续发展的必要条件
更迭趋稳	当整体功能失调时，系统中某些成分会乘机膨胀成为主导成分，使得系统发生歧变，而有些成分则能自动补充或替代系统的原有功能，使整体功能趋于稳定
瓶颈突破	生态系统发展的初期需要开拓与发展环境，速度较慢；继而最适应环境，呈指数上升；最后受到环境容量或瓶颈的限制，速度减缓。但是瓶颈一旦得到突破，系统又会得到持续发展

①② 刘贵华.大学学术生态研究[D].上海:华东师范大学,2002.

续表

原理概述	说明
反馈循环	生态系统中任何产出（即使是被认为是“无用”的产出）对于某一生态过程都是有用的原料或缓冲剂。一切行为最终都会反馈到作用者本身。物质的循环利用和信息的反馈调节是生态系统持续发展的根本动因
趋利避害	生态系统发展的风险和机会是均衡的，大的机会往往伴随高的风险，强健的生态系统需要善于抓住机会，利用一切可以利用的力量为系统服务，趋利避害
递进累加	过去或现在的某一工程或行为将会对生态系统产生影响，即使这种工程或者行为是单个或者微不足道的，一定时期之后也会产生明显的巨大的反响

（1）学术交流生态系统的优胜劣汰：在学术交流领域，典型表现为当前多样化的学术信息供给主体争夺用户群体的有限的时间资源、精力资源以及经费资源。在不同出版商内部历来就存在商业竞争和价格竞争，而随着当前开放获取模式和知识服务技术的进步，越来越多的利益相关者（例如传统出版机构、数据库集成商、网络知识服务平台）都开始直接面向终端用户提供信息与服务，从而加剧了竞争态势。而且这种竞争既有同质化竞争，也有差异化竞争，不同内容提供者背后可能代表着不同的学术资源配置方式。有竞争就会有淘汰，那些无法适应学术交流环境变化的制度安排和实施模式很可能面临被用户抛弃的风险，从而失去赖以生存的物质能量投入（例如资金支持），面临衰落的风险。

（2）学术交流生态系统的拓展适应：在学术交流领域，最为典型的表现就是长期以来商业出版机构的扩展。自近代以来，商业出版机构就在不断“接收”和“改造”原属于学协会的公益性学术期刊，客观性上形成一场对于公有科学知识资源的“圈地运动”，这也可以理解为出版机构生态位的扩展和拓展；21 世纪以来，大型商业出版机构又通过不断收购和兼并，形成了若干“出版巨无霸”，一定程度上造成了资源的垄断；同时当前出版机构的触角也不断向下游延伸，进入了原先属于发行传播机构的职能领地，开始直接向终端用户提供服务。当然，近年来图书馆也开始反向进入出版领域，从而发挥自身资源禀赋和传统优势，以适应变革的环境。

（3）学术交流生态系统的相生相克：在学术交流领域，有时一种因素在一定阶段是利导因素，而后可能演变为抑制因素。例如空间场所最早是图书馆诞生的必要条件和象征，但是之后物理馆舍空间反而成为限制资源发展乃至限制思维的瓶颈；又如内容资源的数字化曾被认为是“图书馆消亡”的主要肇始因素，但是数字图书馆使图书馆的生命得到了延续；再如学术资源的开放获取曾被认为会对学术图书馆的资源建设造成“釜底抽薪”式的影响，但是学术图书馆通过参与对开放学术信息资源的组织加工揭示，可以成为开放学术信息环境中的主导角色。而这种因势利导的能力，也来自于对自身生态位的拓展适应。

（4）学术交流生态系统的更迭趋稳：在过去数百年间，每一次信息传播技术的突破（如印刷术和数字技术的诞生）都有可能给信息交流环境带来变革和冲击，其后就是对于技术敏感的商业势力的跟进，如在印刷术普及之后出版商的兴起以及在数字技术发展后数据库商的壮大，商业势力试图在系统中扩展推行商业规则，是对原有系统的改变。而这又受到了学术交流环境中公共因素的制衡，作者群体、高等院校、学术图书馆等一定程度上都在维持学术交流生态系统的公共传统，而21世纪新产生的各类开放获取组织则是承担这一使命的新角色。

（5）学术交流生态系统的瓶颈突破：在学术交流领域，一项信息传播技术的研发、采纳和应用周期就符合瓶颈原理。例如印刷技术诞生之后，一直受制于成本和简便性的限制，直到人类发明了更为实用的印刷机之后，印刷术才得到了普及，进而推动了学术文教事业的发展。另外，资源瓶颈、空间瓶颈、用户饱和等也是学术图书馆等机构经常需要突破的瓶颈阻碍。在数字时代，另一常见的瓶颈就是信息存储容量的瓶颈，随着海量、异构学术信息的出现，一再逼近学术信息存储机构的收藏极限，并不时出现“保存危机”，但是随着存储介质的发展、压缩技术的进步、云存储及分布式存储模式的出现，原有的容量限制又不断被突破。

（6）学术交流生态系统的反馈循环：在学术交流领域最为典型的表现就是从作者群体到出版环节再到作者群体的循环。在学术交流领域，作者群体和读者群体高度重合，作者发布自己的科研成果与发现，扩充了公共的科学知识库，又成为进一步研究的基础和起点。在这一过程中，近年来出现的新趋势是即使是以前看来缺少发布价值的过程文档、过程数据也开始受到重视，并且成为佐证和支持最终结果的重要内容，特别是过程数据、研究数据的复用价值和重复验证效用日益受到关注。这一点非常贴切地反映了循环利用的原理，也可以解释当前科技期刊强化数据出版（乃至数据期刊）的趋势。

（7）学术交流生态系统的趋利避害：这对于学术交流生态系统中的学术图书馆特别具有启示意义。长久以来面对学术交流环境的持续变化，关于图书馆的“消失论”“灭绝论”等唱衰论调不时出现，学术图书馆面对冲击和各类颠覆性挑战在一些情况下也处于被动应对的境地。而机巧原理告诉我们风险与机遇是并存的，而且其程度是成正比的。学术图书馆需要主动拥抱变化，将新技术和新方法带来的挑战转化为机遇。而保守的故步自封，停留在原有的发展范式之内，只能关闭自我进化和创新的大门。

（8）学术交流生态系统的递进累加：在学术交流领域，学术图书馆作为一个整体与其他互联网时代新兴的知识服务机构相比，其优势之一就来自于长久以来对于文献资源的累加效应。文献资源建设是图书馆的核心使命，图书馆也因此积累了大量的专业工作方法与技术，保证了图书馆收藏资源的水准和质量。特别是对于图书专著的收藏以及特色文献的收藏积累，这项工作是图书馆积年累月进行资源建设工作的结果，也是图书馆的核心资源优势。这些资源在数字时代一旦经过数字化处理，将成为支持数据挖掘和数字人文研究的宝贵语料库和资源池。正因为如此，作为互联网巨头的 Google 也才会寻求与各大学术图书馆进行合作，对其资源进行数字化扫描。所以当前学术交流生态系统中所进行的微小尝试与改变都不容轻视。另外，学术交流生态系统累加效应的另一典型表现就是出现在 20 世纪的信息爆炸，这也是源于外界环境的触发（如第二次世界大战对于科技的推动），使得科技文献在短时期内发生了爆炸性的增长，也催生了文献处理技术的进步乃至科技情报学的诞生。

2.2 学术图书馆与出版的生态关系分析

2.2.1 新型出版及其与传统出版关系

如前所述，所谓“新型出版”，是指区别于传统传播模式的一系列新样式的统称，并且其内涵在持续变化。无论是“传统”还是“新型”，都是在一定历史阶段和一定具体发展环境下的产物。传统出版界定为在以印本为主要载体的学术信息交流环境下，以纸质图书为加工处理对象的出版形态。而与此相对，新型出版则是在数字环境下，多样化出版载体、出版样式、出版技术交融共存的一种状态，这其中包含了在数字技术深刻影响和浸入下的传统出版业态，也包括数字化出版与印版印刷出版双轨并行的复合形态，更包括基于纯数字化的内容生产呈现样式。上述每一种出版样式的创新点不仅表现在表层内容层面，也体现在背后的处理技术、运营制度安排以及出版理念，这些创新点共同组成了“新式”的内涵。

在学术交流系统视角下，处在“新”与“旧”之间的各类出版模式同样不是对立关系，甚至不是单纯的取代更替关系，而是相互影响渗透和彼此平衡的关系。由各类新旧出版模式组成的小型生态系统，内部处于动态平衡演化，再与学术图书馆等元素共同构成大系统，从而构成了影响学术图书馆发展的宏观环境。

2.2.2 学术图书馆与出版的生态关系

用生态系统的视角观察学术交流领域，最大的价值是其方法论意义。同样的现象在不同的分析视角中，会具有不同的意义。而不同学科也正是借助这些特定的分析视角，确立了自己的研究与问题[①]。当传统的组织理论、价值链理论、社会分工理论都无法全面系统描述当前网络环境下的学术交流领域态势时，学术交流生态系统的视角提供了新的分析工具。

在本节中，就将使用基于学术交流生态系统的分析方法，来解析学术交流领域中两个核心角色——学术图书馆与出版的关系。

学术交流生态系统视角首先要求我们在看待学术图书馆与出版的关系时需要抛弃简单线性的一元思维。传统思维中按照社会分工理论，出版环节处在图书馆的上游，图书馆只能被动接收上游传递下来的文献信息流，也只能被动应对上游变化传导的影响。这对于学术图书馆是非常不利的，因为其忽视了图书馆的灵活性与主动性。而生态系统视角则帮助我们认识到学术图书馆与出版之间是相互影响的，特别是在网络环境下，甚至是二者传统的"上下游"关系都会被颠覆与重组。

具体来说，学术交流生态系统视角提供了认识图书馆与出版关系的 4 个前提：

（1）学术图书馆和出版机构都是学术交流生态系统中的生态主体，处在生态环境中并受其影响。主体既具有独立性又具有依存性。主体之所以能够独立存在，是因为其具备选择性、自主性、能动性、创造性和特有作用取向和价值定位。因此我们需要慎重思考"出版机构取代图书馆"等这样一类"一个主体取代另一个主体"的讨论。在生态系统中，在一定历史时期之内，每一个主体都因其特质而具有不可取代性。当以学术图书馆主体作为研究对象时，出版也就成了诸多环境要素之一。这也是本研究的要旨。我们不仅需要研究出版机构对于学术图书馆的影响，还要综合考虑其他环境要素；不仅要研究学术图书馆受到的影响，还要关注学术图书馆对环境的改造和能动作用。相关研究产出的最终价值，应该不仅是有助于学术图书馆自身的发展，还应推动整体学术交流环境的塑造和优化。

（2）学术图书馆和出版机构作为生态主体，都是学术交流生态环境中遗传的产物。这就要求我们以历史的观点和发展的观点来认识学术图书馆与出版，明确各自的基因，也就更容易把握其未来的发展脉络。学术图书馆承袭整体图书馆职业的价值取向，其内在"遗传基因"包括了注重服务和人文关怀，尊重科学、理性、知识、真理，尊重对于知识的追求，倡导阅读，倡导合作和技术创新，倡导公正、宽容和包容，追求公共利益和公共价值

---

① 刘贵华. 论大学学术的生态学分析视角[J]. 青岛化工学院学报(社会科学版)，2001(4):11-17.

等。这种基因决定了学术图书馆在学术交流生态体系中的立场和站位。尽管环境在发生变化，但是上述的本质追求却在不同历史阶段以不同的形式得到彰显。例如21世纪以来学术图书馆界与出版界就版权问题进行的博弈，背后就包含着学术图书馆及其所代表用户对于合理使用权利的追求，这与其追求文献保障和用户服务的历史使命是一脉相承的。因此，学术图书馆不可能脱离本位和自身生命轨迹去追求迎合趋势，甚至摇身一变成为另一种形态的机构。但是也不能否认在遗传的过程中有“变异”的现象存在，不能否认学术图书馆在适应环境的过程中会进行自我改良。

（3）学术图书馆和出版机构在本质上是竞争合作（竞合）、共存共荣的关系。在自然生态中，存在竞争、捕食、寄生、互利共生等多种互动关系。在学术交流领域，首先需要明确的是图书馆与出版并不是寄生关系，学术出版并不寄生于图书馆而存在，图书馆也不完全依赖于出版。尤其是在新型出版环境下，图书馆资源可以来自于开放获取资源，也可以来自于自建资源；而出版机构也可以越过图书馆直接向终端用户提供服务。这又牵涉到另一个问题：图书馆与出版机构现在是否是完全的竞争关系，答案也是否定的。按照生态学观点，生态重叠程度越大，竞争的程度就越激烈。而学术图书馆与出版机构在历史上就处于不同的生态位，担负着不同的社会分工，在新环境下二者既有交集也有差集。学术图书馆与出版的竞争即使再激烈，也不会像出版行业内部的竞争那样，面临同一生态位中“你死我活”的局面。相反，学术图书馆与出版共同作为学术信息的供给端，其最终目标都是为读者用户群体服务，实现学术信息资源的共享与传播。二者在历史上就基于馆配供给制度形成了稳定的共生关系，而在新技术条件下，图书馆与出版更需要发挥各自优势，就数字内容在生成、表示、传输、共享的标准化方面展开合作。

2.2.3 学术图书馆与出版关系多维度解读

通过概述学术交流生态系统观，可以明确在这一观念指导下，需要以整体的观点、历史的观点、发展的观点、层次的观点、协同的观点来进一步看待学术图书馆与出版的关系。以下就运用多维视角进一步分析学术图书馆与出版的关系渊源[①]。

（1）历史维度下学术图书馆与出版关系

通过回顾过去发生的历史事件，审视正在发生的现象趋势，可以帮助我们分析和总结出事物发展的规律，以更好地预测和应对未来。回顾现代学术图书馆与学术出版从早期发展至今的历程，可以总结出学术图书馆与出版关系的演进规律。

---

① 王铮.学术交流模式变迁中的刊群建设环境分析[J].数字图书馆论坛,2015(3):22-25.

1665年英国皇家学会出版了第一本同行评议学术期刊《哲学汇刊》。时值17世纪中叶，欧洲刚刚经历文艺复兴的洗礼，现代科学迅速萌生。在当时的背景下，很多科学家或是学会组织通过私下通信或者邮政系统的渠道进行学术信息交流，这可以理解为现代学术出版起始的鼻祖，也可以称之为学术出版的"通信时代"。几乎在同一时期，大学的发展带动了学术图书馆的发展。而在18世纪以后，随着西方资本主义经济和社会发展水平的提高，学术出版逐渐走向成熟。特别是学术期刊形态开始成熟，加之同行评议制度的建立，期刊比图书形态更加方便快捷，使其在内容时效上得到保证，这也影响了学术图书馆资源收录类型的变化。这期间学术出版大多一直由学会和大学等非营利性机构负责，此时以学术期刊为中心的学术信息交流模式具有很强的公共性色彩，这与学术图书馆的属性是相同的，一致体现了学术活动的纯粹性和非功利性。在很多情况下，出版机构和学术图书馆都隶属于同一所大学机构，都属于学术部门。这种比较纯粹的局面一直持续到20世纪40年代。

二战之后，随着科学技术成为国家综合竞争力的重要组成部分以及高等教育的普及化发展，西方国家对于科研和教育的投入不断扩大，来自工商产业界的资金也投入新技术新应用的研发当中，加之以原子能、航天技术和计算机技术为代表的第三次工业革命的兴起，学术成果的数量呈指数增长。爆炸性的成果数量、各种新兴的领域和技术都令传统学会支撑下的学术出版事业饱受压力。与此同时，商业性的出版机构看到学术出版的庞大市场，纷纷进入该领域，并开始逐步接管学会的期刊并创建新期刊，这种趋势及其影响一直持续至今。

与学术出版的情况形成对比的是，学术图书馆在这期间并没有发生向商业集团的妥协和功能让渡。这其中的原因是多方面的，也值得深入研究。一个可能的解释是在过去数百年间，学术图书馆主要表现为大学图书馆，而大学图书馆在很长一个时期占据着大学心脏的位置。因此这一核心职能不可能被"转让"或"外包"。

至此，历史上学术图书馆与出版的关系从属于同一个学术体系内亲缘关系，发展到如今学术图书馆仍代表着学术体系，而出版机构更多时候代表了商业体系；就机构性质而言，出版机构大多具有企业的性质，而图书馆则普遍具有社会公益的事业的性质①。二者的关系经常表现为两种体系之间的对话和冲突。

（2）技术维度下学术图书馆与出版关系

无论是对于学术图书馆还是出版，技术都是重要的驱动因素，在二者的发展历程中，每一次的重大变革都与技术更新密不可分。科学技术发展对于二者的影响可以分为宏观作用和微观作用两个方面。宏观作用如前所述，历次工业革命和当前发生的数字化网络化变

---

① 徐跃权，徐兆英. 数字环境中图书馆与出版发行活动的行业关系构建[J]. 图书馆杂志，2003 (7): 13-16.

革影响着人类社会发展和整体的科学进步，为整个学术交流环境的发展提供了原动力，表现为丰富了学术信息的内容，扩大了学术信息庞大的消费群体，造就了学术信息的巨大市场。而微观作用主要是指信息技术在学术图书馆和出版领域的具体应用所带来的影响。

在"前数字化时代"，学术信息主要以纸质印本的形式印制、发行、传播、收藏和阅读，这也从技术的角度决定了学术信息只能在有限的空间载体（单刊印本）和有限的时间（出版发行周期）制约下进行传播。由此也导致学术图书馆长期以来的资源建设加工组织工作和基于资源的服务工作都是以纸质印本为核心的。这种基于传统印本文献信息流的模式由于在历史上统治时间较久，反而也强化出版与学术图书馆各就其位、各司其职的稳定关系。

但是情况随着"数字时代"的到来而发生了变化。在数十年时间内，数字化浪潮已经席卷整个出版行业并传导到图书馆领域，这主要源于一系列新型技术应用的"井喷式"爆发，每一项技术应用都改变着传统模式。当前影响学术交流环境的主要技术应用包括：知识仓储（包括机构知识仓储和云存储）从根本上改变了学术信息的存储、发布和利用形式，它是数字时代面向学术信息交流的具体解决方案，不仅通过一系列的技术设施架构和制度设计实现学术信息的积聚，而且通过覆盖知识链全流程的丰富服务功能实现学术信息的增值；日益强大的搜索引擎和知识发现技术能够为用户提供更为精确和有效的结果，继而从结果导向反过来影响了用户的使用行为和使用期望；语义出版和数据出版是新出现的学术信息呈现形式，是对传统科技期刊内容的增强和服务增值，能够实现"呈现即服务"，前者主要指挖掘、识别和关联文章或作品中的知识内涵，在此基础上实现知识集成、聚类和互操作，后者主要指将科研数据作为必要发布内容与研究成果一同进行保存和出版；文本和数据挖掘（Text and Data Mining，简称 TDM）很可能会成为改变用户阅读和使用论文方式的关键技术，得益于数字化学术信息资源的丰富和计算机处理能力的增强，对海量异构内容的分析成为可能。TDM 已经引起了新的医疗和科学发现，是提高科研生产力的关键，而且已成为一种既定的研究方法。

要实现以上技术应用必须建立在几个必要条件基础上：①学术信息资源的数字化出版；②数字化的学术信息资源能够不受限制地实现整合和聚类；③在数字资源积累到一定规模程度的基础上进行信息资源的有序组织和开发。

可以发现这三项条件有的是出版的传统职能，有的是图书馆的传统强项，而在数字时代，图书馆和出版需要的是同样的技术基础与能力，同样需要走向知识服务。整合的需求促使图书馆和出版打破固有隔阂和分界，共同实现对数字资源的处理。可以说技术的发展将图书馆和出版两个行业更加紧密地联系在一起，特别是在数字内容的兼容、整合、聚类方面，需要两个行业通力合作。从技术发展的角度看，图书馆与出版发行业的技术标准必须走协同发展的道路[①]。

（3）经济维度下学术图书馆与出版关系

如前文所述，学术出版在发展过程中经过了商业改造，在技术实现上经历着数字化网络化变革。随着数字化对科技出版行业的影响持续深化，整个科技学术出版行业的商业生态在近几十年来都一直处在重新建构和再平衡当中，在这一重组的过程中最为明显的一个现象就是出版机构的兼并与联合，这种趋势在近年来有加强的势头。出版机构寻求兼并和联合的动机在于抢占和扩大市场份额、提升规模效益、增加产品产量等，其根本目的在于扩大盈利。特别是在2008年世界金融危机之后，中小规模的出版机构通过兼并联合形成集团，确保其生存和发展并形成竞争优势。而大型的出版商则通过吞并、收购、联合来聚集资源和资金，更多地投入产品、服务模式和商业盈利模式的创新当中。大型的出版机构在未来的发展方向主要表现在：①继续吞并小型的出版机构或与之进行合作，以取得和巩固对出版平台的控制；②继续执行多元化战略，以开拓收入来源；③继续大力斥资于技术，以保持和技术发展趋势同步。由此可见，在当前全球范围内的科技期刊市场竞争环境中，大型商业出版集团主导下的刊群发展趋势明显，按照帕累托法则和马太效应，资源、技术、资金的优势将继续向趋于垄断地位的大型出版商集中。

在商业理念和经营思维的指导下，像爱思唯尔、施普林格·自然这样大型的学术信息出版商纷纷涌现，它们首先逐渐从学会手中接管和统合已有的期刊，其次不断进行着商业机构之间的兼并、收购和重组等企业行为。经营主体的商业集团化必然带来旗下经营产品的集群化。而随着21世纪以来数字化网络化技术大规模应用，大型的出版巨头们纷纷以其敏锐的商业触觉和强大的技术、资金、资源优势，抢占数字时代的制高点，建立和发展数字化的学术信息交流平台，通过网络数字平台整合旗下期刊资源，更进一步深化和巩固了期刊集群化的形态。

与学术出版的集群化相类似，学术图书馆也一直表现出集群化的态势，而且比出版集群的时间更为悠久，只是集群的形式表现为图书馆合作、图书馆网络、总分馆体系和图书馆联盟。这种集群化背后经济因素也起到了重要的推动作用。学术图书馆形成结盟的动因之一就是降低成本和资源共享。典型的如从联合编目起家的美国联机图书馆中心（Online Computer Library Center，简称OCLC）目前开展的很多活动也是按照商业性原则运行的。学术图书馆个体组成的“图书馆群落”能够帮助成员更加经济、更加高效地实现各自目标，使信息资源得到最大限度的开发利用，使用户需求得到最大限度的满足，使整体效果

---

① 徐跃权，徐兆英. 数字环境中图书馆与出版发行活动的行业关系构建[J]. 图书馆杂志，2003(7): 13-16.

大于个体效果之和[①]。

在这里就必须要分析作为集群的出版机构和作为集群的学术图书馆之间的关系。在最近十余年的学术交流生态系统中，正是由于商业出版巨头垄断地位的出现，才加速并加固了学术图书馆之间的结盟。数字资源的定价策略一直是出版商和学术图书馆的纠结点[②]。由于出版商掌握着大量学术作品的版权，在定价方面拥有更多话语权，为了追求盈利，采取了高价的方式来保证其收益。由此造成了单个学术图书馆根本无力支付高额的资源订购费用，进而影响到其文献保障能力。在这种情况下，作为应对，学术图书馆不得不采取集团购买的策略（例如高校图书馆数字资源采购联盟 DRAA）。这也可以解释为什么学术图书馆的联盟形态要比其他各种图书馆类型更成熟。各个学术图书馆可以根据资源优势和整体集群的薄弱领域，实行分工采购、联合采购和协同采购等采购计划。

除了传统的资源采购模式，在开放获取模式中，学术图书馆也主导发起或参与了各种联盟组织。如在学术出版与学术资源联盟（Scholarly Publishing and Academic Resource Coalition，简称 SPARC）、开放获取知识库联盟（Confederation of Open Access Repositories，简称 COAR）、开放获取出版商联盟（Open Access Scholarly Publishers Association，简称 OASPA）等组织中学术图书馆都是重要的发起者或参与者。作为联盟的学术图书馆还经常在与出版商的政治经济博弈中统一立场和声音。例如 2013 年美国政府发布了促使联邦资助的元数据、同行评审的出版物和数字数据向公众开放的强制性政策之后，美国出版商团体与美国科研教育机构及其图书馆展开一场政策博弈，双方试图在维持各自利益的基础上，提出综合考虑各方利益的政策实施方案[③]。中国学术图书馆界也曾就国际出版商的垄断行为发出致国际出版商的公开信。由此可见，出版领域在寻求集群化出版与运营，而图书馆也在寻求集群化模式与管理，根本目的在于成本效益控制，实现既定目标利益最大化。

（4）学科维度下学术图书馆与出版关系

在历史上，“学科—学会—期刊—出版”的体制曾经是学术出版的主导模式。专业人员和研究资源集中在学科之下，而学术出版物则扮演了在学科及学会范围内传递学术信息的“信使”角色，由学会直接和完全地掌控刊物运作，在一定时期内有助于提升学科内的信息交流质量和效率，从而促进学科的发展。世界上许多知名的学术期刊品牌在一开始都是隶属于某一学科和学会之下。尽管学术出版经过了商业化的改造，当前在全球范围内的

---

① 钟伟 . 基于系统论思想的图书馆联盟研究[J]. 图书馆，2013(4): 7-10.

② 杜瑾，杨志萍 . 论云出版环境下图书馆与出版商的权益平衡[J]. 图书馆建设，2013(9): 79-83.

③ 顾立平 . 美国图书馆界与出版商界围绕联邦开放获取政策展开博弈[J]. 中国图书馆学报，2013(6): 124.

出版主体也以商业公司为主，但是学术出版物的本质仍带有强烈的学科属性。尽管学术交流生态环境受到了商业因素的强势介入，但是学术信息的贡献者和使用者仍是以科研工作者社群为主。时至今日，来自学科的声音和行动在建立开放获取模式、争取作者和读者权利、争取文本深度开放和开发方面仍然对学术出版产生着重要的影响。

学科烙印在学术图书馆同样明显。在当前中外通行的几部图书馆分类法中，其基本编制思想都是按照学科进行分类。长期以来无论是纸质资源的排架还是数字资源组织大都以学科分类为依据。由于出版机构在出售数据库时经常按照学科分类进行打包出售，学术图书馆在进行资源采购时也经常依据学科分类和学科属性进行判断取舍。而在学术图书馆的服务方面，21 世纪以来最引人瞩目的服务模式创新之一也是面向学科领域的“学科服务”以及“学科馆员”制度。

而在科学技术发展的宏观作用下，学科的传统组织构成和研究方式正在发生改变，这些变化也影响到学术图书馆与出版的关系，具体表现在以下几个方面：①在学科构成方面，新型学科和交叉学科大量产生，它们主要产生于传统学科的边缘和融汇领域。这就给传统上按照科学组织信息的模式带来挑战；在学科的研究环境方面，科学研究范式转变、科学 2.0 时代到来、数据密集型科研蓬勃开展、开放科研环境形成、数字人文兴起、知识计算和专业信息学初现端倪，这些新趋势对各个学科都带来了冲击和压力，这些变化的背后是 E-Science 环境的形成。E-Science 环境对于学术信息交流系统的要求是能够支持和融入科研行为的全流程，显然原先基于单一学科提供信息服务的品质是远远不能满足 E-Science 环境的需要。②在学科的研究方法方面，当计算机的运算和处理功能变得更加强大，当越来越多的科研活动在数字化的环境中进行时，有越来越多的研究者利用文本和数据挖掘等新方法来进行衍生研究和交叉研究，而传统按学科组织信息的模式限定于固定的专业领域，因而无法在其固有领域内覆盖到新兴学科和相关学科的内容。此外，升级的用户科研行为和科研需求要求出版机构和学术图书馆能够提供更多的增值服务。按照知识服务的层次，服务是建立在大量知识资源有序整合的基础上开展的，以单一学科之局限，一方面无法实现知识资源的全面聚合，另一方面单一学科也难以投入巨大的管理、组织和研发成本进行数字化的增值服务。

因此，无论是对于出版机构还是对于学术图书馆来说，都需对原有的学科维度进行拓展和突破。为学科提供信息与知识服务是出版机构和学术图书馆的共同愿景，但科研组织模式与科研行为的改变要求所提供的学科信息与知识服务必须改变信息与知识的组织方式，既要把握学科整体发展态势，又要进行深入到学科内部的细粒度分析。从宏观角度看，需要建立“大学科”和“学科群”的范畴，更好地实现资源聚合，进行学科整体发展态势分析；从微观角度看，需要把信息组织和揭示的粒度深入到知识本体和语义层面，进行深入到学科内部的细粒度分析，以适应新的研究需要和研究行为。

2.2.4 学术图书馆与出版的问题矛盾解析

学术交流生态系统是学术生态的子系统，而学术生态又是社会大生态的子系统。自从 20 世纪 50 年代以来，由于社会急剧变迁导致了种种问题，人们也开始用生态学的方法认识这些问题，将其描述为社会生态危机，具体表现为：首先人类赖以生存的自然环境被破坏，随着人口暴涨、人类活动增加、环境遭到破坏、空气污染、土地沙化、物种灭绝、粮食减产，按照生态系统的循环原理，人类所有这些对于自然界的破坏最终都会反作用于人类自身。其次是社会环境的失衡，包括不平等、不公平的社会环境造成社会关系的紧张和人心的失衡，例如全球范围内财富向少数人的聚集、发达国家对于发展中国家的支配、种族和文明的冲突加剧、恐怖主义盛行、战争阴影始终笼罩、核威胁依然存在、不公平的贸易制度造成发展的不平衡等。而这些外在生态问题也会造成内在的心态问题，表现出失衡心态，例如功利、浮躁、冷漠、极端思想等。按照生态系统的原理，上述种种宏观生态系统的问题也会投射和影响到其子系统中。

很多学者已经注意到学术生态系统中出现的种种危机。具体到出版与学术图书馆的关系上，在外在大环境和内在小环境的共同作用下，也暴露出种种问题。本部分将以生态学的视角，按照问题表征—解决路径—目标愿景的顺序（如表 2-2）对学术图书馆与出版的生态关系问题加以解析。

表 2-2　学术图书馆与出版的生态关系问题解析

过程	生态学概念	学术交流生态系统	具体表现
问题表征	生态危机与生态失衡	学术交流生态的失衡	学术图书馆与出版在议价博弈中地位的不平衡；学术资源集聚的不平衡；区域发展的不平衡；学术风气与学术心态的失衡等
解决路径	生态保护与生态治理	学术交流生态的治理	出版机构、学术图书馆、政府管理部门、公众等多元主体的协商协调、责任共担
实现目标	生态文明与生态平衡	学术交流生态的再平衡	在动态平衡和矛盾化解中实现发展演进

（1）问题表征：学术交流生态的失衡

学术图书馆与出版关系问题的表征是多方面的，其中危害最大、影响最深的就是出版和图书馆在议价博弈中的不平等。由于出版商占有版权和资源，并且在资金、技术、人员等方面具有优势，其作为商业机构，具有逐利和扩展的本能。这就决定了出版在利益关系中处于强势地位。而学术图书馆大多属于公共性机构，一方面要履行资源保障和服务的职能使命，另一方面在近几十年来又饱受经费、空间等硬性条件的制约，因此处于弱势的地位。作为传统的信息中介机构，学术图书馆一方面要回应读者用户日益多元化、个性化、深层次的信息需求，另一方面时常要面对出版机构的坐地起价和抬价行为，处于两难的境地。

出版机构开出的高额订购费用以及对于数字资源使用做出的种种限制，造成了20世纪末以来的学术图书馆的“期刊采购危机”和“使用授权危机”，这些危机在本质上都反映了学术交流生态的失衡。

学术交流生态的失衡还表现在其他很多方面。例如对于核心期刊的评定最初来源于图书馆优选资源、优化采购的需要，反过来也影响到学术出版生态。那些被认定为重要的学术期刊出版机构因此获得了大量的资源和稿源投入，而那些一般期刊则被边缘化和泡沫化，面临生存问题，由此造成了强者越强、弱者越弱的马太效应。进而在国际领域，学术资源和出版的学术成果被集聚到位于发达国家的大型出版机构，而发展中国家的本土学术出版机构则面临萎缩，这会影响到学术交流生态中文化和语种的多样性。源于学术图书馆对于学术出版物的资源评价制度也影响了整体的学术评价制度，而学术评价制度的不完备则有可能造成学术环境的功利主义、浮躁情绪、纯粹追求出版数量、忽视出版质量、低水平重复，甚至不惜剽窃和造假，从而造成大量粗制滥造的“垃圾”产出，进而造成了出版环境的污染和恶化。在这种环境下，还有可能造成学术出版的泡沫化，大量低水平成果的出现使得学术出版物原有的“报道”、“筛选”与“评价”功能丧失，也加大了下游学术图书馆进行资源建设时的压力与难度以及终端用户利用这些资源的困境与难度。

此外，在新型开放出版环境下，由于很多新的制度规则尚在确立完善，失序状态也给了一些机构进行不正当、不正规活动的空间。例如近年来就出现了很多忽视论文质量，单纯追求通过收取过高的论文处理费而敛财的“掠夺式 OA 期刊”（predatory journal），严重破坏了 OA 期刊的信誉和秩序，增加了学术图书馆识别的难度。

（2）解决路径：学术交流生态的治理

种种生态危机和问题都是生态系统的失衡状态，只有解决了生态危机才能走向生态文明，而生态治理则是走向生态文明的路径。生态治理原指运用生态学原理对有害资源进行宏观调控和管理。而在对社会生态环境的治理中，还加入了社会治理的理论，即政府、市场、社会组织等通过对话协商、责任共担，依法对社会公共事务进行管理，以实现社会公共利益的最大化。

具体到学术交流生态的治理上，包括以下几个方面的内容：①首先学术交流生态治理是一种积极的治理，而非仅仅是环境保护或事后治理、复原，它是在全面、协调、可持续理念指导下的制度设计和实施机制。出版机构、学术图书馆及其他利益相关者（如科研管理部门、资金资助者、学术研究群体、公众等）需要共同参与规则的制定并明确各自的定位和彼此之间的利益关系。②学术图书馆作为公共机构，需要做好"公共利益把关人"的角色，做好学术研究活动的信息保障，维护和争取公平合理的开放知识环境。③出版机构需要在行业内部健全和完善市场机制，特别是反垄断机制、监管机制和退出机制等，同时强调行业自律和企业社会责任。④学术图书馆和出版机构之间要完善沟通协调机制，避免恶性竞争和零和博弈，力求实现双赢。在面临利益冲突时，引入第三方协调机制。⑤作为政府管理部门，需要有效维护公共利益，特别是对于代表公共利益的学术图书馆予以政策的扶持，同时为学术图书馆和出版行业的对话提供平台和管道。在发挥政策杠杆作用的同时，确保产业政策、行业政策之间的协调。

（3）目标愿景：学术交流生态的均衡

实现生态平衡是生态系统的理想状态，代表了个体与环境、个体之间的和谐相处。这种平衡不是静态的平衡，而是处在动态演进中的平衡。这也能够帮助我们更好地了解学术交流生态中的上述失衡现象。生态系统中各个子系统的运动发展变化都遵循物质运动的一般规律，是运动与平衡的统一，若从短时期去观察，不平衡现象是常态，而从生态系统进化的长远观点来看，所有生态系统实际上都处于貌似不平衡的"动态平衡"之中，因此不平衡正是演化进步的动因，从而推动达到新的平衡。

在学术交流生态系统中，学术图书馆与出版的关系也是处在持续的矛盾冲突、重塑重构、发展进化的过程中。需要指出的是，当前学术交流生态系统中出现的问题和变动，正是学术图书馆发展实现再平衡、实现转型升级蜕变的契机。

2.3 生态系统视角下的学术图书馆发展

2.3.1 学术交流系统演化的影响

平衡不是一个静态的状态，而是一个动态的过程。从某种程度上来说，平衡就是用来被打破的。平衡与失衡是生态运动过程中两种基本表现形式。从平衡的视角看，学术交流生态系统中的各个元素之间的关系及其与所处环境之间的关系都应该是协调的。对于学术图书馆来说，在微观层面，学术图书馆的资源输入与服务输出、学术图书馆的纸质资源和数字资源、学术图书馆的自有资源与开放资源、学术图书馆各项采购支出费用的配比、学术图书馆与出版、学术图书馆与用户、数字图书馆与实体图书馆之间都应该是协调的；在宏观层面，学术图书馆需要与社会整体的经济发展水平、技术发展程度、文化氛围与文化需求相适应，既不能落后也不能过分超前。

在评估学术交流生态系统的平衡与失衡状态时，也不应仅仅聚焦在局部的、短期的失衡状态，而是需要着眼于长期的整体的平衡状态。这一点对于学术图书馆来说非常重要，否则图书馆忙于应付技术变化跟随潮流而丧失了生态本位，只能陷入循环颠覆、自我否定的境地。当学术交流生态系统由于外在环境变化或内在变化而出现非平衡现象时，学术图书馆需要有效识别和认识这些影响平衡的因素，对于有利的因素加以吸收，对于不利的因素加以改善乃至淘汰。平衡一定是各要素之间的平衡和各种关系的平衡，因此要重视学术交流生态系统的多重力量促进、多元优势互补。例如学术图书馆和出版机构可以探索一种新兴的合作关系，构成新的价值链，在这种新格局中，二者的传统优势与潜在优势都能够得到发扬。

从生态平衡的视角出发，要正确认识学术图书馆与出版之间利益冲突与矛盾。冲突与矛盾是普遍存在的，并且构成了产生新平衡的契机。在生物界，冲突是不同物种之间一种基本的互动形式。同样，学术图书馆与出版表现为不同的生态位，必然存在矛盾与冲突，想要完全消除图书馆与出版之间的矛盾是不现实的，甚至会产生消极的影响。这对于我们的启示在于，需要认识到学术图书馆与出版之间存在冲突的合理性，达到生态平衡的目标并不是要消除矛盾、弥合差异，而是通过生态治理将冲突矛盾控制在一定的范围之内，既维护学术交流生态系统的基本功能，又保持系统的创新活力。

2.3.2 学术图书馆变革态势分析

影响生态平衡的因素既来自外界环境，也来自机体内部。对于学术图书馆来说，进入 21 世纪以来，学术图书馆正处在一个旧平衡被打破、新平衡正在建立的历史时期，这也催生了学术图书馆的自我进化，这一过程伴随着内外部因素的综合作用。具体来说，当前学术图书馆面临的平衡态势（包括矛盾冲突及其应对）可以归纳为以下几个方面①：

（1）学术图书馆的地位与价值受到冲击，学术图书馆的使命需重新确认

学术图书馆所处的环境业已发生深刻变化，这要求作为信息基础设施的图书馆必须通

① 王铮，胡芳，孙杰. 转变 · 重塑 · 再造——2013年英美等国图书馆发展战略评述[J]. 图书情报工作，2014(11)：104-114.

过自我革新加以应对。环境变化激发了学术图书馆对于其价值和首要任务进行重新审视和识别，同时学术图书馆力求捍卫自身在学术交流生态体系中的主导地位。

在过去几十年里，图书馆界一直在反思这样的问题：在已经发生根本性改变（或正在发生改变）的学术信息环境中，如何最大限度地实现图书馆职能？这种追问促使一些学术图书馆业务发生了明显的变化。学术图书馆正在从传统环境过渡到日益主流的数字环境。同时全球范围内的学术图书馆一直在发起或参与一系列运动，试图影响管理者和立法者，同时向外界宣传图书馆的作用和价值。

学术图书馆在一个大学中的学术领导地位正在被越来越多的新角色动摇，这些校园生态内部的竞争者包括了大学出版社、研究管理部门、科学政策部门、IT 部门、教学与学习中心等。而在更大的生态系统中，学术图书馆每一项新的技术应用都会吸引来自企业界雄心勃勃的竞争者，其中有很多是渴望数字资源市场的新兴科技公司。

正是在这种充满压力和竞争的环境中，学术图书馆试图捍卫自身的学术传统与学术声誉，成为学术科研用户的首选或至少是必要选项。学术图书馆的另一项重要任务就是代表用户利益与出版商进行博弈，以寻求学术出版物价格的平衡状态，同时积极探索和支持新型出版方式，并实现新旧出版模式之间的平衡。

（2）学术资源形态的变化影响学术图书馆的资源组织形式

在数字时代学术图书馆馆藏资源的内涵被大大拓展，由此造成学术图书馆馆藏建设、资源组织和服务方式的转变。随着数据密集型科研的兴起，学术图书馆开始探索和实施基于科研数据的管理和支持服务，基于数据需求驱动馆藏建设，力求覆盖学术信息生命周期各阶段的内容类型与格式。很多学术图书馆专门设立了数据管理部门或数据馆员的专门岗位，面向科学数据的全生命周期开展服务。同时学术图书馆也从强调信息素养发展到关注数据素养，很多大学的学术图书馆都开设了关于数据素养教育的课程培训。

与此同时，在数字时代，尽管数字资源已经成为大学图书馆的重点建设方向，但是印本资源作为学术图书馆的传统资源仍然具有优势。学术图书馆对于印本的平衡策略主要基于对增量的整合优化和对存量的妥善处理，对于印本的管理方式也越来越多地从效益成本角度出发，并不可避免地和数字资源进行统筹考虑。图书馆已经意识到收藏一切内容是不可能的，也是不现实的，而是基于用户行为的研究和对于出版物的整体评价来选择印本资源。在数字资源生态竞争日益激烈的情况下，图书馆为了建立自身资源的区别性优势，越来越重视对于自身特色馆藏和本地资源的建设。在重新平衡馆藏投资的过程中，特色馆藏可能成为图书馆的一个日益重要的组成部分，是图书馆的一个核心要素，有必要对其价值进行审视，并将特色馆藏及其专门人员配备视为图书馆不可或缺的资源。

（3）学术用户行为需求变化推动学术图书馆重塑服务模式

除了学术图书馆的资源内容发生了结构性变化，学术用户信息行为也发生了历史性变迁。学术图书馆和其他知识服务供给者相比，最明显的特征就是其具有固定场所馆舍，这一点既有可能是桎梏，也有可能成为优势。学术图书馆对于已有的空间进行再造，将其改造升级为信息共享空间、学习空间、创客空间或数字人文中心等。图书馆正在减少用于储存印本的空间和阅读空间，而增加科技中心、文化中心、研究中心等公共空间，特别用于支持协作和创新学习。

在以用户为中心的时代，学术图书馆的服务更加重视用户参与和共建共享、众筹众创。学术图书馆正在进一步加深对用户群体的理解，融入用户的工作场景，为用户提供实体和虚拟的写作交流空间，鼓励用户互动、参与、创新以及创造新知识。

在开展服务的过程中，图书馆的合作态势和集群效应更加明显。全球范围内的数字资源共享推动了学术图书馆扩大协作，通过构建稳定的外部合作关系，学术图书馆力争提供最广泛的可访问资源。交流与联系活动不仅局限在图书馆之间，也广泛存在于学术图书馆与学术交流生态系统中的各类利益相关者。

2.3.3 学术图书馆平衡发展机制

从生态平衡的观点看，学术图书馆近年来的变革历程就是在寻求一种新的动态平衡。在过去的许多年中，学术图书馆面对外界环境的影响，时常呈现出“受冲击”、“被波及”乃至“遭颠覆”的形象，在这种情况下，图书馆也一直在努力适应环境，并不断改造自我，体现“转变、重塑、再造”。但是学术图书馆在很长一段时期内仍处于被动改变的局面，其很多转变都来自对潮流趋势的迎合或追赶，虽然其中涌现出不少热点和风潮，却也呈现出盲目和滞后的特点。如果学术图书馆在未来的发展道路上完全靠这种“应激反应”来前行，那么图书馆仍然只能是时代发展和环境变革的“追随者”而非“引领者”，而且很容易在变化中迷失方向和失去自我。这种态势在近年来有所改变，因为图书馆开始意识到变化其实是一种常态，而未来发展的关键是在变化中实现一种平衡。

这种平衡在学术图书馆的发展过程中表现在很多方面，例如学术图书馆在资源采购上“平衡”数字资源和印本资源，在资源布局上“平衡”本地资源和共享资源，在空间设置上“平衡”传统阅览空间和新型活动空间，在基础设施建设上“平衡”实体设施和虚拟世界，在岗位设置上“平衡”技术因素和人文因素，在发展路径上在“与时俱进”和“保持稳定”之间寻求“平衡”，在发展手段上在各种技术的选择之间保持“平衡”，在发展定位上在印本世界和数字世界之间维持“平衡”。

归纳起来，学术图书馆的自我平衡机制可以归纳为以下几个方面①：

（1）在开放学术信息环境中寻求新定位：当前学术图书馆所处知识环境的开放程度前所未有，但是图书馆所承担的推动知识传播、获取和利用的核心使命不曾改变。在学术信息环境走向开放的发展过程中，各种利益相关者的权利空间都在经历扩张、挤压、交错、冲突和重塑的过程。在这种复杂变革的环境下，学术图书馆一方面力求保持自身的稳定发展，另一方面坚定捍卫和保障用户在开放学术信息环境中获取和利用知识的权利。学术图书馆积极主导协调各类权益关系，成为开放学术信息环境中不可或缺的“平衡者”和“稳定器”。

（2）在数字时代形成资源组织新机制：本地资源、印本资源、数据库采购资源都是图书馆信息组织的传统对象，如何在数字时代整合各种资源类型，尤其是整合传统资源与开放资源，成为许多学术图书馆在数字时代面临的新问题。为此学术图书馆不断改革和健全资源组织机制，在数字环境下，从文献组织到信息组织再到知识组织，实现用户需求与资源组织能力之间的平衡。

（3）在数据环境中挖掘内容的新价值：当数据成为科研环境以及学术活动中重要的资源时，数据资源也已成为学术图书馆馆藏内容的重要组成部分，而数据资源真正发挥价值则在于服务与利用过程。近年来学术图书馆面向数据资源的工作逐步从侧重数据的“采集”和“保存”过渡和延伸到关注数据资源的“利用形式”和“效能发挥”，从早期的“重建设、轻利用”和“重保存、轻服务”发展到现在逐步建立起数据资源采集与发布、入藏与开放、保存与利用并重，从知识宝库到知识喷泉，完成资源能力到服务的转化。

（4）在传统角色和新角色间保持新平衡：学术图书馆不仅是跟随者，而且是引领者。对于当今的学术和研究机构来说，图书馆不仅是提供知识的机构，也是凝聚创新精神和协作精神的核心，学术图书馆可以真正成为实现探索和创造的中心；学术图书馆不仅是响应者，而且是倡导者。越来越多的教育科研机构意识到，学术图书馆可以实现远比知识仓储更为强大的功能，可以成为发现、学习、协作和学术突破的催化剂和智慧激发者。这需要图书馆从过去被动等待用户上门到主动将不同的用户“聚集”在一起交流思想、促进创新。为此，需要学术图书馆在维护自身的资源采集与阵地服务的角色同时，强化学术图书馆在支撑创新、成为科研合作伙伴的角色。

总而言之，学术图书馆自身的平衡机制是图书馆自身整合、平衡、转化新旧各类要素的稳健前进状态以及学术图书馆为其所处学术交流生态系统带来的一种稳定均衡功能。

---

① 王铮，王燕鹏，邹美辰. 在变化的知识环境中寻求新平衡——2014年英美等国图书馆发展策略评述[J]. 图书情报工作，2015(9): 5-15.

3　新型出版的内涵与意义

信息技术的不断创新与变革，使得科学研究范式及学术交流体系发生了重大转变，科学家们已经从基于假说的实验科学向基于大数据的新型科研范式转变，知识的生产、传播与利用的边界受到信息技术的影响发生功能性转移，知识生产的内容、传播的渠道以及利用的效率都已成为新知识环境下需要重新定义和探索的重要内容。作为知识传播环节中主要承载体的出版业与图书馆正积极适应环境变化所带来的挑战。本章将探讨数字环境下新型出版的内涵与特征以及由此带来的对学术交流体系产生的变化与意义。

3.1 新型出版的概念界定与内涵

3.1.1 新型出版的概念

环境变化是引起事物产生变化的外因，而最终促成改变的往往是来自事物发展的内生因素。新型出版是受到信息技术催生的一种新型出版形式，但它的产生离不开出版界与图书馆界对于改变现有模式和业态的内生动力的影响。目前看来，国内外对于新型出版还未有统一的定义，本研究认为要厘清新型出版的内涵，需要从出版的概念开始，从数字环境下出版发展的角度进行把握。

3.1.1.1 出版

出版是指通过一定的物质载体，将著作制成各种形式的出版物，以传播文化、信息和进行思想交流的一种社会活动。现在使用的“出版”一词，通常是指用印刷或其他复制办法将作品制成出版物在社会上传播。狭义的出版是指图书报刊的编辑、印刷和发行，广义的出版不仅是指图书报刊，还指录音、录像以及其他文字语音和图像的媒介载体的编辑、印刷、制作和传播[①]。

《世界版权公约》第 6 条对出版所做的定义是：“以一定的方式复制某作品，将复制件

---

① 许力以.出版和出版学[M]//中国大百科全书·新闻出版卷.北京:中国大百科全书出版社,1990:8.

在公众中发行，以供阅读，或者以其他方式观赏。”[①] 这个定义要求出版具有 3 个要素：①出版是将已有的作品编辑加工形成出版物的过程；②作品经过复制能够向公众发行；③公众通过一定方式能够获取。

从出版的定义中可以看出，内容、技术与传播是构成出版核心要素的 3 个关键点，各种出版形态、方式或者模式均以这 3 个核心要素为出发点，在不同环境、不同时期产生和发展。

3.1.1.2 传统出版

在 20 世纪 90 年代互联网技术大规模应用之前，出版的形态相对单一，人们将这一较长时期内的出版称为传统出版。传统出版是与数字出版相对应的概念，传统出版可以理解为在出版未诞生之前的出版形态，是运用传统出版、编辑技术，将文字印在纸上的出版方式，也指以纸、磁带、光盘等有形物质作为载体的出版物的活动。“传统出版”的主体一般包括图书出版社、音像出版社和电子出版社[②]。

3.1.1.3 数字出版

数字出版是互联网快速发展的产物。随着信息技术及互联网的快速发展，出版呈现出网络化、数字化的特征，数字出版也具有动态发展的特征，随着信息技术更新，其概念也在不断演化。国外将数字出版的概念与电子出版、网络出版等同，并指出它经历了数字化、大规模数字化、电子出版以及网络出版等阶段[③]。

在出版行业不断发展的情况下，数字出版呈现出的数字化主流形态，使电子出版、网络出版与数字出版三者的定义界限变得模糊，电子出版和网络出版某些形式的消失也使其趋同于数字出版。

2010 年新闻出版总署发布的《关于加快我国数字出版产业发展的若干意见》指出[④]：数字出版是指利用数字技术进行内容编辑加工，并通过网络传播数字内容产品的一种新型出版方式，其主要特征为内容生产数字化、管理过程数字化、产品形态数字化和传播渠道网络化。至此，国内对于数字出版的概念有了较为明确的定义。

---

① Universal copyright convention as revised at Paris on 24 July 1971, with appendix declaration relating to Article XVII and resolution concerning Article XI 1971 [EB/OL].[2018-05-14].http://portal.unesco.org/en/ev.php-URL_ID=15241&URL_DO=DO_TOPIC&URL_SECTION=201.html.

② 黄英. 浅析传统出版与数字出版的异同[J]. 新闻世界，2014(5): 266-267.

③ Electronic publishing [EB/OL]. [2018-05-14]. https://en.wikipedia.org/wiki/Electronic_publishing.

④ 中华人民共和国中央人民政府. 新闻出版总署关于加快我国数字出版产业发展的若干意见[EB/OL]. [2018-5-14]. http://www.gov.cn/gongbao/content/2011/content_1778072.htm.

在学术界也有对数字出版的不同定义①。广义数字出版可定义为以“全媒体出版”为特征，数字技术为支撑，立足于内容层面的复合出版活动。狭义数字出版的概念仍应构建在传统意义上的出版内容范畴之内，是以数字技术对传统文本内容进行转化和呈现，将数字技术与内容融合，以内容为核心，以数字技术为支撑的文本传播活动。

3.1.1.4 新型出版

从出版、传统出版到数字出版的延伸与发展过程中，技术是贯穿始终的重要线索，由技术变革引发内容和传播的变革，进而改变了整个出版模式和产业方式。详细来说，围绕出版的内容、技术与传播核心三要素，出版承载了将人类科技文明记载、传播和传承发展的重任。在人类发明印刷术以后，出版就以纸质的形式产生并发展；20 世纪 80 年代出现的 CD 等存储介质改变了出版的方式，出现了最早的电子出版；随着 20 世纪 90 年代万维网技术的推广，网络出版逐渐成为新的出版方式；21 世纪初，信息技术的不断发展，原生数字内容的产生引发了出版的重大变革，数字出版成为新信息环境、知识环境下出版的最终选择。

在此，需要辨析的是数字出版是否就是新型出版。从数字出版的定义和内涵出发，它包含两个层面内容：狭义的数字出版还是构建在传统意义出版范畴内，是以技术方法对纸质内容的数字化；广义的数字出版则基于原生数字内容，以数字技术手段进行传播活动。

因此，新型出版不等同于完全的数字出版，新型出版是相对于传统出版而言，是一定时期内在原生数字化状态下各类出版方式的总称。它是数字出版发展到相对成熟阶段的产物，是以促进学术交流、知识共享为目的的高级数字化出版方式。新型出版最早产生于科研活动密集产出的学术领域，尤其以自然科学领域为主。因此，新型出版可以理解为是不同数字出版方式的集合，也可以代表一种出版发展阶段。出版、传统出版、数字出版与新型出版的内涵关系如图 3-1 所示：

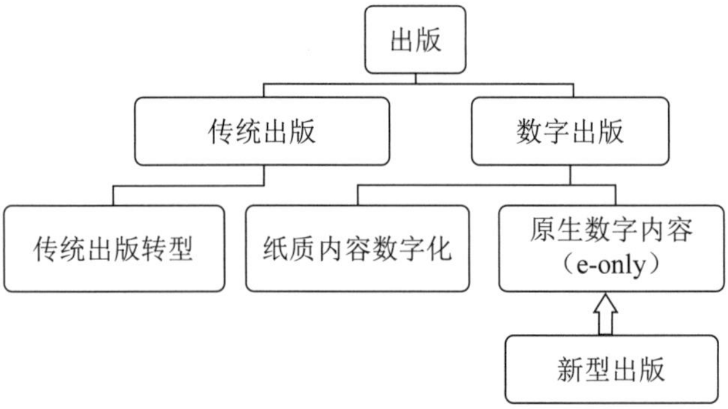

图 3-1 出版、传统出版、数字出版与新型出版的内涵关系

① 罗秉雪. 数字出版：新语境下的概念演变与界定[J]. 出版发行研究，2016(1): 26-29.

3.1.2 新型出版的范畴与类型

3.1.2.1 新型出版的范畴

从新型出版的定义可以看出，新型出版的产生有技术要素的主导，同时也受到人文社会科学、自然科学等不同学科特征和活跃度的影响。自然科学相较于社会科学而言，其科研活动和产出的密集性、多样性、前瞻性的特点更为突出，同时该领域科研人员对学术成果的交流需求也更为旺盛，因此基于技术变革引发的原生数字出版方式在自然科学领域显得尤为活跃，也吸引了出版商、图书馆以及信息技术领域研究者极大兴趣，涌现了包括开放出版、语义出版、增强出版、数据出版、优先出版、自出版、图书馆出版、可视化出版等多种基于技术、内容和传播三要素发展的代表性新型出版方式或概念。

如前文所述，由于新型出版还处于探索阶段，学术界并未定义其具体内涵，因此本书中新型出版方式主要指产生于科学技术领域一系列原生数字出版方式，包括上述提到的多种新型出版方式，并从技术、内容和传播三要素出发，讨论其不同模式和特点。而新型出版物则被认定为用于科学研究及知识共享与传播的期刊、数据、影像、图片、数据库等学术形态。

3.1.2.2 新型出版的类型

新型出版的各种出版模式由于其产生背景、应用环境及作用效果不同，其类型的划分上存在一定难度，还未有相关国家或学术标准可依据，本书以出版概念中核心的 3 个要素——内容、技术与传播为依据进行初步划分（如图 3-2 所示）。

（1）以内容要素为主的新型出版：数据出版（研究要素出版）、多媒体出版等；

（2）以技术要素为主的新型出版：数字出版、语义出版、增强出版、可视化出版等；

（3）以传播要素为主的新型出版：开放出版、优先出版、自出版等。

其中图书馆出版与以上新型出版方式不同，它因偏重于出版主体行为的改变，因而与出版商出版等方式相呼应，不归于以上 3 种类型。

对新型出版类型的划分，有助于理解代表性新型出版方式相互间发展关系与内在逻辑。数字出版是新型出版中内涵最广的出版方式，它是新型出版发展的基础；语义出版是技术推动下增强型的数字出版；数据出版是以数据为新内容对象的数字出版形式，是对文字内容出版的延伸；开放出版则是区别于传统订阅出版方式，以传播为目标的数字出版形式。新型出版在驱动因素上以技术要素为引领，技术发生变化则引发内容和传播形态的变化，内容要素、传播要素是技术要素的延伸与发展，其中经济因素也可能作为外在助推力，但在此暂不做具体讨论。

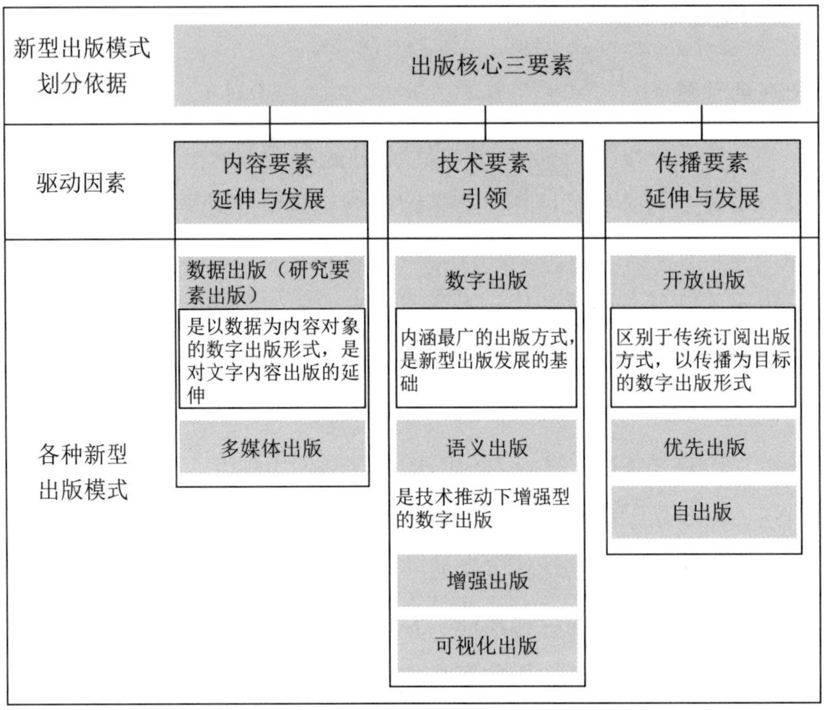

图 3-2　新型出版方式类型

3.2 新型出版的主要模式与特征

根据本研究对新型出版的初步定义和分类，结合国内外在新型出版模式中的理念发展与实践，下面将对新型出版的主要模式，包括数字出版模式、开放出版模式、语义出版模式、增强出版模式、数据出版模式、优先出版模式、自出版模式、可视化出版模式、图书馆出版模式等 9 种模式进行较为必要的介绍。

3.2.1 新型出版的主要模式

3.2.1.1 数字出版模式

数字出版（digital publishing）① 是指利用数字技术进行内容编辑加工，并通过网络传播数字内容产品的一种新型出版方式，其主要特征为内容生产数字化、管理过程数字化、产品形态数字化和传播渠道网络化。目前数字出版产品形态主要包括电子图书、数字报纸、

① 中华人民共和国中央人民政府.新闻出版总署关于加快我国数字出版产业发展的若干意见[EB/OL].[2018-05-14]. http://www.gov.cn/gongbao/content/2011/content_1778072.htm.

数字期刊、网络原创文学、网络教育出版物、网络地图、数字音乐、网络动漫、网络游戏、数据库出版物、手机出版物（彩信、彩铃、手机报纸、手机期刊、手机小说、手机游戏）等。数字出版产品的传播途径主要包括有线互联网、无线通讯网和卫星网络等。由于其海量存储、搜索便捷、传输快速、互动性强、成本低廉、环保低碳等特点，已经成为出版业的战略性新兴产业和出版业发展的主要方向。当前的数字出版包含多个层面的内容，以数字化技术实现出版流程的再造是一方面，而由数字出版带来的出版产业变革以及由此带来的社会经济发展则是数字出版在未来的更为重要的内容。

数字出版的最初形态可能要追溯到 1951 年，P.R. Bagley 在美国麻省理工学院分析如何利用计算机检索代码编制文摘可行性时无意中制作出了“电子出版物雏形”。1961 年，美国化学文摘社利用计算机编制的《化学题录》(*Chemical Titles*) 被看作世界数字出版的开端①。根据刘锦宏等②分析，20 世纪 90 年代以后，国外数字出版研究领域的发展轨迹日趋明朗，大致可以划分为 3 个阶段：第一阶段为 1990 年至 2005 年，这个时期是数字出版研究的起源时期，主要研究内容紧紧围绕着电子出版、科技发展与信息传播等关键词展开；第二阶段是 2006 年至 2009 年，数字出版研究日趋成熟，数字出版和开放获取成为这一时期的研究重点。第三阶段为 2010 年至今，数字出版热点呈现分散趋势，研究重点也发生了明显转移，数字权利管理等数字出版技术以及产业发展等成为研究重点。国内最早使用数字出版概念的文章发表于 2000 年，2007 年开始学术界对数字出版进行大量学术研究，2008 年国家新闻出版总署设立科技与数字出版司以后，数字出版成为出版业发展的重要方向与重点任务，研究内容也从数字出版技术发展到数字出版产业以及数字出版未来发展③。

数字出版模式从本质上看就是出版流程的数字化与网络化，包括内容生产数字化、管理过程数字化、产品形态数字化和传播渠道网络化。国外出版商由于数字技术发展的较早，因此形成了较为成熟的数字出版流程与商业化运作模式，一些国际大型出版集团经过近 20 年的发展已经成功建立起基于海量内容的在线知识服务商业模式，营收稳定，且增值幅度大。Alexander 博士 2009 年 10 月 27 日在上海召开的“第五届中国科技期刊发展论坛”上称，爱思维尔在 2008 年已经初步完成了从“传统出版商”过渡到“信息解决方案提供商”的转型，公司 80% 的收入来自于数字化产品④。与此同时，国外多个著名大型出

① 谢新洲．数字出版技术[M]．北京：北京大学出版社，2002.

② 刘锦宏．丁美方．安珍珍．国际数字出版研究进展可视化分析[J]．科技与出版，2015(8): 81-85.

③ 中华人民共和国中央人民政府．新闻出版总署关于加快我国数字出版产业发展的若干意见[EB/OL]．[2018-05-14]. http://www.gov.cn/gongbao/content/2011/content_1778072.htm.

④ 程维红，任胜利．中国科协科技期刊的数字出版商业模式[J]. 科技与出版，2017(1): 47-52.

版商在探索数字出版前沿技术方面加大投入，智能语义分析、语义搜索、信息资源的知识化标引、海量数据的知识元抽取和语义关联技术、数字显示、数字印刷技术等，都成为数字出版新模式的重要技术基础，由数字出版技术延伸的新出版模式诸如语义出版、数据出版、增强出版等都已成为新的研究热点和产业发展方向。而由数字出版内容和产品数字化发展带来的原生数字出版（born digital，纯数字出版）以及代表传播渠道网络化发展方向的媒体融合、全媒体出版也将成为数字出版新的时代标签。

3.2.1.2 开放出版模式

自 2002 年《布达佩斯开放获取宣言》发布以后，开放获取理念逐渐成为信息（知识）生产者、信息（知识）传播者以及信息（知识）利用者共同认可的学术传播理念。美国政府于 2008 年以强制性立法的形式要求所有受国立卫生研究院（National Institutes of Health，简称 NIH）基金部分或者全部资助的研究人员应在其成果最终定稿被接受出版时向 NIH 提交电子文档，用于机构自存储并向社会开放使用[①]。2014 年英国高等教育资助委员会（Higher Education Funding Council for England，简称 HEFCE）在开放获取方面提出了研究卓越框架（Research Excellence Framework，简称 REF），该框架要求受资助者参与到 OA 行动中，将期刊全文上传至学科或机构知识库中[②]。

开放出版（Open Access Publishing，简称 OAP）的产生主要基于 3 个动因：①学术界对开放自由共享的诉求和呼吁、商业出版价格的垄断和数字网络环境的发展[③]。②开放出版是一种需作者付费的出版模式，包括作者个人付费和统一付费等。③以网络电子版为主要信息载体，通过无偿方式向广大读者提供及时有用的信息，尽可能无障碍地传播学术成果供全世界用户免费合理使用其文献作品，这是开放出版模式的本质与核心思想[④]。

在开放获取理念的推动下，开放出版以金色 OA 和绿色 OA 为主要方式加以实践，其中金色 OA 是指开放获取期刊，目前主要有如表 3-1 所示，几种开放出版方式，开放存取的特征如表 3-2 所示。开放出版正日益成为出版商积极推行的出版模式。

---

① 沈东婧，王斌，江晓波．美国国立卫生研究院（NIH）公共获取案例解析及启示[J]. 图书情报工作，2009(s1): 123-125，107.

② LOUISE P. Alternative ways of obtaining scholarly articles and the impact on traditional publishing models from UK/European perspective[J]. Serials review，2018，44(1): 40-50.

③ 李麟，初景利．开放存取出版模式及发展策略[J]．中国科技期刊研究，2006(3): 341-347.

④ 李麟，张晓林．传统出版社的开放出版政策[J]．图书情报工作，2013(1): 26-31.

表 3–1 开放出版的主要类型

类型	期刊开放程度	开放获取速度
全开放出版	全部内容开放	立即
复合开放出版	部分内容开放	立即
延迟开放出版	全部内容在一定时间后开放	3、6、12、24 个月或更长

表 3–2 开放出版的主要特征

开放出版基本特征	网络获取；免费；全文；同行评议；版权所有者认同
开放出版其他特征	开放存取资源的组织上遵循 OAI–PMH
	遵循有关的开放存取版权协议
	作者拥有版权
	永久获取
	尽可能短的自存储时滞
	免费下载、打印、传播、制作衍生作品、少量印刷（非商业、合法目的）

除金色 OA 开放期刊出版以外，在开放存取理念倡导下，机构知识库成为开放存取的另一种方式，这种方式是在开放出版的支持下，由某个机构或者某个学科领域建立自存储库，用于存放该机构科研人员或该领域科研人员发表的学术成果，并向公众开放使用。

3.2.1.3 数据出版模式

受到数字环境和开放获取理念的影响，大数据科研的新科研范式在科学数据的共享方面具有更多的需求，因此科学数据出版（data publishing）被认为是推动科学数据共享的重要手段。

根据科学数据产生的环境与用途来分，通常将在特定的时间、地点产生的并因其产生的时空条件具有不可复制的特点，需要被很好地保存的科学数据定义为一种类型，此类数据的产生与学术文献不一定有直接关系，通常以独立学术成果的形式出版，可将此出版模式称为科学数据独立出版模式。另外，因学术论文需要伴随实验产生的科学数据，通常与学术论文一起集成出版，称之为集成出版模式。同时，依据科学数据的存储位置，可细分为学术期刊自建设施自行出版和学术期刊与公共数据仓储合作出版两种。对独立出版模式而言，依据出版主体，可细分为数据知识库出版和数据期刊出版两种（如图 3-3 所示）[①]。

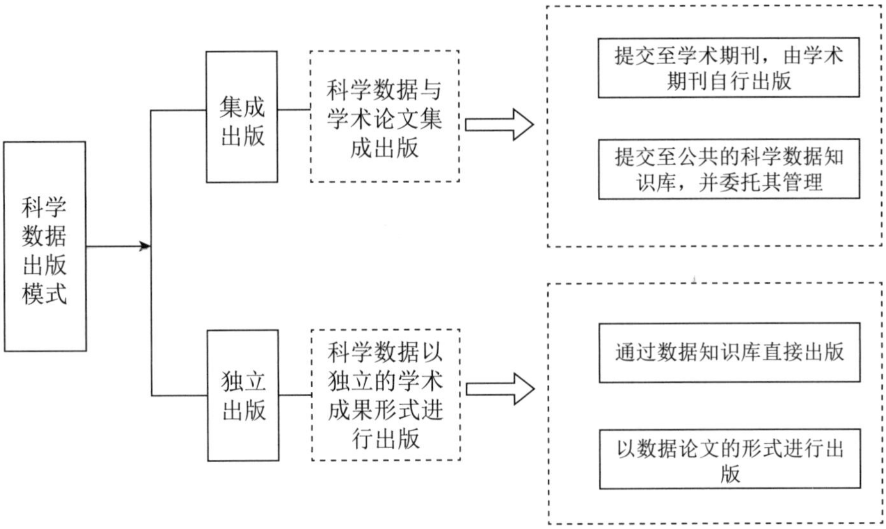

图 3-3　科学数据出版模式框架

从广义上讲，任何将数据上传到互联网或者数据库并支持开放获取的行为都可以称为“数据出版”。对科学数据而言，数据出版是指数据达到可引用和追溯的状态，核心内容是为数据引用提供标准的数据引用格式和永久访问地址[②]。

科研数据论文出版模式是以研究数据为内容，以科研数据论文为载体，基于数据论文文本性的方式在期刊上作为文档出版描述的论著。基于数据论文为载体的期刊出版中的描述性文章成为数据论文出版模式的主要内容。

科研数据独立出版模式即科研数据被很好地保存在具有独立出版规章、政策以及一系列合规评价标准的数据中心之内，在此出版模式下，作者研究的科研数据作为独立的信息保护对象被出版单位存储在研究数据知识库中。

科研数据集成出版模式以目标市场为导向，期刊、出版社等出版机构与指定的网络数据存储中心开展相互合作，在数据论文出版发行之前将其拥有的科研数据优化、整合至出版的第三方平台，或者第三方期刊的数据仓储中心、第三方机构库中，最终以数据论文完成科研数据的出版与发行[③]。

在科研数据集成出版模式下，可以分成两种：①提交至学术期刊，由学术期刊自

① 黄国彬，王舒，屈亚杰．科学数据出版模式比较研究[J]．大学图书馆学报，2018(1)：34-40.
② 何琳，常颖聪．国内外科学数据出版研究进展[J]．图书情报工作，2014(3)：104-110.
③ 梁子裕．国外科研数据出版模式研究[J]．出版发行研究，2017(3)：82-85.

行出版，典型代表是德国蒂姆（Thieme）集团出版的化学期刊——Synthesis。②提交至公共的科学数据知识库，并委托其管理，较为典型的是Dryad数字仓储（Dryad Digital Repository）提供的集成出版服务。

在科研数据独立出版模式下，根据出版流程，可将独立出版模式划分为两种。①直接通过数据归档机构出版，其中较为典型的是英国的信息环境数据中心（The Environmental Information Data Centre，简称EIDC），②是将数据归档后，由数据期刊出版，较为典型的是《地理数据期刊》（*Geoscience Data Journal*，简称GDJ）[①]。

随着数据出版的发展，出版商也在不断探索新型数据论文出版的方式，如Elsevier出版社推出了一种全新的学术论文出版类型——研究要素论文，对新型学术出版具有潜在意义和价值。研究要素论文是一种新的基于同行评议的论文类型，采用简明概括的格式，刊发科研周期中的客观要素，如数据、软件、材料和方法等[②]。中国科学院文献情报中心也正在尝试这种研究要素论文的出版。

与此同时，数据出版作为新型出版模式的一种，受到众多利益相关方的关注，包括：①政府机构、资助主体；②出版商/出版者（包括数据期刊）；③数据存储库及其他提供数据管理、注册和培训的服务平台。各方通过出台新的政策或举措、丰富新的数据论文类型以及提供新的技术支撑等方式不断促进数据出版的发展。

3.2.1.4 增强出版模式

增强出版（enhanced publication）[③④]是连接数据和文献之间的桥梁和纽带，能够帮助科研人员发现大量的灰色文献，主要具备以下几个特点：①将研究数据、增补资料以及发表出版后的不同类型数据进行集成和连接，便于科研人员全面地理解数据及信息的生产、应用与创新过程；②利用资源地图及永久标识符等在不同类型的数据资源之间建立关联和资源描述框架，以方便用户快速检索和发现资源；③以上内容需具备关键词和数字摘要，且具备机器可读、智能标记及结构化的特点。

荷兰SURF基金会与荷兰皇家艺术与科学院等合作资助的“增强型出版物”项目[⑤]，

---

① Geoscience data journal[EB/OL]. [2018-05-14]. https://rmets.onlinelibrary.wiley.com/toc/20496060/1/1.

② 刘凤红，张恬. 开放科学背景下新兴学术论文出版类型——研究要素出版[J]. 中国科技期刊研究，2017(2): 138-144.

③ WOUTERSEN S，WINDHOUWER. Enhanced publications: linking publications and research data in digital repositories[M]. Amsterdam: Amsterdam University Press, 2009.

④ 汪庆，任慧玲. 新技术环境下STM出版发展趋势探析[J]. 科技与出版，2014(9): 123-127.

⑤ Enhanced Publications [EB/OL]. [2018-09-10]. http://www.driver-repository.eu/Enhanced-Publications.html.

借助 Incontext Visualization 工具，将语义出版物的底层 RDF 架构以可视化方式展现出来。读者可以清晰地了解图书与章节，章节与作者，视频与图书等实体之间的关系。增强现实技术的应用，将会延伸读者的多种感官，改变传统出版静态、单一媒体、被动的呈现形式和传播形式，能够为读者提供扩展的实验数据、增强的实验内容和立体的实验过程。

3.2.1.5 语义出版模式

2009 年，大卫·香顿（David Shotton）提出语义出版（Semantic Publishing）概念，并用于科技期刊领域①。语义出版借助自然语言处理技术、语义技术，促进大量科学团体开展了对科学文献进行语义内容标注，它可以定义为任何能够提高、丰富数字出版物内容与知识的手段、技术和方法②③。语义出版通常具备相对完整的领域知识组织体系，通过本体或受控词表等形式存在，以支持知识自动发现和内容的语义标注，并实现在不同出版物之间进行知识点的链接与整合。

随着语义出版概念的提出，一大批出版商率先应用语义技术，对其出版物进行语义增强，从最初的简单地实现参考文献链接开始，逐渐丰富。以英国皇家化学学会、Elsevier 等一批拥有先进技术及庞大资金支持的出版商为例，他们在语义增强、语义关联、智能语义、互操作、数据挖掘、信息可视化、个性化服务等方面都展开了深入的研究及应用，是目前语义出版的代表。

语义出版技术除在科技期刊中有大量应用外，它也被广泛应用于图书领域，将一本书进行自动化的智能合成，基于语义技术和分析对教材进行本地化开发，其制作成本远低于人工化的制作成本，利于出版商实现增收。如 Ontotext 公司为出版商提供的分析服务可以对文本进行标注、解析并将这些信息储存到细分数据库，以深入到未结构化的数据的最深层。同时在一个细分数据库中储存关联数据，便于对现有内容的再次使用④。

如上项目通过大量语义、自然语言处理等技术，基于知识领域本体、维基百科与实体数据库等，对科学文献进行语义标注和组织，构建有别于传统文献的新的知识资源语义标识体系，以减少在知识传播、学术交流过程中的障碍⑤。

---

① 潘安，韩敏．语义出版与编辑作为[J]．中国编辑，2016(3): 47–52.

② SHOTTON D. Semantic publishing: the coming revolution in scientific journal publishing[J]. Learned publishing, 2009, 22(2): 85–94.

③ 李亚子，彭希珺，钱庆，等．语义环境下电子期刊出版标准探讨[J]．医学信息学杂志．2011(6): 61–66, 94.

④ 陆云．语义技术两种途径助力出版[N]．中国出版传媒商报，2016-05-06(12).

⑤ 吴思竹，李峰，张智雄．知识资源的语义表示和出版模式研究——以 Nanopublication 为例[J]．中国图书馆学报，2013 (4): 102–109.

总而言之，语义出版是信息技术引领下的新型出版模式，它正以强劲的发展势头成为新型出版中重要的方向。

3.2.1.6 优先出版模式

优先数字出版（online first publishing）[①] 是指论文先于学术期刊印刷版在网络上出版，最主要的特点是出版速度快。这种优先出版方式在国际上已逐渐形成一种出版趋势并开始对国内出版界产生影响。优先数字出版通常表现为缩短期刊出版周期，学术成果得以快速面世并被认可，它满足了人们对出版内容时效性的更高要求；同时，优先数字出版还有以下优势：①有利于发挥网络媒体与纸质媒体的互补优势；②有利于促进期刊数字出版转型；③有利于增强期刊出版能力，促进期刊质量提升。

优先数字出版模式主要分为单篇定稿出版和整期定稿出版两种出版模式[②]。单篇定稿出版通常由期刊编辑部按照既有编辑流程规范审定并完成编辑和排版的单篇稿件。在单篇定稿中论文发表的年、卷、期或页码可以不确定。单篇定稿出版的网络出版时间即该论文的正式出版时间，当论文印刷版出版时，在印刷版相应位置应标注网络出版时间和出版网址。

整期定稿出版与期刊印刷版内容与版式相一致，整期定稿出版的年卷期和页码编号由期刊编辑部确定与印刷版亦保持一致。已经出版的单篇定稿论文，在整期出版时须在论文相应位置标注单篇定稿出版时的网络出版时间与出版网址。

3.2.1.7 自出版模式

自出版（self publishing）也称自助出版，是指在没有正式出版商参与的情况下，由作者自己出版图书或者媒体产品的出版活动形式[③]。这种模式最早出现在19世纪英美图书出版行业中，作者通过自费以及包购包销等方式实现图书公开发行。网络时代的到来使得网络图书自出版模式逐渐成为主流，自出版的概念逐渐远离自费出办的简单形态，转而凸显作者在网络平台辅助下实现的自主和自助特质[④]。

网络自出版即在没有第三方出版商的参与下由作者通过网络自出版平台进行自主出版

---

① 汪新红.优先数字出版是提高学术期刊出版速度的一种新模式[J].中国科技期刊研究,2011(1):90-92.

② 夏君子.学术期刊实行优先数字出版的意义及问题分析[J].黑龙江教育学院学报,2015(4):176-178.

③ 史淑英,张静,强自力.自出版的兴起及图书馆的应对策略[J].国家图书馆学刊,2016(4):85-89.

④ 张波.论自出版模式的演变及其发展[J].编辑之友,2015(7):22-26.

图书或作品的活动，最终形成“作者到网络自出版平台再到读者”的出版局面[①]。作者可以参与并控制图书出版的全流程，包括图书的装帧设计、图书的编写体例、图书的定价、图书的发行以及图书市场营销和公关等工作，上述工作可由作者独立完成或部分外包给专业公司。

随着自出版需求的日益增多，国内外出现了适应网络自出版的平台，国外较为著名自出版平台有 Smash Words 网站、亚马逊网站以及 Kobo 旗下的 KWL 平台。Smash Words 网站[②]成立于2008年，截至2018年2月，已有超过47.5万本图书通过该平台出版、打样、定价和销售。亚马逊于 2007 年开通了 CreateSpace 平台和 KDP 服务系统[③]，CreateSpace 平台采用按需出版的方式向读者销售实体书，KDP 服务系统则提供 Kindle 出版服务，但其网站显示，该平台近两年活跃度不够。国内自出版模式尚在成型阶段，2011 年豆瓣阅读开始试水自出版领域，随后网易云阅读平台以及当当网都加入到自出版平台领域中。但由于国内外在出版领域的相关法规及政策不同，目前国内自出版平台尚未具备等同于国外的个人自出版条件。

随着许多畅销书作家开始选择采用自出版模式出版其作品，自出版成为一种新的重要出版方式。当前自出版的特点包括：体系内角色关系呈网状、潜在作者群体庞大、出版周期短、出版流程简单、作者收入高，在自出版图书的营销手段中自出版作者广泛利用社交媒体展开图书的营销攻势，进行网络销售。从国外自出版作者的反馈来看，他们认为自出版行业需要在出版质量方面投入更多的关注度以提高自出版的生命力[④]。

3.2.1.8 可视化出版模式

早期的科学文献受到当时的技术条件限制，往往仅限于文本和二维图表等表达形式。但大规模计算能力的提升以及相关算法的不断成熟，多媒体与可视化技术工具在出版活动中得以不断广泛应用。国际科技信息委员会（The International Council for Scientific and Technical Information，简称 ICSTI）于 2011 年 2 月召开了“科学交流的多媒体与可视化创新”主题谈论会，围绕多媒体创新、大规模数据挖掘与可视化、图像索引与分析、人机交互、虚拟情境等话题展开讨论[⑤]。

可视化出版（visualization publishing）其基本核心就是通过草图、图表、视觉隐喻、

---

① 刘蒙之.美国图书“自出版”模式的历史、现状与评价[J]. 燕山大学学报（哲学社会科学版），2012(4): 141-143.

② Smash words[EB/OL]. [2018-08-17]. https://www.smashwords.com/.

③ CreateSpace [EB/OL].[2018-08-17].https://www.createspace.com/.

④ DALE S. Potential of self-publishing[EB/OL]. [2018-09-10]. http://www.thepsychologist.org.uk.

⑤ ICSTI.ORG [EB/OL]. [2018-09-10]. http://www.icsti.org/spip.php rubrique42.

声音、动作、思维导图等可视化工具以及可视化操作软件与操作平台将人们生产创造出来的数据、信息、知识等进行情景再现式出版。它能使抽象知识具体化、隐性知识显性化、直观知识形象化、具体知识生动化，使文字以及记忆变得更便捷、更深刻、更牢固。①

从出版实践来看，可视化技术的应用大致可分为文献数据可视化、文献架构可视化与密集型数据可视化等②。文献数据可视化通常指建立在文献实体对象或数据语义标记基础上，利用大量图像、视频、Flash 应用等多媒体方式代替传统文字或图表加以呈现的方法。基于文献架构层面的可视化可以使原本单调的线性叙述方式被一种更具有层次感的结构所取代，带给用户全新的阅读体验。同时，在数据密集型学科领域中，科研人员要面对无比庞大的数据量，其中蕴含着复杂的变量关系，因此，需要借助可视化分析工具对复杂现象及关系进行直观表达，从而提高科研人员获取信息的效率，并帮助科研人员发现信息分析中存在的盲点，密集型数据的可视化利用与创新因此产生。可视化技术因科学研究与交流的需求产生，因运算能力和算法的进步而发展，可视化出版是未来出版中重要的方向之一。

3.2.1.9 图书馆出版模式

新型出版模式的不断涌现，也促进从事出版行为的主体发生转移，出版机构不再是唯一的出版者。数字出版技术为图书馆成为出版主体提供了可能，出现了以图书馆为出版主体的新型出版模式——图书馆出版（library publishing）。

美国研究图书馆协会（Association of Research Libraries，简称 ARL）关于学术图书馆战略发展的新问题、新现象的研究报告《学术图书馆议题》（*Research Library Issues*，简称 RLI）中指出：为应对“学术期刊危机”并不断解决学术交流中出现的新问题，数字期刊在出版理念、出版模式、交流模式等方面不断创新，机构档案和知识库不断出现，以适应数字期刊的保存、管理和利用需求；电子文本、数字化版本的图书、数字专著等也不断发展以满足更多的学术需要③。学术图书馆在促进学术交流方面正在并将继续不断做出贡献。

2008 年，美国研究图书馆协会学术传播办公室主任 Karla Hahn 面向 ARL 成员馆针对学术图书馆出版服务状况进行全面调查，并对 10 所机构出版项目管理者进行半结构化访谈，收集了大量数据撰写了题为《学术图书馆出版服务：大学出版的新选择》的调查报

---

① 金月华. 大数据时代可视化出版研究[J]. 出版发行研究，2016(3): 40–43.

② 徐丽芳，丛挺. 数据密集、语义、可视化与互动出版：全球科技出版发展趋势研究[J]. 出版科学，2012 (4): 73–80.

③ 刘兹恒，涂志芳. 学术图书馆参与数字出版的动因与条件分析[J]. 图书情报工作. 2016 (3): 32–37, 113

告[①]。该报告指出，出版服务是图书馆已经开展或正在开展的一系列新服务项目。它是与图书馆的数字化项目、数字人文项目、数字资源配置、学习对象培育、数字存储等新型服务一体化运营。图书馆出版依赖开源软件平台 PKP 的 OJS、DPubs 平台或者 Bepress 平台等进行内容存储与保存，并简化出版、设计等环节，通过在线出版和全文检索降低销售成本，提供质量评议、出版实践与咨询、版权管理等多元化附加服务。该报告首次从图书馆的日常工作入手，调查出版服务的具体实践进展，认为开放获取期刊是图书馆出版的重点，还包括会议论文（79%）和学术著作（71%）等，并提出图书馆出版服务与图书馆其他服务项目密切相关，而并非独立活动。

随后，2012 年 3 月，SPARC 代表美国普渡大学、乔治亚理工学院、犹他大学三家图书馆发布了《图书馆出版服务：成功战略（研究报告最终版）》[②]。报告重点阐述三所大学分别针对开放获取期刊、会议文献和学术著作所做出的出版服务。尤其是学术著作，不仅包括大学出版社学术著作的电子版、教师的研究报告和出版物（不考虑是否有纸本），也包括图书馆特色馆藏以书籍形式出版、在线发布免费版本或者数字形式的按需印刷等。该报告的重点在于将图书馆出版物的类型进一步扩展，并将馆藏资源作为图书馆出版的重要内容来源之一。

2013 年，Educopia 机构联合众多大学图书馆发起成立图书馆出版联盟。该联盟将“图书馆出版”定义为：大学图书馆支持下涉及学术的、创造性的和 / 或教育性的著作的产生、传播和存储的一系列活动[③]。对该定义的进一步解释为：图书馆出版需要一个生产创造过程；所呈现的原始作品从未在其他途径获取；对发表的内容进行认证。图书馆出版与其他出版模式的区别在于更加倾向于开放获取的传播方式，内容包括学术交流的非正式形式或实验性的形式。该报告明确了图书馆出版的内容生产、获取和认证功能，以及图书馆出版与其他模式在传播方式和出版物类型方面的差异。这对现有学术交流方式是个极大的挑战。至此，图书馆出版的概念确立，并在随后的研究与实践中得到共识。因此，本书中的“图书馆出版”是指以学术图书馆为出版主体，以数字出版为主要形式的公开发布的原创性的期刊论文、专著、学位论文等具有学术性、教育性内容的生产、传播和存储一系列活动。

---

① STRIEB K L. Research library publishing services: new options for university publishing[J]. Association of research libraries, 2008: 41.

② MULLINGS J L, MURRAY-RUST C, OGBURN J L, et al. Library publishing services: strategies for success: final research report[EB/OL]. [2018-06-18]. https://works.bepress.com/charles_watkinson/6/.

③ Library Publishing Coalition. What is publishing? [EB/OL]. [2018-07-22]. https://librarypublishing.org/.

从图书馆出版的概念可以看出，图书馆出版具有以下特点[①]：

（1）图书馆作为独立的出版人，实现出版功能，而不局限于完成出版的某个环节。图书馆能够完成各类型文献的生产、制作、加工、传播等全流程的出版活动，而不仅仅是其中文献的组织、文献的存储等一个或几个出版流程。

（2）图书馆出版以数字出版为主，但不局限于数字出版。数字出版是图书馆出版的技术和手段，图书馆可以利用数字出版技术，对学术作品进行编辑、分类、组织、标引、传播等，也可以根据用户需求，采用如按需出版等技术，提供纸本出版服务。

（3）图书馆出版物类型丰富，既包括正式出版物，也包括非正式出版物。图书馆出版与其他出版类型的区别在于出版主体是图书馆，而正式或非正式出版是由出版政策决定的。传统上，具有出版许可的机构出版物属于正式出版物，没有出版许可的机构出版物属于非正式出版物。但是，如果图书馆出版可以获得机构认可，得到出版政策的许可，图书馆出版物也可以是正式出版物。

（4）图书馆出版更加开放，但不排斥商业出版。开放出版是图书馆出版重要的传播方式和途径，图书馆出版更倾向于开放出版，成为商业出版的重要补充，在学术出版生态系统中获得更大的竞争优势，而不是取代商业出版。

（5）图书馆出版对作品声明版权，但不是内容垄断。图书馆出版与商业出版的重要区别在于作者并非以版权换取出版的权力。图书馆为作者提供出版的认证，但由作者保留版权。作者可以对其作品的内容再利用，不会受到图书馆的限制，图书馆更不会以版权的归属作为谋利的手段和资本。这一点与商业出版有极大的不同。

（6）图书馆出版是低成本出版，但不等于免费出版。图书馆是非营利性公益组织，其出版行为的最终目的在于促进学术交流，而不是获得利润的最大化，这是图书馆出版与商业出版的本质区别。图书馆出版也需要人力、物力、财力的投入，图书馆通过各种渠道寻求出版资助，争取实现作者的免费出版和读者的免费使用，但绝不以论文处理费、管理费、审稿费等名义收取高额费用获取高额利润。

3.2.2 新型出版的特征

综上所述，新型出版是社会发展、用户需求、技术驱动等多重因素下从传统出版发展而来的出版方式。新型出版不等同于完全的数字出版，新型出版是相对于传统出版而言，是原生数字化状态下一系列出版方式的总称。新型出版可以认为是一定时期内各种出版方

① Library Publishing Coalition. About us[EB/OL]. [2018-07-22]. http://librarypublishing.org/about-us.

式的集合，也可以认为是一种出版业态发展阶段。从传统出版到数字出版的发展过程中，技术是贯穿始终的重要线索，由技术变革引发内容和传播方式的变革，进而改变了整个出版模式和产业方式。新型出版的内容、技术与传播核心三要素也是新型出版的三个主要特征维度。

3.2.2.1 内容要素特征

新型出版强调了内容为先的出版特征。在出版内容上以数据出版为代表的新型出版方式突破了传统出版中以文本内容为核心要素的出版对象范畴，同时将数据、数据元素、材料、方法、软件、视频等作为出版对象，对出版内容范畴进行重新定义和实践，尝试建立新的出版内容体系并形成新的出版流程和模式。在出版周期上，以优先出版为代表的新型出版方式也已不拘泥于传统出版方式下纸质出版与数字出版同步的规则，在对已经接收完成编辑并定稿的论文采用网络优先发布的方式，加快知识内容的传播与共享。内容要素已成为新型出版方式发展的重要基础和内生动力。

3.2.2.2 技术要素特征

新型出版突出了在以内容为核心的出版活动中，技术对内容进行转化和呈现的重要作用。在出版技术上以增强出版、可视化出版为代表的新型出版方式，通过语义网技术、可视化数字技术以及 XML 技术为代表的技术流在新型出版中的引领作用突破了数字出版中文本内容的呈现方式，通过出版物内容的语义揭示以及外部资源的知识关联、可视化等方式实现学术出版功能的提升。这些新型出版方式还尝试了对内容的深度结构化标引，具有机器可读、智能标记及结构化特点，为知识应用及知识服务提供了重要的内容基础。技术要素已成为新型出版方式发展的重要外部推动力。

3.2.2.3 传播要素特征

新型出版推动了出版的实质，即学术成果社会共享的进程。在出版形式上，以开放出版为代表的新型出版方式颠覆了传统出版方式下订阅才可使用的固有模式，打破了立在自由学术交流前的藩篱，作者付费、用户免费的方式，充分释放了学术成果的价值空间，快速推动知识成果的全社会共享与传播，并逐渐引导和建立起新的出版生态系统与学术交流系统。同时以自出版、图书馆出版为代表的新型出版方式也打破了传统出版方式中出版商在出版价值链中的核心地位，形成了从作者到读者的新出版价值链，充分尊重作者意愿，并将出版内容真实有效地呈现与利用。传播要素已成为新型出版方式发展的重要社会推动力量。

3.3 新型出版对学术交流的意义

3.3.1 学术交流模式分析

学术交流影响了知识的创造、转化、保存和传播①。国内外学者根据不同学术环境与范式提出了不同学术交流与传播模式。Coles② 于 1993 年提出了学术交流的信息流模型，该模型列出的主要参与者，包括科学家、工程师和医学家、原始文献出版者、二次文献出版者、数据库服务器以及图书馆，并阐述了信息在这些参与者之间的流动和传递。信息流模型不是从出版角度出发，而是从基于信息在参与者之间的传递来探讨学术交流机制，是一种相对简单的模型。

2000 年，Tenopir 和 King③ 根据信息的产生、创作、复制、分配等一系列传统处理过程定义了生命实现学术交流模型，列出了所有直接和间接参与者，揭示了作者、出版者、图书馆和读者在学术交流中不同的角色和功能。比利时的一家机构 PIRA④ 基于 Normann 和 Ramirez 的研究成果，以价值网络分析方法为基础构建了学术交流的价值网络模型。该模型从创造价值的角度阐释了内容工业与内容工业以及内容工业和非内容工业之间的关系，指出因特网打破了出版部门之间以及出版和其他经济活动之间的界限⑤。

国内学者张鸣⑥于2004年对学术信息交流与传播进行分析，指出科学信息传播主要由信息生产者、信息发布者、信息传递者、信息接收者等环节构成。科学信息从生产者发出，经过中间环节，最后被接收者利用，再产生新的科学信息，形成一个信息传播链。在纸质文献时代，大量科学信息按照信息生产者到信息发布者、信息传递者，最后到信息接收者的顺序逐次传递，传播模式单向并固定；也有以谈话、书信等形式直接从信息生产者

---

① MCKEE A E，STAMISON C M，BAHNMAIER S. Creation，transformation，dissemination，and preservation: advocating for scholarly communication[J]. The serials librarian，2014，66(1/4): 189–195.

② The Royal Society. The scientific，technical and medical information system in the UK: a study on behalf of The Royal Society，The British library and the association of learned and professional society publishers[J]. Journal of clinical oncology official journal of the american society of clinical oncology，1993，26(16): 2619–2620.

③ TENOPIR C，KING D W. Towards electronic journals: realities for scientists，librarians and publishers[EB/OL]. [2018-08-16].https://works.bepress.com/carol_tenopir/7/.

④ EU publications. The EU publishing industry: an assessment of competitiveness[EB/OL]. [2018-08-16]. https://publications.europa.eu/en/publication-detail/-/publication/e643bc22-29f1-47e7-a665-98006340da70.

⑤ 胡德华，韩欢. 学术交流模型研究[J]. 图书情报工作，2010(2): 26–30.

⑥ 张鸣. 网络时代科学信息传播与利用的模式浅析[J]. 图书馆杂志，2004(1): 17–19.

传向信息接收者，但比例较小。2008 年黄如花等[①]探讨了 OA 对科学信息交流和利用过程中各环节的影响以及由此产生的新特点，由此提出了开放存取环境下的科学信息供应链模型，该模型在一定程度上比较客观地揭示了当前学术交流过程与传播形式，如图 3-4 所示。

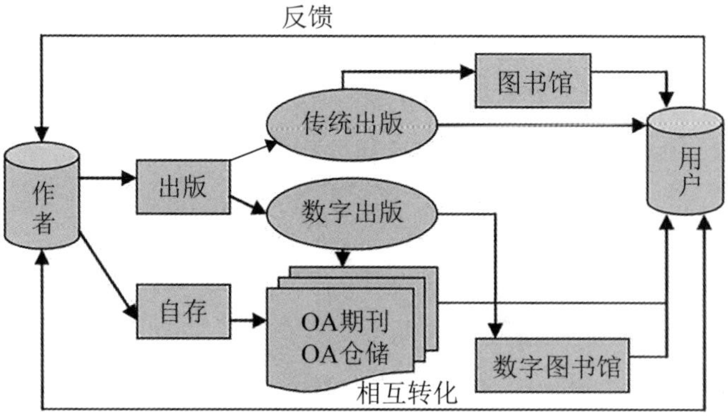

图 3-4 开放学术环境下科学信息供应链模型

由上述学术交流与传播模式可知，无论从信息流传递角度、社会价值链角度还是出版方式角度进行探讨，学术交流与传播的核心主体依然是知识生产者、知识传播者和知识利用者，知识在三者之间通过传导方式的不同，如出版方式、交流渠道、技术水平等作用环境的不同，产生新的价值并形成新的知识。从上述模式也可知，简化的学术交流主体主要以研究人员、出版商和图书馆三者为代表，研究人员无论在传统还是数字环境下，其主体身份既是知识生产者又是知识利用者，而出版商与图书馆则通常作为知识的传播者角色存在并发挥作用。学术交流主体也在不同出版方式下发挥不同作用，但随着数字技术快速发展、开放获取理念或将成为主流趋势并将逐步取代商业出版方式的当下，学术交流模式是否会发生巨变，学术交流主体是否因此将失去其原先的地位和作用是值得研究的重要内容。

3.3.2 学术交流主体对新型出版的认知调查

在研究新型出版对学术交流体系的影响时，首先研究学术交流主体对新型出版的认知显得尤为重要。为此，本研究通过网络调查方式，对研究人员、图书馆员、出版商代表进行了调研，获得了 1471 位参与者在关于新型出版与学术图书馆关系认知、新型出版内涵、特征与趋势理解方面的反馈。这些反馈较为真实地反映了现阶段学术交流主体对新型出版

---

① 黄如花，冯晴. 论开放存取出版对科学信息交流和利用的影响[J]. 出版科学，2008(3): 75-78.

的理解与想法。

3.3.2.1 新型出版环境下对学术图书馆定位认知

（1）在认为新型出版与学术图书馆之间的关系趋势方面，如表 3–3 所示，72.6% 的受访者表示新型出版与学术图书馆是一体化关系，认为学术图书馆是需要参与到新型出版过程中；48.2% 的受访者认为是上下游关系；还有受访者表示无法确定与没有关系，但两者比例较低。由此看来，大部分学术交流主体对新型出版有一定理解，并能突破传统出版模式中上下游的关系去理解学术图书馆与新型出版融合发展的趋势。

表 3–3　新型出版与学术图书馆关系

选项	小计	比例
上下游关系	709	48.2%
一体化关系	1068	72.6%
替代关系	312	21.21%
没有关系	92	6.25%
不确定	151	10.27%

（2）在理解新型出版视角下学术图书馆的竞争力状态时，如表 3–4 所示，70.77% 的受访者表示出较为乐观的态度，认为新型出版对学术图书馆来说是一种机遇；认为具有优势的比例也达到 53.5%；认为新型出版对学术图书馆有威胁，学术图书馆有劣势的比例为 35.42% 和 19.37%。由此看来，受访者能用较为乐观的态度去拥抱新型出版。

表 3–4　新型出版视角下学术图书馆的竞争力状态

选项	小计	比例
有优势	787	53.5%
有劣势	285	19.37%
新型出版对学术图书馆有机遇	1041	70.77%
新型出版对学术图书馆有威胁	521	35.42%
不确定	98	6.66%

3.3.2.2 对新型出版的内涵、特征与趋势的认知

（1）在理解哪些出版方式可以称为“新型出版”时，如表 3–5 所示，所列的 7 个选项均有反馈，其中知晓度最高的 3 个方式为数字出版、开放出版与数据出版。由此看来，作

者、图书馆员以及出版商对新型出版有一定的理解基础，同时还有受访者对所列出版方式以外的其他出版方式进行了补充，包括移动出版、可视化出版等。

表 3-5 新型出版概念理解

选项	小计	比例
数字出版	1111	75.53%
开放出版	1042	70.84%
语义出版	755	51.33%
增强出版	586	39.84%
数据出版	931	63.29%
优先出版（按篇出版）	551	37.46%
自出版	431	29.3%
其他，请说明	25	1.7%

（2）在理解自身（所在的机构）在知识生产—知识传播—知识利用 3 个环节中处于哪个环节时，如表 3-6 所示，认为处于传播环节的比例最高，其次为知识利用，最后为知识生产，这与参与调研的人员中图书馆员与出版商比例较高有关，但同时也反映了受访者在对新型出版方式的理解上，较为看重其传播环节的作用。

表 3-6 知识传播环节的定位与理解

选项	小计	比例
知识生产	622	42.28%
知识传播	1137	77.29%
知识利用	889	60.44%

（3）在判断新型出版对自己所在环节是否影响最大时，如表 3-7 所示，选择“是”的比例高于“否”的比例，这与前面的问题中处于传播环节的受访者比例较高有关。调查又对选择“否”的 473 名受访者进一步追问，让其选择他们认为应该受到影响最大的环节，如表 3-8 所示，有 41.86% 的受访者选择了“知识传播”环节，由此看来，无论受访者是否处于“知识传播”环节，绝大部分的人都认为新型出版对知识传播环节的影响最大。

表 3-7　新型出版对自己机构的影响

选项	小计	比例
是	998	67.85%
否	473	32.15%

表 3-8　新型出版对学术交流系统环节的影响

选项	小计	比例
知识生产	103	21.78%
知识传播	198	41.86%
知识利用	167	35.31%
原因	5	1.06%

（4）在判断新型出版的哪些出版方式将会对未来社会发展产生影响时，如下表 3-9 所示，所列的 7 个选项中，数字出版、开放出版与数据出版依旧排名前三，与受访者对新型出版方式的了解程度保持一致。

表 3-9　新型出版对未来社会发展的影响

选项	小计	比例
数字出版	1026	69.75%
开放出版	990	67.3%
语义出版	663	45.07%
增强出版	510	34.67%
数据出版	801	54.45%
优先出版	444	30.18%
自出版	429	29.16%
可视化出版	707	48.06%
其他，请说明	16	1.09%

（5）在判断新型出版的 3 个特征（内容要素、技术要素、传播要素）是否会对未来社

会发展产生影响时，如表 3-10 所示，92.52% 的受访者选择“是”，仅有 7.48% 的受访者选择“否”。在选择“是”的 1361 位受访者中，继续追问哪个特征影响最大时，如表 3-11 所示，选择“传播要素”的受访者比例最高，达到 38.8%。由此看来，受访者对于新型出版特征的理解，具有相对的集中认知，传播要素成为影响学术交流以及社会发展的重要因素。

表 3-10 新型出版的特征是否对未来社会发展产生影响

选项	小计	比例
是	1361	92.52%
否	110	7.48%

表 3-11 哪个新型出版的特征对未来社会发展产生影响

选项	小计	比例
内容要素	419	30.79%
技术要素	414	30.42%
传播要素	528	38.8%

从上述调研结果可以看出，大部分学术交流主体对新型出版有一定理解，并能突破传统出版模式中上下游的关系去理解学术图书馆与新型出版融合发展的趋势；受访者能用较为乐观的态度去拥抱新型出版并对新型出版的理解有一定基础和积累；同时，无论受访者是否身处“知识传播”环节，绝大部分的受访者都认为新型出版对知识传播环节的影响最大并且在新型出版特征的理解上，具有相对的集中认知，受访者普遍认为传播要素将成为影响学术交流以及社会发展的重要因素。

3.3.3 新型出版对学术交流主体的意义

该调研结果反映了学术交流主体对新型出版的基本态度与认知，从整体上看，由数字出版延伸出的各种出版方式对作者、出版商以及图书馆员来说已经不再陌生，他们已经接受并且加入到新型出版的发展中，用积极的态度去思考和看待由此带来的影响与挑战。2018 年 9 月 *Science* 刊文指出①，鉴于开放获取趋势进展缓慢，欧洲 11 个国家科研资

① MARTIN E. European science funders ban grantees from publishing in paywalled journals[EB/OL]. [2018-08-17]. http://www.sciencemag.org/news/2018/09/european-science-funders-ban-grantees-publishing-paywalled-journals.

助组织近期推出一个重磅规定：到 2020 年，这些每年资助经费约 76 亿欧元的组织将要求其资助的每篇论文发表后是免费获取。声明指出获得资助的论文将不能发表在存在 6 个月或 12 个月的开放获取延迟的期刊以及存在单篇论文收费的混合期刊。该文章还指出，欧洲委员会和欧洲研究理事会也表示支持该计划。此例证明，以开放获取为代表的新型出版模式将深刻改变现有学术交流体系并对学术交流核心主体产生深远影响。

3.3.3.1 新型出版对研究人员的意义

研究人员作为重要的学术交流主体，其身份既是知识的生产者又是知识的利用者，是学术交流系统的起点与终点。在以纸质出版、商业性出版为代表的传统出版模式下，信息流从科研人员的论文产生，到出版商出版、图书馆采购，再到科研人员的利用并产生新知识，科研人员都处于被动的地位与状态。科研成果的广泛传播和利用受到科研经费、论文发表要求、图书馆资源购置经费、访问范围及渠道等多种阻碍，在这些阻碍前，科研人员束手无策。但随着开放获取运动的到来，开放出版成为科研人员解决科研成果有效传播及利用受阻的重要方法。

开放出版快捷灵活的发布方式有利于科研人员以作者身份在第一时间将科研成果公之于世，防止出现因传统论文出版过程的延误而造成他人抢先发布相似研究成果的局面。开放出版也为作者提供了更加广阔的空间，打破了时空限制，最大限度地扩大作者的学术影响[①]。从长远看，因为读者范围广，开放出版将增加学术造假、抄袭等现象被发现的概率，可在一定程度上促进良好的学术氛围的形成[②]。

同时，作为知识利用者的科研人员，开放出版使他们成为最大的受益者。他们可以用免费的方式获取其他科研人员的研究信息和学术成果，及时了解本学科领域动态，提高科研工作效率并节省科研资金，而开放出版使用协议更是保证了他们在获取、修改、复制、分发、检索、连接、引用等方面的权利。开放出版的交互性也可促进知识利用者的学术创造性，读者和作者之间的身份也可以实现相互转化，促进学术发展。

除此以外，数据出版作为开放出版新的内容对象，将成为科研人员实现科研论文开放共享外数据开放共享新的途径，从实验数据到科研论文的全部开放将更有利于促进学术交流体系的良性生态环境建设。

3.3.3.2 新型出版对出版商的意义

作为学术交流系统中重要的传播之一，出版商无论在传统商业出版还是开放新型出版

---

① FRANDSER T F. The integration of open access journals in the scholarly communication system: three science fields[J]. Information processing & management, 2009, 45(1): 131-141.

② 李金林，张秋菊，冉伦. 开放存取对学术交流系统的影响分析[J]. 图书馆论坛，2013(3): 13-18.

中都扮演着重要角色，并且在出版模式的转型中，出版商由最初的抵制者逐渐成为开放出版的推动者。

开放出版利用网络直接进行学术交流，最大化实现了信息传递和互换，从本质上削弱了出版商在学术交流体系中的控制权，改变了出版商在学术市场中的垄断地位，这在一定程度上导致出版商利润的降低和市场份额的缩小。由于用户利用网络获取学术资源十分便捷，传统学术期刊在学术研究工作中的地位也将降低。不仅如此，开放出版还通过使用许可协议向用户让渡版权，这种让渡方式使版权失去了商业竞争价值，出版商也就无法凭版权垄断牟利。因而，在这种情况下，很多出版商纷纷采取灵活的出版政策，允许部分、延期或完全的开放存取出版。

从现行的开放期刊出版模式来看，开放获取并不影响期刊正常的审理流程，即同行评议，相反严格的同行评议流程使得开放获取的期刊和论文更能获得业内专家的认可，同时作者可以在全球最大的开放获取期刊目录网站 DOAJ 官网①上查阅开放获取的期刊名录并选择投稿，从而保障作者投稿期刊的质量和影响力。

一度有声音质疑开放获取在剥夺出版商的利益，从而将利益让渡给用户。然而事实并非如此，经过多年的开放获取运动，出版商从最初的不认同、抵制，到如今的支持、推动。SCOAP3 是国际多方合作建立的一种高能物理领域开放获取期刊出版与传播模式②，它通过协商将原订购经费转换为作者的文章处理费，很好地解决了高能物理领域从订阅期刊向开放获取期刊转变中的经费问题，从而使出版者乐于参与并推动开放获取。

新型出版虽然改变了出版商的出版流程、出版方式甚至商业模式，但从本质上看，出版商在学术交流中的地位并没有受到很大挑战，它还是学术交流中暂时无法忽视的一个环节，甚至在新型出版尤其是开放出版环境下，出版商由于不用向图书馆以及作为读者的科研人员收取高昂的使用费而增加了不少好感度。因此，当出版商在分析和预见了新型出版所能带来的好处时，他们乐意并积极推动新型出版模式并做出变革。当然，出版商也许在未来会受到图书馆出版以及自出版模式的挑战与影响，在社交媒体、自媒体、预发布平台盛行的情况下，科研人员可以以作者与用户双重身份来实现信息快速流通，并在身份自动切换时，摆脱传统的知识传播渠道，形成二位一体的独立学术信息交流通路，那时，出版商也许需要考虑如何转型的问题。

---

① DOAJ. Directory of open access journals[EB /OL].[2018-09-10].https://doaj.org/.

② SCOAP3—Sponsoring consortium for open access publishing in particle physics[EB /OL].[2018-09-10]. http://scoap3.org/.

3.3.3.3 新型出版对图书馆的意义

在传统出版模式下（这里更多地指商业性出版模式），图书馆是作为学术交流系统中重要的传播者存在的，图书馆每年支付大量的资源建设经费，为学术交流系统的终端用户科研人员提供纸质或数字化的科研论文访问和获取权限。但随着互联网及开放获取运动的开展，用户对物理图书馆的依赖度不断降低，当信息可以在出版者、作者和用户三者间形成学术交流通路时，图书馆还将失去作为购买者的角色定位。在这种情况下，图书馆的变革主要体现在它的主营业务逐渐向图书馆的上下游拓展：向上游出版领域转型，借助图书馆的资源优势和学术优势深度参与学术出版；向下游用户服务扩展，深挖用户需求，和用户结成深层次同盟，共同完成学术创新，这将是图书馆的另一发展方向[①]。

图书馆在开放出版中逐渐摆脱了资源建设经费不足、到馆读者逐年减少、图书利用率下降、存在感缺失等诸多问题，也失去了作为购买者的角色定位，但图书馆需要思考如何在开放科学中成为知识服务的提供者、学术出版的出版者、信息素养的教育者等。随着图书馆服务的多元化、知识化、个性化，图书馆正在重新建立其新的功能定位，从而稳固地建立与作者、用户、出版者之间的联系，图书馆可作为研究者与出版者之间的桥梁，在数据管理等领域中的关系版权的制定、学术出版倡议的提出、机构知识库的建立和研究分析等方面更大地、更有效地发挥其应有的价值和作用。

---

① 韩丽，王敏，初景利. 生态学视角下开放获取驱动的学术交流系统变革研究[J]. 中国科技期刊研究，2017 (2): 105-111.

4 新型出版及其与学术图书馆关系研究现状

近年来，出版（包括新型出版）与图书馆（包括学术图书馆）关系问题引起人们广泛关注，国内外已经有许多研究者对这一课题进行研究。从新型出版及其与学术图书馆关系的研究态势入手，梳理和总结关于新型出版对学术图书馆影响的研究，不仅可以从更广阔的视角审视人们对这一问题的认知，也有利于我们从生态学视角更好地把握二者的现实关系与未来发展趋向。

4.1 新型出版的相关研究综述

为较为详细地呈现国内外在新型出版领域的主要研究现状，首先利用文献计量方法对国内外近 10 年新型出版领域研究文献进行检索与分析，从发表文献数量、发表期刊分布、发表作者分析、核心机构统计四方面展示国内外新型出版领域的整体研究现状；通过关键词频次和关键词共现图谱揭示新型出版领域的研究热点，对其进行解读后归纳形成新型出版研究的不同阶段。

目前的新型出版模式主要包括数字出版模式、开放出版模式、语义出版模式、增强出版模式、数据出版模式、优先出版模式、自出版模式、可视化出版模式、图书馆出版模式等。在 Web of Science 核心合集中分别以“Electro* Publish*”“Digital* Publish*”“Open Access Publish*”“OA Publish*”“Semantic* Publish*”“Enhanch* Publish*”“Enrich* Publish*”“Data Publish*”“Prior* Publish*”“Scholar* Publish*”“Academ* Publish*”“Self Publish*”“Vision* Publish*” 和“E-Book Publish*”“Librar* Publish*” 为主题词，以 2008 年 1 月 1 日至 2018 年 6 月 30 日为时间区间进行检索。去除不相关记录后，得到文献 375 篇。在 CNKI 数据库中，分别以“数字出版”“开放出版”“语义出版”“增强出版”“数据出版”“优先出版”“自出版”“可视化出版”“图书馆出版”为主题词，以 2008 年 1 月 1 日至 2018 年 6 月 30 日为时间区间，对 CSSCI 收录的期刊文献进行检索，去除不相关记录后，得到文献 2779 篇。基于以上数据，采用定量与定性结合的方法，利用 Excel、R 语言、Gephi 等分析工具，对国内外近 10 年新型出版的研究现状、趋势和热点做系统归纳和解读。

4.1.1 国内外研究整体现状

4.1.1.1 文献数量

由图 4-1 可知，近 10 年国外新型出版研究文献的数量总体呈平稳上升趋势。2012 年和 2017 年出现研究高峰，文献分别达到 44 篇和 53 篇。由图 4-2 可知，近 10 年国内新型出版研究文献的数量在急剧上升之后迅速回落。2008 年，相关文献仅有 40 篇，后陡增至 2013 年的 546 篇。之后便迅速下降至 2017 年的 203 篇。纵观 10 年之间，新型出版成为国内的热点研究领域，学术界和实践界都十分重视对新型出版的研究，取得了较国外而言更丰硕的研究成果。但持之以恒的长期研究是取得学术突破之根本，如何保持研究的持续性是国内新型出版领域需要重视的问题。

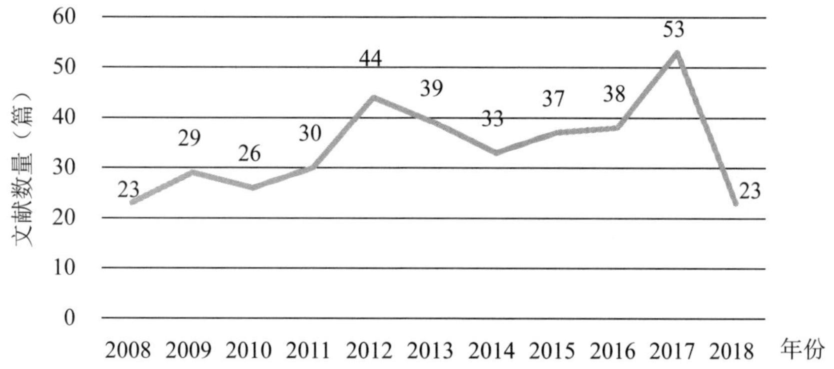

图 4-1　近 10 年国外新型出版研究文献年度分布

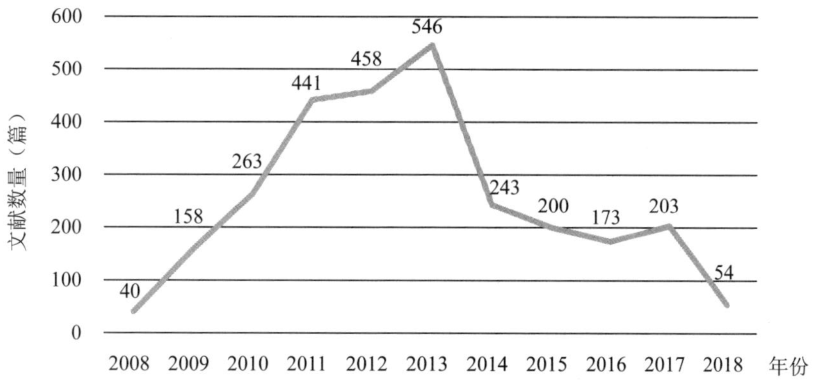

图 4-2　近 10 年国内新型出版研究文献年度分布

4.1.1.2 期刊分布

统计近 10 年文献的期刊分布后发现，在期刊数量上，国内外刊载新型出版研究文献的期刊数量基本一致，分别为125种和126种。其中国外共有8种期刊发表文献在10篇及以上（见表4-1），共计167篇，占文献总数的44.5%。国内共有22种期刊发表文献在10篇及以上（见表4-2），共计2529篇，占文献总数的91%。可见在文献分布期刊的集中度上，国内远高于国外。就期刊涉及的领域而言，国内外重合度较高，主要包括出版发行领域、图书馆学情报学领域和新闻传播领域，这说明新型出版的研究是一个跨学科的重要课题。此外，国内外的主要不同在于，国外还有较多论文刊载于计算机领域的期刊上，而国内没有这一特征，这说明国内对与新型出版相关的计算机技术的研究还较为薄弱。

表4-1 国外新型出版研究文献主要来源期刊

序号	期刊名	篇数
1	Learned Publishing	53
2	Journal of Scholarly Publishing	39
3	Scientometrics	19
4	Information Research—An International Electronic Journal	13
5	Journal of Academic Librarianship	12
6	Online Information Review	11
7	Professional De La Information	10
8	Journal of the Association for Information Science and Technology	10

表4-2 国内新型出版研究文献主要来源期刊

序号	期刊名	篇数	序号	期刊名	篇数
1	出版发行研究	462	9	编辑学刊	88
2	科技与出版	417	10	中国编辑	75
3	中国出版	403	11	图书情报工作	47
4	编辑之友	306	12	出版广角	31
5	出版科学	162	13	传媒	26
6	中国科技期刊研究	153	14	重庆社会科学	17
7	现代出版	138	15	新闻界	16
8	编辑学报	109	16	图书与情报	13

续表

序号	期刊名	篇数	序号	期刊名	篇数
17	河南大学学报（社会科学版）	12	20	图书馆理论与实践	11
18	科技管理研究	12	21	图书馆杂志	10
19	图书馆建设	11	22	图书馆论坛	10

4.1.1.3 作者分析

新型出版领域吸引了众多学者进行研究和探索。近 10 年国外共有 746 名作者参与发表了相关文献，国内这一数据高达 2319 名。然而，多数作者对新型出版的研究浅尝辄止，国外和国内分别有 690 名（占作者总数 92.5%）和 1247 名（占作者总数 53.8%）作者发表相关文献仅为 1 篇。国外发文最多的作者为 HankenSch Econ 的 Bjork Bo-Christer，共发表论文 9 篇。国内发文最多的作者为武汉大学信息管理学院的黄先蓉，发文共计 36 篇。另外还有其他高产作者对新型出版进行了持续深入的研究，国内外发文量排名前十位的作者如表 4-3 和表 4-4 所示。

表 4-3　国外新型出版研究高产作者

序号	作者	篇数	所在机构
1	Bjork，Bo-Christer	9	HankenSch Econ
2	Gimenez-Toledo，Elea	6	CSIC，CtrCienciasHumanas&Sociales
3	Laakso，Mikael	4	HankenSch Econ
4	Manana-Rodriguez，Jorge	4	CSIC，CtrCienciasHumanas&Sociales
5	Abadal，Ernest	3	Univ Barcelona
6	Greco，Albert N.	3	Fordham Univ
7	Rowley，Jennifer	3	Manchester Metropolitan Univ
8	Pinfield，Stephen	3	Univ Sheffield
9	Baverstock，Alison	3	Univ Kingston
10	Xia，Jingfeng	3	Indiana Univ

表 4-4　国内新型出版研究高产作者

序号	作者	篇数	所在机构
1	黄先蓉	36	武汉大学信息管理学院
2	张晓林	28	中国科学院文献情报中心
3	陈丹	23	北京印刷学院新闻出版学院
4	郝振省	22	中国出版科学研究所、中国新闻出版研究院、中国编辑学会
5	李麟	21	中国科学院文献情报中心
6	肖洋	19	华东师范大学传播学院
7	赵文义	18	长安大学文学艺术与传播学院、长安大学文献资源研究所
8	方卿	18	武汉大学信息管理学院
9	汤雪梅	17	中国新闻出版研究院、北京印刷学院新媒体学院
10	刘灿姣	17	湘潭大学公共管理学院、中南大学文学院

运用普莱斯定律，可揭示国内外新型出版领域的核心研究力量。根据该定律，发文数在 m = 0.749（nmax ^ 0.5）篇以上的作者为核心作者，其中 nmax 为最高产作者的发文量，核心作者应该完成所有专业论文总和的一半①。国外和国内新型出版领域，最高产作者的发文量分别为 9 篇和 36 篇。所以国外和国内核心作者的发文 m 值分别为 2.25 和 4.50，因此本书将国外发文数量在 3 篇及以上、国内发文数量在 5 篇及以上的作者界定为核心作者。统计得到国外核心作者为 14 人，核心作者发文数量共计 53 篇，占发文总量的 14.13%。国内核心作者为 142 人，核心作者发文数量共计 1158 篇，占发文总量的 41.67%。国内外核心作者的发文总量都未达到文献总量的一半，可知近 10 年国内外均未形成核心作者群。但较国外而言，国内核心研究力量表现突出，核心作者群的形成趋势更为明显。

4.1.1.4 核心机构

统计作者所在机构，可发现新型出版研究的主要力量分布。国内外新型出版研究发文量排名前十位的高产机构如表 4-5 和表 4-6 所示。由表 4-5 知，国外机构的文献产量不高，且机构间的差距较小。其中 HankenSch Econ 以 13 篇的数量成为发文最多的机构，CSIC 则以 8 篇紧随其后。从国家分布看，国外高产机构所在的国家较为集中，西班牙和美国是新型出版研究的主要阵地。从机构属性看，高校是国外新型出版研究的主宰者。由表 3-6 知，较国外而言，国内高产机构的发文基数较大，且机构间的产出差距十分明显。其中武

① 邱均平. 信息计量学[M]. 武汉：武汉大学出版社，2007：167，191-195.

汉大学信息管理学院以 144 篇位居榜首，是国内新型出版研究的引领者。北京印刷学院和中国科学院文献情报中心分别以 107 篇和 73 篇占据第二、三位，二者是该研究领域的中坚力量。从机构属性来看，高校是研究的主力军，但是研究所同样在新型出版研究中扮演重要角色。研究所的加入使得国内研究力量的分布更加科学，因为新型出版是面向实践的，拥有丰富出版实践经验的研究所势必会使得国内新型出版的研究更加务实，研究成果的实际性和可操作性更强。

表 4–5　国外新型出版研究高产机构

序号	机构	所在国家	篇数
1	HankenSch Econ	芬兰	13
2	CSIC，CtrCienCias Humannas & Sociales	西班牙	8
3	Univ Illinois	美国	6
4	Univ Wisconsin	美国	6
5	Univ Barcelona	西班牙	5
6	Univ Salamanca	西班牙	5
7	Univ Tennessee	美国	5
8	Indiana Univ	美国	5
9	Univ Sheffield	英国	4
10	Univ Granada	西班牙	4

表 4–6　国内新型出版研究高产机构

序号	机构	篇数
1	武汉大学信息管理学院	144
2	北京印刷学院	107
3	中国科学院文献情报中心	73
4	中国新闻出版研究院	44
5	南京大学信息管理学院	41
6	上海理工大学出版印刷与艺术设计学院	32
7	中国科学技术信息研究所	28
8	湘潭大学公共管理学院	27

续表

序号	机构	篇数
9	武汉大学信息资源研究中心	25
10	陕西师范大学新闻与传播学院	24

4.1.2 研究热点与发展阶段

4.1.2.1 研究热点

研究热点是在某一时间段内，有内在联系的、数量相对较多的一组论文所探讨的科学问题或专题①。关键词是一篇文献主要研究问题的提炼，可用关键词出现频次的高低和关键词共现图谱识别研究热点。经统计，近 10 年国外新型出版研究文献共有 555 个关键词，其中有 470 个关键词只出现了一次，占比 84.7%。国内该领域文献共有关键词 3543 个，其中仅出现一次的关键词为 1894 个，占比 53.5%。

利用 R 语言预处理国内外文献数据，再用复杂网络分析软件 Gephi 将处理后的数据进行可视化呈现，以直观反映新型出版领域的研究热点。图 4–3 和图 4–4 为基于关键词共现关系生成的国内外研究热点知识图谱。表 4–7 和表 4–8 为国内外高频关键词排序。研究热点知识图谱中，每一个节点代表不同的关键词。节点的大小表示关键词出现频次的高低，节点越大表明关键词出现的频次越高。节点之间的连线代表关键词之间的共现关系，边越粗表明关键词的共现频次越高。

由图 4–3 各节点大小可知，近 10 年国外新型出版的研究热点主要以“open access”为中心向外扩散，其他关键节点还有“academic publishing”“scholarly publishing”“digital publishing”“journals”等。结合表 4–7 的国外高频关键词，根据研究经验和相关文献，归纳出近 10 年国外新型出版领域的研究热点包括：开放出版的发展趋势和困境，学术期刊的开放存取，出版行业的盈利模式和市场状况，图书馆出版的模式和趋势，语义出版的技术探索。

通过图 4–4 可看出，近 10 年国内新型出版的研究热点以“数字出版”为中心向四周扩散。节点“数字出版”远大于其他节点，说明“数字出版”是国内新型出版研究的绝对热点。大部分节点都与“数字出版”存在连线，反映出国内新型出版的研究多是围绕“数字出版”展开，且“数字出版”与其他研究点有着良好的互动关系。国内该领域的其他关

① CHEN C，CHEN Y，HOROWIZ M，et al. Towards an explanatory and computational theory of scientific discovery[J]. Journal of informetrics，2009，3(3)：191–209.

键节点还涉及“科技期刊”“学术期刊”“数字出版产业”“传统出版”“出版社”“商业模式”等。结合表 4-8，归纳总结出近 10 年国内新型出版研究热点有：数字出版发展的趋势和挑战，学术期刊在新型出版环境下的转型，传统出版与数字出版的融合路径，数字出版中的版权保护问题，出版的产业链变革和商业模式创新。

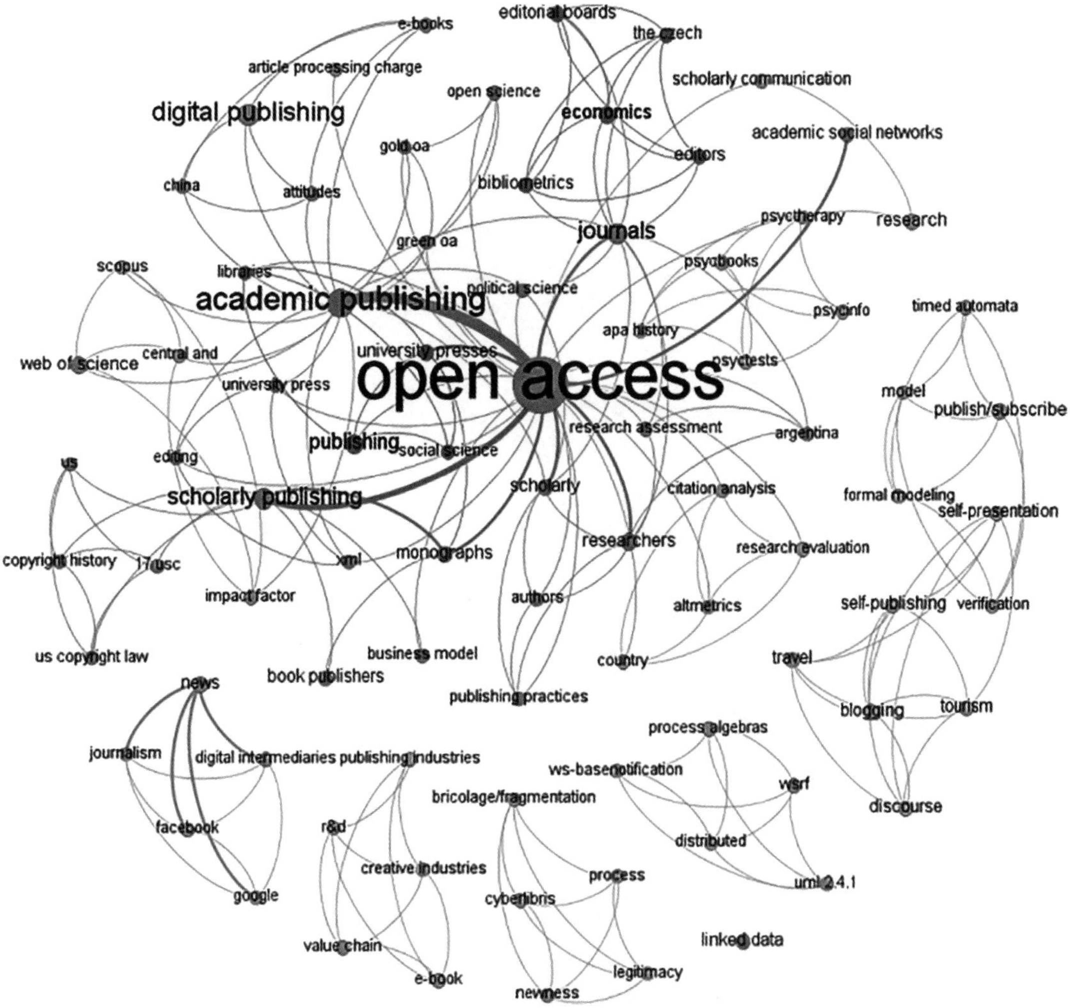

图 4-3　国外研究热点知识图谱

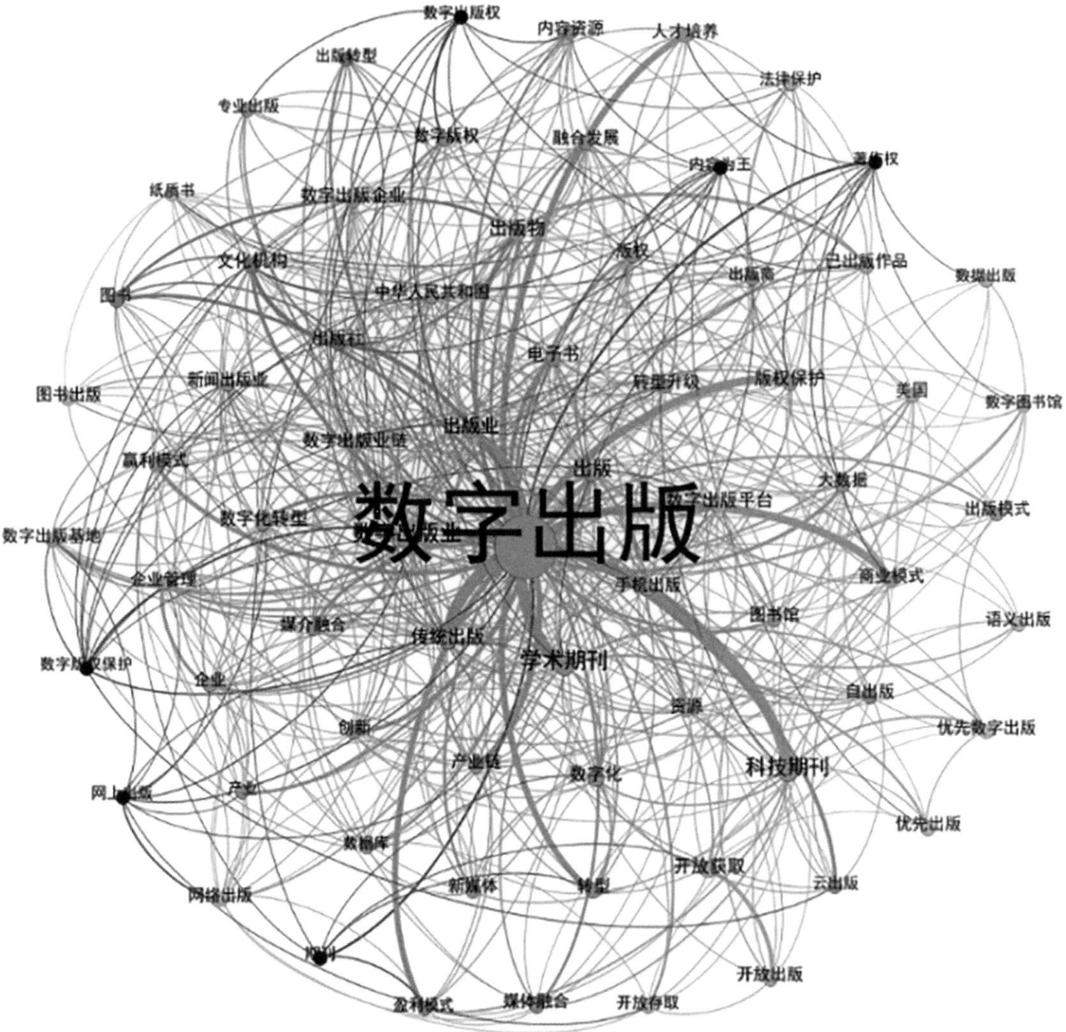

图 4–4　国内研究热点知识图谱

表 4–7　国外新型出版高频关键词

关键词	频次	关键词	频次
open access	52	scholarly communication	9
academic publishing	17	publishers	9
scholarly publishing	17	digital publishing	7
publishing	12	linked data	6
electronic publishing	11	journals	6

表 4–8 国内新型出版高频关键词

关键词	频次	关键词	频次	关键词	频次
数字出版	1631	出版业	75	产业链	55
科技期刊	144	数字出版产业链	67	数字化出版	53
学术期刊	128	数字化	66	出版物	50
数字出版产业	127	版权保护	65	开放获取	48
传统出版	115	转型	64	数字化转型	47
出版	96	电子书	60	盈利模式	45
出版社	83	赢利模式	59	优先数字出版	45
商业模式	78	文化机构	58	数字出版平台	44

4.1.2.2 发展阶段

为了更深层次揭示近 10 年来国内外新型出版的研究发展和趋势，将 2008—2018 年以两年为一个阶段划分为 5 个阶段（其中 2018 年由于只有部分数据，故与 2016 年和 2017 年一起作为第五阶段），分别进行关键词的频次统计。表 4–9 和表 4–10 分别为各个阶段的高频关键词表。

从表 4–9 可发现，国外在 5 个阶段的研究相似度很高，研究主题相对固定。“open access”和“scholarly publishing”在 5 个阶段都是研究的主流，并且“open access”从 2012 年一跃到关键词频次首位后，一直都是研究的焦点。开放出版是新型出版的主要构成形式之一，在开放获取的环境下应运而生。随着开放获取环境的变化，开放出版发展的趋势和困境成为学者们主要探讨的内容。预计未来“open access”的研究热度还将持续。

从 2008 年开始，关于出版具体形式的关键词，如“electronic publishing”和“digital publishing”在 4 个阶段的高频关键词行列均有出现。说明对于新型出版具体出版形式的探讨是该领域的重要研究方向。除数字出版和电子出版之外，预计还有语义出版、数据出版、自出版等出版形式会逐渐转入重点研究行列。

出版主体方面的关键词“publishers”和“academic libraries”在第二和第四阶段的研究热度均较高，说明在新型出版趋势的冲击下，出版商的转型和变革是需要重点突破的方向。“academic libraries”在高频关键词行列的出现说明学术图书馆是新型出版的主要参与者。“university presses”在第五阶段出现，也折射出在新型出版环境下新型出版主体的多元化。出版主体不再局限于传统出版社，大学也越来越多参与到新型出版的队伍中。各出版主体在新型出版中的角色定位和效能发挥机制是未来的重点探索方向之一。

表 4-9　国外各阶段高频关键词

阶段	时间段	高频关键词
一	2008—2009	electronic publishing、open access、scholarly publishing、electronic books、internet
二	2010—2011	electronic publishing、publishers、scholarly publishing、academic libraries、open access
三	2012—2013	open access、academic publishing、scholarly publishing、linked data、electronic publishing
四	2014—2015	open access、scholarly communication、publishers、scholarly publishing、academic libraries
五	2016—2018	open access、academic publishing、scholarly publishing、digital publishing、university presses

通过表 4-10 可知，近 10 年国内新型出版的研究主题由单一逐渐变得多元，研究主题随着时间的演进而越发丰富。“数字出版”始终以绝对优势位居各阶段关键词频次榜第一位，反映出“数字出版”是国内新型出版研究的核心内容。各阶段的高频关键词中有许多都与“数字出版”密切相关，如“传统出版”“数字出版产业”“数字出版产业链”“商业模式”都是与“数字出版”有着紧密的关联。这几个关键词探讨的共性问题是：传统出版到数字出版的转型与变革，数字出版的产业化融合发展和产业价值链结构的变化，以及由产业链结构调整所带来的商业模式的转变和创新。数字出版是国内新型出版最主要的形式，对数字出版及其相关领域进行深入的研究，可以打开全面研究新型出版的大门。预计国内还将围绕数字出版这一主题做更多的探索，数字出版的研究热度会保持稳定甚至继续上升。

与期刊出版相关的“科技期刊”和“学术期刊”在各阶段的研究中均占有较重要的位置，说明期刊的出版，尤其是学术类期刊的出版，是目前国内新型出版领域关注的焦点。其原因一方面是在新型出版环境下，学术期刊出版行业首先受到新环境、新技术和新理念的冲击；另一方面学界对于学术期刊的研究一直在持续进行，出版问题是期刊研究的重要方向。预计未来关于新型出版对象的研究热点会逐渐增多，很可能会由学术期刊向科普期刊延伸，并突破期刊范畴，进而关注图书的新型出版。

从第四阶段即 2014 年起，高频关键词的多样化趋势明显。与大数据环境相关的“大数据”“数据出版”“语义出版”，与新技术相关的“新媒体”和“自出版”，研究热度骤涨。大数据环境和不断革新的技术给新型出版注入了新的活力和研究增长点。这说明新型出版的研究与新环境和新技术息息相关，新型出版还会由于更多的技术进步而焕发勃勃生机。预计未来新型出版领域会出现更多与技术相关的研究热点，研究面会更开阔，研究热点会更加多元。

表 4-10　国内各阶段高频关键词

阶段	时间段	高频关键词
一	2008—2009	数字出版、出版社、文化机构、数字出版产业链、传统出版、盈利模式、科技期刊、出版业、数字出版产业、出版商
二	2010—2011	数字出版、数字出版产业、传统出版、出版业、出版、数字出版产业链、商业模式、科技期刊、出版社、出版物
三	2012—2013	数字出版、科技期刊、出版、数字出版产业、学术期刊、转型、版权保护、传统出版、数字化、盈利模式
四	2014—2015	数字出版、学术期刊、科技期刊、大数据、数字出版产业、数据出版、数字化、传统出版、开放获取、新媒体
五	2016—2018	数字出版、学术期刊、语义出版、科技期刊、自出版、大数据、融合发展、开放出版、传统出版、图书馆

从上述分析可看出，近 10 年新型出版的研究主要由开放获取理念引领，目前依然如此，可以说开放获取是推动国外出版商和图书馆积极转变出版传播方式的主要动因。在此基础上，技术作为主要实现手段，推动并帮助出版商和图书馆实现转型，促使形成更为开放的科学传播氛围。国内的新型出版则主要围绕数字技术展开，数字出版成为近 10 年国内出版的重要方向。在数字出版转型中，出版商是积极的倡导者和推动者，国内图书馆参与度较低。同时国内的新型出版也呈现出技术先行，随后带动开放理念传播和发展的态势，与国外理念先行的模式形成较大差异。

4.2 国内外新型出版研究

4.2.1 数字出版研究

21 世纪以来，互联网技术不断发展，并在各个行业得以应用和普及，而数字出版得益于互联网技术的支撑也发展起来。到目前为止，数字出版已经基本实现了出版全流程的数字化，摆脱了传统出版的“实物属性”，将数字化技术充分应用在了内容生产、过程管理、产品形态和传播形态等各个方面。

国内关于数字出版的研究始于20世纪末。数字出版相关研究出现初期，其基本概念、相关技术、功能价值及其对传统出版的影响等成为主要讨论的话题。关于数字出版与传统出版的关系有两种观点：一种观点认为数字出版会取代传统出版，而积极的观点认为数字出版对传统出版业提出了挑战，同时也给出版业带来了生机和活力，数字出版将成为传统出版转型发展的重要方向[①]。之后相关实践逐渐开展起来，数字出版与传统出版关系的探讨便成为核心关注点，学术界主要围绕传统出版的出路以及数字出版的发展预期进行研究，与此同时数字出版该如何发展也成为重要的研究议题。2007年至2010年间，数字出版进入全面发展阶段，学界对数字出版的运营和盈利模式[②③④]、人才培养、内容生产等关乎数字出版整体发展的相关议题、传统出版与数字出版的融合发展、数字出版与图书馆的关系，尤其是与数字图书馆的关系均成为研究聚焦点[⑤]。

数字出版的快速发展促进了经济和行业的进步和发展，但随之也产生了一系列的问题，其中版权问题是核心问题之一。因此，在2011年之后学界开始聚焦于对数字出版行业版权问题及解决策略的深入研究，数字出版行业复合型人才的培养也得到了进一步的关注，精通技术的高级人才成为出版业迫切需要的对象，而与此同时，由数字出版引发的出版行业产业结构的变化也颇受重视。技术变革是数字出版创新发展的基石，当移动互联网和移动阅读普及到大众日常，新媒体技术、大数据技术、人工智能技术与“互联网+”等新兴技术如雨后春笋般出现时，数字出版也跨入了产业化融合化的发展阶段，由此学界对数字出版的研究也迈向了新的阶段。目前，随着知识经济的发展，数字出版的创新发展以及基于数字出版开展知识服务的研究也得到了学界和业界的双重关注，未来知识服务将成为数字出版研究和发展不可忽略的重要议题。

国外数字出版研究与国内有一定的差异。实践先于研究开展起来，实践发展甚至较理论研究更具有先导性是国外数字出版发展的重要特点之一。SpringerNature和Elsevier等大型出版集团深远的国际影响力也充分说明了国外在数字出版实践和相关产业方面

---

① 明海，杨小龙.我国网络出版研究现状综述[J].情报杂志，2002(10): 13-14，18.
② 葛存山，张志林，黄孝章.数字出版运作模式研究[J].科技与出版，2008(9): 51-55.
③ 何格夫.数字出版赢利模式探究[J].科技与出版，2008(7): 4-7.
④ 汪忠.数字出版的商业模式与传统出版企业的数字出版发展[J].出版发行研究，2008(8): 58-63.
⑤ 康茜.我国近10年数字出版研究知识图谱及发展趋势——基于CNKI（2005—2017）的数据可视化分析[J].中国出版，2018(1): 34-39.

的强大竞争力。数字时代学术期刊的特点发生了重要的转变[①]，从传统纸质出版到数字出版再到后数字出版时代，出版业在不断变革，出版思想也需要不断进步，相关学者对转型过程中涉及的商业模式的转变和经济利益的再分配等问题进行了研究[②]。在数字出版逐渐推广和普及的过程中，技术的发展一直是重要的推动力，颠覆性和持续性的数字技术[③]以及新媒体技术等的发展为数字出版带来了新的生机和活力[④]，研究者往往希望通过颠覆性技术理论对传统出版环境下的数字出版价值进行预测[⑤]。此外，在数字出版发展的过程中，还引发了国外学者对数字资源长期保存[⑥⑦]、数字出版政策[⑧]、数字出版法律问题[⑨]、数字出版行业的专业化和多样化与生存率之间的关系研究[⑩]以及数字出版的影响[⑪]及其发展过程中面临的困境[⑫]等问题的关注和探索。

4.2.2 开放出版研究

文献载体数字化是开放出版的前提和基础。20 世纪 90 年代末，基于订阅的传统学术

---

① GU X，BLACKMORE K. Characterisation of academic journals in the digital age[J]. Scientometrics，2017，110(3): 1-18.

② SAARTI J，TUOMINEN K，SAARTI J，et al. From paper-based towards post-digital scholarly publishing: an analysis of an ideological dilemma and its consequences[J]. Information research，2017，22(3): 769.

③ GRECO A N. The impact of disruptive and sustaining digital technologies on scholarly journals[J]. Journal of scholarly publishing，2016，48(1): 17-39.

④ THOMPSON M. Share this: the Facebook effect on digital publishing[J]. Database trends & applications，2012，35(5): 14-19.

⑤ GAIGHER S，ROUX E L，Bothma T. The predictive value of disruptive technology theory for digital publishing in the traditional publishing environment: a south african case study[J]. Journal of scholarly publishing，2014，45(3): 261-288.

⑥ HODGE G M. Digital preservation: overview of current developments[J]. Information services & use，2002，22(2/3): 73-82.

⑦ HURYCH J. National digital preservation initiatives: an overview of developments in Australia，France，the Netherlands and the United Kingdom，and of related international activity[J]. Collection building，2003，23(3): 151.

⑧ HUANG X R，HAO T. System of digital publishing policies and regulations in China[J]. Library Hi Tech，2014，32(3): 397-408.

⑨ IGLEZAKIS I，SYNODINOU T H，KAPIDAKIS S. E-publishing and digital libraries : legal and organizational issues[M]. Information science reference，2011.

⑩ MANGANI A，TARRINI E. Who survives a recession? Specialization against diversification in the digital publishing industry[J]. Online information review，2017，41(1): 19-34.

⑪ HUNTER B. The effect of digital publishing on technical services in university libraries[J]. Journal of academic librarianship，2013，39(1): 84-93.

⑫ WHITEHEAD D. Special issue: digital publishing for the humanities and social sciences[J]. Syllecta classica，2005，16(2): 263-268.

期刊出版模式严重阻碍了学术交流的发展，出现了“学术期刊危机”，而数字出版得益于互联网的应用开始发展起来，学术期刊出版和传播成本逐渐降低。在危机与机遇的双重背景下，开放出版作为一种新的出版模式开始兴起①。

根据布达佩斯开放获取计划（Budapest Open Access Initiative，简称BOAI）②和Bethesda开放获取出版（简称“开放出版”）声明③中关于开放出版的定义，开放出版主要有OA期刊和自存储两种形式。其中OA期刊有完全OA期刊、复合OA期刊和延迟OA期刊等多种类型，自存储有知识库和预印本等多种类型。国内关于开放出版的研究于2004年开始出现，其中开放出版的基本内涵、类型和实现途径及其对学术交流环境的影响最先被关注，如李武和刘兹恒最先对OA产生的背景和国外的OA实践进行了分析④，乔冬梅、李麟和初景利等对OA的含义、基本特征和实现途径等进行了研究⑤⑥。整体而言，国内学者在之后的十几年里对开放出版的研究逐年增加且热度不减，相关研究主要围绕以下几个方面来开展：

（1）开放出版中的权益问题研究。学者们主要针对开放获取的版权许可和知识产权问题进行探索⑦⑧，包括版权运作、版权政策及发展趋势以及图书馆在开放获取期刊运用中的版权规避问题等，并试图寻找可以平衡开放出版中利益相关者之间权益的方法和路径⑨。

（2）开放出版对图书馆的影响研究⑩⑪。包括开放获取对图书馆角色定位⑫、资源建设⑬、服务创新⑭等，以及开放获取背景下图书馆的应对之策⑮等。

---

① 苗美娟，刘兹恒. 国内图书馆开放存取出版服务探析[J]. 国家图书馆学刊，2016 (2): 60-65.

② BOAI. Open access as a means to promote academic publishing [EB/OL]. [2018-09-08]. http://www.soros.org/openacccss/meeting.shtml.

③ BOAI. Bethesda statement on open access publishing[EB/OL]. [2018-09-08] http://legacy.earlham.edu/~peters/fos/bethesda.htm.

④ 李武，刘兹恒. 一种全新的学术出版模式：开放存取出版模式探析[J]. 中国图书馆学报，2004(6): 67-70.

⑤ 乔冬梅. 国外学术交流开放存取发展综述[J]. 图书情报工作，2004(11): 74-78.

⑥ 李麟，初景利. 开放获取出版模式研究[J]. 图书馆论坛，2005(6): 88-93.

⑦ 李楠楠. 机构知识库资源版权问题的解决策略[J]. 图书馆建设，2012(7): 1-5.

⑧ 董燕影. 开放获取的版权许可问题初探[J]. 情报探索，2009(8): 9-11.

⑨ 杨峰，韩倩倩，张文韬. 机构知识库权益平衡机制探析[J]. 图书馆建设，2015(5): 13-16.

⑩ 张晓林. 开放获取：研究型图书馆的下坡路，还是登高梯？——代序[J]. 图书情报工作，2013 (1): 14.

⑪ 任真. 开放获取环境下的图书馆[J]. 大学图书馆学报，2005(5): 44-47.

⑫ 张立功. 开放阅读时代的图书馆角色定位和服务创新研究[J]. 图书情报工作，2014(3): 58-63.

⑬ 麻思蓓. 开放获取对图书馆信息资源建设的影响[J]. 图书馆，2015(1): 78-80，84.

⑭ 张理华. 基于开放获取的高校图书馆创新服务研究[J]. 情报探索，2016(10): 109-111.

⑮ 周阳. 开放获取环境下图书馆应对策略研究[D]. 合肥：安徽大学，2010.

（3）开放出版政策、相关制度和实施规范的研究。政策是保证开放出版实施与开展的制度保障，相关学者从政策制定主体和政策作用客体两个方向进行探索，即对不同组织机构层面的政策制度进行剖析，这些组织包括国际组织、政府部门、科研资助机构、科研教育机构和图书馆等；对不同出版物类型的开放获取政策进行分析，例如学术期刊、学术专著、学位论文和科研数据等内容。

（4）开放出版的质量控制与评估研究。开放获取不仅仅是一种新的期刊和出版模式，它还是一种新的学术交流模式。由于部分低质量开放获取期刊的影响，以及已有的质量和评价指标已经不适应开放获取期刊的现状，学界对开放出版的评价和遴选非常关注。基于此，相关学者和机构开始研究和使用新的评估方法，如替代计量、论文级别的计量以及期刊计量等已经被应用到开放获取期刊的质量评价中。

（5）开放获取期刊的影响力研究。在当前的学术评估体系下，期刊的影响力和传播力等都与期刊本身的发展以及其他利益相关者息息相关。国内学者较为关注开放出版对期刊或论文影响力的影响，如刘丽[①]等通过调查肿瘤医学、牙科以及Scopus数据库中的期刊和文献，对期刊或论文引用率与开放获取之间的关系进行了研究。

（6）与开放获取平台相关的研究。从研究主体来讲，包括对DOAJ、DOAB、OpenDOAR和arXiv等国际知名开放存储平台的研究、对国内外机构知识库的研究以及对重要开放获取期刊出版商的研究等；从研究内容来讲，包括对出版平台硬件和数据内容建设、平台运营和服务等的研究[②]。

总体而言，国内关于开放出版的研究最初是从分析和探究国外相关实践开始的，之后才从理论和国内实践发展层面开始进行更深层次的研究。而国外作为开放出版理念的发源地，其开放出版的实践比国内要早，相关研究也比国内更加微观和细化，主要立足现实，聚焦于APC（论文处理费）和OA出版的资助政策等具体的领域进行深度剖析[③④]，如McGuigan等对NIH公共获取政策和联邦资助问题进行了研究，并且基于NIH开放获取政策背后的原理和当前的学术出版体系结构，提出了未来针对其他联邦和公共资助研究实施

① 刘丽，陈小清，邢美园．肿瘤学meta分析论文被引频次与期刊开放获取相关性分析[J].中国科技期刊研究，2017(10): 971-977.

② 张晓林．机构知识库的政策、功能和支撑机制分析[J].图书情报工作，2008(1): 23-27，19.

③ SOTUDEH H，GHASEMPOUR Z. The world’s approach toward publishing in Springer and Elsevier’s APC-funded open access journals [J]. College & research libraries，2017，79(2): 257-278.

④ 章岑，黄金霞．国内外开放获取期刊研究内容对比分析[J]. 现代情报，2016，36(9): 159-167.

的建议和启示[①]。与此同时，国外学者对“掠夺性”期刊、开放获取期刊的引用以及开放获取出版的用户态度等研究较为关注。

（1）掠夺性期刊研究：当前，掠夺性期刊的判定基本是基于 Jeffrey Beall 掠夺性期刊判断标准，有学者对其科学性进行了验证，认为该标准存在一定的不足[②]。但无论如何，该类期刊的存在对 OA 期刊的发展具有不可估量的负面影响，会降低人们对 OA 期刊的信任[③]。学者们通过调查和分析在此类期刊上发表论文的作者，结果发现在掠夺期刊上发表文章的作者大多来自发展中国家，其发表的具体原因来自多个方面，如发展中国家的身份不利于他们在较好的国际期刊上发表论文、他们不知道期刊的声誉如何以致无法进行判断、科研人员处于不发表就灭亡（or publish，or perish）的科研压力当中、有些研究人员缺乏研究能力[④]、机构内部具有发表OA期刊的科研奖励[⑤]等，因此，提出一些针对性的对策和建议来解决这些问题是非常必要的[⑥]。

（2）期刊影响力和引文研究：引用和影响力评价是学术界和期刊出版界重点关注的议题。开放出版作为一种新型的出版方式，其出版期刊的引用也备受国外学界的关注，对金色 OA 和绿色 OA 等不同类型的 OA 期刊影响力进行测试是研究的重点[⑦]。关于引文和引用优势等的研究，学者们或以 Elsevier 中作者付费的混合 OA 期刊为例，探究开放获取引用优势的可持续性[⑧]；或通过对Google Scholar中的相关数据进行分析，验证开放出版是否具有引文优势[⑨]；或以 Scopus 数据库等的数据为实验对象，对金色 OA 的普及情况与引用优

---

① MCGUIGAN G S. The NIH public access policy and federally funded research: an analysis of problem recognition and agenda setting [J]. The journal of academic librarianship, 2015, 41(1): 54-60.

② OLIVAREZ J D, BALES S, SARE L, et al. Format aside: applying beall's criteria to assess the predatory nature of both OA and non-OA library and information science journals [J]. College & research libraries, 2016, 79(1): 52-67.

③ FRANDSEN T F. Are predatory journals undermining the credibility of science? A bibliometric analysis of citers [J]. Scientometrics, 2017, 113(2): 1-16.

④ KURT S. Why do authors publish in predatory journals? [J]. Learned publishing, 2018, 31(2): 141-147.

⑤ PYNE D. The rewards of predatory publications at a small business school [J]. Journal of scholarly publishing, 2017, 48(3): 137-160.

⑥ NWAGWU W E. Counterpoints about predatory open access and knowledge publishing in Africa [J]. Learned publishing, 2015, 28(2): 114-122.

⑦ ZHANG L, Watson E M. Measuring the impact of gold and green open access [J]. Journal of academic librarianship, 2017, 43(4): 337-345.

⑧ SOTUDEH H, ESTAKHR Z. Sustainability of open access citation advantage: the case of Elsevier's author-pays hybrid open access journals [J]. Scientometrics, 2018, 115(1): 563-576.

⑨ MIKKI S. Scholarly publications beyond pay-walls: increased citation advantage for open publishing [J]. Scientometrics, 2017, 113(4): 1-10.

势状况进行的分析[①②]。总体而言，与传统期刊相比，OA 期刊具有一定的优势[③]，但也有学者经过研究发现，在巨型期刊上以金色 OA 方式发表论文的大多是发展中国家和地区的研究人员，从国际出版行业的整个经济生态来讲，这事实上是发展中国家在为西方优质的学术成果买单[④]。

（3）科研人员对开放出版的态度和动机。科研人员是否愿意在 OA 期刊上发表论文决定了 OA 期刊是否能够长远健康地发展下去。因此，调查和了解科研工作者对开放获取期刊的态度和看法就较为重要，相关研究对西方科研人员[⑤]、北美图书馆和信息科学学院科研人员[⑥⑦]、法国国家研究中心科研人员[⑧]、肯尼亚科学家[⑨]、阿拉伯地区的科学家[⑩]以及边缘国家的研究人员[⑪]对OA出版的态度及实践情况进行了调研[⑫]，结果发现边缘国家和地区的研

① DORTAGONZÁLEZ P，SANTANAJIMÉNEZ Y. Prevalence and citation advantage of gold open access in the subject areas of the Scopus database [J]. Research evaluation，2017，27(1): 1-15.

② DORTA-GONZÁLEZ P，GONZÁLEZ-BETANCOR S M，DORTA-GONZÁLEZ M I. Reconsidering the gold open access citation advantage postulate in a multidisciplinary context: an analysis of the subject categories in the Web of Science database 2009–2014 [J]. Scientometrics，2017，112(2): 1-25.

③ FRANKLAND J，RAY M A. Traditional versus open access scholarly journal publishing: an economic perspective [J]. Journal of scholarly publishing，2017，49(1): 5-25.

④ ELLERS J，CROWTHER T W，HARVEY J A. Gold open access publishing in Mega-journals: developing countries pay the price of western premium academic output [J]. Journal of scholarly publishing，2017，49(1): 89-102.

⑤ PÉREZ S R，LÓPEZCOZAR E D. Spanish researchers' opinions，attitudes and practices towards open access publishing [J]. El profesional de la información，2017，26(4): 722-734.

⑥ PEEKHAUS W，PROFERES N. An examination of North American library and information studies faculty perceptions of and experience with open-access scholarly publishing [J]. Library & information science research，2016，38(1): 18-29.

⑦ PEEKHAUS W，PROFERES N. How library and information science faculty perceive and engage with open access [J]. Journal of information science，2015，41(5): 640-661.

⑧ SCHOPFEL J，FERRANT C，ANDRE F，et al. Ready for the future? A survey on open access with scientists from the French National Research Center (CNRS) [J]. Interlending & document supply，2016，44(4): 141-149.

⑨ CHILIMO W，ADEM A，OTIENO A N W，et al. Adoption of open access publishing by academic researchers in Kenya [J]. Journal of scholarly publishing，2017，49(1): 103-122.

⑩ SELIAMAN M E，SALIM E，ELDOW M E Y. Perceptions and attitudes of Arab information technology researchers toward open access publishing [C]// Humanities，science and engineering. IEEE，2013:168-171.

⑪ KIENC W. Authors from the periphery countries choose open access more often [J]. Learned publishing，2017，30(2): 125-131.

⑫ TENOPIR C，DALTON E D，CHRISTIAN L，et al. Imagining a gold open access future: attitudes，behaviors，and funding scenarios among authors of academic scholarship [J]. College & research libraries，2016，78(6): 824-843.

究人员更倾向于选择金色OA，科研人员的态度因其学科背景而不同①。此外，还有对作者在OA期刊上发表论文的动机和行为进行的研究②，结果发现作者对OA的态度以及一些强制性的规定和规范等③是其中重要的影响因素。

除以上热点研究以外，论文及科研数据开放出版的政策问题④、开放出版在学术交流中的作用⑤、OA期刊的评议与发表⑥、开放获取期刊系统的构建⑦、开放出版中涉及的APC⑧及期刊运营中相关内容⑨、科研数据开放出版中的权益问题、开放获取期刊的评估⑩等研究主题也备受国外学者的关注。

4.2.3 数据出版研究

随着大数据和E-science的发展，以数据为基础的科学发现开始盛行，科学研究方法也不断改变，科学研究范式开始向数据密集型科学转变，加之开放科学和数据共享等开放共享理念的盛行，数据出版（data publishing / data publication）这一新概念便应运而生，其重要性也日益显现。2006年和2015年国务院分别出台了《国家中长期科学和技术发展规划纲要（2006—2020年）》和《促进大数据发展行动纲要》，其中明确提出要实现科学

---

① ROWLEY J, JOHNSON F, SBAFFI L, et al. Academics' behaviors and attitudes towards open access publishing in scholarly journals [J]. Journal of the association for information science & technology, 2017, 68(5): 1201-1211.

② NELSON G M, EGGETT D L. Citations, mandates, and money: author motivations to publish in chemistry hybrid open access journals [J]. Journal of the association for information science & technology, 2017, 68(10): 2501-2510.

③ MOKSNESS L, OLSEN S O. Understanding researchers' intention to publish in open access journals [J]. Journal of documentation, 2017, 73(6): 1149-1166.

④ 尤霞光，盛小平.8个国际组织科学数据开放共享政策的比较与特征分析[J].情报理论与实践，2017(12): 40-45.

⑤ LI X, THELWALL M, KOUSHA K, et al. The role of arXiv, RePEc, SSRN and PMC in formal scholarly communication [C]// Aslib journal of information management, 2015, 67(6): 614-635.

⑥ SPEZI V, WAKELING S, PINFIELD S, et al. "Let the community decide"? The vision and reality of soundness-only peer review in open-access Mega-journals [J]. Journal of documentation, 2018, 74(1): 137-161.

⑦ PARK M, SEO T S. Creating a national open access journal system: the korean journal publishing service [J]. Journal of scholarly publishing, 2016, 48(1): 53-67.

⑧ SOLOMON D J, BJÖRK B C. A study of open access journals using article processing charges [J]. Journal of the American society for information science and technology, 2012, 63(8): 1485-1495.

⑨ PINFIELD S, SALTER J, BATH P A. A "gold- centric" implementation of open access: hybrid journals, the "total cost of publication", and policy development in the UK and beyond [J]. Journal of the association for information science & technology, 2017, 68 (9): 2248-2263.

⑩ RAY M. An expanded approach to evaluating open access journals [J]. Journal of scholarly publishing, 2016, 47(4): 307-327.

数据与文献资源的共享，这为国内数据出版实践的发展带来了契机。

国内关于数据出版的实践处于起步阶段，国外相关实践已经开始发展起来，但在学术研究方面国内外都处于探索时期，且相关研究主要针对科研数据的出版进行讨论，主要包含以下几个方面：

（1）数据出版的概念界定。从不同角度对数据出版和数据进行了界定，有的学者认为只有经过像学术论文发表一样的同行专家评审等流程的科研数据出版才能被定义为“数据出版”[①]，有的学者认为数据出版就是将数据上载到互联网中可允许他人使用的“数据发表”行为[②]。

（2）数据出版模式研究。学界对数据出版模式的分类有两分[③]、三分[④]和四分[⑤]等多种划分，国际出版学术界普遍认为数据出版的主要模式有数据论文出版、数据独立出版和数据合作出版等三种[⑥]。

（3）数据论文研究。当前对于数据论文的概念有着不同的界定，一种是基于数据出版的概念对数据论文进行界定，认为数据论文就是以类似标准学术出版物的形式进行发布的学术产品。“数据论文”中的内容包含了数据从原始采集到最终使用全过程的描述，包括数据采集和处理过程中涉及的技术和软件等以及数据本身的一些特点[⑦⑧⑨]；还有研究利用比对的方法对数据论文的特点进行分析，通过对比传统研究论文[⑩]，认为数据论文是一种科学出版物形式，与传统的研究论文一样具有认可度、接受度和科学严密性[⑪]。总体而言，学术界和实践界普遍认为数据论文应该是经过审定而发表的正式出版物。数据论文在出版过程中涉及很多方面，学者主要针对数据论文的出版流程、相关标准、权益机制以及数据出

① 刘闯.论全球变化科学研究数据出版[J].地理学报,2014(8): 3-11.

② 刘凤红,崔金钟,韩芳桥,等.数据论文:大数据时代新兴学术论文出版类型探讨[J].中国科技期刊研究,2014(12): 1451-1456.

③ 黄国彬,王舒,屈亚杰.科学数据出版模式比较研究[J].大学图书馆学报,2018(1): 34-40,33.

④ 张小强,李欣.数据出版理论与实践关键问题[J].中国科技期刊研究,2015(8): 813-821.

⑤ 张静蓓,任树怀.科研数据出版模式、流程及引用策略研究[J].图书情报工作,2015(9): 21-27.

⑥ 梁子裕.国外科研数据出版模式研究[J].出版发行研究,2017(3): 82-85.

⑦ 屈宝强，王凯.数据论文的出现与发展[J].图书与情报,2015(5): 1-8.

⑧ CHAVAN V, PENEV L. The data paper: a mechanism to incentivize data publishing in biodiversity science[J]. BMC bioinformatics, 2011, 12(6): 2399-2405.

⑨ NEWMAN P, CORKE P. Editorial data papers—peer reviewed publication of high quality data sets[J]. International journal of robotics research, 2009, 28(4): 558-570.

⑩ CHAVAN V, PENEV L. The data paper: a mechanism to incentivize data publishing in biodiversity science[J]. BMC bioinformatics, 2011, 12(Suppl 15): S2.

⑪ ROAMARTINEZ S M, VIDOTTI S A, SANTANA R C, et al. Proposed structure of a data paper structure as scientific publication[J]. Revista espanola de documentacion cientifica, 2017, 40(1): 33.

版物的引用格式等进行了研究[①②③④⑤]。

（4）数据出版的质量控制。由于数据是科研活动的主要产品，是科研论文和科学发现的基础，因此学界对于数据出版的质量控制也极为重视[⑥⑦]，学者们希望通过对数据内容、格式、标准流程、质量控制指标以及与数据集评议等相关问题的研究[⑧⑨]来规范数据出版，保证数据质量。

（5）数据出版政策分析与研究。数据出版的政策及出版中的其他关键问题也是学术界关注的重点议题。数据出版政策涉及出版的各个流程，相关研究对国内外典型数据期刊或者特定学科领域的数据期刊出版政策进行剖析，从政策效力强弱、数据类型、数据存储、数据引用、质量控制和隐私保护等方面进行分析[⑩⑪]，并为完善我国学术期刊数据出版政策提出可行性的建议[⑫]。

此外，关于科学数据出版过程中的其他关键问题研究涉及出版流程的方方面面，包括数据出版的技术研究[⑬]、科学数据的标识、评审和引用[⑭]，数据出版的体系与模式、元数据

---

① LEONARDO C，DONATELLA C，PAOLO M，et al. Data journals: a survey[J]. Journal of the association for information science and technology，2015，66(9): 1747-1762.

② 欧阳峥峥，青秀玲，顾立平，等.国际数据期刊出版的案例分析及其特征[J].中国科技期刊研究，2015(5): 437-444.

③ PARSONS M A，FOX P A. Is data publication the right metaphor?[J]. Data science journal，2013，12(12): WDS32-WDS46.

④ 刘晶晶，顾立平.数据期刊的政策调研与分析——以Scientific Data为例[J].中国科技期刊研究，2015(4): 331-339.

⑤ LAWRENCE B N，JONES C，MATTHEWS B，et al. Citation and peer review of data: moving towards formal data publication [J]. International journal of digital curation，2011，6(2): 4-37.

⑥ 涂志芳，刘兹恒.国外数据知识库模式的数据出版质量控制实践研究[J].图书馆建设，2018(3): 5-13.

⑦ 李修.数据期刊出版质量控制研究[J].编辑之友，2017(4): 33-38.

⑧ 王丹丹.科学数据出版过程中的数据质量控制[J].图书情报工作，2015(23): 124-129.

⑨ AUSTIN C C，BLOOM T，KHODIYAR V K，et al. Key components of data publishing: using current best practices to develop a reference model for data publishing[J]. International journal on digital libraries，2017，18(2): 1-16.

⑩ 雷秋雨，马建玲.学术期刊数据出版政策研究综述——以JCR中进化生物学领域期刊为例[J].图书馆理论与实践，2016(1): 30-34.

⑪ 刘颖，王旋.医学领域国际学术期刊数据出版政策分析[J].中国科技期刊研究，2017(8): 685-689.

⑫ 傅天珍，陈妙贞.我国学术期刊数据出版政策分析及建议[J].中国出版，2014(23): 31-34.

⑬ PABÓN G，GUTIÉRREZ C，FERNÁNDEZ J D，et al. Linked open data technologies for publication of census microdata[J]. Journal of the American society for information science & technology，2013，64(9): 1802-1814.

⑭ 涂志芳.科学数据出版的基础问题综述与关键问题识别[J].图书馆，2018(6): 86-92，100.

及数据的一致性和集成性研究[①]，数据出版的未来[②]与困境研究[③]，以及数据出版过程中涉及的隐私保护和质量控制[④⑤]（尤其是健康领域数据出版过程中的隐私保护问题[⑥⑦]）等。

4.2.4 语义出版研究

信息技术革命推动了传统出版向数字出版发展。随着科学研究范式向数据密集型科学演进，开放科学和开放获取运动的深入发展以及语义技术的不断更新，语义出版作为数字出版的高级形态在 STM 领域首先出现。学者普遍认为语义出版的基本概念在 2009 年由 David Shotton 首次提出，2009 年也因此成为语义出版理论探究的"元年"。语义出版出现的时间较短，目前仍在探索阶段，国内外关于语义出版的研究探索主要围绕以下几个主题展开：

（1）语义出版的基本内涵研究。David Shotton 将语义出版定义为通过增强期刊论文内在的语义价值、抽取易于进行自动化处理和分析的元数据、相关主题论文的自动化链接，并提供可验证数据的获取途径，从而使论文之间的知识单元整合为更智能的出版形式[⑧]，此外，他还阐述了出版商（数据的释放者）、编辑（进行判断的专业知识的使用者）和作者（输出隐性知识）在语义出版中的角色地位等[⑨]。王晓光和宋宁远等通过解析语义出版物和增强型出版物模型的概念与差异，指出语义出版物模型是一种全新的出版物架构，主要用于增强机器对于出版物内容的可理解性[⑩]。彭希珺等认为如果将每篇论文中的概念、人物和时间及事件等知识单元及其语义类型和语义关系揭示出来，并且与其他论文、其他期刊和其他知识资源中的知识单元进行关联，就可以深度地揭示知识内容，方便支持基于动态关

---

① FEITOSA D，DERMEVAL D，ÁVILA T，et al. A systematic review on the use of best practices for publishing linked data[J]. Online information review，2018，42(1): 107-123.

② GUINN B. The future of publishing scientific data: is it time to accept the wider publication of null data? [J]. Cancer，2014，1(1): 1-2.

③ CANDELA L，CASTELLI D，MANGHI P，et al. Data journals: a survey[J]. Association for information science and technology，2015，66(9): 1747-1762.

④ 邱春艳.科学数据出版的关键问题研究进展[J].图书与情报，2017(4): 54-60.

⑤ 张静蓓，任树怀.科研数据出版模式、流程及引用策略研究[J].图书情报工作，2015 (9): 21-27.

⑥ O'NEILL L，DEXTER F，ZHANG N. The risks to patient privacy from publishing data from clinical anesthesia studies[J]. Anesthesia & analgesia，2016，122(6): 2017-2027.

⑦ ZHAO Y，DU M，LE J，et al. A survey on privacy preserving approaches in data publishing[C]// International workshop on database technology & applications. IEEE，2009.

⑧ 苏静，曾建勋.国内外语义出版理论研究述评[J].中国科技期刊研究，2017 (1): 33-38.

⑨ SHOTTON D. Semantic publishing: the coming revolution in scientific journal publishing[J]. Learned publishing，2009，22(2): 85-94.

⑩ 王晓光，宋宁远.延续与突破：2017年语义出版研究与实践回顾[J].科技与出版，2018(2): 33-38.

联的知识发现[①]。

（2）语义出版的功能及其影响。学术出版是科研活动的重要环节，也是学术交流的重要方式和途径。语义出版作为学术出版未来的发展方向和高级形态，为学术出版发展注入了新的生机和活力，它将相互隔离的知识关联起来，有利于知识进一步的传播和发现，不仅满足用户对知识服务的需求，也为学术出版机构带来新的商业契机。与此同时，图书馆作为传统上主要的出版物收藏和服务机构，出版与传播模式的任何改变都可能使图书馆的地位变得岌岌可危[②]，语义出版作为一种突破性技术，将对图书馆资源建设的全流程产生较大影响[③]。

（3）语义出版的表现形式研究。苏静、曾建勋从外部内容集成、内部内容增强、内部内容分析和数据融合等 4 个方面对 David Shotton 语义出版实验中的语义出版表现形式进行了归纳，指出语义出版的基本表现形式划分应包括文献内容知识内涵的发掘、外部显示数据的网络自动发现及知识图谱构建和科研实体评价[④]。此外，除基本的表现形式外，语义出版还有纳米出版和微型出版两种出版模型[⑤]。

（4）语义出版的实现途径。相关研究主要从 3 个层次进行研究：首先是构建语义出版的宏观模型和框架结构[⑥⑦]，其次是对模型框架中各个组成部分及其相关技术和标准规范进行分析[⑧]，最后是对语义出版过程中更精细化内容的研究[⑨⑩]。

4.2.5 其他新型出版研究现状

技术进步和社会需求的不断转变是学术出版不断演变和发展的推动力。大数据技术、移动互联网技术和人工智能等新型技术的产生为出版模式的革新创造了条件和契机，社会

---

① 彭希珺，张晓林．国际学术期刊的数字化发展趋势[J]．中国科技期刊研究，2013 (6): 1033-1038.

② 张晓林．颠覆数字图书馆的大趋势[J]．中国图书馆学报，2011(5): 4-12.

③ 郝嘉树．语义出版对图书馆文献资源建设的影响及对策[J]．图书馆建设，2016(4): 34-38.

④ 苏静，曾建勋．国内外语义出版理论研究述评[J]．中国科技期刊研究，2017(1): 33-38.

⑤ 王晓光，宋宁远．语义出版物的内容组织架构研究——基于纳米出版物和微型出版物的比较分析[J]．出版科学，2017(4): 20-27.

⑥ 翁彦琴，李苑，彭希珺．英国皇家化学会（RSC)——科技期刊语义出版模式的研究[J]．中国科技期刊研究，2013(5): 825-829.

⑦ QI H，LI Y. Design of publishing information service system based on Web3.0 [C] //Elsevier B.V. 2012: 543-547.

⑧ PERONI S. Semantic web technologies and legal scholarly publishing[M]. Switzerland: Springer，2014:45-94.

⑨ WAN X，LIU F. Are all literature citations equally important? Automatic citation strength estimation and its applications[J]. Journal of the association for information science and technology，2014，65(9): 1929–1938.

⑩ JUNG Y. A semantic annotation framework for scientific publications[J]. Quality & quantity，2017，51(3): 1009-1025.

需求多样化与需求升级是出版模式不断更新发展的动力基础。除上述几种主流的出版类型外，域出版、自出版、可视化出版、增强出版和优先出版等新型的出版模式也崭露头角，但相关研究较少且仅停留在探索阶段。

域出版是在学术新媒体技术的基础下产生的，其最大的特点是基于主题内容实现期刊文章的专题化和栏目化的聚类出版①。自出版是在互联网技术和社交网络的支持下，作者借助网络平台实现图书出版或其他多媒体产品传播的行为②，相关研究主要围绕自出版的概念和模式③、自出版平台④、图书馆自出版服务⑤以及自出版的影响等主题展开⑥。可视化出版的研究还处在摸索阶段，研究者当前主要对其可行性和重要性进行了论述⑦。增强出版是连接数据和文献之间的桥梁和纽带，能够帮助科研人员发现大量灰色文献，同可视化出版一样，增强出版的相关研究也较少，李小燕和崔玉洁等对增强出版的概念、特征和模式进行了探讨⑧⑨。优先出版指论文先于学术期刊印刷版在网络上出版，包括单篇定稿出版和整期定稿出版两种出版模式，相关研究对其出版模式、特点、挑战和问题以及优先出版论文的引用著录等进行了探讨⑩⑪。

4.3 学术图书馆在新型出版中的作用研究

大多数新型出版形式还处于探索和起步阶段，有赖坚实的发展基础和强大的发展动力。学术图书馆作为学术信息交流环境中历史悠久的机构，可以发挥自身沉淀与势能，积极地介入、引导、孵化和推动新型出版的发展。具体而言，学术图书馆在新型出版中的作用表现为推动政策及标准制定、提供技术和基础设施、开展专业知识服务、咨询和需求 /

① 高仪婷.域出版:新型出版与传播模式的探析与思考[J].科技与出版,2017(9): 101-106.

② 王永灿.我国新型出版的多维审视与引导机制[J].中国编辑,2017(9): 14-18.

③ 张波.论自出版模式的演变及其发展[J].编辑之友,2015(7): 22-26.

④ 沙琪.西方国家网络自出版平台发展[J].编辑学刊,2014(2): 70-73.

⑤ 彭中云.国外图书馆自出版服务研究及实践进展[J].图书馆,2017(6): 91-95,100.

⑥ DILEVKO J, DALI K. The self-publishing phenomenon and libraries[J]. Library & information science research, 2006, 28(2): 208-234.

⑦ 金月华.大数据时代可视化出版研究[J].出版发行研究,2016(3): 40-43.

⑧ 李小燕,田欣,郑军卫,等.科技期刊增强出版及实现流程[J].中国科技期刊研究,2018 (3): 259-264.

⑨ 崔玉洁,包颖,廖坤.全媒体出版中增强出版的模式研究[J].编辑学报,2018(1): 70-73.

⑩ 周华清.科技期刊的移动优先出版模式研究[J].科技与出版,2017(1): 78-83.

⑪ 伍秀芳,林汉枫.在线优先出版科技文章及其引用分析[J].中国科技期刊研究,2008 (3): 419-422.

资源的有效获取。

4.3.1 推动政策及标准制定

学术图书馆在新型出版的培育发展过程中，根据自身定位与使命，能够肩负起制定和推动相关政策及标准实施的职责，从而促进新型出版模式的发展和成熟。这种作用的实现得益于多年来学术图书馆与学院及师生之间的天然联系以及为不同学科和机构服务的经验。

学术图书馆更容易得到情感认同及能力认可，代表学院及师生乃至更大的研究者群体利益参与新型出版政策及标准的制定，为研究人员争取更大的利益和便捷；又可以顺理成章地将新型的出版政策及标准通过与研究人员之间的多种联系渠道传播出去，促进政策及标准的普及和接受。

这一领域最有代表性的实例是学术图书馆在开放出版中的表现。许多学术图书馆如加利福尼亚大学图书馆①、加州大学图书馆②等，都积极参与开放出版及相关政策的起草，影响开放出版的发展；更多学术图书馆如麻省理工学院图书馆③、美国波士顿图书馆联盟④等，不懈致力于对开放出版的推广和宣传活动，促进开放出版的进程。在国内，中国科学院文献情报中心积极研究并推动开放获取发展，连续多年举办“开放获取推介周”，呼吁和组织更多各类型图书馆推动开放获取⑤，签署OA2020倡议意向书⑥，并在机构知识库的政策制定中发挥重要作用⑦。2014年一项调查显示⑧，21.25%受调研的国内图书馆参与制定本图书馆或所服务单位的开放获取政策，这个数据还在不断增长。

其他新型出版模式正处于发展初期，同样引发图书馆界的关注和研究。图书馆在语义及数据管理方面的研究和实践积累为其过渡到语义出版和数据出版提供了先天基础。

---

① 郭志菊，崔进．开放获取环境下国外图书馆出版对我国的启示[J]．中国出版，2016(1): 56-58.

② 孙博阳，李书宁．国外大学图书馆开放获取实践概述[J]．图书情报工作，2013(10): 18-24.

③ 鄂丽君．麻省理工学院图书馆学术出版服务介绍[J]．图书馆杂志，2014 (1): 78-82.

④ 曾丽莹，刘兹恒．图书馆联盟参与数字出版的角色与现状[J]．图书馆，2018(2): 32-36.

⑤ 涂志芳，刘兹恒．国内外学术图书馆参与开放存取出版的实践进展述略——从出版途径的视角[J]．图书与情报，2017 (3): 61-71.

⑥ 文献情报中心．文献情报中心率先签署OA2020倡议意向书 加快实现更平衡更充分的知识获取[EB/OL].[2017-10-27]. http://www.las.cas.cn/xwzx/zhxw/201710/t20171027_4879577.html.

⑦ 张晓林，刘细文，李麟，等．研究图书馆推进开放获取的战略与实践——以国家科学图书馆为例[J]．图书情报工作，2013 (1): 15-19,48.

⑧ 张新鹤．我国图书馆参与学术信息资源开放获取的调查研究[J]．图书与情报，2014(5): 83-88.

Tenopir 等[①②]认为，图书馆或许是开展数据服务的理想中心，因此图书馆参与到整个数据生命周期对知识创造至关重要。Zengenene 等[③]认为在关联数据运动中，图书馆是潜在的重要参与者。学术图书馆有潜力在新型出版中发挥重要作用。新型出版模式相较于传统出版模式具有颠覆性，但目前很多标准并不清楚，政策也不完善，图书馆可以延续其在开放出版的政策制定和推广中取得的成功经验，继续在语义出版、数据出版等其他出版模式中发挥重大作用。

4.3.2 提供技术和基础设施

学术图书馆一般设有专门的信息技术部门，承担图书馆乃至整个校园的信息化建设，如信息化战略及规划、网络运营和维护、自动化设备管理和维护、相关数据备份、网络信息安全、网站建设和维护、全馆数字化开发、数据库管理等工作。除了该部门的专业技术人员，图书馆还拥有掌握书目分类检索、元数据创建及维护、数据统计和分析等技术的专业人员。同时，图书馆拥有大型基础设施，如服务器、网络设备、存储设备等，也开始重视建立面向数据资源开发利用的知识基础设施[④]。

近年来在北美地区大学图书馆还兴起数字学术中心（The Center for Digital Scholarship，简称 CDS），物理空间内配备有高级计算机、数字化软件、扫描仪、多媒体制作设备和软件，支持研究者进行数据管理、元数据创建、数据挖掘分析、可视化演示等工作和活动[⑤]。新型出版模式是网络时代的产物，需要数字化技术和网络技术作为基础支撑，并对数字平台构建，内容存储，数据库管理，元数据、本体、关联数据创建及维护、数据分析处理及信息可视化等技术和基础设施具有较高的要求。这些技术和基础设施的构建需要倾注大量资金和人力，传统学术期刊编辑部不具备相应的基础设施和技术人员，重新构建牵涉甚广，而且颇具风险，而这些技术和基础设施恰好是学术图书馆已经拥有的，或者是可以在现有基础上扩展得到的，因此，学术图书馆可以为新型出版提供技术和基础设施。

---

① TENOPIR C，BIRCH B，ALLARD S. Academic libraries and research data services [J]. Library，2012 (3): 61–75.

② YOON A，SCHULTZ T. Research data management services in academic libraries in the US: a content analysis of libraries' websites[J]. College & research libraries，2017，78(7): 920–933.

③ ZENGENENE D，CASAROSA V，MEGHINI C. Towards a methodology for publishing library linked data[M]// Bridging between cultural heritage institutions. Berlin Heidelberg: Springer，2013.

④ 王铮，王燕鹏，邹美辰，等. 在变化的知识环境中寻求新平衡——2014年英美等国图书馆发展策略评述[J]. 图书情报工作，2015 (9): 5–15.

⑤ 盛兴军，介凤，彭飞. 数字环境下大学图书馆的空间变革与服务转型——以美国布朗大学图书馆为例[J]. 图书馆论坛，2017 (5): 133–143.

也正是凭借上述先天优势，学术图书馆正面临着来自学术期刊的大量托管需求[①]。期刊托管可以看成是图书馆参与新型出版的一种基本模式，越来越多图书馆已经参与其中[②]。如由中国社会科学院牵头承建的国家哲学社会科学文献中心，其数据就是由中国社会科学院图书馆托管的。图书馆托管还提高了在线期刊的可信度，促进期刊内容永久保存，也丰富了图书馆馆藏期刊资源。在研究实践中，De Groote 等[③]概述了伊利诺伊大学芝加哥分校（University of Illinois at Chicago’s，简称 UIC）期刊托管服务的演化，从最初创立服务器托管期刊阶段到提供一整套图书馆出版服务。康奈尔大学图书馆创新出版中心（Library’s Center for Innovative Publishing）开发的出版框架支持数学和统计学期刊（Euclid 项目）的可持续网络托管服务[④]。此外，加州大学圣克鲁兹分校图书馆参与维护 DASH 自助服务数据管护工具，为研究人员提供数据集出版服务[⑤]。从图书馆出版联盟发布的《图书馆出版名录（2017 版）》来看，106 所北美地区高校图书馆中已经有 81% 提供视频、数据及其他内容托管服务[⑥]。此外，Lewis[⑦]呼吁图书馆应考虑将预算的 2.5%用于支持开放式访问基础设施，可能对开放获取计划产生重大影响。未来，图书馆可以充分利用自身在技术和基础设施上的先发优势，积极参与到新型出版中，促进新型出版模式的实现。

4.3.3 开展专业知识服务及咨询

参考咨询服务是图书馆的一项重要业务，上百年来，图书馆一直为用户提供帮助，回答并解决其在信息获取中遇到的各种问题。伴随着网络技术的快速发展，参考咨询业务也在与时俱进，其服务形式、服务范围和服务深度得到不断优化。服务形式上，引入电邮、短信、表单、即时通信工具等新技术手段的数字参考咨询，秉持嵌入用户工作场景理念的嵌入式参考咨询等新形式扩展了传统到馆咨询的服务时间和空间。从服务范围上看，学术

---

① HAHN K L. Research library publishing services: new options for university publishing [EB/OL]. [2018-09-10]. https: files.eric.ed.gov/fulltext/ED500889.pdf.

② PERRY A M, BORCHERT C A, DELIYANNIDES T S, et al. The balance point: libraries as journal publishers[J]. Serials review, 2011, 37(3): 196-204.

③ DE GROOTE S L, CASE M M. What to expect when you are not expecting to be a publisher[J]. OCLC systems & services: international digital library perspectives, 2014, 30(3): 167-177.

④ THOMAS S E. Publishing solutions for contemporary scholars: the library as innovator and partner[J]. Library Hi Tech, 2006, 24(4): 563-573.

⑤ 蒋逸颖，周淑云. 美国大学图书馆MOOC版权服务实践与启示[J]. 图书馆论坛，2016(2): 121-126.

⑥ 刘兹恒，曾丽莹. 北美高校图书馆参与数字出版的模式探析[J]. 图书馆杂志，2017 (7): 82-88.

⑦ LEWIS D W. The 2.5% commitment[EB/OL].[2018-07-29]. https://scholarworks.iupui.edu/handle/1805/14063.

图书馆除了提供简单的文献查找借阅咨询，还逐渐将业务扩展到专题检索、学科咨询、舆情监测、版权咨询[①]及个人咨询[②]等方面。在服务深度上，从简单的文献信息寻找发展到深层次的信息咨询，并有学者提出知识咨询[③]及基于智库理念的咨询[④]。在长久的参考咨询工作中，学术图书馆已经树立了提供咨询服务的良好的意识并积累了与用户打交道的各种经验，对新兴的咨询种类秉持开放态度，为满足用户所需不断丰富咨询的内容。从这个角度来看，图书馆开展对新型出版的咨询服务可谓得天独厚。

Lefevre 等[⑤]指出，出版过程与图书馆事业实践之间存在着天然契合点，强调人们如何使用各种形式的信息。而且新型出版颠覆了传统出版模式，涉及复杂技术和政策问题，在操作上更是需要专业方法指导，相比传统出版更加需要有专门人士为用户提供咨询服务。图书馆凭借其在学术交流网络中的地位，可以非常方便地开展此项服务，在实际操作上为新型出版模式的发展扫清障碍。更重要的是，新型出版模式中用到的许多信息及知识组织方法，都与图书馆的原有业务和知识体系相关。

Perry 等[⑥]指出，图书馆员知道主题索引如何工作，期刊和文章层面哪种元数据最有用以及元数据标准的重要性。他们可以就如何注册 ISSN、DOI（数字对象标识符）的重要性、如何使出版物被数据库索引及格式标准等问题提供帮助，也可以指导出版物负责人了解期刊出版平台的信息。这使得这项服务的开展更加便捷。国外已经有一些图书馆开展了出版咨询服务，相比之下，对出版实践和决策的建议及咨询或许是图书馆能提供的比托管更加受欢迎的服务[⑦]。

据统计，北美地区高校图书馆中已经有 93% 提供版权咨询作为其数字出版的附加服务[⑧]。康奈尔大学图书馆的数字咨询和制作服务（Digital Consulting and Production Service，

---

① 鄂丽君. 英国高校图书馆的版权服务调查与启示[J]. 图书馆建设，2016 (9): 64-69.

② 蒋逸颖，周淑云. 美国大学图书馆MOOC版权服务实践与启示[J]. 图书馆论坛，2016 (2): 121-126.

③ 王天泥. 知识咨询：大数据时代图书馆的知识服务增长点[J]. 图书与情报，2013 (2): 74-77.

④ 杨友清，陈雅. 基于智库理念的图书馆咨询服务模式研究[J]. 图书馆杂志，2012 (10): 44-46.

⑤ LEFEVRE J，HUWE T K. Digital publishing from the library: a new core competency[J]. Journal of web librarianship，2013，7(2): 190-214.

⑥ PERRY A M，BORCHERT C A，Deliyannides T S，et al. The balance point: libraries as journal publishers[J]. Serials review，2011，37(3): 196-204.

⑦ HAHN K L. RESEARCH library publishing services: new options for university publishing [EB/OL]. [2018-09-10]. https://frles.eric.ed.gov/fulltext/ED500889.pdf.

⑧ 刘兹恒，曾丽莹. 北美高校图书馆参与数字出版的模式探析[J]. 图书馆杂志，2017 (7): 82-88.

DCAPS）通过数字化、元数据制作和咨询服务协助印本向电子转换[①]。许多学者在研究中也一再提到学术图书馆应该将出版咨询服务作为一个重要的发展方向[②③]。

4.3.4 需求捕捉及资源获取

学术图书馆与学院师生及研究者的关系历来亲密友好，这种亲密体现在3个方面：一是情感上的依赖和信任，这源于上百年来学术图书馆在与用户交互中建立的形象和情怀寄托；二是空间上的紧密联系，学术图书馆往往坐落在大学之中或者研究机构聚集地，贴近用户；三是业务上的紧密联系，图书馆经常参与到用户的知识创造和学术过程中。这种亲密关系使学术图书馆更容易通过正式或非正式的沟通渠道接触用户，得到用户的支持和配合，并获取真实反馈，从而深入了解用户对学术出版的需求及其所持资源情况。而且伴随图书馆越来越个性化和深入化的服务（如专题检索、学科服务等），学术图书馆馆员更容易把握用户正在进行的科研项目、面临的困难及准备步入的领域情况，可以识别用户对出版的需求及其拥有的资源。

学术图书馆的这一优势之所以对新型出版产生重要作用，是因为一方面整个学术出版领域目前都在倡导关注读者需求，希望能够达到供需平衡[④]，在不造成资源浪费的前提下满足读者的科研需求；另一方面，新型出版模式更依赖于用户支持及与用户的交互，用户需求和习惯可以指导新型出版模式的落地和发展。图书馆文化尤为强调评估校园需求[⑤]，学术图书馆可以像用户那样思考，采用最合适的形式回应用户需求[⑥]。Simser等[⑦]在介绍堪萨斯州立大学图书馆（Kansas State University Libraries）的案例时提到，图书馆与学院教职员工建立了良好关系，并且对其项目和兴趣知之甚多。用户服务部门的图书馆员在与学院的接触中听说其对学术期刊的兴趣及会议论文在线发布的意愿，这种信息传递带来了两个新期刊的加入。这个案例很好地说明了学术图书馆在提供需求和资源信息中发挥的优势和推

① THOMAS S E. Publishing solutions for contemporary scholars: the library as innovator and partner[J]. Library Hi Tech, 2006, 24(4): 563-573.

② WALTERS T. The future role of publishing services in university libraries[J]. Portal-libraries and the academy, 2012, 12(4): 425-454.

③ 常雅红.学术图书馆参与数字出版的角色和模式分析[J].情报探索,2017(4): 89-91.

④ 芮海田.学术期刊出版供需均衡发展的路径分析[J].出版广角, 2018 (5): 16-19.

⑤ WALTERS T. The future role of publishing services in university libraries[J]. Portal-libraries and the academy, 2012, 12(4): 425-454.

⑥ CLIR. No brief candle: reconceiving research libraries for the 21st century[EB/OL].[2018-05-14]. https://www.clir.org/pubs/reports/pub142/.

⑦ SIMSER C N, STOCKHAM M G, TURTLE E. Libraries as publishers: a winning combination[J]. OCLC systems & services: international digital library perspectives, 2015, 31(2): 69-75.

动作用。学术图书馆在需求和资源获取中对新型出版模式的促进作用体现在两个阶段：一是目前初始发展阶段，用户需求和资源获取对于模式和路径的构建意义重大；二是发展成熟阶段，用户需求和资源获能指导图书馆出版服务更加具有针对性和灵活性，帮助研究人员出版科研成果的同时促进新型出版市场健康有序发展。

4.4 新型出版对学术图书馆的影响研究

近几十年来，网络数字技术的冲击及经费的制约使学术图书馆一度面临“被边缘化”危机。为了摆脱困境，扭转不利局面，学术图书馆不断探索和挖掘其服务潜力，试图以更加个性化、专业化的服务提升竞争力。新型出版服务能有效提升图书馆在学术交流及所在机构中的地位和影响力[①②③]，学术图书馆应该牢牢把握这次重生的机遇，提高自身竞争力。但这种效果的实现依赖于图书馆在具体实施中的良好表现。为了能够真正发挥新型出版业务的优势，图书馆必须做出相应的行动和调整。新型出版业务对图书馆的影响主要体现在图书馆的战略制定、内部建设及运营 3 个方面。

4.4.1 对图书馆战略制定的影响

战略是决定组织活动成败的关键性因素，面对新型出版业务，图书馆必须首先进行全盘规划，调整原有战略。有研究者发现，从出版业务开始前就进行规划，比实践驱动的计划更具有稳定性和价值[④]。新变量的加入打破了原战略规划中设置的平衡点，必须重新考虑新型出版业务与图书馆原有业务体系乃至于即将开发的新服务[⑤]体系的统一规划及融合发展。图书馆需要根据新型出版的特点，调整或取消与之相冲突的原有规划，并制定新的规划。Lefevre 等[⑥]提到了加州大学伯克利分校图书馆通过制定数字出版战略支持其所在研

① 刘兹恒，涂志芳．学术图书馆参与数字出版的动因与条件分析[J]．图书情报工作，2016 (3): 32-37，113.

② 刘雅琼．近10年学术图书馆出版服务研究述评[J]．大学图书馆学报，2017 (2): 62-68.

③ 刘兹恒，苗美娟，刘雅琼．我国学术图书馆对开展数字出版服务的认知调查[J]．图书馆建设，2018(3): 14-21，28.

④ CROW R, et al. Library publishing services: strategies for success: final research report[EB/OL].[2018-07-30]. http://sparc.arl.org/resource/library-publishing-services-strategies-success-final-research-report-march-2012.

⑤ Hahn K L. Research library publishing services: new options for university publishing. [EB/OL]. [2018-09-10]. https://files.eric.ed.gov/fulltext/ED500889.pdf.

⑥ LEFEVRE J，HUWE T K. Digital publishing from the library: a new core competency[J]. Journal of web librarianship，2013，7(2): 190-214.

究机构从而提升地位的案例，这从侧面说明战略调整是图书馆在新型出版中首要面对的问题。定位和模式是战略制定中需要确定的重要内容，新型出版改变了学术图书馆定位和业务发展模式，因此需要从这两方面进行考察。

4.4.1.1 学术图书馆定位

多年来，学术图书馆一直处于学术交流体系的中游位置，负责购买、组织、存储及管理学术产品，参与新型出版能促使学术图书馆从管理学术产品（出版物）向理解和支持学术过程（出版及其他知识共享形式）转变①，成为学术交流的上游活动参与者。正如Walters② 提到，数字知识库的发展让图书馆以新形象示人，图书馆需要重新定位以便成为主要数字出版者。它们不再是消极的信息接收者，而是整个大学智力输出的积极传播者。这种定位的转变带来新的课题：在这种转变中，图书馆究竟要具体扮演哪些角色？吉宇宽③将图书馆在出版服务中的角色定位为馆藏资源揭示者、珍稀资源提供者和数字出版服务的参与者，并讨论了 3 种不同角色下图书馆需要承担的著作权责任。曾丽莹等④通过调研全球 188 个图书馆联盟参与数字出版的情况分析图书馆联盟承担的角色，认为图书馆联盟参与数字出版时，其角色从图书馆数字资源的“合作购买者”转变为数字资源的“合作生产和创作者”，图书馆联盟的角色转变也促使图书馆联盟的职能不断产生变化。王宁宁等⑤介绍了希腊图书馆参与数字出版的角色：数字出版平台提供者、数字出版内容的整合者、数字出版资源的横向服务者、数字出版质量的控制者与存取的管理者、数字出版服务的联盟者与合作者。常雅红⑥通过国内外学术图书馆参与数字出版的现状分析其扮演的角色——保存数字资源、提供数字内容、咨询顾问、提供研究空间。张华阳等⑦分析国外图书馆参与数字出版的角色定位——内容资源提供者、期刊托管平台、数字资源长期管理者与保存者、OA 政策支持者与制定者、版权处理者。Schmolling⑧ 强调，馆藏价值应该帮助图书馆作为积极的角色参与到出版链中，而不只是作为出版产品的消费者。

---

① WILLIAMS K. A framework for articulating new library roles[J]. Research library issues, 2009.

② WALTERS T O. Reinventing the library—How repositories are causing librarians to rethink their professional roles[J]. Portal-libraries and the academy, 2007, 7(2): 213-225.

③ 吉宇宽.图书馆出版服务的角色定位与著作权责任的承担研究[J].现代情报,2017(3): 119-125.

④ 曾丽莹,刘兹恒.图书馆联盟参与数字出版的角色与现状[J].图书馆,2018(2): 32-36.

⑤ 王宁宁,刘兹恒.图书馆联盟参与数字出版的优势与模式研究[J].图书馆工作与研究,2017(11): 5-10.

⑥ 常雅红.学术图书馆参与数字出版的角色和模式分析[J].情报探索,2017(4): 89-91.

⑦ 张华阳,袁永翠.国外高校图书馆参与数字出版的角色定位[J].数字图书馆论坛,2017(12): 32-38.

⑧ SCHMOLLING R. Agents of the publishing chain: from libraries as academic publishers to libraries as publishers in escience and digital humanities[C]// IFLA WLIC. 2015.

4.4.1.2 学术图书馆出版模式

定位解决的是“是什么”的问题，模式解答的是“怎么做”的问题，新型出版对于图书馆来说是一项新的业务，对模式的探讨为图书馆指明资源分配方式和业务操作方式，保证新型出版业务的成功落地，因此意义重大。Walters[①] 利用情景规划法讨论了图书馆出版的合作模式及经济和商业模式。Carpenter 等[②] 认为图书馆出版是图书馆未来可能发展方向之一，并使用情景法讨论了 4 种未来模式；Cruz 等[③] 提出图书馆可以采用与多方合作的模式参与到出版活动中。Thomas[④] 介绍了康奈尔大学图书馆支持出版活动的几种模式——开放获取知识库 arXiv、期刊网站托管项目 Euclid 及内容管理工具 DPubS，其中 Euclid 项目因其合理多样的定价模型而获得《查尔斯顿顾问》年度读者票选最佳定价奖（Charleston Advisor's Reader's Choice Award），作者从侧面提及了商业模式的必要性及图书馆应对成本评估和分析知识缺乏所应该做出的人员调整。国内研究者中，刘兹恒等[⑤]分析了 5 种北美高校图书馆参与数字出版的主要模式，分别是数字资源库出版、机构知识库出版、开放存取期刊出版、资助开放存取出版和特藏资源数字化。杨千子等[⑥]讨论了图书馆与出版社的4种合作模式。常雅红[⑦]、石德万等[⑧]也分别对高校图书馆参与数字出版的模式进行探讨。

4.4.2 对图书馆内部建设的影响

新型出版业务的开展影响图书馆内部建设。为了保证出版业务顺利开展，图书馆要根据战略目标对图书馆相关要素进行建设，虽然近几年，图书馆在转型过程中不断加强对各部分的建设，取得了一定的效果，但新型出版业务的兴起，也需要图书馆重新调整建设方向并加强建设内容，以便为新业务的开展提供基本保障。研究者比较关注的是组织架构、

---

① WALTERS T. The future role of publishing services in university libraries[J]. Portal-libraries and the academy, 2012, 12(4): 425-454.

② CARPENTER M, GRAYBILL J, OFFORD J, et al. Envisioning the library's role in scholarly communication in the year 2025[J]. Portal-libraries and the academy, 2011, 11(2): 659-681.

③ CRUZ L, FLEMING R. Partnerships: the engaged university and library publishing[J]. OCLC systems & services: international digital library perspectives, 2015, 31(4): 196-203.

④ THOMAS S E. Publishing solutions for contemporary scholars: the library as innovator and partner[J]. Library Hi Tech, 2006, 24(4): 563-573.

⑤ 刘兹恒,曾丽莹.北美高校图书馆参与数字出版的模式探析[J].图书馆杂志,2017 (7): 82-88.

⑥ 杨千子,徐军华.美国一流高校图书馆与学术出版机构合作案例剖析及启示[J].图书馆,2017(8): 69-74,96.

⑦ 常雅红.学术图书馆参与数字出版的角色和模式分析[J].情报探索,2017(4): 89-91.

⑧ 石德万,贺梅萍.高校图书馆参与数字出版模式研究[J].现代情报,2017(1): 124-126,136.

资源及人才队伍建设几个部分。

4.4.2.1 组织结构

组织结构指的是组织的各构成部分及其相互关系，是整个管理系统的“框架”。根据图书馆开展新型出版业务的不同模式，图书馆在实际操作中需要对原有的组织结构进行调整，以保证出版业务顺利进行。据 2014—2016 年《图书馆出版指南》统计①，约 52% 的美国大学图书馆成立了出版部门，如斯坦福大学图书馆成立 HighWire 出版社，约 38% 的图书馆通过各部门协同合作承担出版任务②。在图书馆内部建立专门的出版部门，改变了原有组织结构，这个过程可能涉及一些部门的取消、增设、分解或合并；在各个部门协同合作共同完成出版任务中，原来各部门之间的业务关系或联系发生了变化，甚至会产生新的管理结构。这两种组织形式都深刻地影响了图书馆现有的组织结构。以上数据显示 90% 的图书馆在建立出版业务时，都对现有的组织结构进行了调整和重新规划。因此，调整组织结构是图书馆开展出版业务前必须要面对和考虑的问题，也是方便新业务管理的重要手段。

4.4.2.2 资源建设

实际操作中，一些学术图书馆发现自身缺乏运行新型出版业务所需的诸多资源和基础设施，这些资源和基础设施都需要进一步建设，以满足业务开展的需求。首先，图书馆可能会调整原有的资源分配及购置计划，转而向出版业务倾斜。减少图书馆工作人员花费在原有业务上的时间和资源，将为图书馆出版原创作品的工作创造便利③。其次，图书馆纷纷新建基础设施，为出版业务的开展提供基础和条件。如哥廷根州立大学图书馆（Göttingen State and University Library）维护的 TextGrid 项目为虚拟研究环境建立了基础设施，为人文学科学者的数据提供可持续的编辑、存储和出版环境。德国国家科学技术图书馆（German National Library of Science and Technology，简称 TIB）RADAR 项目的目的是建立一个研究数据基础设施，促进研究数据管理④。

Mangiafico 等⑤提到，许多学术图书馆正在向支持开放获取小步迈进，第一步就包括

---

①② 孙杰，李淑媛. 境外大学图书馆学术出版服务实践进展[J]. 图书情报工作，2016 (2): 64-70.

③ GILMAN I. Adjunct no more: promoting scholarly publishing as a core service of academic libraries[J]. Against the grain，2017，26(6): 29-34.

④ SCHMOLLING R. Agents of the publishing chain: from libraries as academic publishers to libraries as publishers in escience and digital humanities[C]// IFLA WLIC. 2015.

⑤ MANGIAFICO P，SMITH K L. Reason，risk，and reward: models for libraries and other stakeholders in an evolving scholarly publishing ecosystem[J]. Cultural anthropology，2014，29(2): 216-235.

改善数字传播的技术基础设施。Schmolling[①]也表示，图书馆不应该放弃在学术文章电子出版业务中发挥积极作用的任何机会，如为全球开放获取出版物机构预印本知识库建立研究工具，作者还提到了德国比菲尔德大学图书馆 BASE 和 Oan 的实践。

就出版相关的平台和系统来说，北美图书馆出版多使用 Digital Commons 平台，2015 年左右，该平台已经为图书馆出版了约 900 本期刊，其他图书馆出版项目还使用内部开源软件，如 Open Journal Systems（OJS），还有网络出版工具 WordPress[②]。OJS 通常作为内建式应用的解决方案在本地实施、托管和维护，而 Digital Commons 则提供集中托管和维护的专有服务。图书馆需要对这些设施和工具进行搭建、购买及安装等操作，图书馆选择的解决方案类型通常取决于机构的规模、技术能力和资源管理策略[③]。Wu 等[④]展现了北卡罗来纳大学（UNC）夏洛特分校的 J.Murrey Atkins 图书馆创建的数字学术实验室（DSL）在开展出版业务前，进行 OJS 软件选择，并与图书馆技术团队一起建立期刊框架、创建编辑账户的过程。

4.4.2.3 人才队伍

虽然出版业务与图书馆员的传统优势兼容，但图书馆出版者也必须掌握其他技能才能为其学术社区提供强大的出版服务[⑤]。因为传统独立出版社已有的一些核心能力，尤其是编辑筛选及接触作者的能力，对图书馆来说是陌生的，如必要的编辑筛选旨在缩小潜在作品的范围，而图书馆员建设馆藏却要求全面和包容性，这种方法不一致就会导致能力的差异[⑥]。学术图书馆要成功参与到新型出版业务中，需要建设一支既具备商业、出版技能又具备与出版相关的图书馆技能[⑦]的人才队伍。这其中，商业技能包括商业模型、商业谈判、

---

① SCHMOLLING R. Agents of the publishing chain: from libraries as academic publishers to libraries as publishers in escience and digital humanities[C]// IFLA WLIC. 2015.

② BUSHER C, KAMOTSKY I. Stories and statistics from library-led publishing[J]. Learned publishing, 2016, 28(1): 64-68.

③ CROW R, et al. Library publishing services: strategies for success: final research report[EB/OL].[2018-07-30]. http://sparc.arl.org/resource/library-publishing-services-strategies-success-final-research-report-march-2012.

④ WU S K, MCCULLOUGH H. First steps for a library publisher: developing publishing services at UNC Charlotte J. Murrey Atkins library[J]. OCLC systems & services: international digital library perspectives, 2015, 31(2): 76-86.

⑤ SKINNER K. Library-as-publisher: capacity building for the library publishing subfield[J]. Journal of electronic publishing, 2014, 17(2).

⑥ GILMAN I. Adjunct no more: promoting scholarly publishing as a core service of academic libraries[J]. Against the grain, 2017, 26(6): 28-34.

⑦ WALTERS T. The future role of publishing services in university libraries[J]. Portal-libraries and the academy, 2012, 12(4): 425-454.

市场营销、产品管理、项目管理等技能，出版技能包括编辑校对、排版、版权管理、许可和法律经验、平面设计等技能，与出版相关的图书馆技能包括数字化、元数据、组织愿景、数据库、基础设施、研究数据管理、学术交流意识和培训、搜索和发现技术、与师生沟通等技能。还有一些技能是基于图书馆新型出版业务实际需要而新产生的。Chadwell[①]提到，因为图书馆要为其所在机构协调出版活动，因此图书馆员工将会承担一些新角色，如数字出版馆员、网络计量学专家、出版系统协调者、数据管理和获取协调者、数据可视化馆员和数字人文协调者，并预计到 2034 年，每个主要的研究图书馆都会有 3—5 位数据管理和获取专家。

根据图书馆采取的参与出版模式不同，图书馆自身需要具备的技能是不同的。要构建具备这些技能的人才队伍，图书馆会采取 3 种方式：一是聘请专业人员，Mangiafico 等[②]提到，许多学术图书馆开始增加之前不必要的职位，如增加员工支持数字学术及知识库管理，雇佣版权专家、律师等。Carpenter 等[③]提到需要聘请具有市场营销、文献制作、出版、索引和编辑方面专业知识的人员来帮助进行学术出版工作。Thomas[④]也提到因图书馆缺乏成本评估和分析的相关知识，需要增加工商管理硕士（MBA）承担相应工作。《图书馆出版指南》（2016）显示 92.3% 的图书馆设置专职出版馆员，49. 6% 设置助理专职馆员岗位[⑤]，也体现了出版业务为图书馆带来的新的招聘需要。二是对现有人员职位进行重新部署，Chadwell[⑥]提到，管理印本馆藏的员工会减少，转而支持 OA 运营和出版。传统的技术服务员工需要被精简，或定向为管理机构知识库或管理出版服务。他们将专注于摄取、组织、创建和管理数据。Gilman[⑦]指出虽然生产和分销工作流程可以集成到不同的图书馆单元或职位，图书馆出版者必须有一位专职经理来监督所有流程。假设无法创建新职位，合理的解决方案是将最感兴趣和合格的联络图书管理员重新分配给这个角色。三是对现有

① CHADWELL F, SUTTON S C. The future of open access and library publishing[J]. New library world, 2014, 115(5/6): 225-236.

② MANGIAFICO P, SMITH K L. Reason, risk, and reward: models for libraries and other stakeholders in an evolving scholarly publishing ecosystem[J]. Cultural anthropology, 2014, 29(2): 216-235.

③ CARPENTER M, GRAYBILL J, OFFORD J, et al. Envisioning the library's role in scholarly communication in the year 2025[J]. Portal-libraries and the academy, 2011, 11(2): 659-681.

④ THOMAS S E. Publishing solutions for contemporary scholars: the library as innovator and partner[J]. Library Hi Tech, 2006, 24(4): 563-573.

⑤ 孙杰，李淑媛. 境外大学图书馆学术出版服务实践进展[J]. 图书情报工作, 2016 (2): 64-70.

⑥ CHADWELL F, SUTTON S C. The future of open access and library publishing[J]. New library world, 2014, 115(5/6): 225-236.

⑦ GILMAN I. Adjunct no more: promoting scholarly publishing as a core service of academic libraries[J]. Against the grain, 2017, 26(6): 28, 34.

人员进行培训。研究者提到，出版服务要求的技能并不总与传统图书馆员工专业相一致，要求图书馆雇佣有出版经验的新员工或对现有员工进行培训。他还提到图书馆缺少出版培训,XML 制作及项目管理是亟须培训的地方①。Skinner 等②提到，目前从业人员没有足够而全面的高水平培训，相对缺乏继续教育的机会。他简要介绍了出版商培训的历史，并利用这一背景思考图书馆出版者如何以及在何处参与能力建设，以便为这个不断发展的出版子领域提供信息和培训。Zhao③认为，学术出版素养应被视为通过更广泛的研究支持框架提供的信息素养的延伸。

4.4.3 对图书馆运营的影响

4.4.3.1 财政资金

图书馆开展新型出版业务，会对其财政资金产生影响。首先，图书馆需要为出版业务支付费用。据统计目前约 80% 的境外图书馆开展出版活动的费用都是从图书馆的业务经费中支出④，这意味着图书馆必须对自己原有的预算和资金分配进行调整，以致拿出一部分资金进行出版活动，这直接影响图书馆财务运营的方式。另一方面，出版业务的经费还来自于其他一些渠道，如科研项目基金、拨款、捐赠等，在一些机构，为此目的提供的新资金来自图书馆以外的学术和研究实体⑤。这些其他资金来源需要经图书馆进行管理和使用，同样影响图书馆账面资金和财务管理。其次，新型出版可以帮助图书馆降低成本。Skinner⑥认为，从经济角度看，图书馆发现在图书馆内制作学术作品的成本是合理的，这种投资既可以增加学术获取的机会，也可以减少图书馆的支出。目前对此讨论最多的是 OA 对图书馆成本的节约，研究者对 OA 抱有很大期待，希望 OA 模式降低连年上涨的采购成本，为图书馆节约资金。Bosc 等⑦提到，如今最富有的研究机构的图书馆也难以支付

① CROW R, et al. Library publishing services: strategies for success: final research report [EB/OL]. [2018-07-30]. http://sparc.arl.org/resource/library-publishing-services-strategies-success-final-research-report-march-2012.

② SKINNER K. Library-as-publisher: capacity building for the library publishing subfield[J]. Journal of electronic publishing, 2014, 17(2): 65.

③ ZHAO L L. Riding the wave of open access: providing library research support for scholarly publishing literacy[J]. Australian academic & research libraries, 2014, 45(1): 3-18.

④ 孙杰，李淑媛. 境外大学图书馆学术出版服务实践进展[J]. 图书情报工作，2016 (2): 64-70.

⑤ MANGIAFICO P, SMITH K L. Reason, risk, and reward: models for libraries and other stakeholders in an evolving scholarly publishing ecosystem[J]. Cultural anthropology, 2014, 29(2): 216-235.

⑥ SKINNER K. Library-as-publisher: capacity building for the library publishing subfield[J]. Journal of electronic publishing, 2014, 17(2): 65.

⑦ BOSC H, HARNAD S. In a paperless world a new role for academic libraries: providing open access[J]. Learned publishing, 2005, 18(2): 95.

每年出版的期刊费用，图书馆应该通过促进 OA 自存储和开放出版来促进 OA。Walters[①]在对未来可能情景的展望中提到要注重经济和商业模式，他认为，随着研究机构及其图书馆得到的资助减少，OA 可能是一种减少研究者和机构成本负担的方法。Gedye[②] 提到 OA 越来越被认为是减轻图书馆预算负担的最合乎逻辑和最有希望的解决方案。王雅菲等[③] 提到澳大利亚国立大学图书馆自建的电子学术出版社成本很低，在年出版量 60 本的情况下，每年只需大学提供 53 万澳元资助，远低于传统大学出版社所需的数倍于此的费用。

此外，研究者希望图书馆可以兼具出版社的性质，通过合理的商业模式得到盈利，通过资金的流入改变图书馆面临的财政尴尬境地，但这种想法也产生了一些争议。Hahn[④] 提到，几乎所有的图书馆出版服务都在图书馆运营支持中有很大基础。但 Skinner[⑤] 认为图书馆出版不同于其他商业、学会或学术及贸易出版商，主要是因为其商业模式依赖于图书馆预算补贴，并不是完全的成本回收或利润驱动的活动。苗美娟等[⑥⑦] 提到开发可持续的经济模式是大学图书馆出版服务成功的关键因素之一，适当的收费服务将更好地促进图书馆公共性质的发挥。《图书馆出版服务：成功策略》最终报告[⑧] 中提到，可持续的图书馆出版模型中关键元素之一是收入流，收入流可能包括来自客户或受益群体的收入和补贴，如实物或现金补贴、服务或出版费、自愿使用费、赠款和捐赠、广告、赞助、二级许可费、捐赠利息和其他来源，此外还需要多个收入来维持出版活动，从而增加稳定性。

4.4.3.2 图书馆对外关系

新型出版影响了图书馆与外界组织和个人之间的关系，这种影响体现在 3 个方面：一是为图书馆创建新的合作关系，在提到图书馆出版时，“合作”是一个高频词，图书馆出版业务为图书馆带来更多的合作机会，这是由出版流程特点及图书馆能力共同决定的。图

---

① WALTERS T. The future role of publishing services in university libraries[J]. Portal-libraries and the academy, 2012, 12(4): 425-454.

② GEDYE R. Open access is only part of the story[J]. Serials review, 2004, 30(4): 271-274.

③ 王雅菲，范军. 澳大利亚大学图书馆的开放获取出版新模式[J]. 现代出版，2015 (5): 72-76.

④ HAHN K L. Research library publishing services: new options for university publishing [EB/OL]. [2018-09-11]. https://foles.eric.ed.gov/full text/ED 500899.pdf.

⑤ SKINNER K. Library-as-publisher: capacity building for the library publishing subfield[J]. Journal of electronic publishing, 2014, 17(2): 65.

⑥ 苗美娟，刘兹恒. 密歇根大学图书馆的出版服务及启示[J]. 大学图书馆学报，2017 (4): 65-72.

⑦ 张久珍，张鹏翼，李世娟. 图书馆与大众创新——第十届全国图书馆学博士生学术论坛在北京大学举行[J]. 高校图书馆工作，2017(1): 93-94.

⑧ CROW R, et al. Library publishing services: strategies for success: final research report [EB/OL]. [2018-07-30]. http://sparc.arl.org/resource/library-publishing-services-strategies-success-final-research-report-march-2012.

书馆开展新型出版业务，需要与出版社[①②③]及行业内优秀企业合作往来，与生产、设计、制作企业产生联系，与市场营销、法律、金融、网络和媒体等外部企业接洽业务，图书馆就此进入新的业务关系领域，需要维护好这种合作关系，实现优势互补，资源共享、分散成本、扩张业务管理、增强市场影响力等目的。二是深化原有合作关系，虽然一直以来，图书馆需要购买资源、建设数字设施，对院系科研机构提供信息服务，在这个过程中产生了一些合作关系，但这种合作关系相对单一，在规模、数量以及重要性上也不明显。在开展出版业务之后，图书馆依然会与出版商、技术提供商、学会[④]、校园内及跨校园研究机构进行合作[⑤⑥]，但这种合作由原来的线性关系变成网状关系，合作内容也更为深入和复杂，图书馆在合作中的地位有所上升，主导权增加。三是图书馆在科学社区中角色的多面性带来对外关系的多样性，图书馆不再限于为本校师生提供资源检索、信息素养培训等服务，不再只是信息的中介，而是会作为出版者的角色与作者、审稿人、编辑等互动，作者、审稿人、编辑等这些角色可能正是来自图书馆原来服务的师生群体[⑦]，也可能来自图书馆所在机构外部的更广泛的群体。这时，师生群体对于图书馆来说，不再仅仅是用户这一种单一关系，而更是与图书馆在出版活动中发生重要合作关系的作者、审稿人、编辑，这要求图书馆在处理与师生的关系时，不能一概而论，需要具有不同的方式和技巧。

新型出版业务使图书馆对外关系成为图书馆需要考虑和重视的新课题，促进图书馆转变观念，改变过去不注重对外关系维护和经营的习惯，积极地掌握科学方法和技巧，建立良好的形象和对外沟通渠道，主动了解合作对象的组织文化和需求，营造有利环境，为图书馆出版业务的展开铺平道路。

---

① WALTERS T. The future role of publishing services in university libraries[J]. Portal-libraries and the academy, 2012, 12(4): 425-454.

②⑦ 杨千子，徐军华. 美国一流高校图书馆与学术出版机构合作案例剖析及启示[J]. 图书馆,2017(8): 69-74,96.

③ 常雅红.学术图书馆参与数字出版的角色和模式分析[J].情报探索,2017(4): 89-91.

④ CHADWELL F, SUTTON S C. The future of open access and library publishing[J]. New library world, 2014, 115(5/6): 225-236.

⑤ CLIR. No brief candle: reconceiving research libraries for the 21st century[EB/OL].[2018-05-14]. https://www.clir.org/pubs/reports/pub142/.

⑥ CRUZ L, FLEMING R. Partnerships: the engaged university and library publishing[J]. OCLC systems & services: international digital library perspectives, 2015, 31(4): 196-203.

第三部分

分论：不同类型出版模式对学术图书馆的影响

5 数字出版对学术图书馆的影响

数字技术催生了数字出版，数字出版催生了数字图书馆。在图书馆的发展史上，数字出版对图书馆的发展的影响最大。这种影响既有颠覆了传统图书馆的地位这种所谓的消极影响，也有带来图书馆超越时空的资源与服务能力这种积极的影响。数字出版与图书馆相伴相生，相互依存。学术图书馆的发展同样与数字出版的发展紧密关联。

5.1 数字出版概述

从 20 世纪 60 年代至今，数字出版已经走过了半个多世纪，经历了不同的发展阶段。当前，数字出版呈现了多元化、多样化的发展态势，已成为新型出版的基本形态。同时，伴随数字技术的发展，衍生出了不同的细分形态，例如数据出版、语义出版、移动出版、自出版等。

5.1.1 数字出版与传统出版的异同

5.1.1.1 数字出版与传统出版的不同之处

出版物的存储方式和表现形态不同。传统出版环境中，出版物是以文字、图表等形式记录在纸质介质上的，是一种纯静态的存储和展现方式。数字出版环境中，出版物是通过二进制数字编码方式记录在各种磁光介质（如光盘、磁盘）上面的，有静态的文字，也有动态的展示方式，如视频、动画。

传播渠道不同。传统出版环境中，出版物的传播通过各级分销商，最终销售给读者，或销售给图书馆并通过图书馆提供给读者。在这个传播过程中，书、刊等纸质载体作为传播的客体在不同主体之间逐级传递。数字出版环境中，网络是传播平台，数字出版物作为传播客体通过网络在不同主体之间传递。

资源销售和使用方式不同。传统出版环境中，销售的是副本，每一个副本都具有排他性，不能同时被多个用户使用。数字出版环境中，销售的是资源的使用权（许可），资源的同一个副本可以同时被多个用户使用。

传播方向改变。传统出版环境中，知识的传播呈现从生产者向消费者传播的单向传播趋势。在数字出版环境中，可以方便地实现交互式生产与消费，从消费者向生产者的反馈传播变得更容易，也更频繁。如使用社交网络平台共享研究成果，实际上是生产者与消费者之间的双向互动。网络原创网站提供的评论功能，为消费者提供了向生产者反向传播感受的途径。

阅读方式不同。传统出版环境中，线性阅读是主要的阅读方式，读者的阅读习惯是从前向后的顺序阅读。虽然可以通过引用实现资源不同部分以及不同资源之间的关联，但读者阅读具有关联的不同资源时并不方便，需要单独查找、获取。数字出版环境中，超链接功能将不同的知识点和相关资源进行关联，允许读者方便地从一个知识点跳转到另一个知识点。因此跳跃式阅读成为数字出版环境中典型的阅读方式。

5.1.1.2 数字出版与传统出版的相同之处

与传统出版相比，数字出版在表现形态、传播手段等方面存在着差异，因此已经发展为一种新型出版形态。但究其根本，作为出版业在不同发展阶段的两种形态，二者在如下两个方面仍旧具有相同之处：其一，出版目的相同。数字出版与传统出版的目的都是实现信息和知识的流动，形成知识的共享，促进知识的转化，推动人类社会的进步。其二，参与主体基本相同。数字出版与传统出版的参与主体都包括信息的生产者、出版者、传播者和消费者。当然，各方主体在不同出版形态下的分工和角色具有一定的差异。

5.1.2 数字出版的优点与不足

5.1.2.1 数字出版的优点

与传统的出版方式相比，数字出版具有如下优点：

（1）出版过程更方便、快捷。数字出版环境中，出版的各个环节，从作者创作作品到作品的审阅、编辑加工、校对修改、发布等过程在数字技术的帮助下，其效率得到显著提升。

（2）出版内容更丰富。数字产品的类型呈现多样化，除了延续自传统出版环境的纯静态内容，如文字、图表，还形成了形式丰富的新的载体类型，如音频、视频、动画、仿真模拟、实时再现等，以及一些新型的传播内容，如科学数据、非正式交流内容等。数字产品通过多种媒体格式同时出版，可以相互补充解释科学问题，更好地满足人们对信息获取多样性、动态性和及时性的需求。例如约翰威立的一些期刊允许作者提供视频摘要。同时，数量上不再像传统出版环境那样受篇幅限制。一些期刊在取消纸本之后，每期发表的文章数量达到上千篇（如 *Optical Express*）。这在传统出版环境中是无法实现的。

（3）传播单元变小。传统出版环境中，传播是以知识的载体（图书、期刊、报纸）为单位进行的，通过这些载体的传递、扩散实现知识的传播。数字出版环境中，这种传播模式被打破，传播单元不再以载体为单位，而是深化到载体中的内容，如期刊论文、图书章节、书刊中的片段内容（如段落、图表）等，以其中蕴含的知识点（知识元）为核心可以无限缩小，形成微知识单元，按照这种微知识单元进行传播和消费。读者可以有选择地获取满足自身需要的知识单元，如文章中的某幅图片、某些相关数据等。

（4）传播主体多元化。生产者、出版者、传播者的角色划分不再明确，变得模糊。生产者、出版者在不同阶段介入传播，成为传播者。

（5）传播渠道变广。更多参与方进入出版传播链，如搜索引擎、集成数据商，有更多的平台可以借助，如社交网络、原创网站、论坛等。

（6）传播范围变大。数字出版可以方便地依赖网络进行传播。当前，有线和无线网络的叠加已经可以从技术上实现全球无死角的覆盖。因此，数字出版可以传播到全球任意的消费者手中。

（7）传播路径变短。数字技术使出版活动变得很容易。传统出版环境中，出版需要一些专业软件、设备（如排版制版、印刷等需要专用软件和设备），因此大众无法很容易地自行出版。数字技术使出版门槛降低。数字出版省去了印刷环节，无须昂贵的印刷设备的投入。而计算机的普及，办公软件、排版软件、图形图像软件功能的日益强大和操作的日益简便，使得无须专业知识便可设计出越来越精美的数字产品。网络使得这些数字产品的传播变得十分方便，因此，知识产品从生产者到消费者的传播路径变得越来越短，中间环节越来越少，甚至生产者可以同时身兼出版者、传播者的角色，与消费者直接对接。

（8）传播速度变快（即时传播），读者获取更及时。可以实现即生产、即传播，传播时滞被无限缩短。如网络书店亚马逊在 2007 年推出自出版平台 Kindle Direct Publishing（KDP）①。通过该平台，作者可以免费快速出版自己的作品，并通过其广泛的销售网络传递到读者手中（平台声称作者可以在 5 分钟之内完成出版，作品可以在 24—48 小时内通过 Kindle Store 传播到世界各地）。一些出版模式下，从生产到传播可以做到零时滞。一些网络原创文学网站，如起点中文网、榕树下、腾讯文学、新浪读书、晋江文学城，作者在发布（出版）作品的同时，读者就可以看到该作品。

（9）传播效率变高，检索和查找更方便。数字环境中，可以更好地实现对海量数据的有组织的记录、内容片段的深度揭示以及高效率的检索与分析。通过对大数据的集成检索

① Amazon Kindle. Kindle direct publishing[EB/OL]. [2017-11-24]. https://kdp.amazon.com/en_US/.

可以快速、准确定位需要的内容。而知识元之间的超链接提供了在不同资源之间的阅读切换，阅读与查找之间的跳跃，知识可以更容易地被需要的用户发现，使得知识传播的效率变高。Fleming-May等人的调查显示①，70%的被调查者确认诗词的网络可访问改变了他们发现和阅读诗词作品的方式。被调查者承认在线发现作品的方便性是他们经历的最重要的转变。而且，被调查者还提到，阅读变得更广泛，作品可以在听说后立即读到。

（10）用户分析更方便、更准确。传统出版环境中，出版商或作者很难追踪、了解出版物的读者群和读者偏好。数字出版环境中，这种追踪和了解变得十分容易。出版商可以持续记录数字出版物的阅读者以及这些人的阅读行为，通过分析，可以调整出版策略，提供个性化推荐等服务。

（11）具有交互功能。数字出版环境中，围绕出版的各方主体之间的交互变得更加方便，可以实现零距离、零时差、低成本的交流，读者不再是被动的信息接收者，他们可以参与知识的创作过程，两者的黏性在互动中不断得到强化。例如，许多出版平台为读者提供了评论功能，通过这一功能，可以实现作者与读者、读者与读者之间的便捷交互。彼此可以进行充分的讨论，作者可以获得读者的即时反馈，通过这种互动改善数字资源的质量，在某些环境中，甚或是改变数字产品的内容。例如一些原创网站，作者边创作、边发表，许多读者会追看某些作品，并在阅读最新章节后留下感受和期望，一些作者会根据读者的感受和期望对作品后续部分的创作进行适当的调整。

5.1.2.2 数字出版的不足

尽管数字出版有大量优点，但同时，数字出版还存在如下的不足：

（1）设备与技术的依赖性较强。数字出版是一个技术密集型产业，对技术的依赖度较高，受技术进步的影响较大。数字产品以一定的文件格式保存，与软件相关联。对其的阅读需要一定的软硬件环境的支持。如何保持数字产品格式的通用性，保证读者可以在尽可能小的软硬件投入甚至零投入的情况下阅读产品是数字产品生产者需要考虑的重要问题之一。

（2）长期保存问题。由于数字产品的设备与技术依赖性，对其的长期保存不仅仅要保存数字产品本身，还需要考虑同时保存其识别和展示所依赖的软硬件环境。同时，数字技术的发展具有极快的更新换代频率。软硬件的升级和更替也会导致遵循旧标准或依赖低版本软件的数字产品在新标准或高版本软件环境中无法被正确识别。因此，数字产品的长期

---

① FLEMING-MAY R A，GREEN H. Digital innovations in poetry: practices of creative writing faculty in online literary publishing[J]. Journal of the association for information science and technology，2016，67(4): 859–873.

保存面临着与印本产品不同的、更加复杂的问题。

（3）版权与隐私保护更困难。数字产品的特点之一是易于散发、易于复制，这些操作成本更低、耗时更短。如通过邮件群发可以一次送达成千上万的用户，放在公开的网站上可以瞬间被数十万、上百万人浏览、下载。因此，对数字产品的盗版更加容易，对盗版的防范也更加困难。另一方面，数字技术可以记录下用户使用数字资源的每一个动作，需要保证这些信息的合法使用，这使得隐私保护变得更加困难。

5.1.3 数字出版的特点

5.1.3.1 技术主导产业发展

数字出版是技术主导型产业，对技术的依赖度较高。数字出版涉及多种数字技术，包括排版技术、印刷技术、存储技术、描述技术、呈现技术、发布技术、传播技术等。技术的发展对数字出版的发展发挥着至关重要的作用。技术领域的每一项重大进步，都给数字出版领域带来深远影响，引发数字出版领域的一系列革命性变化。20 世纪 80 年代，计算机技术及数字存储技术在出版领域的应用，引发了排版、印刷环节的革命，激光照排取代传统的排版印刷方式，原始形态的数字产品开始出现。20 世纪 90 年代，互联网的普及开始逐渐改变数字产品的传播方式。90 年代中后期，专业出版商就开始积极开发在线数据平台，如 Elsevier 的 ScienceDirect 在 1997 年正式上线，Springer 于 1996 年启动数据库建设并于 1998 年建成，Wiley 的 Online Library 于 1999 年开始上线运行。21 世纪初，随着信息技术的不断发展，数字出版的规模越来越大；无线网络、移动网络的普及催生了移动出版，原生数字产品种类和数量大幅度增长。

经过 30 余年的发展，当前，数字出版的基本形态已经形成，数字出版产业链已经建立，数字出版的相关技术已经成熟。随着技术的发展和广泛应用，相关标准、规范、制度等也已建立并不断完善，相关领域的理论研究也在不断深入。数字技术不断孕育、分化出各种新的数字出版形态，如移动出版、自出版、开放出版等，这些形态交叉融合。

5.1.3.2 技术标准不断完善

数字产品的制作、存储、传递、阅读都依赖相关软硬件技术。由于受技术影响较大，数字出版体现出较强的易变性，更新换代的速度快。内容类型、出版形式、使用工具等都随着技术的发展不断变化。为了实现不同来源、不同时期生产的数字产品的可访问性、互操作性、可交换性、长期可读性，数字产品的保存、揭示、呈现方面需要一定的标准规范以供遵循。

在数字出版的发展历史中，除了遵循计算机和网络领域的标准规范外，数字出版的从业人员也一直积极致力于建立适合数字出版的相关标准规范。最典型的是实现数字产品组织与揭示的各种元数据标准，如都柏林核心元数据[①]。

在电子书方面，美国出版商协会（Association of American Publishers，简称AAP）在2000年12月颁布了“开放式电子图书标准方案”（Open E-Book Standard Project）。该标准制订了一套基于数字对象标识符（DOI）的编号方式系统，是一套被国际上广泛认可的、理想的系统，它适于通过网络服务发现和识别数字内容，可以识别不同格式的电子图书，非常方便于电子图书以片段方式销售。同时能够和现有系统如ISBN协同工作，让出版商转移到新系统中[②]。2007年，国际数字出版论坛（The International Digital Publishing Forum，简称IDPF）采用EPUB作为新的电子书标准[③④]。

5.1.3.3 理论研究不断深入

伴随着数字出版实践的发展，数字出版理论和相关研究也一直在不断发展之中。丛挺[⑤]等人通过对近10年我国数字出版理论研究相关文献的定量分析，指出我国数字出版研究正处于由早期经验总结向理论驱动转型的关键阶段，并形成了一定数量的具有理论价值的研究成果，这对本学科理论发展与体系建构起到至关重要的作用。理论研究主要包括如下几个方面：数字出版涉及的信息组织相关理论（如本体研究、元数据标识理论、语义组织理论、大数据分类与描述），信息检索研究（如云搜索技术、数据挖掘技术、信息聚类、集成检索），合理使用与版权保护研究（如数字水印技术、合理使用与法定许可、著作权使用与结算），移动出版相关研究，媒体融合与全媒体出版研究，出版产业相关理论（如产业发展理论、产业链构建模式、盈利模式、定价模式等）相关研究，用户研究（如用户使用行为研究、用户心理研究、用户满意度研究、个性化推荐）、人才培养与教育等。

5.1.3.4 相关制度日趋完备

（1）呈缴制度不断完善

呈缴制度是一个国家或地区为完整收集和保存全部出版物，用法律或法令形式规定所有出版机构或负有出版责任的单位，凡出版一种出版物，必须向指定的图书馆或出版主管

---

① DCMI. Dublin core metadata initiative[EB/OL].[2017-11-24]. http://dublincore.org/.

② 王汉华. 中国网上书店的发展趋势与前景预测[EB/OL]. [2017-11-24]. http://www.360doc.com/content/09/1116/07/487005_9119213.shtml.

③ International digital publishing forum. EPUB[EB/OL]. [2017-11-24]. http://idpf.org/epub.

④ ePub. EPUBZone—the community and news site for all things EPUB[EB/OL]. [2017-11-24]. http://epubzone.org/.

⑤ 丛挺，李芳序，马傲雪. 基于定量分析的近十年我国数字出版理论研究进展（2006—2015）[J]. 出版发行研究，2016(9): 16-20.

机关免费缴送一定数量的样本。此样本叫呈缴本、样本或缴送本，而接受呈缴本的图书馆大多是国家图书馆、其他大型图书馆或专门建立的版本图书馆，这种制度即出版物呈缴制度[①]。随着数字出版物的日益增多，各国对呈缴问题日益重视。2000年，联合国教科文组织（UNESCO）出版了《呈缴法规指南》修订版[②]，在原有印本出版物的基础上，对电子出版物的呈缴给出了相关建议。2014年，国际出版商协会发布了《数字呈缴报告》[③]，对德国、英国、法国、荷兰、意大利的数字呈缴进行了案例分析。当前，各国在相关法律（如图书馆法）或规定中都增加了数字资源呈缴方面的内容，对呈缴的对象（离线数字资源、联机数字资源、数据库等）、缴送机构、呈缴方式等进行了相关规定。例如德国国家图书馆通过与出版商、数字内容提供商合作，建立一套自动的呈缴流程，使出版商可以容易地提交资源，而图书馆也可以方便地处理这些资源。

我国国家图书馆从1987年开始正式接受电子出版物的缴送[④]。目前，电子出版物缴送执行的规定是2008年原新闻出版总署发布的第34号令《电子出版物出版管理规定》。该规定第35条中明确指出："电子出版物发行前，出版单位应当向国家图书馆、中国版本图书馆和新闻出版总署免费送交样品。"随着数字化水平的提高，国内出版的电子出版物数量急剧增长，国家图书馆接受电子出版物实体的缴送和各出版单位自愿呈缴的其他形式的电子产品。

（2）版权保护

数字产品由于其存储形态、使用方式、复制传播等方面与传统的印本出版物存在较大差异，传统的版权保护政策在某些方面不能很好地对其进行保护。随着数字产品的普及，除了在技术上通过各种措施限制非法复制和传播外，各国纷纷出台对其的版权保护政策。如美国在1993年颁布数字千年版权法（DMCA）[⑤]，其中规定，破解版权保护技术是违法行为，并定义了版权管理信息。这些版权管理信息，如作者、联系方式、授权条件、权利有效期等，不仅可以标示权利人，方便用户获得作品使用许可，还可监控用户使用情况，跟踪侵权行为的发生。这在很大程度上既杜绝了数字作品的不正当使用，又能够保证数字出

---

① 百度百科. 呈缴本[EB/OL]. [2019-07-10]. https://baike.baidu.com/item/%E5%91%88%E7%BC%B4%E6%9C%AC.

② LARIVIÈRE J. Guidelines for legal deposit legislation[EB/OL].[2017-11-21]. https://www.ifla.org/files/assets/national-libraries/publications/guidelines-for-legal-deposit-legislation-en.pdf.

③ IPA. Digital legal deposit: an IPA special report[EB/OL]. [2017-11-21]. http://www.internationalpublishers.org/images/news/2014/digital-legal-deposit-2014.pdf.

④ 姜晓曦，冷熠. 我国数字出版物呈缴现状及其制约因素分析[J]. 图书馆建设，2016(8): 32-36.

⑤ 张敏，胡嫔. 修复数字出版产业链[J]. 网络传播，2005(5): 64-65.

版、发行、传播等环节在合理的法律环境下有秩序地进行。英国针对信息技术环境下版权保护出现的新情况、新问题出台了一系列相关法律法规。1997 年《数据库版权和权利条例》、2003 年《隐私和电子通信条例》、2010 年《数字经济法》等法律法规共同构成了英国的信息技术版权保护的完整体系①。德国、法国、日本、韩国等国家也通过相应的立法来实现对数字产品的版权保护②③④。

相比于国际上的行动，我国在数字产品版权保护方面的制度还相对滞后，但仍旧在不断发展着。原国家新闻出版总署、信息产业部于 2002 年颁布了《互联网出版管理暂行规定》，2016 年，原国家新闻出版广电总局与中华人民共和国工业和信息化部联合颁布了《网络出版服务管理规定》，取代了《互联网出版管理暂行规定》。中华人民共和国国务院于 2006 年颁布了《信息网络传播权保护条例》，并于 2013 年对之进行了修订。2011 年开始，国家版权局中国版权保护中心开始酝酿设立 DCI（Digital Copyright Identifier，数字版权唯一标识符）体系⑤⑥。2015 年，DCI 体系的核心基础标准——数字版权唯一标识符行业标准正式发布；2016 年，DCI 体系在各重要版权细分行业领域的嵌入式服务示范应用陆续展开；2017 年，DCI 体系国家标准立项。DCI 体系以数字作品在线版权登记的创新模式为基本手段，为互联网上的数字作品分配永久的 DCI 码、DCI 标，颁发数字版权登记证书，并利用电子签名和数字证书建立起可信赖、可查验的安全认证体系，从而为版权相关方在数字网络环境下的版权确权、授权和维权等提供基础公共服务支撑。

5.1.4 数字出版的发展态势

5.1.4.1 规模日益扩大

数字出版的发展规模日益扩大，其产品类型日益丰富，出版方式日益多样，数量增幅迅速，出版产业日益兴盛。国外的数字出版起步较早，且发展较为成熟，已经建立起相对稳定的商业模式。一些国际大型出版集团经过近 20 年的发展已经成功建立起基于海量内容的在线知识服务商业模式，营收稳定，且增值幅度大。历年的中国数字出版产业年度报

---

① 曲云鹏. 国外版权法规对中国媒体传播保护的启示[J]. 新闻战线，2014(9): 111-112.

② 中经未来产业研究中心. 国外数字出版的法律制度分析[EB/OL]. [2017-11-24]. https://wenku.baidu.com/view/67ac3113d4d8d15abf234e47.html.

③ 黄先蓉，李晶晶. 中外数字版权法律制度盘点[J]. 科技与出版，2013(1): 14-26.

④ 李冰，文卫华，谷俊明. 德国数字版权法律制度的发展[J]. 现代出版，2014(1): 78-80.

⑤ 中国版权保护中心. DCI体系[EB/OL]. [2017-11-24]. http://www.ccopyright.com.cn/index.php?optionid=1126.

⑥ 中国版权保护中心. DCI体系建设[EB/OL]. [2017-11-24]. http://www.ccopyright.com.cn/index.php?optionid=1570.

告显示（表 5–1），中国数字出版产业也呈持续增长的态势。

表 5–1　中国数字出版产业 2006—2016 年收入情况 ①

年份	总收入（亿元）	互联网期刊收入（亿元）	电子书收入（亿元）	数字报纸收入（亿元）	移动出版收入（亿元）
2016②	5720.85	17.5	52	9	1399
2015③	4403.85	15.85	49	9.6	1055.9
2014④	3387.7	14.3	45	10.5	784.9
2013⑤	2540.35	12.15	38	11.6	579.6
2012	1935.49	10.83	31	15.9	486.5
2011	1377.88	9.34	7	12	367.3
2010	1051.79	7.49	5	6	349.8
2009	799.4	6	4	3.1	314
2008	556.56	5.13	3	2.2	190.8
2007	362.42	7.6	2	1.5	150
2006	213	6	1.5	2.5	80

图书、期刊是学术成果的主要发布渠道。当当网 2016 年电子书数字阅读指数数据显示⑥：电子书用户呈爆发式增长，2016 年用户总量同比增长 55%，超过 4000 万。64% 的读者选择看电子书，35% 的读者每天阅读电子书超过 1 小时。开放获取期刊是期刊在数字出版时代的一个重要代表。启动于 2003 年的 DOAJ（Directory of Open Access Journals），当时只收录了约 300 种开放获取期刊，迄今已收录了超过 1.2 万种。

---

① 中国新闻出版研究院．转型升级之年的中国数字出版：2013—2014 中国数字出版产业年度报告解读[EB/OL]. [2017-11-24]. https://wenku.baidu.com/view/db385b8c76a20029bc642d12. html.

② 中经文化产业．中国数字出版产业年度报告：2016 年总收入达 5720.85 亿元[EB/OL].[2017-11-24]. http://shcci.eastday.com/c/20170714/u1ai10717454.html.

③ 中国出版网．魏玉山：《2015—2016 中国数字出版产业年度报告》发布[EB/OL]. [2017-11-24]. http://reader.gmw.cn/2016-07/21/content_21057763.htm.

④ 中国出版网．魏玉山：《2014—2015 中国数字出版产业年度报告》[EB/OL]. [2017-11-24]. https://wenku.baidu.com/view/2efdc32eb0717fd5360cdc96.html.

⑤ 中国数字出版产业年度报告课题组．2013—2014 中国数字出版产业年度报告摘要[EB/OL]. [2017-11-24]. http://www.chinaxwcb.com/2014-07/18/content_298251.htm.

⑥ 中新网．当当公布 2016 电子书数字阅读指数：用户爆发式增长[EB/OL].[2017-11-24]. http://www.chinanews.com/cul/2017/01-09/8118645.shtml.

5.1.4.2 向原生数字出版形态发展（纯数字出版）

数字出版初期，以存量印本资源的回溯性数字化为主要特征，最初的数字化形态是图形方式，如维普最初的期刊原文，以图像方式保存，无法选择、复制。随着数字技术在信息资源生产过程中的全过程（包括选题策划、组稿处理、编辑排版等）应用，原生数字出版逐渐出现，各种类型的原生数字资源（born digital，digital only，natively digital，digital-first，digital-exclusive）开始形成。UNESCO 将原生数字资源界定为“以数字形式作为唯一存储形式的资源”[①]。此处，将其范围进行扩大，泛指以数字形式作为首先或并行出版形式的数字产品。

当前，各种类型的出版物都在不同程度上呈现数字形态发展强势、传统的印本形态逐渐萎缩的状态。数字出版已全面进入原生数字出版阶段，原生数字资源已成为出版领域产品的基本形态，数字形式已成为数字产品首先或唯一的出版形态。印本形态成为数字出版的一个副产品，并已经发展出了根据读者需要进行印刷的按需印刷形式。2004 年 7 月 1 日，中国标准出版社运用北大方正的技术，正式推出了标准类产品的网上下载服务，建起了自己的网上书店，开始了网络出版服务和无库存产品的即时印刷服务[②]。2012 年 3 月 13 日，英国不列颠百科全书公司宣布停印已有 244 年历史的纸质版《不列颠百科全书》，转为提供电子版[③]。《中国图书出版行业市场前瞻与投资战略规划分析报告》数据显示[④]：在 2013 年，各级别城市实体书店数量均有一定程度的缩减，而一线城市缩减最多，数量减少了近 7%。Elsevier 工程和计算机出版总监 Ben Denne 说：“我们目前出版的许多内容都是先考虑电子形式，通过多种平台提供给用户，而不是只考虑一种格式。在我们有些领域，电子出版的收入占到了差不多一半。”[⑤]

原生数字出版时代，在原有的书刊等基本形态的基础上，更有多种原生态数字资源出现，如评论、视频演示等，使得原生数字资源的种类得到极大丰富。

5.1.4.3 出版形态多样化

随着数字技术的发展以及各类主体在数字出版各个环节的广泛参与，数字出版呈现多

---

① UNESCO. Charter on the preservation of digital heritage[EB/OL]. [2017-11-24]. http://portal.unesco.org/en/ev.php-URL_ID=17721&URL_DO=DO_TOPIC&URL_SECTION=201.html.

② 陈旷，王丽琼. 标准社试水网络出版和数字印刷[N]. 中国图书商报，2005-05-13(14).

③ 新华网. 已有244年历史纸质版《不列颠百科全书》停印[EB/OL]. [2017-11-24]. http://news.sina.com.cn/m/2012-03-14/113124113722.shtml.

④ 前瞻产业研究院. 中国图书出版行业市场前瞻与投资战略规划分析报告[M]. 前瞻产业研究院，2016.

⑤ 武卫东. Elsevier工程和计算机出版总监Ben Denne：电子书和纸质书并存的时代[EB/OL]. [2018-08-03]. http://www.ituring.com.cn/article/3771.

样化的发展形态。贺子岳从数据库出版、电子书出版、手机出版、网络原生电子书出版、开放存取出版、维基类网络百科全书出版、数字内容形态及其出版等方面对数字出版形态进行了剖析[①]。此外，自出版、图书馆出版、数据出版、语义出版、移动出版等新的出版形态也在不断涌现。这些出版形态是依据不同的标准对某一项或某一方面的出版形式的总结和概括，彼此之间存在着交叉与重叠之处。

5.1.4.4 向全媒体出版方式发展

在经历了萌芽、兴起、发展阶段后，随着互联网、无线网络和移动设备的发展，尤其是智能手机的出现和发展、移动互联网的普及，数字产品的呈现方式、传播渠道日趋多样化，数字出版开始向媒体融合、全媒体方向发展。

媒体融合这一概念最早由美国麻省理工学院的政治学家普尔（Ithiel de Sola Pool）教授在《自由的技术》（*Technologies of Freedom*）一书中首先提出。他认为，媒体融合就是传统上需要依靠多种媒介技术来提供的内容和服务被整合在一种媒介之上，而这种媒介通常就是数字网络媒介[②]。同样来自美国麻省理工学院的媒介融合研究专家、比较媒介研究专业的创始人杰金斯教授对这一概念进行了展开。他将媒介融合定义为三方面的整合：跨越多个媒介平台的内容流动、多种媒介产业之间的合作以及媒介受众的主动信息获取行为[③]。从这个意义上讲，媒介融合并不单纯是一种技术现象，而是包括技术、产业、文化和社会变迁等多种因素的复杂过程[④]。

在出版领域，这种融合体现在创作过程融合、出版平台融合、营销方式融合等多个方面。数字出版环境中，学术出版不仅仅是科研结果的出版，而是科研全过程的出版。因此，在生产过程中需要考虑不同类型产品的特点，考虑各种类型的出版介质和传播渠道的特点，使出版的产品可以适应不同的传播渠道和使用环境。当前，各种媒体联动已成为出版业在出版过程中关注的焦点之一。传统的纸质出版、互联网出版、移动出版具有不同的传播方式和阅读环境，各具特点。出版商在出版过程中，会根据不同的媒体格式生成适合的产品，以方便读者在不同媒体上阅读，同时，也会根据不同媒体格式制作相应的插件、软件，例如针对手机阅读开发的 APP 应用。天闻数媒科技有限公司开发的 Read365 平台通过打通智能手机、Pad、PC 等不同终端，实现多终端联动。面向具有高品质精品阅读需

① 贺子岳. 数字出版形态研究[M]. 武汉：武汉大学出版社，2016.

② POOL I D S.Technologies of freedom[M]. Boston: Belknap Press，1984.

③ JENKINS H. Convergence culture: where old and new media collide[M]. New York: NYU Press，2008.

④ 韦路. 新媒体时代新闻传播教育的四大转型趋势[EB/OL]. [2017-11-24]. http://3y.uu456.com/bp_9yaes4glk70a0pl1tz08_1.html.

求的用户，提供智能 Reader、个性订阅、知识分享、移动写作出版等集读、写、听、分享、交流于一体的立体式阅读服务，包含数字图书馆、轻博客、漂流书、在线听书、沙龙社区等特色功能以及个性化内容推送服务[①]。

5.2 数字出版环境中知识传播与共享模式的演变

5.2.1 知识传播与共享生态系统

知识是通过人脑加工过的信息，是人们对自然和社会形态和规律的认识和描述[②]。不仅如此，知识还包括通过各种方式对信息或知识再加工形成的各类产品，如二次信息产品。知识生产的目的是为了共享，通过传播实现共享，通过共享推动新知识的生产，最终实现人类的进步。由此形成知识的生产、传播、共享、再生产的知识传播与共享生态链。出版是知识传播与共享生态链中的一个环节，是使知识公之于众、推动知识共享的渠道。

知识传播与共享生态系统是一种信息生态系统，是由知识传播与共享主体与生态环境相互作用、相互关联形成的一个有机整体。知识传播与共享主体包括知识的生产者（创作者）、出版者、消费者和传播者，涵盖自然人和非自然人（组织机构）两类。在学术环境中，知识的生产者是各种学术作品（如学术著作、学术论文、科技报告、科研数据等）的作者；知识的出版者是出版各种学术作品的个人和组织（如出版商）；知识的传播者是将知识提供给消费者的各种组织和渠道（如图书馆、书店、广播电视、网络等）；知识的消费者是使用知识的自然人或组织。

知识传播与共享生态系统是一个动态系统，由于技术的发展、政策的改变，信息生态环境受到影响，导致各类信息主体在功能维度、资源维度或时空维度的生态位发生扩展、收缩或移动，不同种群的信息生态位的关系发生变化，形成新的重叠或分离的情况，更有新的种群加入生态系统，系统中原有的优势种群可能发生改变，在博弈中形成新的平衡。作为一种信息生态系统，知识传播与共享生态系统具有双向性、动态性，具有自我生长、自我调控、自我适应、动态发展的特性。

知识的生产者、出版者、消费者和传播者这 4 类主体在知识传播与共享过程中，通过

① 高菁婉. 出版行业在数字转型过程中遇到的问题与出路[J]. 新媒体研究, 2017(5): 85-90.
② 娄策群. 信息生态位理论探讨[J]. 图书情报知识, 2006(5): 23-27.

相互作用，构成一条知识传播与共享生态链，他们通过知识的生产、传播、吸收、消费、反馈等活动联结在一起。各方主体之间存在着平等、共生、互动、互惠、合作、竞争等多元复合关系[①]。出版活动是知识传播与共享生态链中一个必不可少的环节，是组成知识传播与共享生态系统的一个子系统。它实际上涉及了上述四类主体的活动，数字出版使这一环节发生了改变，因此对参与各方及其上下游均会产生影响。

5.2.2 传统出版环境中的知识传播生态链

知识传播与共享生态链由知识的生产者、出版者、传播者和消费者构成，如图 5-1 所示。其中，线条代表知识传递路径，箭头代表传递方向，线条的粗细代表知识流的强弱。传统环境中，知识传播与共享生态链具有如下特点：

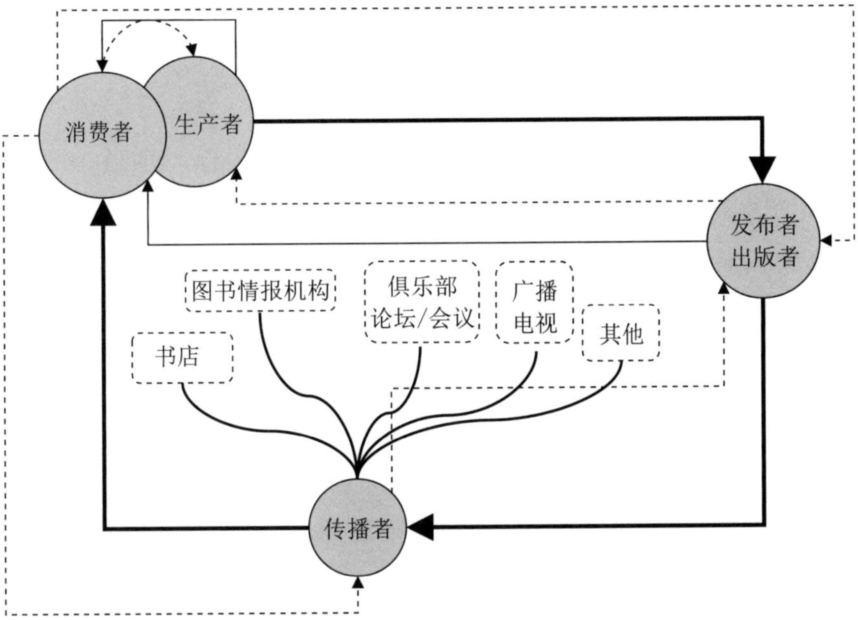

图 5-1　传统出版环境中的知识传播生态链

（1）参与各方主体的角色划分明确。传统出版环境中，知识的生产者、出版者、传播者、消费者这几方有相对明晰的划分。当然，由于生产者和消费者在很大程度上来自相同群体，他们的功能生态位和资源生态位有一定的交叉和重叠。在这个生态链中，学术图书馆承担传播者的角色。

（2）知识传播呈现不对称性。传统出版环境中，知识的传播呈现从生产者向消费者正向传递力度强，从消费者向生产者的反馈传递力度弱。从图 5-1 可以看出，从生产者经出

① 娄策群，周承聪. 信息生态链：概念、本质和类型[J]. 图书情报工作，2007(9): 29-32.

版者、传播者到消费者，这是传统出版环境中知识传递的主要渠道。虽然也有生产者到消费者的直接传递和从出版者到消费者的间接传递，但绕开传播者的传递在整个传播流中所占据的份额有限。同样，从消费者向生产者（可能经由传播者和出版者）的反向传递更是有限。

（3）传播范围有限。传统出版环境中，承担主要传播功能的传播者，无论是图书馆、书店，还是各种学术论坛、会议，各种传播渠道都是实体的，其可以覆盖的服务范围都是有限的，因此导致知识的传播范围是有限的。

5.2.3 数字出版环境中知识传播生态链的断裂与重构

5.2.3.1 数字出版时代知识传播环境的变迁

数字出版时代，生产者在创造知识的同时，开始绕过出版者和传播者，直接进行知识出版和传播，如各种类型自出版的实践。各种网络创作平台和社交媒体（论坛、BBS、留言板、聊天室、博客、社交媒体、原创网站）的出现和发展，为生产者出版知识作品提供了日益丰富的渠道，一些新型媒体也为生产者提供了自出版平台，而且在一些地区，作者可以获得最多 70% 的出版版税。

数字出版降低了出版门槛，使生产者可以很容易地进行知识的出版和传播，生产者的功能生态位得以延伸，向下游的出版者和传播者侵蚀。在这种情况下，学术图书馆作为传播者的功能被弱化。

数字出版时代，传统的出版者不断适应技术的发展，将各种新技术应用于传统的出版活动，并不断开发新的数字产品以及依托于各种数字技术和产品的服务，具体体现如下：

（1）传统出版物的数字化转型。随着网络的发展，开始出现了传统出版物的数字出版方式，即传统期刊的数字版和电子书。之后，为弥补传统出版的滞后性，在期刊出版中开始出现优先在线出版（advance online publication，简称 AOP；ahead of print，online first publication）、文章快速预览（accelerated article preview，accepted article preview，简称 AAP），一些期刊甚至取消了印本而专注于出版网络版。更有大量开放获取的纯电子期刊涌现。例如，*Nature* 提供 AOP 和 AAP①。AOP 出版的是录用文章的最终版本（definitive version），拥有 DOI 号和完整的引用信息，可以被正式引用。文章正式发表后，AOP 版本会从网站上移除，增加页码后进入正式的期刊中。AAP 每周出版一次，只对录用稿件进行简单的格式编辑后即在网站上公布，每一页会有水印。*Nature* 的系列期刊在 2001 年

---

① Nature. About advance online publication[EB/OL]. [2017-11-24]. http://www.nature.com/authors/author_resources/about_aop.html.

前后先后开始实施 AOP[①]。在国内，中国知网 2010 年推出数字优先出版。

（2）出版形态多样化（知识的呈现方式多样化）。多类型数字出版开始出现，除了文字、图表等静态内容外，音频、视频等动态内容也可以很容易地出版，形成了多种形式的数字出版。例如 Wiley 的一些期刊允许作者提供视频摘要（video abstract）。

（3）集成出版与知识出版。出版商开始以数据库的形式集成各种类型的数字产品，并通过跨类型、跨平台的数据检索、挖掘，向用户提供基于大数据的知识服务。典型的如 NPG 每年出版的 Nature Publishing Index。

（4）合作出版。出版商之间及与服务商之间密切合作。例如，Knovel 与 Wiley 合作，在其搜索库中集成了 Wiley 近 300 种参考书，为各类用户提供更丰富、细致、权威的问题解答以及对本领域更深入的了解。出版商与各种相关服务、平台进行链接并开展广泛、深入的合作，如 Wiley 的 Open Science 中的 Open Recognition & Reward 服务，通过与 Publon 合作为科学家审稿评价提供平台。

（5）日益丰富的增值服务。数字出版时代，各种出版商针对不同的目标用户群以及用户的不同需求，利用数字技术开发出不同的解决方案，提供多种形式的产品与服务。以 Wiley 为例，除了传统的出版业务外，基于其出版的 1600 余种期刊与 9000 余种图书，形成各种产品和解决方案，以满足不同目标用户群的不同需求。例如针对教师的教学需求，推出了 WileyPLUS[②]，将各类数字课本、辅导资料与参与教学的师生进行彻底整合，构建联机教学环境，并适应不同的教学风格。Wiley Open Science 中的 Open Recognition & Reward 服务，提供了一个 Promotional Toolkit 工具，通过 Kudos 和 Altmetric 可以帮助作者最大化其作品的影响，并对这种影响进行测度。Elsevier 为各类人群提供不同的解决方案[③]，包括帮助研究人员实现新的发现，寻求资金资助；帮助政府机构和大学评估并改善其研究策略；帮助医生挽救生命，如为内科医生制定恰当的治疗方案提供支持，为护士和医疗保健专业人士的职业生涯提供全程支持。SpringerNature 的 SharedIt 服务可以扩大资源的读者群，当读者认为某个资源有价值时，他可以将该资源分享给自己的朋友，这样被分享者在未购买该资源时就可以使用它。

（6）对新技术的不断适应和积极融入。如随着移动网络和智能手机的发展，开发商开始提供适合移动平台的 APP 应用，基于流媒体呈现的应用等服务。

---

① Editorial. Advance online publication[J]. Nature immunology, 2001, 2(11): 979.

② Wiley. About WileyPLUS[EB/OL]. [2017-11-24]. http://as.wiley.com/WileyCDA/Brand/id-31.html?&category=For+Learning.

③ Elsevier [EB/OL]. [2017-11-24]. https://www.elsevier.com/.

数字出版时代，传统的出版商也在积极适应数字出版环境，顺应生产者和消费者的需求变化，从产品、服务各方面进行变革，努力从传统出版商向知识服务提供商转型。这种变化也使得其功能生态位不断延伸，向下游的传播者侵蚀。学术图书馆作为传播者的功能被再一次弱化。

知识传播生态链中，受数字出版影响最大的是传播者。生产者作为知识的创造者，是资源的拥有者，是传播内容的来源，因此无法避开。消费者是传播的目标群体，其需求是整个传播生态链存在的根源，也是必不可少的。而传播者作为知识的传播中介，具有极强的可替代性。网络等数字技术的发展，使得原有的传播模式受到冲击，数字技术为其上游的生产者和出版者提供了更方便、快捷、效率更高的传播渠道。因此，作为传播中介的传播者，其传统、简单的中介功能受到巨大冲击。

传统学术出版环境中，图书情报机构（包括信息咨询机构）、书店和广播电视是 3 类长期、持续、稳定的传播者，也是知识传播生态链中必不可少的一环。作为知识传播者的学术图书馆，受到上游生产者和出版者功能延伸的不断冲击，无论是自身定位、功能衍变、服务的目标用户群体等方面，都在发生着深刻的变化。其传统的文献收藏、保存、传递功能正不断弱化，以读者为中心的知识服务日益普遍。图书馆适应数字出版最显著的变化是数字图书馆的建设和不断发展。图书馆之间、图书馆与生产者、出版者之间的合作关系日益密切。例如图书馆不断调整馆藏策略，适应数字化文献资源以及不断出现的新型数字产品的需求。为适应一些读者自出版知识的需要，一些图书馆开始尝试自出版服务，帮助有需求的读者实现自出版[①]。

5.2.3.2 数字出版环境中知识传播生态链的断裂

数字出版环境中，知识传播生态链开始发生断裂，具体体现在：

（1）生态位的变化与迁移。数字出版环境中，知识传播生态链上各方主体的生态位均发生不同程度的改变。在功能生态位方面，生产者、出版者的功能生态位不同程度地向下游延伸，在一定程度上与传播者的功能生态位发生重叠；在空间生态位方面，各方主体的生态位均由实体空间向虚拟空间延伸，各自的空间生态位均得到了扩大；在资源生态位方面，从从业者的职能生态位看，出版者和传播者的职能生态位受数字技术的影响较大，对从业人员的技术职能要求不断提高，且技能更新频率明显变快。

（2）新种群的侵入。某些新种群的加入，侵占了原有种群的某个或某些生态位，如一些原创网站的出现，实现了知识的出版和传播功能，侵占了原来出版者的出版功能生态位

---

① The Library Publishing Coalition Directory Committee. 2017 library publishing directory[EB/OL]. [2017-11-24]. https://librarypublishing.org/wp-content/uploads/2017/03/LPC_LPDirectory2017.pdf.

和传播者的传播功能生态位。还有由于生态环境的变迁导致一些新的功能生态位的出现，出现了一些新种群填补这些生态位。如数字资源的易消逝性、载体特殊性、软件依赖性和销售的非传递性（销售使用权而非拥有权）导致其长期保存方式与传统的纸本资源大相径庭，催生了各类长期保存实体的出现。另外，一些资源集成商（如同方、万方、维普、超星）等作为新种群出现，他们通过集成各类数字资源并向用户提供服务，其生态位在一定程度上与出版者和传播者的生态位发生重叠。

5.2.3.3 数字出版环境中知识传播生态链的重构

数字出版环境中，数字技术在出版领域的应用彻底改变了出版的模式，对知识出版和传播这一生态系统带来了巨大影响，导致原有生态链的断裂，并在演化过程中形成新的生态链，其表现形式如图 5–2 所示。其中，原有的知识传播生态链被打破，在社交媒体、自出版平台等的帮助下，形成多个内部循环的生态圈，如作者和读者直接实现知识传播的生态圈。知识传播中的非正式交流变得越来越普遍、越来越频繁，形成互动式、即时反馈的双向传播。Fleming-May 等人的调查发现①，有一些被调查者是通过社交媒体（尤其是 Facebook）去共享和发现文学作品的。

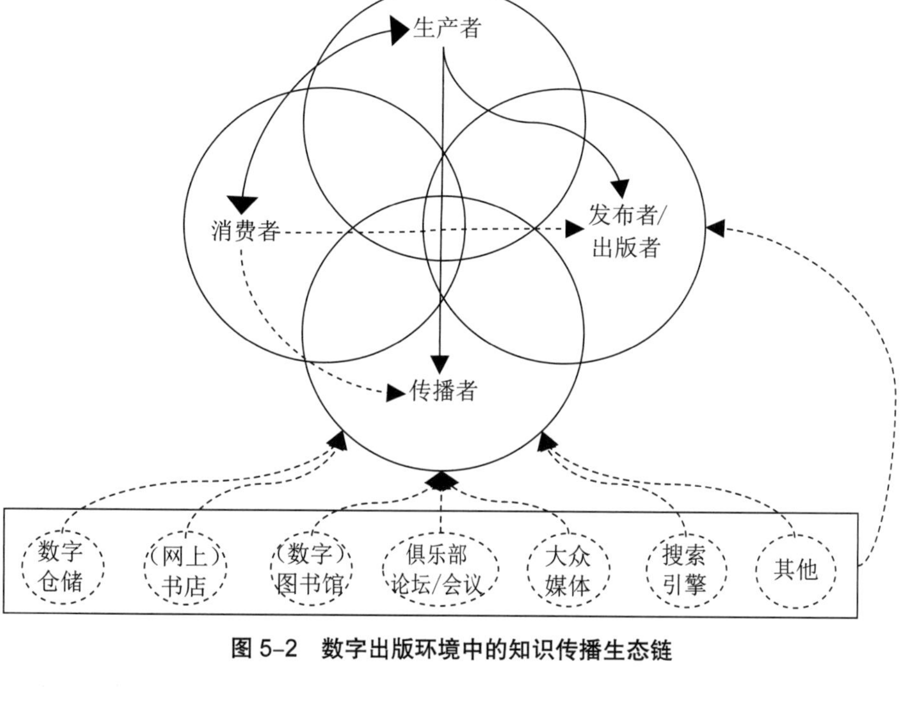

图 5–2　数字出版环境中的知识传播生态链

① FLEMING–MAY R A，GREEN H. Digital innovations in poetry: practices of creative writing faculty in online literary publishing[J]. Journal of the association for information science and technology，2016，67(4): 859–873.

对这一生态链进行分析，可以看出，数字出版环境中知识传播生态链体现出如下特性：

（1）生态链上各方主体的生态位交叉覆盖度增高。数字出版提供了更广阔的非正式的学术交流平台，如各类虚拟论坛，使学术交流的过程更容易，结果更易保存和扩散。生产者、发布者、传播者、消费者的角色界限变得模糊。信息主体的生态位宽度发生改变，生产者、出版者开始侵占传播者的生态位，在一定程度上承担了知识传播的功能。数字技术使得通过网络的虚拟传播越来越普遍，这改变了传统出版环境中传播者生态位的空间维度，从实体空间向虚拟空间发展。同时，数字技术使得知识的承载方式发生改变，由传统的纸张发展为记录数字形式的硬盘、光盘等介质，这使得生态链中各主体的资源维度发生改变。

（2）知识传播的双向和多向性增强。数字出版环境中，知识可以在各参与主体之间不受限制地流动，其流动更加随意（方向随意、地域随意）。

（3）新的并行主体出现。数字出版环境中，新的生态种群进入知识传播与共享生态系统，威胁原有种群的生存。如各类社交网站，成为新的出版者和传播者，生态链上各方主体的角色划分变得模糊，彼此之间功能上的交叉与覆盖增多。

（4）更多异质主体的加入。数字出版环境中，新功能孕育了新种群，例如：数字资源长期保存的需要催生了各类长期保存主体的出现。数字资源的识别催生了 DOI 创建者和解析者。

5.3 数字图书馆在数字出版环境中的定位与发展

5.3.1 数字图书馆的历史与现状

数字出版带来了大量的数字资源，也使得整个出版流程发生了巨大变革。这使得以印本资源为主要收藏和服务对象的传统图书馆迎来巨大挑战和变革，并由此推动了数字图书馆的发展。

数字图书馆是一个发展中的概念，不同的研究者从不同的角度出发，对其含义给出了不同的诠释。虽然这些解释在描述上不尽相同，但究其本质，可以将数字图书馆的核心本质概括为如下 4 个方面：①数字化的资源保存方式；②分布式的资源存储和管理模式；③网络化的资源获取途径；④分享式的资源消费方式。

数字图书馆的发展与信息技术和数字出版的发展密切相关，是图书馆适应数字技术和数字出版环境应运而生的产物。

20 世纪 70—80 年代，随着数字存储技术和排印技术的发展及其在出版领域的应用，数字化的文献和信息资源开始出现，一些图书馆也开始尝试引入这些技术。例如美国国会图书馆在 20 世纪 80 年代开始进行光盘试验项目，探索电子文献图像技术和光盘存储技术在图书馆文献保存中的应用。90 年代互联网的发展为数字资源的传播提供了新渠道，能够让读者随时随地方便、快捷、高效地获取信息，这使得各种数字化资源的分发变得更加容易。图书馆界充分利用这一新技术，开始数字图书馆的建设。

1994 年由美国自然科学基金、美国国防部高级研究计划署（DARPA）、美国国家航空航天管理局（NASA）、美国国会图书馆等联合发起实施“数字图书馆先导工程”（包括 1 期 DLI-1 和 2 期 DLI-2）。这一时期，英国、德国、日本、澳大利亚等国家也先后开始数字图书馆建设的尝试。如英国于 1993 年开始实施的 eLib 项目，加拿大于 1994 年开始实施的数字图书馆先导项目，日本国立国会图书馆 1998 年制定的电子图书馆发展计划等[①②]。

中国数字图书馆的建设紧跟国际步伐。1996 年，在北京召开的第 62 届国际图联（IFLA）大会上，数字图书馆成为专题之一，这是数字图书馆这一概念在国内首次提出。1997 年，由文化部组织，国家图书馆联合上海图书馆、深圳图书馆、广东省立中山图书馆、辽宁省图书馆和南京图书馆申报国家重点科技项目——“中国试验型数字图书馆项目”[③]。之后，数字图书馆的建设和研究在中国迅速升温，在国家、地方政府及各类机构的资助下，各种数字图书馆项目立项实施。例如，1998 年，中国高等教育文献保障系统（China Academic Library & Information System，简称 CALIS）开始建设[④]，引进和共建了一系列国内外文献数据库，采用独立开发与引用消化相结合的道路，主持开发了联机合作编目系统、文献传递与馆际互借系统、统一检索平台、资源注册与调度系统，形成了较为完整的 CALIS 文献信息服务网络。二期建设将“中英文图书数字化国际合作计划”（简称 CADAL）纳入其中，形成“中国高等教育文献保障体系—中国高等教育数字化图书馆（China Academic Digital Library & Information System，简称 CADLIS）”，由 CALIS 和 CADAL 两个专题项目组成。已有 500 余家高校图书馆参加 CALIS 项目建设和获取 CALIS 服务。

---

① 盛小平. 国内外数字图书馆发展的比较研究[J]. 中国图书馆学报，2001(6): 39-44.

② 郑森磊，梁晨. 近10年国外数字图书馆重大项目进展研究[J]. 科技情报开发与经济，2010(21): 8-10，13.

③ 孙承鉴，刘刚. 中国试验型数字式图书馆的探索与实践[J]. 现代图书情报技术，2001(6):3-6.

④ 中国高等教育文献保障系统[EB/OL].[2017-10-30]. http://www.calis.edu.cn.

2000年，国家科技图书文献中心（NSTL）暨国家科技数字图书馆由科技部牵头建立，这是一个虚拟的科技文献信息服务机构，成员单位包括中国科学院文献情报中心、工程技术图书馆（中国科学技术信息研究所、机械工业信息研究院、冶金工业信息标准研究院、中国化工信息中心）、中国农业科学院图书馆、中国医学科学院图书馆。网上共建单位包括中国标准化研究院和中国计量科学研究院①。

2001年，中国科学院开始建设国家科学数字图书馆。2002年，财政部、文化部启动"全国文化信息资源共享工程"②。它应用现代信息技术，对文化信息资源进行数字化加工和整合，通过网络最大限度地为社会公众所享用。2011年10月，国家提出了公共文化服务体系的发展战略，这一战略促成了"数字图书馆推广工程"和"电子阅览室计划"的实施③。

在数字图书馆建设的早期（20世纪90年代末），数字图书馆建设以数字化印本资源为特征，又被称之为数字化图书馆④。主要目的是通过数字化馆藏资源或有价值的印本资源，改善资源查找和检索的质量和效率，提高资源的利用率。典型的代表如美国记忆（American Memory）项目，这是美国1994年实施的数字图书馆创始工程的组成部分之一，由美国国会图书馆组织，其目的是数字化国会图书馆及其他机构珍贵的馆藏历史资源，包括印本、照片、音视频资料，通过互联网向读者提供使用。

在随后的20多年时间里，国内外的各种相关机构，包括各类图书馆、博物馆、档案馆、出版机构、技术研发机构，都投入数字图书馆研究和建设中。每一种新信息技术的诞生都会在数字图书馆研究中引起波澜，也会在数字图书馆建设中得到应用。各种类型、各种规模的数字图书馆、数字图书馆联盟在世界各地纷纷出现。出现了大量跨行业、跨地区甚至跨国的合作。

伴随着数字图书馆建设，数字图书馆相关研究也全面展开。自1994年数字图书馆概念提出以来，数字图书馆研究的相关论文呈逐年上升趋势，仅在中国，通过中国知网（CNKI）检索可以发现自2000年之后每年相关研究论文逾千篇。专门报道数字图书馆研究的杂志也先后问世。如在国际上数字图书馆期刊*D-lib Magzine*于1995年创刊，在中国《数字图书馆论坛》于2005年创刊。

---

① 国家科技图书文献中心[EB/OL].[2017-10-30]. http://www.nstl.gov.cn/

② 文化部，财政部. 关于实施全国文化信息资源共享工程的通知[EB/OL]. [2017-10-30]. http://hk.lexiscn.com/law/law-chinese-3-234006200201.html.

③ 丁宁宁. 从"三大公共数字文化工程"的实践看中国数字图书馆发展[J]. 图书馆理论与实践, 2017(3): 80-83.

④ 孙坦. 数字图书馆理论与发展模式研究[D]. 北京：中国科学院文献情报中心，2000.

5.3.2 数字图书馆的发展态势

5.3.2.1 数字图书馆的发展特点

概括而言，数字图书馆相关研究和实践体现如下特点：

（1）贯穿始终的相关新技术研究与应用。信息技术是数字图书馆的技术支撑，新技术的不断应用推动着数字图书馆的发展，也是数字图书馆研究持续不衰的热点之一。当然，在不同时期，所关注的具体技术有所不同。这些技术包括信息组织技术如本体、共词聚类分析、关联语义资源描述与组织，信息显示技术如可视化技术、XML 语言，信息检索技术如数据挖掘、协同过滤、集成检索、视频检索、图像检索、个性化检索、信息抽取、智能搜索引擎等，数据存储技术，信息隐藏技术，系统互操作，技术体系结构，信息推荐技术，中间件技术，用于版权保护的数字水印技术。2014 年之后，随着大数据、云计算、移动平台的发展，在这些新环境、新技术下的数字图书馆的研究，如移动视觉搜索等也随之增多。

（2）如影随形的相关标准规范建设。为了实现数字资源的互操作、分布式访问，统一的标准规范必不可少。因此，对这方面的研究也贯穿始终。包括信息描述的 MARC、元数据标准、技术标准。资源存储的标准格式，如应用于文本内容的 HTML、XML 和 SGML 标准，应用于图形图像格式的 TIFF、JPEG、PNG、GIF 标准格式，在资源检索和调度方面的 Z39.50 标准，在资源长期保存方面的 OAIS 模型等。

（3）坚持不懈的解决相关法律问题。法律议题（知识产权）从资源数字化的一开始就备受关注，并且一直是研究的热点之一。从数字图书馆建设者的角度，如何在不侵犯作品著作权的前提下，最大限度地向读者提供资源，实现数字资源的合理使用（fair use），规避读者服务中的著作权风险是图书馆建设中必须面对和解决的。主要议题包括数字资源的合理使用与法定许可、信息共享与版权保护的博弈、著作权风险规避、数字图书馆授权制度等①。

（4）努力发展多种多样的相关服务。如基于数字资源的虚拟参考咨询服务、面向用户个性化需求的个性化推荐服务、学科信息服务（如陈秀娟等人提出的面向学科领域科研数据发表的图书馆服务②）、移动阅读环境中的图书馆服务、基于微信的图书馆服务③、个人数字图书馆建设等。

---

① 雷德蓉. 高校数字图书馆知识产权保护及其对策[J]. 农业图书情报学刊, 2015(3): 93-96.

② 陈秀娟，吴鸣. 面向学科领域科研数据发表的图书馆服务——以化学学科为例[J]. 图书馆论坛, 2017(11): 66-78.

③ 杨婧，靳杰. 基于微信的用户信息行为研究[J]. 农业图书情报学刊, 2015(7): 83-86.

（5）积极开展数字图书馆相关评价。数字图书馆建设和发展需要相应的评价活动，如资源建设中对资源质量的评价①，对数字图书馆功能的评价，数字图书馆的可用性评价，对服务能力、服务质量的评价②（如王大壮对知识服务视角下数字图书馆移动服务能力成熟度评价模型研究③），对读者满意度研究④⑤等方面。

（6）多方主体参与共谋发展。时至今日，数字图书馆正在向着跨界、跨地区、跨行业的协同合作发展，以实现用户对资源的无限制获取。数字图书馆不再是图书馆的专利，各类出版机构、信息技术提供商都纷纷涉足这一领域。IBM 公司于 1995 年发起“IBM Digital Library”倡议，旨在利用自己先进的计算机和网络技术，帮助各种形式的信息拥有者，通过对信息的处理、转换与传递，使这些信息不再孤立在各个图书馆中，而是在全球网络上传播，从而体现出信息的最大价值⑥。当前，各出版商也依托于自己拥有的资源，纷纷建立起自己的数字图书馆，如 Wiley 的 Wiley Online Library。

5.3.2.2 数字图书馆的发展趋势

当前，数字图书馆的研究和建设体现为如下发展趋势：

（1）媒体融合环境下的数字图书馆发展。当前数字图书馆正处于持续变革的数字环境中，大数据、云计算、互联网 +、移动出版、自媒体出版等新技术、新概念层出不穷，用户需求的个性化日益突出。数字图书馆建设也在不断顺应环境的发展变化，如何在这些新的环境中，应用各种新技术，满足用户的个性化需求，提供知识化服务成为研究的热点，也成为数字图书馆建设的重要目标之一。基于此，学界和业界开始对各种数字环境下“微服务”进行研究与探索，以期通过数字技术，基于大数据环境，满足用户个性化、差异化的信息需求。

（2）数字图书馆的内涵不断丰富。服务理念已经从信息服务转向知识服务，新的服务内容、服务方式不断涌现。新的技术、研究方法不断引入，如社会网络分析法、生态学方法。移动图书馆、数字图书馆、智能图书馆、智慧图书馆等，出现了各种数字图书馆新形

---

① 钱静雅，肖霞，刘桂英. 数字图书馆书籍资源质量评价仿真[J]. 计算机仿真，2017(2): 350-353.

② 赵杨. 基于多维度多层次法的数字图书馆移动服务质量评价模型构建[J]. 情报理论与实践，2014(4): 86-91.

③ 王大壮. 知识服务视角下数字图书馆移动服务能力成熟度评价模型研究[J]. 农业图书情报学刊，2017(3): 14-17.

④ 孟猛，朱庆华. 数字图书馆用户满意度影响因素实证研究[J]. 数字图书馆论坛，2017(4): 16-21.

⑤ 崔竞烽，郑德俊，孙钰越，等.用户体验视角下的图书馆微信公众平台满意度研究[J].图书馆论坛，2018 (3): 133-140.

⑥ 吴传炉，邓昭俊. 数字图书馆建设的历史与现状[J]. 中山大学研究生学刊（社会科学版），1999(3): 111-115.

态，数字图书馆正向着智能图书馆、智慧图书馆转型，其最终目标是帮助用户在不受时间、空间、设备限制的情况下，智能而智慧地使用图书馆的资源和服务。

5.3.3 数字图书馆参与的知识传播生态系统

知识传播生态系统是信息生态系统的一种，由知识、知识人、知识传播环境构成。传统出版环境中，图书馆作为传播者，在此生态系统中起桥梁、中介作用，居传播功能位。它与生产者种群、出版者种群、消费者种群以及其他传播者种群形成一种稳定的平衡关系。数字技术的出现及其在出版领域的应用，打破了这一生态系统中原有的平衡关系。生产者、出版者的态度发生转变，积极应用新技术，引发各种生态因子（资源量、伦理、政策、法律、制度）的变化。如前文所述，在这一过程中，图书馆的功能生态位被上游的生产者和出版者侵蚀，面临着生存危机。

数字图书馆是图书馆运用数字技术、融入数字出版环境的过程中自然演化形成的。它承担了原有图书馆对数字资源的传播功能，并且通过数字技术将其进行了拓展和延伸，使其服务的对象更广泛（不再限于到馆读者），服务的方式更灵活（可以随时、随地获取资源）。同时，数字图书馆在资源的收集、筛选过滤、集成整合、知识挖掘、智能呈现等方面提供深度服务。以筛选过滤为例，在数字出版环境中，资源量呈几何级超快速增长，且由于资源出版门槛的降低，资源质量方面的可信度下降。数字图书馆需要承担资源分解者的角色①，有效地识别、获取高质量的资源提供给读者。同时，数字图书馆在满足上下游各方主体新需求的过程中不断开发新的功能和服务，开展各种形式的合作，形成共赢，例如与出版商的各种数字教学与科研解决方案合作，向读者提供学科服务，与生产者合作，为其提供自出版服务。

图书馆通过数字图书馆的建设与发展实现自身的转型升级。数字图书馆的出现使图书馆在资源生态位、时空生态位、功能生态位这 3 个维度都不同程度地得到拓展和延伸。数字图书馆通过与上下游各方主体的合作来完善自己的生态位，避免与系统中其他种群生态位的重叠，在互动中形成分离和相邻的生态位关系，实现自身的持续发展。

5.4 数字出版对学术图书馆的影响与对策

传统环境下，图书馆是信息传播链中必不可少的一环。数字出版对传统的信息传播链

① 严丽. 信息生态因子分析[J]. 情报杂志, 2008(4): 77-79.

产生了巨大的影响，不可避免地对图书馆产生影响。数字出版对学术图书馆的影响主要体现在资源建设、用户服务、员工发展 3 个方面，也需要从这 3 个方面制定应对策略。

5.4.1 数字出版对学术图书馆资源建设的影响与对策

本研究所开展的“新型出版模式对学术图书馆的影响研究调查”显示，被调查者认为新型出版对学术图书馆最主要的影响是对资源建设模式的影响（平均综合得分最高，为 2.75）。数字出版环境中，数字资源的载体形态、存储方式与传统资源有较大差异，出版商的销售方式较传统环境发生较大转变，读者使用数字资源的习惯也与传统资源有较大差异，这些都对图书馆的资源建设产生影响，具体而言，体现在如下几个方面：

5.4.1.1 对资源采购和馆藏政策的影响

“新型出版对学术图书馆的影响研究调查”显示，“新型资源体系的重新构建”是学术图书馆资源建设工作在新型出版模式下面临的最主要挑战。而资源采购和馆藏政策正是图书馆资源体系建设的核心与关键。数字出版环境中的如下变化影响学术图书馆的资源采购和馆藏政策。

（1）资源内容丰富化。传统出版环境中，学术出版物的主要表现形式以书、刊为主要载体。数字出版环境中，出版商运用各种新技术，形成了种类丰富的数字产品，除了传统形式的书、刊外，基于这些基础资源形成了面向特定用户需求的产品，如定向专题库。同时，还出现大量第三方渠道形成的数字产品，如作者自出版的数字资源，资源集成商生产的数字产品。

（2）获取渠道多元化。传统出版环境中，图书馆的上游供应商以出版商为主。图书馆在决定是否收藏出版物时，更多的是从出版商处获得出版目录，通过判断是否与本馆目标用户群需求相关来决定是否购买，购买后成为馆藏的一部分。数字出版环境中，出版主体呈现多样化趋势，除了传统的出版商外，作者、资源集成商、搜索引擎提供商、互联网知识付费平台等都可能成为数字资源的供应商。

（3）销售方式立体化。一方面，销售的对象由传统的出售载体（书、刊等的实物销售）转变为数字产品使用权的销售；另一方面，销售模式也发生改变，针对机构用户的大批量需求，推出数字资源的打包销售，将旗下的资源按照类型、主题等分类标准形成不同的资源包进行销售，如各数据库商将旗下的期刊打包成期刊库进行销售。同时，针对个性化需求，推出各种细粒度的销售模式，如图书的按章节购买，期刊的按篇销售。同时，还推出会员制、购书卡、按需印刷、按主题销售等多种资源销售方式。同时，出现了越来越多的开放获取出版。

上述变化冲击和改变着传统图书馆原有的资源格局和架构，传统图书馆的资源采购方式和馆藏政策不再适用于数字环境，需要进行调整。

（1）馆藏政策方面。针对各种新出现的数字产品以及多样化的供应商，如何鉴别资源的质量和价值（尤其是那些非正式出版的出版物的质量，如自出版资源），与本馆目标用户群的相关性，进而确定哪些应该收藏。制定或修正与数字资源相适应的馆藏政策，是学术图书馆在数字出版环境中面临的新问题。

（2）采购方式方面。需要掌握资源的出版方式、获取渠道及其变化，了解其获取成本。需要针对不同类型、不同来源的数字资源，制定或调整与出版模式相一致的采购政策。如单刊采购、打包采购、捆绑（纸本+数字）采购，是选择远程访问还是本地镜像。另外，更需主动出击，与出版商合作，按照本馆用户需求定制数字产品，如专题资源集合。

5.4.1.2 对资源组织的影响

（1）资源存储方式的改变。传统出版环境中，图书馆的馆藏政策是先收藏，再使用。图书馆可以在收藏过程中对资源按照统一标准进行标识、描述，揭示的深度以载体为单位（书、刊）。数字出版环境中，资源的藏、用分离。数字资源以分散存储为主要特征。不同出版商提供的数字资源一般存储于本地的服务器，图书馆购买的是使用权，可以远程访问。不同的资源提供商具有不同的资源组织方式，在保存资源时按照自己的标准对之进行描述和揭示。

（2）用户使用需求的改变。传统出版环境中，读者通过到馆使用资源。数字环境中，读者通过数字图书馆在虚拟环境中使用资源。由于资源存储于不同的出版商处，读者希望可以一次完成对存储于多个出版商处的资源的集成、跨库检索，希望可以实现面向需求的资源内容细粒度展示和不同相关资源的关联展示。此外，用户的使用环境五花八门，可能使用不同的工具（台式电脑、笔记本电脑、手机、Pad等）、不同的操作系统和浏览器、不同版本的阅读软件。

数字资源存储方式与使用需求不同于印本资源，因此要求学术图书馆对数字资源的组织不同于印本资源。在资源描述方面，需要考虑如何将不同来源、分散存储的数字资源进行集成、整合。如何实现对资源内容、片段的深度揭示，如何实现不同类型资源的集成展示（如文字资源与音频、视频资源的整合与互联），如何实现跨平台、跨媒体的自适应显示。以满足读者快速、准确定位和方便获取资源的需要。

5.4.1.3 对长期保存和永久使用的影响

传统印本环境中，资源的长期保存主要是对其载体（纸张）的长期保存，受到温度、湿度、灰尘等一系列因素的影响。数字资源由于其存储方式和销售方式的不同，图书馆对一部分数字资源不再拥有实际的产品，但同时又拥有一些实际的数字资源产品。其长期保存策略较之传统环境发生极大改变。从资源长期保存和永久使用的角度，可以将数字学术资源概括为如下三类：①由出版商提供的数字资源，如电子期刊、图书、会议文献等。②自出版（作者、图书馆）等形成的正式出版物，此类出版物一般是开放获取的，不需购买即可使用；③其他自出版产品，如论坛、学术会议网站上的内容呈现。这些产品属于非正式出版物（没有 ISSN、ISBN 等），相对零散，很大一部分的形式比较随意。

从图书馆馆藏角度分析，可以将数字资源划分为自控资源和非自控资源两类：自控资源指图书馆实际拥有的数字资源，数字资源不同于印本资源，其访问需要特定软硬件的支持，因此长期保存时需考虑相应的软硬件支持以及软硬件升级后的兼容访问问题；非自控资源指图书馆购买的具有使用权的数字资源，需要考虑销售商停止提供服务时对这些已购买资源的长期使用问题。

针对数字资源存储和使用上的特点，国际上已出现了实现数字资源长期保存和永久访问的项目，最有影响力的是 LOCKSS 和 Portico。

LOCKSS（Lots of Copies Keep Stuff Safe，存储大量副本以确保电子资源长期保存）[①] 是斯坦福大学图书馆于 1999 年牵头建设的项目，旨在支持图书馆在数字时代可以以一种价格低廉、技术强大的方式来保存和控制其数字资产，于 2004 年正式投入使用 [②]。目前有 2 种基于 LOCKSS 搭建的网络环境——Global LOCKSS Network 和 Private LOCKSS Networks[③]。Global LOCKSS Network 相当于图书馆的通用馆藏，目前已有 530 余家出版商加入。Private LOCKSS Networks 相当于图书馆的特色馆藏，目前有 14 个私有 LOCKSS 网络，典型如 CLOCKSS、PKP。

CLOCKSS 是一个非营利组织，由来自世界各地的成员机构共同自治。2006 年，一些世界大型学术出版商和顶级研究图书馆，面对数字资源长期保存责任带来的挑战，联合建立了一个全球文档库以供长期使用。他们的合作强调团体共管、开放获取，旨在建立一个由出版商和图书馆共同管理的“合作性”档案。参与 CLOCKSS 的出版者（包括许多世界顶级的出版商）承诺将来如果他们不能够提供对所出版的数字产品的访问，则这些产品

①③ LOCKSS. Global & private LOCKSS networks[EB/OL].[2017-10-30]. https://www.lockss.org/community/networks/.

② LOCKSS. History[EB/OL].[2017-10-30]. https://www.lockss.org/about/history/.

可以在CC协议下向全世界开放使用。迄今为止，已有300余家图书馆[①]和227家出版商[②]加入了CLOCKSS的长期保存计划，包括Elsevier、Wiley、Springer、Nature Publishing Group等知名的大型商业出版商和SPIE、IOP、AIP、BioMed Central等学协会出版机构以及Oxford大学出版社等高校出版社。2016年，PKP（Public Knowledge Project）启动了PLN（Private LOCKSS Network），该网络旨在实现OJS（Open Journal Systems）期刊的长期保存。许多图书馆出版和自出版的期刊都是基于OJS的期刊[③④]。

Portico（portico.org）数字资源长期保存服务是由ITHAKA（非营利组织，致力于帮助学术团体使用数字技术实现学术内容的长期保存，以可持续的方式推动研究与教学）提供的一项服务。项目始建于2002年，致力于对各类出版物（包括电子期刊、电子书和数字化的有历史意义的馆藏）的长期保存。迄今为止，已有来自14个国家的957家图书馆加入Portico的数字长期保存策略，有445家出版商加入了Portico，包括354家出版商的数字期刊、133家出版商的电子书以及5家出版商的数字馆藏（有交叉、重复）[⑤]。

5.4.1.4 对合理使用与版权保护的影响

20世纪末21世纪初，数字出版刚刚蓬勃发展之时，出现了大量有关版权纠纷的诉讼。非常著名的谷歌诉讼案便是其中的典型代表。2004年，谷歌推出庞大的图书馆计划（Google Books Library Project），宣布要在数年内扫描哈佛大学、纽约公共图书馆、斯坦福大学、密歇根大学、牛津大学五所英美顶级图书馆的全部馆藏，纳入谷歌数据库，供谷歌用户免费检索。谷歌对不同类型的图书采用了不同的政策，用户可浏览公共领域图书全文或者下载PDF格式的阅读；而对版权图书，用户可阅读包含检索词的有限内容，谷歌提供可直接购买该书的书商、出版社网站或可借阅该书的图书馆网站链接。

尽管如此，这一项目从一开始就伴随着版权诉讼，从2005年开始，多个国家和地区围绕这一项目对谷歌展开了著作权侵权诉讼，经过若干年调查，虽然在一些国家和地区，以谷歌符合合理使用为最终判决结果。但基本上都是谷歌与诉讼权益方最终达成和解协议而告终[⑥]。在我国也不乏此类案例，更有图书馆被卷入其中，如李昌奎诉贵州大学图书馆、

---

① CLOCKSS. Supporting libraries[EB/OL]. [2017-11-24].https://clockss.org/clockss/Supporting_Libraries.

② CLOCKSS. Participating publishers[EB/OL]. [2017-11-24]. https://clockss.org/clockss/Participating_Publishers.

③ PKP. PKP history[EB/OL].[2017-10-30]. https://pkp.sfu.ca/about/history/.

④ PKP. PKP preservation network[EB/OL].[2017-10-30]. https://pkp.sfu.ca/pkp-lockss/.

⑤ ITHAKA. Who participates in portico? [EB/OL].[2017-10-30]. http://www.portico.org/digital-preservation/who-participates-in-portico.

⑥ 黄先蓉，王晓悦. 从谷歌图书馆计划谈数字出版法律法规存在的问题及解决思路[J]. 图书情报知识，2015(1): 124-128.

北京世纪超星信息技术发展有限责任公司、北京超星数图信息技术有限公司对其作品网络传播权侵权的案件[①]。

传统出版环境中，图书馆获得印本资源后，通过到馆服务提供给读者，读者通过借阅、复印（在合理范围内）等方式使用资源。资源的使用具有排他性（同一时间只能由一位读者使用）、地域性。对于使用量大的资源，图书馆通过购买复本的方式满足用户的使用需求，版权所有者（如出版商、作者）并不担心资源的合理使用问题。数字出版环境中，数字资源的使用具有非排他性（同时可以由多人使用），资源很容易在非授权的情况下被低成本地扩散和传播。国际上对数字资源版权保护方面的相关法律法规还不够细致具体。图书馆的服务宗旨一直是能够让资源最大限度地传播出去，让尽可能多的用户受益。这在本质上与版权保护的规定相悖。数字出版环境中，图书馆一方面需要在履行职责的同时牢记版权保护和合理使用的规定，在主动传播数字资源的过程中避免侵权和不合理使用的行为；另一方面，需要通过宣传教育、技术等手段提高用户的版权保护意识，防止读者的侵权行为。

5.4.2 数字出版对学术图书馆用户服务的影响与对策

5.4.2.1 对服务内容的影响

（1）数字出版时代，传统的流通服务不断弱化，学术图书馆的到馆读者越来越少。但数字资源的使用量却迅速上升。数字技术的蓬勃发展，移动互联网、社交网络、云计算、大数据、人工智能的不断成熟，使得读者的自助服务日益普遍。自获取正成为数字环境中用户利用图书馆的新趋势[②]。为了使用户可以在不同平台、不同设备上更加准确、完整、便捷地实现资源的自助获取和使用，需要对数字资源实现集成、整合，并完成内容的深度挖掘和关联揭示，这些都是图书馆需要提供的新服务。

（2）数字出版时代，学术图书馆上游的生产者和出版者正尝试开发各种新服务，这些服务在一定程度上侵蚀了原本图书馆的功能领地，促使学术图书馆需要不断地适应这些新服务，并在此基础上，开发各种新项目，以抓住用户。

（3）数字出版时代，用户不断提出新需求，学术图书馆需要顺应用户需求，提供新的服务项目。例如图书馆参与出版，成为出版者；与用户合作，面向用户需求建立特色资源

---

① 孙革非. 从李昌奎诉讼案看图书馆数字资源建设与共享中的知识产权及合理使用[J]. 安徽农业大学学报(社会科学版), 2014(2): 77-80.

② 熊太纯，周冰，王聪. 图书馆用户自获取信息服务现状与发展对策研究[J]. 图书馆，2017(10): 84-89.

库或主题网站等。

（4）数字出版时代，图书馆还需要主动培育用户的信息利用意识，提高用户信息素养。要让用户知道那些未知的资源、服务和工具，培养用户使用新媒体进行数字科研的习惯（如对个人科研主页的完善），并整合相关资源。

传统环境中，图书馆囿于经费，只能以满足用户的普遍需求为主导，对用户的长尾需求和长尾用户的需求通常难以满足。数字出版时代，图书馆可以更多地关注零散用户需求，满足长尾用户的需求和用户的长尾需求。

5.4.2.2 对服务方式的影响

数字出版时代，资源以网络为主要传播渠道，科学研究也已进入数字学术时代，传统印本环境中的到馆服务吸引的读者越来越少，图书馆的服务方式必须从到馆服务向网上虚拟服务转变。随着知识传播链上位于图书馆上游的出版者的资源销售方式日益灵活，面向终端用户需求的新产品不断问世，上游生产者的创作、出版方式在发生改变，而下游用户的使用习惯也在不断改变。这些都促使图书馆改变服务方式：

（1）适应用户的使用习惯，充分利用各种新平台、新工具（例如社交媒体）开展服务。因此，图书馆可以利用社交媒体进行资源推广，并通过与读者的互动及时获得读者反馈，了解读者需求，改善服务效果。

（2）与上下游各方密切合作，包括与生产者合作，通过图书馆出版的方式协助生产者实现自出版。与出版商合作，帮助出版商形成产品与用户的有效对接，并针对本馆目标用户群的特定需求，与出版商合作打造个性化的解决方案。与读者合作，通过对用户使用情况的跟踪、统计和分析，了解用户兴趣、阅读习惯、偏好等，为用户提供有针对性的服务。以图书馆与资源创建者和使用者紧密合作成为资源的发布者为例，内布拉斯加林肯大学（University of Nebraska at Lincoln）的图书馆与艺术科学院联合创建了人文学数字研究中心[①]，该中心很好地体现了图书馆历史学家和其他人文学者的合作。中心已开始了 38 个数字项目，许多项目中历史学家起主导作用，其工作是让更多的人可以更容易地访问历史。

5.4.2.3 对个人隐私保护的影响

用户个人隐私保护问题由来已久。图书馆为了给用户提供更准确、方便的服务，总是希望能够尽可能详尽地记录用户的阅读和使用行为。传统印本环境中，对这些行为的采集和记录并不方便，也无法做到细致和准确。例如只能记录用户借阅了哪些图书，但是却无法详尽地记录读者到馆阅读了哪些图书。尽管如此，各国在《图书馆法》等相关法律或相

① MIDDLETON K，YORK A. Collaborative publishing in digital history[J]. OCLC systems & services: international digital library perspectives，2014，30(3): 192-202.

关学协会的政策中也有对用户隐私保护的相关条款①。

数字出版时代，数字资源的使用使得图书馆更容易获得更多的用户隐私信息。用户在使用数字资源时每一个行为都会留下痕迹，如在何时访问了哪些资源、使用了何种设备或工具、停留了多久、访问到何种程度（目录、摘要、全文）。一些资源需要注册才能使用，因此可能会留下邮箱、电话、姓名、单位等个人信息。

用户的使用行为和注册信息中包含了大量个人隐私信息。利用各种数字技术，图书馆可以很容易地大量搜集、详尽记录这些数据，这大大增加了图书馆泄露用户隐私信息的风险。而传统的法律和政策中的相关规定并不能完全适用于数字环境。目前，国际上的许多出版商都有相应的隐私保护政策，并会在网站上公布，隐私保护政策一般会规定对用户信息收集的标准，使用的方式，信息在何种条件下会被披露，对数据实施的安全保护措施，用户可以对信息做哪些维护等方面，如Elsevier的隐私保护政策②。一些图书馆也公布了相应的隐私保护政策，如哈佛大学图书馆③，但相对而言还比较简单。

因此，数字出版时代，隐私保护问题需要引起图书馆更多的关注。用户的数据不能随意获取、使用。需要从政策上建立规则，从管理上进行完善，从技术上进行控制。

5.4.2.4 对空间结构和功能的影响

传统印本环境中，图书馆的空间结构适宜于大量藏书、方便读者到馆阅读，是藏与用相结合的完美统一。数字出版环境中，学术图书馆的空间结构应该以满足读者对数字资源的有效使用为前提，实体空间需要与虚拟空间有效结合，辅助读者数字学习和数字科研工作的顺利开展。在这方面，国内外的一些学术图书馆也在进行着各种尝试，从 20 世纪末的信息共享空间（Information Commons，简称 IC），到学习共享空间（Learning Commons，简称 LC）、知识共享空间（Knowledge Commons，简称 KC），再到创客空间、数字学术中心，图书馆的物理空间结构在不断变化，更重要的是，读者在这个物理空间中可以获得的知识内容在不断丰富、不断细化，面向个人和团队的学习和研究日益微观化、个性化。

5.4.3 数字出版对学术图书馆员工发展的影响与对策

5.4.3.1 员工观念的转变与更新

数字技术和数字出版对图书馆员观念的影响体现在如下 3 个理解的转变上：

① 罗曼. 论图书馆用户的隐私保护[J]. 大学图书馆学报，2005(1): 63-65.

② Elsevier. Privacy policy[EB/OL].[2017-10-30]. http://asia.elsevier.com/elsevierdnn/tabid/332/Default.aspx.

③ Harvard Library. Privacy statement[EB/OL].[2017-10-30]. http://library.harvard.edu/privacy-statement.

（1）对图书馆定位的理解。传统出版环境中，文献资源是稀缺产品，拥有足够的文献资源是图书馆员的理想，资源建设是图书馆工作的重中之重。数字出版环境中，文献资源不再是稀缺资源，图书馆的服务需要更多地关注读者，以人为本、以读者为中心是图书馆服务的新理念。

（2）对图书馆职能的理解。传统出版环境中，由于图书馆需要首先拥有资源，才能提供服务，因此，资源建设一直是图书馆工作的核心和重点。围绕资源建设的采访、编目、流通是图书馆的核心业务。数字出版环境中，原有的许多非核心业务乃至部分核心业务可以通过外包的方式实现，或通过数字技术的应用而化繁为简，图书馆的核心职能将是围绕读者需求展开的多种形式的读者服务。

（3）对图书馆员角色定位和能力需求的理解。传统出版环境中，图书馆员的核心业务是围绕着资源建设展开的，图书馆员更多地将自身定位为资源的管理者，在此基础上提供服务。数字出版环境中，以人为本、以读者为中心的服务理念的树立，也让图书馆员的自身定位随之从资源管理者转变为服务者。同时，伴随着原有一些业务的外包或被计算机等数字技术取代，图书馆员自身能力要求也相应地发生转变。

5.4.3.2 员工素养的丰富和提升

数字出版使得学术图书馆的角色发生改变，图书馆员身兼“导航员”“经纪人”“咨询师”“教练”“工程师”“协调员”等多种角色，管理的资源类型、表现形式多样化，服务手段多样化，这要求图书馆员的职业能力多元化、多维化。除了原有的资源组织、管理，人员沟通等能力外，其应具备的素养还包括：

（1）数字素养。这是数字出版环境中图书馆员需具备的最基本素养。国际图联数字素养宣言中指出，“数字素养”是指利用数字工具并发挥其潜能的能力。这是数字环境中的最基本素养。它需要图书馆员熟练地使用计算机、网络以及各种数字设备、相关软件，实现数字资源的获取、传递，并基于此为用户提供服务。

（2）法律素养。数字资源使用和提供服务中涉及多方面的法律问题，在服务中对资源的合理使用与版权保护问题，不同类型的资源具有不同的使用权限。例如对于开放获取资源，不同的版权方式对应了资源不同的可使用范围和方式。馆员在服务过程中不可避免地会对用户信息进行收集，这就涉及用户隐私的保护问题。另外，数字出版环境中，图书馆越来越紧密地融入各种合作之中，图书馆界的合作，图书馆与出版商、与生产者的合作，与消费者的合作，这些合作中涉及对自身权益的维护，这些都需要相应的法律知识的支撑。

（3）学科素养。学科服务是学术图书馆的基本服务之一。传统出版环境中，资源的获取是科研人员在使用资源时的主要瓶颈，学术图书馆为用户提供的更多的是资源获取服务。数字出版环境中，资源获取不再是困扰科研人员的主要问题，相反的，面向海量资源，科研人员需要知道有哪些与自己科研工作相关的资源，并精准地定位、获取这些资源。这就需要面向科研人员的特定研究需求，为其提供深层次的资源检索、挖掘、获取服务，这需要了解相应的学科知识。因此，学科素养是学术图书馆工作人员必不可少的素养之一。

（4）心理学素养。传统出版环境中，满足大多数用户的普遍需求是图书馆的主要目标。限于经费、人力和技术条件，除了少数核心用户的个性化需求外，图书馆基本无法兼顾大多数用户的个性化需求。数字出版环境中，数字技术使得对用户行为的记录和分析变得非常方便，使图书馆可以面向用户的个性化需求提供服务。但这种个性化服务，在对用户行为进行分析的基础之上，还需要对用户使用心理有比较准确的把握。这样才能使提供的服务更贴近用户需求，并通过准确的预测来满足用户的潜在需求。

6 开放出版对学术图书馆的影响

伴随着数字出版的发展，开放出版应运而生。开放出版的出现时间虽不长，但其社会意义及对学术图书馆的影响却是十分深远的。学术图书馆不仅是开放出版的参与者和合作者，而且也是开放出版的积极推动者。在开放科学环境下，学术图书馆将会更加积极地参与到开放出版的过程之中，将开放出版优势与学术图书馆的价值更好地结合，为用户和社会提供更加丰富和便利的信息与知识服务。

6.1 开放出版概述

6.1.1 开放出版的定义和主要类型

6.1.1.1 开放出版的背景

出版期刊的最初目的是满足科研人员对学术交流的需求，在 1665 年至 1945 年期间，出版期刊的学术交流方式属于非商业模式，期刊内容通常与学会研究的领域一致，个人订阅纸质期刊价格低廉，多数情况下包括在会员费之中。第二次世界大战后，随着各国国家科研投入的加大、学术研究的发展、科研人员数量的增加，科研人员对更多学术论文交流渠道的需求随之提升；与此同时，出版商扩大了对出版市场的占有份额，并开发更细分领域的期刊[①]。20 世纪末互联网的发展为出版商提供了电子期刊捆绑销售以及拆分服务的机会，出现了出版商与个别大学或联盟之间的“大交易”，“大交易”涵盖了出版商所有或大部分的期刊，也成为学术论文传播的主要形式[②]。该方式减轻了图书馆和科研机构查找和订阅多种期刊的负担，可以为科研人员提供更为丰富的资源，满足学术交流的大部分需求。然而，随着“大交易”形式的出现和发展，大型出版商逐渐垄断出版市场，使得订阅期刊的价格迅速上涨，其主要影响包括：

---

① BJÖRK B C. Scholarly journal publishing in transition—from restricted to open access[J]. Electronic markets, 2017, 27(2): 1-9.

② FRAZIER K. The librarians' dilemma contemplating the costs of the “Big Deal” [J]. D-Lib magazine, 2001, 7(3).

（1）期刊利用危机。在1986年至2003年间消费者价格指数上涨了68%，而学术期刊的单位成本增加了227%[①]；2012年4月，哈佛大学教师委员会发布公告[②]，宣布无法支付高额的期刊订阅费，建议研究人员以开放获取的方式发表论文，或将论文投稿给合理的、可持续订购的期刊。2016年8月德国60多家机构因与Elsevier就期刊后续征订无法达成协议，于2016年12月曾一度停止订阅Elsevier期刊。同一时期，中国台湾的一个图书馆联盟已经获得了一个月的订购延期，因为它在12月份表示无力支付Elsevier 2017年的价格[③]。2018年9月，来自11个欧洲国家的11个研究资助机构启动了“S计划”，该计划要求所有的受资助发表的科研文章到2020年要实现开放获取。2018年1月，中国科学院、国家自然科学基金委、国家科技图书文献中心等机构支持让公共资助的研究成果出版后就能立即免费阅读。2019年2月28日，拥有10个分校、占美国科学出版业论文产出近10%的加州大学宣布，将停止向Elsevier支付其出版物的订阅费用，并立即向全世界读者免费提供该校作者发表的所有文章。

（2）研究成果的双重付费。国外有人称之为“研究周期悖论”[④]，即研究人员通常在公共资金的资助下开展研究，将研究成果交由出版商进行出版，获得研究成果的进一步扩散和交流，当进入下一轮研究周期时，需要通过由公共资助的图书馆再次获得已有研究成果。在此过程中研究人员贡献领域新知识，大多数研究者以非营利目的担任期刊同行评议的评审员以及期刊编辑，最终研究成果却被出版商垄断抬高价格，出现了在研究周期过程中需要公共资金资助研究成果以及获取原有研究成果的双重付费。

6.1.1.2 开放出版的定义

在“期刊危机”的背景下，数字出版的出现以及互联网技术的发展，为解除期刊危机重构学术交流系统带来新机遇。20世纪90年代初，西方国家开始倡导开放获取运动，国

---

① BETTY R, MARGARET L, RANDY W. The scholarly communication crisis: setting an agenda for utah libraries [EB/OL]. [2018-08-04]. https://digitalcommons.usu.edu/cgi/ viewcontent.cgi?referer=http://xueshu.baidu.com/s?wd=paperuri%3A%288a77109eae516acbbf95402bdb1aeadb%29&filter=sc_long_sign&sc_ks_para=q%3DThe%20Scholarly%20Communication%20Crisis%3A%20Setting%20an%20Agenda%20for%20Utah%20Libraries&sc_us=372352719215215007&tn=SE_baiduxueshu_c1gjeupa&ie=utf-8&httpsredir=1&article=1046&context=lib_present.

② GRETCHEN V. Faculty advisory council memorandum on journal pricing [EB/OL]. [2018-07-21]. http://gantercourses.net/wp-content. /uploads/2013/11/Faculty-Advisory-Council-Memorandum-on-Journal-Pricing-%C2%A7-THE-HARVARD-LIBRARY.pdf.

③ GRETCHEN V. German researchers start 2017 without Elsevier journals[EB/OL].[2017-01-06].http://science.sciencemag.org/content/355/6320/17.full.

④ Thomasash. Open access and the serials crisis[EB/OL].[2015-12-01]. https://thomasash.wordpress.com/2015/12/01/open-access-and-the-serials-crisis/.

内学者从 2004 年开始对开放出版进行相关的研究。

2002 年 2 月发布的“布达佩斯开放获取计划”（Budapest Open Access Initiative，简称 BOAI）①，2003 年 6 月发布的“关于开放获取出版的毕士达宣言”（Bethesda Statement on Open Access Publishing）②，以及 2003 年 10 月发布的“关于自然科学与人文科学资源开放获取的柏林宣言”（Berlin Declaration on Open Access to Knowledge in the Sciences and Humanities）③，学界将此三大宣言合称为“BBB”宣言，“BBB”宣言为后期开放出版的发展和研究奠定基础。其中“布达佩斯开放获取计划”于 2012 年 9 月④和 2017 年 2 月⑤相继更新。

根据已有学者、机构对开放获取的解释及界定，并将开放出版与传统订阅期刊出版模式进行对比，将开放出版的特征总结如下：

（1）开放获取的环境下开放出版版权归属的变化和使用权限的扩充。作者和版权所有者授予用户在世界范围内不可撤销的、免费的、永久性的访问权，并许可复制、使用、分发、传递和公开展示作品及制作和分发衍生作品，且有权制作少量印刷副本供个人使用。传统的订阅期刊的出版模式版权基本归属于出版商，而开放出版的情境下，作者可保留作品的部分或全部权利⑥，并可授予使用者相关的使用权限。

（2）开放获取实现了最大限度的利用。开放获取作为一种网络出版模式⑦⑧，通过网络技术的应用，促进研究成果的利用和共享，以及在线免费获取全文⑨。订阅出版期刊利用网络技术可提供多种期刊文章的销售和在线查找“摘要”等服务，开放出版环境下，利用网络技术减少出版的成本，促进全球研究成果的利用和共享，主要的限制来自网络障碍⑩，例

---

① Budapest open access initiative[EB/OL].[2018-07-21].http://www.budapestopenaccessinitiative.org/read.

② PETER S. Bethesda statement on open access publishing[EB/OL].[2018-07-21].http://legacy.earlham.edu/~peters/fos/bethesda.htm#note1.

③ Max-Planck-Gesellschaft. Berlin declaration on open access to knowledge in the sciences and humanities[EB/OL].[2018-07-21].https://openaccess.mpg.de/Berlin-Declaration.

④ BOAI. Ten years on from the Budapest open access initiative: setting the default to open[EB/OL].[2018-07-21].http://www.budapestopenaccessinitiative.org/boai-10-recommendations.

⑤ BOAI. BOAI15[EB/OL].[2018-07-21].http://www.budapestopenaccessinitiative.org/boai15-1.

⑥ BAILEY C W. What is open access[EB/OL]. [2018-07-21].https://www.researchgate.net/publication/265225558_What_Is_Open_Access.

⑦ 刘勇. 开放存取出版的原理、模式与影响因素分析[J]. 出版广角，2016(21): 36-38.

⑧ 蒋永福. 开放获取出版：概念、模式、影响与前景[J]. 科学学研究，2007(2): 210-214.

⑨ GOODMAN D. The criteria for open access [J/OL]. Serials review, 2004,30(4): 258-270. https://repository.arizona.edu/handle/10150/105891.

⑩ 黄颖. 开放获取期刊现状及其学术影响力评价研究[D]. 长春：东北师范大学，2016: 7.

如互联网的普及、在线检索技术等。出版内容的研究成果以电子版本为主，或出于保存等因素而制作纸质版本。

（3）开放获取出版费用模式发生变化。开放获取是一种新的学术交流方式[①②]。与订阅期刊相比，开放获取模式免除订阅费，但开放获取文献本身的生产和出版并不免费[③]。目前主流的开放出版方式“金色开放获取”期刊收取作者的文章处理费（article processing charge，简称 APC）。

（4）开放获取仍然遵循既定的知识产权。开放获取是在现有法律框架内实施的新型学术出版模式[④]。开放出版目的主要是解除获取研究成果的障碍，利用互联网技术构建新的学术交流体系，促进全球科研发展，并非排斥非开放获取期刊及其出版者。因此，开放获取能与传统学术文献相关的版权、同行评议、收入、印刷、保存、声誉等和谐共处。

以上为开放出版的主要四点特征，同时开放出版的内容除学术期刊文献以外，还包括原始的科学研究成果、原始数据和元数据、学术类多媒体资源、书籍等。目前开放出版仍处于发展阶段，未来开放出版的特征可能随其不断地发展而有所扩充。

6.1.1.3 开放出版的类型

目前开放出版的类型可按实现途径以及出版的内容两种方式进行划分。

（1）按实现途径对开放出版进行分类

表 6-1　基于实现途径的开放出版模式分类

类别	类型	特征
金色 OA	完全开发出版（Full OA）	①一般以收取文章处理费的方式运营，运营经费的来源还可以是广告收入、捐赠收入等[⑤]；②除延迟开放出版期刊外可实现及时的开放获取
	复合开放出版（Hybrid OA）	
	延迟开放出版（Delayed OA）	

① DEYUP M M，MARTHA F L. 美国国家和机构开放获取政策研究报告[J]. 初景利，译. 图书情报工作动态，2005(3): 1-8.

② 黄凯文，刘芳. 网络科学信息资源“公开获取运动”的模式与方法[J]. 大学图书馆学报，2005(1): 38-41.

③ SUBER P. Open access overview focusing on open access to peer-reviewed research articles and their preprints[EB/OL].[2018-07-21].http://legacy.earlham.edu/~peters/fos/overview.htm.

④ 李麟，初景利. 开放获取出版模式研究[J]. 图书馆论坛，2005(6): 88-93.

⑤ 何莉娜，郑建程. 开放获取期刊的运营模式探析[J]. 图书馆杂志，2012 (9): 33-37.

续表

类别	类型	特征
绿色 OA	知识库	①对于期刊论文存储的版本可以是经过同行评议后的手稿（即预印本）或被录取的最终稿； ②一般存在时滞期无法实现及时的开放获取； ③内容组织上遵循 OAI-PMH 协议的互操作性以及实现永久获取[①]
	预印本	
	其他	

从开放出版的实现角度可将开放出版划分为金色 OA 和绿色 OA（如表 6-1 所示）。金色 OA 就是指期刊的开放出版，以文章处理费取代收取订阅费，对采用开放获取政策的论文通过收取文章处理费的方式实现使用者的免费在线获取。文章处理费的支付方式为以下几种：由作者个人支付、基金会资助、机构会员、机构支付[②]；运营经费的来源还可以是广告收入、捐赠收入等[③]。绿色OA是指通过“存储”的方式实现内容的开放获取，其中主要的存储平台为“机构知识库”、预印本平台，也可是其他网站（如 ResearchGate）或作者个人网页等，而机构知识库可以是由学术机构、学术社区、政府机构所支持的，也可由致力于开放获取、无限制传播、互操作和长期归档的其他的组织所支持的，例如生物医学领域的 PubMed Central。

金色开放获取期刊可根据期刊开放程度，将其分为以下三类：①完全开放出版（Full OA）期刊，该类型期刊对所有论文采用开放获取政策，只收取作者的文章处理费，也有些期刊不收取任何费用，一般被称为“钻石开放获取”（Diamond OA）[④]。②复合开放出版（Hybrid OA）期刊，发表在该期刊上的论文部分采取了开放获取政策，但后期使用者订阅该期刊时仍需收取订阅费。针对该类型期刊，为了避免出现双重收费，即针对开放出版的论文既提交了文章处理费又支付论文订阅费的情况，一般采用“订购费扣减模式”，即在订购费中扣除开放获取论文的订阅费[⑤]；“订购费抵消 APC”模式（简称“抵消模式”）指订购机构的作者在复合期刊发表开放论文时不支付或少支付 APC，用订购费代为支付 APC[⑥]。③延迟开放出版（Delayed OA）期刊：期刊仍需收取订阅费，在该期刊上发表的论

① 李麟，初景利．开放存取出版模式及发展策略[J].中国科技期刊研究，2006(3): 341.

② 田晓迪．开放出版及其对图书馆资源建设的影响[J].图书馆杂志，2017(8): 41.

③ 何莉娜，郑建程．开放获取期刊的运营模式探析[J].图书馆杂志.2012(9): 33-37.

④ FUCHS C, SANDOVA M. The diamond model of open access publishing: why policy makers, scholars, universities, libraries, labour unions and the publishing world need to take non-commercial, non-profit open access serious [J]. Journal for global sustainable information society, 2013, 11(2): 428-443.

⑤ 田晓迪，刘远颖．复合开放出版的新业务模式研究[J].图书与情报，2016(3): 132-137.

⑥ 赵艳，张晓林，郑建程．图书馆文献订购经费向开放出版经费转化：目标、挑战与策略[J].图书情报工作，2016 (1): 5-11.

文在一定时间后开放获取[①]，延迟的时间一般为 6—12 个月。

绿色开放存储的内容可以是灰色文献（通常为内部非同行评议材料）、已经通过同行评议的文献、同行评议会议记录论文或专著[②]。而绿色 OA 的开放出版一般指作者将通过同行评议的材料（可为预印本也可为已出版的版本）存储在预印本平台或机构知识库中，通常经过一定的时滞期后实现开放获取。其中最关键的两点为：①存储的版本问题，若存储的为经过同行评议后的手稿（即预印本），作者可根据同行评议的意见对手稿进行修改备注；若为已出版的版本，则需与出版商协调权益问题，并将最终被录取的作者稿（accepeted author manuscript，简称 AAM）存储到知识库中。②绿色 OA 通常存在"时滞期"，无法实现及时开放获取。不同的出版商或政策对时滞期有不同的时间要求，一般为 6 个月或 12 个月。绿色 OA 出版的方式还有两个独特点：内容的组织上遵循 OAI-PMH 协议的互操作性以及实现永久获取[③]。

（2）根据开放出版的内容形式进行划分

若从出版内容类型对开放出版进行划分，则可划分为论文的开放出版、学术专著的开放出版、科研数据的开放出版等。科研数据基本为科学研究过程中使用的基础数据以及研究结果产出的数据内容。科研数据的开放出版主要有 3 种：将科研数据作为独立的信息对象通过数据知识库存储、发布、传播和引用；以数据论文的方式发表经过同行评议的科研数据描述符；在所发表的论文中附带与该论文相关的科研数据说明文件，以补充材料的形式依附出版物发表[④]。

开放出版学术专著包含从接收新稿件到最终出版整个过程的服务内容（如同行评议、内容编辑、营销推广、发行等传统出版服务），也包含已出版专著的再出版或为已出版学术专著提供开放利用的服务。出版成本来源于科研或资助机构、出版社、作者或个人等，开放出版图书的模式为：①出版与发行电子图书格式的学术专著；②联盟基于集团需求和数字版首发成本支付出版商费用；③机构之间合作的出版方式；④ OA 图书中广告收入支持 OA 出版；⑤提供增值收费服务以支持 OA 出版成本[⑤⑥]。

---

① 李麟，张晓林．传统出版社的开放出版政策研究[J]．图书情报工作，2013 (1): 26-31.

② JEFFERY K G. Open access: an introduction [EB/OL]. [2018-08-03]. https://www.ercim.eu/publication/Ercim_News/enw64/jeffery.html.

③ 李麟，初景利．开放存取出版模式及发展策略[J]．中国科技期刊研究，2006(3): 341-347.

④ 刘晶晶，马建华．论科研数据开放共享的三种途径[J]．情报杂志，2015(10): 146-150，96.

⑤ LOOK H，PINTER F.Open access and humanities and social science monograph publishing[J].New review of academic librarianship，2010，16(S1): 90–97.

⑥ 魏蕊，初景利．国外开放获取图书出版模式研究[J]．图书情报工作，2013 (11): 12-18.

6.1.2 开放出版的意义与影响

6.1.2.1 开放出版政策的发展

自 2003 年《柏林宣言》发布以来，开放获取的学术交流环节受到各界关注，国家政府、国际组织、科研资助机构以及科研教育机构等均参与其中，制定了适用于国家或机构层面的开放获取政策 [①②③]，其中，欧美国家是最早提出并实施开放出版的。

（1）国家层面的开放获取政策

2013 年 2 月 22 日美国白宫科技政策办公室发布“提高联邦政府资助科学研究成果获取的备忘录”[④]，简称“白宫指令”，该指令要求每年在研究领域经费支出超过 1 亿美元的联邦机构制定计划对资助项目产出的研究成果进行开放获取。“白宫指令”颁布后，2016 年 12 月已有 16 个联邦部门和机构发布关于开放获取出版物和数据的计划 [⑤]。2013 年 2 月美国众议院提出《公平获取科学和技术研究成果法案》（The Fair Access to Science and Technology Research Act，简称 FASTR）[⑥]，“公共科学公众获取提案”（Public Access to Public Science，简称 PAPS）[⑦] 于 2013 年 9 月提出，同年美国各州政府也相继开启了研究成果开发获取立法议程。

除美国以外，其余国家也参与到开放获取政策的环境中。澳大利亚 2010 年制定了“开放政府宣言（Declaration of Open Government）”；2011 年颁布“澳大利亚政府开放获取和授权框架（Australian Government Open Access and Licensing Framework，简称 Aus GOAL）”，澳大利亚信息专员办公室（Office of the Australian Information Commissioner，简称 AIC）发布了“公共部门信息开放原则（Principles on open public

---

① 郭进京，彭乃珠，张梦霞，等. 2014年国际开放获取实践进展[J].图书情报工作，2015 (9): 119-126.

② 段美珍，顾立平，赵昆华.2015—2016年国家开放获取相关政策与实践进展[J].图书情报工作，2017 (18): 19-28.

③ 李书宁.英国大学开放获取政策研究[J].知识、学习与管理，2017(1): 98-105.

④ HOLDREN J P. Memorandum for the heads of executive departments and agencies [EB/OL]. [2018-07-27]. https://obamawhitehouse.archives.gov/sites/default/files/microsites/ostp/ostp_public_access_memo_2013.pdf.

⑤ The White House. Increasing access to the results of federally funded science [EB/OL]. [2018-07-27]. https://obamawhitehouse.archives.gov/blog/2016/02/22/increasing-access-results-federally-funded-science.

⑥ MIKE D. U.S. representatives introduce bill expanding access to federally funded research [EB/OL]. [2018-07-27].https://doyle.house.gov/press-release/us-representatives-introduce-bill-expanding-access-federally-funded-research.

⑦ New public access legislation introduced in U.S. House of Representatives [EB/OL]. [2018-07-27]. http://sparc.arl.org/blog/new-public-access-legislation-introduced-us-house-representatives.

sector information）”[①]。2012年10月，爱尔兰政府发布《爱尔兰开放获取政策声明的国家原则》[②]。日本内阁2011年制定的国家第4期科学技术基本规划以及2015年国家第5期科学技术基本规划中都提及加强机构知识库建设以及推动开放数据和开放科学的发展，2013年颁布新修订学位条例要求博士学位论文除以印刷版公开以外，还需在网上公布电子版本以及提供摘要的检索[③]。2015年12月瑞士国家教育和创新秘书处（SERI）委托瑞士大学在国家科学基金会（SNSF）的支持下，制定国家出版物的开放获取战略[④]。

（2）科研资助机构的开放获取政策

科研资助机构作为科研成果的重要资助者，制定开放获取政策，支持开放获取运动，可以有效推动科研教育机构等其他科研成果产出机构不断走向开放。2012年6月英国研究理事会发布《可访问性、持久性、优异性：如何扩大对研究出版物的获取》[⑤]的报告（简称Finch报告），该报告明确RCUK将提供资金对英国研究理事会资助的研究论文进行开放获取，预计到2017/2018年研究理事会资助的成果75%通过“金色OA”实现开放获取，剩余25%的研究成果实现绿色开放获取。

欧盟“地平线2020”（Horizon2020—The EU framework program for research and innovation，简称2020计划）[⑥]于2013年12月开始实施，要求受资助项目产生的研究论文必须存储到开放知识库中，在论文发表后的6个月内（人文社会科学论文为发表后的12个月内）开放获取，允许使用项目经费支付开放出版费用，并建议欧盟各成员国制定本国的公共资助科研论文开放获取政策。2017年，欧盟委员会在“2020计划”基础上开始实施科研数据开放制度[⑦]。

国内，中国科学院与国家自然科学基金委员会于2014年发布《中国科学院关于公共

---

① 王婉，牛澍．澳大利亚开放获取进展研究[J]．现代情报，2016(9): 173-177.

② Ireland has announced a national open access policy[EB/OL].[2018-07-27]. https://fabrica.inria.fr/index.html%3Fp=4699.html.

③ 冯朋举，刘青．日本强制性开放获取政策调研与分析[J]．图书情报工作，2017 (4): 31-39.

④ Swiss national strategy on open access [EB/OL]. [2017-01-31]. https://www.swissuniversities.ch/fileadmin/swissuniversities/Dokumente/Hochschulpolitik/Open_Access/P06_7.01-01_Open_Access_strategy_EN.pdf.

⑤ RUCK. RCUK announces block grants for universities to aid drives to open access to research outputs [EB/OL].[2018-07-27]. http://www.ukcge.ac.uk/article/rcuk-announces-block-grants-for-universities-to-aid-drives-to-open-access-to-research-outputs-96.aspx.

⑥ EESC. Towards better access to scientific information[EB/OL].[2018-07-27].http://www.eesc.europa.eu/resources/docs/2012-09-26-better-access-to-scientific-information.pdf.

⑦ 张玉娥，王永珍．欧盟科研数据管理与开放获取政策及其启示——以“欧盟地平线2020”计划为例[J]．图书情报工作，2017 (13): 70-76.

资助科研项目发表的论文实行开放获取的政策声明》和《国家自然科学基金委员会关于受资助项目科研论文实行开放获取的政策声明》。国家科技图书文献中心以及中国科学院文献情报中心在“十三五”规划期间，将“开放获取逐步成为科技信息资源的主流形态”纳入所面临的首要挑战中。

除此之外，根据开放获取知识库强制性存储政策登记系统（the registry of open access Repositories Mandatory Archiving Policies，以下简称 ROARMAP）数据，截至 2018 年 3 月已有 83 家资助机构制定开放获取政策[①]。

（3）科研教育机构的开放获取政策

科研教育机构是开放获取内容的主要生产者，也是开放获取政策的重要制定者，2017 年前后有许多研究所和高校加入开放获取政策制定的浪潮。美国麻省理工学院研究所规定，从 2017 年 4 月起该机构的所有作者都可以选择对其研究成果进行开放获取[②]。立陶宛维尔纽斯科技大学于 2016 年 12 月采纳了强制性开放获取（OA）和开放研究数据政策[③]；阿姆斯特丹应用科技大学（Amsterdam University of Applied Sciences，简称 AUAS）于 2017 年开始实施开放获取政策，将 AUAS 所有的出版物存储于 AUAS 数字档案馆，并在尽可能的情况下使这些出版物公开获取[④]；2017 年 1 月瑞士高等教育机构理事会会议通过一项国家开放获取战略，期望于 2024 年之前实现所有公共资助的出版物在瑞士免费获取[⑤]。

（4）其他组织的开放获取政策及其所提供的开放出版政策跟踪和服务

除与开放获取直接相关的科研资助机构和科研教育机构等利益相关者以外，DOAJ、DOAR、DOAB 和 OpenAIRE 等开放获取平台也积极配合并有效支持开放获取运动的发展。2016 年 8 月 DOAJ 发布新政策将采用更简短的期刊“开放获取声明”以及要求开放获取期刊免除用户注册[⑥]。OpenAIRE 已经发展成为一个由广泛的利益相关者组成的国际化

① ROAPMAP. Welcome to ROARMAP[EB/OL].[2018-08-11].http://roarmap.eprints.org/.

② MIT. Institute announces new open access policy for all MIT authors[EB/OL].[2017-04-06] http://news.mit.edu/2017/institute-announces-new-open-access-policy-all-mit-authors-0406.

③ Lithuanian University. Lithuanian University adopts open access policy [EB/OL].[2016-12-19].http://www.eifl.net/news/lithuanian-university-adopts-open-access-policy.

④ AUAS. Amsterdam University of applied sciences aims for 100% open access[EB/OL].[2016-12-21].http://www.openaccess.nl/en/events/amsterdam-university-of-applied-sciences-aims-for-100-open-access.

⑤ A national open access strategy: toward the unrestricted publication of research output[EB/OL].[2017-02-01].https://www.swissuniversities.ch/en/farms/news-detail/news/detail/News/a-national-open-access-strategy-toward-the-unrestricted-publication-of-research-output/.

⑥ DOAJ. Policy updates: open access statement and user registration [EB/OL].[2016-09-08]. https://doajournals.wordpress.com/2016/09/08/policy-updates-open-access-statement-and-user-registration/.

的社会与技术网络，支持包括出版物和科学数据开放获取在内的开放科学政策的实施和监测[①]。知识共享组织（Creative Commons）于 2016 年 12 月发布了针对 38 个国家开放政策调研的报告[②]。而根据 ROARMAP 统计结果，截至 2018 年 7 月底，有 941 个制定开放获取政策的机构在此网站进行了注册，其中欧洲、美洲、亚洲、大洋洲、非洲已有强制性开放获取政策机构数量分别为 587、217、66、40、31[③]；网站注册的已有强制性开放获取政策的机构最多为美国 140 家、英国 120 家，科研机构和高校实施强制性开放获取政策所占比例最高，为 72%[④]。

以上开放获取政策有力地推动了“金色 OA”和“绿色 OA”的发展，尤其是论文的开放出版。除论文的开放出版以外，科研数据和学术专著等的开放出版也备受国际开放获取运动的关注[⑤⑥⑦]。当前，开放出版的政策环境愈加完善，“强制性”开放获取政策多于鼓励性政策，欧美国家对开放获取的政策制定处于全球领先地位，在所有制定开放获取政策的机构中，研究所和教育机构属于主体部分。

6.1.2.2 金色开放获取进展

金色开放获取期刊数量在逐年增长。截至 2018 年 7 月底，《开放获取期刊目录》（DOAJ）收录来自 128 个国家的 11856 本开放获取期刊以及 3221520 篇论文[⑧]，五大出版商 Elsevier、SpringerNature、Wiley-Blackwell、Taylor & Francis 和 Sage 在 2007—2013 年混合 OA 期刊呈连续增长趋势，2013 年有 13994 篇论文发表在 2714 个混合 OA 期刊上[⑨]。WOS 所收录的 2009—2014 年中 54.6% 的文献可以通过谷歌学术免费获取[⑩]，2016 年 8 月

① OpenAIRE. Implementing funder open access policies: how OpenAIRE can help[EB/OL]. [2016-10-27]https://blogs.openaire.eu/?p=1347.

② Solving some of the world’s toughest problems with the Global Open Policy Report[EB/OL].[2017-02-24]. https://creativecommons.org/2016/12/06/global-open-policy/.

③ ROARMAP[DB/OL].[2018-07-27].http://roarmap.eprints.org/view/country/un=5Fgeoscheme.html.

④ ROARMAP. How many open access policies are there worldwide? [DB/OL].[2018-07-27] . http://roarmap.eprints.org/dataviz2.html.

⑤ 温芳芳.国外科学数据开放共享政策研究[J].图书馆学研究，2017(9): 91-101.

⑥ 张晓青，盛小平.国外科学数据开放共享政策述评[J].图书馆论坛，2018 (8): 147-154.

⑦ 宋戈，胡文静.国外强制性开放科学数据政策调研与分析[J].图书情报工作，2016(9): 61-69.

⑧ DOAJ[EB/OL].[2018-07-28].https://doaj.org/.

⑨ LAAKSO M，BJÖRK B. Hybrid open access—a longitudinal study[J]. Journal of informetrics，2016，10(4): 919-932.

⑩ MARTÍN-MARTÍN A，COSTAS R，VAN LEEUWEEN T，et al. Evidence of open access of scientific publications in Google Scholar: a large-scale analysis[J]. Journal of informetrics，2018，12(3): 819-841.

底由惠康基金（Wellcome Trust）资助的70%的项目实现开放获取①，但在出版市场上占主导地位的仍是订阅模式的期刊，且开放获取市场的增长速度已经放缓至每年 10%—15%，预计 2025 年或以后，一半的欧洲科学出版物才能实现即时开放获取②。

期刊数量在不断增长的同时，一些科研和资助机构与出版商以签订协议的方式或开启自身开放出版平台的方式以实现并加速科研成果的开放出版。例如：马普学会和 Taylor & Francis出版集团签订消除开放获取障碍的协议③，全球健康慈善机构盖茨基金会于2017年3月开启“盖茨开放研究”平台④。2017 年 5 月 EIFL 与 Taylor & Francis 签署 OA 期刊协议，确保为来自 37 个国家的研究人员免除或减少文章处理费用⑤。全球健康慈善机构盖茨基金会于 2017 年 3 月开启“盖茨开放研究”平台，加速由机构所资助的研究文章与数据的出版。

在金色 OA 发展过程中，发现文章处理费存在增长的趋势。剑桥大学 2015—2016 年为每篇文章支付的 APC 相较于 2014 年增长了 6%⑥，惠康信托及慈善开放获取基金于 2017 年公布了 2015—2016 年开放获取文章处理费（APC）的支出情况，发现 APC 在逐年上涨⑦；而大型出版商中的一些高影响力期刊收取较为昂贵的 APC，影响因子超过 6 的期刊文章处理费基本介于 2000 美元和 4000 美元之间，最大值为 5000 美元⑧。有观点认为，如果机构向公众公开开放出版的费用，随着时间的推移，可以观察和分析成本的变化，提高

---

① UK Data Service. Towards open research: practices, experiences, barriers and opportunities[EB/OL].[2017-02-21].http://reshare.ukdataservice.ac.uk/852494/.

② OpenAIRE. Report: “Towards a Competitive and Sustainable OA Market in Europe” [EB/OL]. [2017-03-21].https://blogs.openaire.eu/?p=1841.

③ TREND. Max Planck and Taylor and Francis agreement removes open access barrier[EB/OL]. [2017-02-03].https://www.enago.com/academy/max-planck-and-taylor-and-francis-agreement-removes-open-access-barrier/.

④ Nature. Gates foundation announces open-access publishing venture[EB/OL]. [2017-03-04].http://www.nature. com/news/gates-foundation-announces-open-access-publishing-venture-1.21700.

⑤ EIFL. EIFL-Taylor & Francis agreementon oa journals [EB/OL]. [2017-05-17]. http://www.eifl.net/news/eifl-taylor-francis-agreement-oa-journals.

⑥ Cambridge University spend on open access 2009—2016[EB/OL].[2016-09-16].https://unlockingresearch.blog.lib.cam.ac.uk/?p=899.

⑦ Charity open access fund spend 2015—2016[EB/OL].[2017-03-21].https://wellcome.ac.uk/funding/managing-grant/wellcome-and-coaf-open-access-spend-2015-16.

⑧ Open Science and Peer Review. Article processing charges: open access could save global research[EB/OL].[2015-12-24]. http://blog.frontiersin.org/2015/12/24/article-processing-charges-open-access-could-save-global-research/.

资金流动的透明度和可比性，且有利于促进未来开放出版市场的竞争①。因此为了控制文章处理费的增长速度以及提高其透明度，已有机构关注 APC 状况并采取相关行动。一些欧盟资助者已启动 APC 上限，如 FP7 开放获取试点后期拨款项目和德国研究基金会（DFG）都设置了 2000 欧元的上限；2017 年 1 月，艾尔弗·斯隆基金慷慨资助的 FlourishOA 工具可用于整合文章出版费的信息以及期刊影响力的定量计算，促进开放获取期刊价格和影响力的透明化②；惠康基金会将与 JISC 及 RCUK 合作制定标准化的方法用于报告其与出版商 OA 交易的内容，以提高 APC 的透明度；"科学欧洲"提出了"开放 APC 计划"，通过该平台可以汇总出版成本，并对成本结构进行分析，分析结果和相关数据可通过开放许可协议公布，以便在各机构之间进行成本比较和调查③。

在金色开放获取期刊发展过程中出现了掠夺性开放获取期刊，掠夺性出版期刊缺乏正规出版流程，即在缺少同行评议情况下直接出版作者手稿，主要以收取文章处理费为目的。2017 年 1 月在 Beall 的列表中有 2425 家可疑的出版商④。Andrea Manca、Gianluca Martinez、Lucia Cugusi⑤ 等人的调查发现，大多数该类型出版商在印度（36%）、美国（25%）、巴基斯坦（5%）。Jeffrey R. Basford、Allen W. Heinemann⑥ 警示掠夺性出版商的危害，并建议作者、读者、期刊编辑及出版商等采取行动维护学术交流系统。Fang Hua⑦、Polacsek、Meg⑧ 等分别调研了牙科、护理助产学领域该类型期刊的状况。

6.1.2.3 金色开放获取面临的问题

虽然目前金色 OA 已取得一些成就也基本形成稳定的商业运营模式，但向完全 OA 环境的转变过程中还存在许多困难。

---

①③ Science Europe. Shaping open access and creating transparency: science europe recommends disclosing publication Fees[EB/OL].[2017-04-26] http://www.scienceeurope.org/wp-content/uploads/2017/04/SE_OpenAPC_Recommendation.pdf.

② Flourish OA: a new open access service to support your scholarly publication needs [EB/OL].[2017-01-18]. http://www.openaccessweek.org/profiles/blogs/flourishoa-a-new-open-access-service-to-support-your-scholarly.

④ Beall's list of predatory publishers[EB/OL].[2018-07-29]. http://openscience.ens.fr/ABOUT_OPEN_ACCESS/BLOGS/2017_01_23_Jeffrey_Beall_last_list_of_predatory_journals.pdf.

⑤ MANCA A, MARTINEZ G, CUGUSI L, et al. Predatory open access in rehabilitation[J]. Archives of physical medicine and rehabilitation, 2017, 98(5): 1051-1056.

⑥ BASFORD J R, HEINEMANN A W. Predatory publishing in rehabilitation[J]. Archives of physical medicine and rehabilitation, 2017, 98(5): 1057-1058.

⑦ HUA F, WALSH T, WORTHINGTON H. "Predatory" publishing and open access in dentistry[J]. The journal of the american dental association, 2016, 147(8): 600-601.

⑧ MCCANN T V, POLACSEK M. False gold: safely navigating open access publishing to avoid predatory publishers and journals[J]. Journal of advanced nursing, 2018, 74(4): 809-817.

首先，对开放出版起推动作用的出版商缺乏迈向OA的动机。具体表现为一些大型出版商无法确定向OA转变过程中是否还能保留其现有的利益。由此，目前开放出版在整体市场中增长的速度仍然缓慢，且出现了过渡期的混合OA期刊，以及部分延迟OA期刊的时滞期可能长达两年时间，无法实现及时获取。混合OA期刊向完全OA转变的时间无法估计，若实现完全OA，一些研究成果产出较少的商业机构将取消订阅费，而出版商在收益减少的情况下可能提高APC费用，由此如何保证非研究型的机构继续保持对OA世界信息出版总成本的贡献成为向完全OA发展过程中需考虑的问题①。

其次，目前的评价机制迫使作者需要将文章发表在高影响力的期刊上，不利于开放出版的发展。Wilhelm Peekhaus等②调查发现，对于图书情报学领域（Library and Information Science，简称LIS）的教员而言，终身制以及晋升制度是限制他们发表开放获取文献的主要因素。目前仍无法形成完善的激励机制，将作者的晋升及发展与开放出版相联系从而带动作者将研究成果发表在OA期刊上的积极性。

除以上两点外，在利益相关者群体的权益管理部分，仍有关乎各方的版权处理问题等不利于开放出版的发展。如Laakso、Mikael等③通过调查发现伦理学者容易受到版权侵犯和学术论文分享不足的困扰。此外，如何缩短金色OA期刊的时滞期、控制APC费用增长、降低出版的成本、避免掠夺性出版商的陷阱等都成为OA期刊发展过程中需克服的难点；同时OA期刊的质量控制与影响力评估标准仍有待完善；金色OA发展过程中还需考虑OA期刊基础设施平台的构建以及服务功能的提升等问题。开放出版研究项目（SOAP）曾在世界各地不同学科的科学家中开展了一项大规模在线调查，通过对总计53890名受访者的调查发现，对研究人员而言将研究成果进行开放出版的驱动力为以下四点：读者对内容的可获取性、期刊的认知质量、期刊的影响力及是否免费，两个主要阻碍因素为资金来源以及期刊质量。

---

① Science Europe. Briefing paper—open access business models and current trends in the open access publishing system[EB/OL].[2016-04-04]. http://www.scienceeurope.org/uploads/PublicDocumentsAndSpeeches/SE_Briefing_Paper_OA_Business_Models.pdf.

② PEEKHAUS W，PROFERES N. An examination of North American library and information studies faculty perceptions of and experience with open-access scholarly publishing[J].Library & information science research,2016,38(1): 18-29.

③ LAAKSO M，POLONIOLI A. Open access in ethics research: an analysis of open access availability and author self-archiving behaviour in light of journal copyright restrictions[J]. Scientometrics,2018,116(1): 291-317.

6.1.2.4 绿色开放获取进展

开放获取的主题知识库或机构知识库数量在不断增长，根据DOAR统计，到2018年8月2日全球机构知识库总数为3767家，从2014年开始每年的平均增长量为241家，排名前三的国家为美国、英国、日本，机构知识库的数量分别为537、276、222家；使用最多的软件平台为DSpace，占总量的43%，其次为EPrints，占比为13%，其余软件平台占比为2%左右①。

机构知识库数量在不断增长的同时，以绿色OA方式出版论文也更加普遍。Fang Hua等对2013年牙科领域的开放获取论文调查发现，该领域论文更多采用绿色OA出版的方式。2009—2014年WOS收录的开放获取论文中，17%的文献以绿色OA方式获取。2017年5月RoMEO数据库中2360家出版机构有80%可允许某种形式（绿色、蓝色、黄色、白色）的自存档，其中采用绿色方式（可存档预印本和出版版本）进行存档的出版机构有980家，占41%②。荷兰大学的作者可以通过绿色OA的方式免费在大学知识库中存储他们的文章③。中国科学院机构知识库服务网站2018年7月底收录114家机构知识库，总条目为847 377，其中期刊论文占68.14%④。arXiv截至2018年7月底收录了物理、数学、计算机科学、定量生物学、定量金融、统计学、电气工程和系统科学、经济学领域的1 421 596篇绿色OA文献⑤。

随着全球机构知识库数量、绿色OA出版总量不断增长，不同国家、区域对机构知识库建设和发展的方向更为关注，其中机构知识库的标准化以促进全球知识库网络的构建以及知识库功能的改进成为下一代机构知识库发展的重点。COAR于2015年发布《知识库互操作路线图》⑥；区域知识库网络（OpenAire、SHARE和LAReferencia）与COAR和全球科学中心（COS）就开放获取知识库的通用元数据和词表、常规数据交换以及通用技术服务等达成一

---

① OpenDOAR. OpenDOAR statistics[EB/OL].[2018-08-02]. http://v2.sherpa.ac.uk/view/repository_visualisations/1.html.

② JISC. Statistics for the 2375 publishers in the RoMEO database [EB/OL]. [2017-03-08]. http://www.sherpa.ac.uk/romeo/statistics.php?la=en&fIDnum=|&mode=simple.

③ NWO's incentive fund for open access to end on 1 January 2018[EB/OL]. [2017-06-26]. http://www.openaccess.nl/en/events/nwos-incentive-fund-for-open-access-to-end-on-1-january-2018.

④ 中国科学院机构知识库服务网站[EB/OL].[2018-07-29].http://www.irgrid.ac.cn/.

⑤ arXiv[EB/OL].[2018-07-19].https://arxiv.org/.

⑥ COAR. COAR interoperability roadmap published[EB/OL].[2018-07-29]. https://www.coar-repositories.org/news-media/coar-interoperability-roadmap-published/.

致的目标①。2016年11月，加拿大图书馆协会（CARL）和COAR与加拿大机构知识库（IR）合作，确定加拿大机构知识库开发的两个主要领域：①提供知识库互操作性；②提供机构知识库的增值服务，例如在线评论或同行评议②。2017年5月COAR发布由8个国家签署的“协调知识库网络的国际协定”，声明将采用通用、开放的API以及元数据标准，技术的交换和联合开发，定期会议等方式确保知识库区域和国际性的合作③。2017年11月COAR发布《下一代知识库报告》④，说明未来知识库需要实现和解决的11种新功能和服务，如：识别和鉴定用户的身份，资源级别的许可声明，注释、评论、同行评议信息的交互，资源的转移等。

6.1.2.5 绿色开放获取面临的问题

虽然目前机构知识库数量以及存储量在不断增长，但学者对机构知识库的了解和使用仍有待进一步加强。2016年，曼彻斯特大学图书馆研究服务团队制定一年计划，在为符合HEFCE开放获取政策要求的作者存储研究成果和设定权限时，发现愿意提交进行绿色存储的文献数量和以往相比达到最高值⑤。而事实上，如果没有强制性要求作者进行“自存储”，是否可以通过增强鼓励性措施，提高学者“自存储”的积极性⑥，仍然值得思考。目前机构知识库主要收录内容为期刊论文、图书、报告等文本信息，当机构知识扩展收录类别后（例如图像、观测数据、可视化数据等非文本信息），这些内容的使用权限以及质量控制等都成为绿色开放获取过程中需考虑问题。此外，机构知识库的功能以及区域和全球性互操作也成为其下一步发展的重点和难点。

6.1.2.6 钻石开放获取进展

钻石开放获取目前处于提出观点和发展的探索阶段。Christian Fuchs 和 Marisol

---

① COAR. Major repository networks agree to collaborate on data exchange, technological development, and metadata[EB/OL].[2018-07-19]. https://www.coar-repositories.org/news-media/major-repository-networks-agree-to-collaborate-on-data-exchange-technological-development-and-metadata/.

② CARL, COAR. Summary report: where next for repositories? An open national forum sponsored by CARL in association with COAR [EB/OL].[2017-02-18]. http://www.carl-abrc.ca/wp-content/uploads/2017/02/Repos-forum-summary_EN.pdf.

③ COAR. Aligning repository networks international accord[EB/OL]. [2018-07-29]. https://www.coar-repositories.org/files/2017-Aligning-Repository-Networks-Accord-1.pdf.

④ COAR. Next generation repositories—behaviours and technical recommendations of the COAR next generation repositories working group [EB/OL]. [2018-07-29]. https://www.coar-repositories.org/files/NGR-Final-Formatted-Report-cc.pdf.

⑤ The University of Manchester. Going green:a year of supporting the HEFCE oa policy [EB/OL]. [2017-04-26]. https://blog.research-plus.library.manchester.ac.uk/2017/04/26/going-green-a-year-of-supporting-the-hefce-oa-policy/.

⑥ 翟欣. 机构知识库内容建设的障碍与对策分析[J].农业图书情报学科,2017(6): 20-21.

Sandoval[①]认为钻石开放获取模式是由非盈利、非商业性的组织、协会或网络组织以数字的方式向作者和读者出版可免费在线获取的材料，并且禁止任何人进行商业或盈利目的的使用。从以上描述可发现钻石开放获取的特点：①不向作者或使用者收取任何费用；②在线获取；③禁止商业目的的使用。目前较多的观点认为钻石开放获取与金色开放获取除不收取 APC 费用以外，其他出版过程基本一致，同样包括严格的同行评议过程[②③④]。

有一些期刊和机构进行了"钻石开放获取"模式的探索，例如 2015 年新出的以 arXiv 平台为基础的《离散分析》(*Discrete Analysis*) 期刊[⑤]；1995 年创刊的克罗地亚医学期刊 *Croatian Medical Journal*（简称"CMJ"）目前采用了"无文章处理费"的运营方式，拉美地区开放获取期刊中大部分由高校和研究中心主办的期刊采用"非 APC"模式不收取任何费用[⑥]。商业出版商中极少不收取APC费用，例如Hindawi[⑦]。"CMJ"期刊的运营过程发现由于审稿过程属于志愿服务，寻找愿意完成这项任务的专家越来越困难;《离散分析》的低成本运营方式是以 arXiv 平台以及芝加哥大学免费提供的可用于同行评议和在线发布文章的 Scholastica 软件为基础。未来"钻石开放获取出版"的运营方式，可能会是类似于维基百科的方式，且需要大量的志愿者参与其中[⑧⑨]。

6.1.2.7 钻石开放获取面临的问题

目前钻石开放获取并没有以大规模的形式出现，而钻石开放获取的实现需要解决以下几点：①"成本"运营问题，资金资助的方式和渠道也可能发生改变，例如"CMJ"

---

① FUCHS C, SANDOVAL M. The diamond model of open access publishing: why policy makers, scholars, universities, libraries, labour unions and the publishing world need to take non-commercial, non-profit open access ser[J]. Journal for global sustainable information society, 2013, 11(2): 438.

② KELLY J M. Green, gold, and diamond? A short primer on open access [EB/OL]. [2018-07-25]. https://www.jasonmkelly.com/jason-m-kelly/2013/01/27/green-gold-and-diamond-a-short-primer-on-open-access/.

③ GAJOVIĆ S. Diamond open access in the quest for interdisciplinarity and excellence[J/OL]. Medicinska naklada, 2017. https://core.ac.uk/download/pdf/154356648.pdf.

④ What is diamond open access? [EB/OL]. [2018-07-25]. https://oalibrary.org/diamond-open-access/.

⑤ Gower's Weblog. Discrete analysis—an arXiv overlay journal [EB/OL].[2018-07-25]. https://gowers.wordpress.com/2015/09/10/discrete-analysis-an-arxiv-overlay-journal/.

⑥ IVONNE L. Challenges of the Latin American open access publishing model [EB/OL]. [2017-01-17]. https://doajournals.wordpress.com/2017/01/17/challenges-of-the-latin-american-open-access-publishing-model/.

⑦ PABLO M. How much do top publishers charge for open access?[EB/OL]. [2017-04-20]. http://openscience.com/how-much-do-top-publishers-charge-for-open-access/.

⑧ LOUIS L. Diamond open access[EB/OL].[2018-07-25]. https://www.ua-magazine.com/diamond-open-access/#.W0yVQ_nOkZQ.

⑨ United Academics Magazines. Green, gold or diamond? [EB/OL].[2018-07-25]. https://www.ua-magazine.com/green-gold-or-diamond/.

期刊使用直接资助期刊出版的方式而并非通过一次次单独的 APC 费用进行，改进了资助的流程和效率，出于资金运营的考虑未来实现“钻石开放获取”的机构可能大多数属于公共研究和教育部门；②钻石开放获取需要技术的完善以辅助降低出版成本，同时实现更快速的出版流程和学术交流；③需要鼓励性的政策和机制推动志愿者（编辑、审稿员等）的参与。

6.1.2.8 学术专著开放出版进展

在开放获取运动过程中，开放获取期刊和论文的发展起步较早，目前论文的开放出版已经较为成熟且稳定，但全球对学术专著的开放出版还处于探索和尝试阶段。已有基金会或出版机构开始实施学术专著的开放出版，尝试寻找学术专著开放出版的可持续发展经济模式，其中较为知名的为欧盟委员会于 2008 年成立的资助学术图书开放获取的欧洲 OPEAN（Open Access Publishing in European Networks，简称 OAPEN）基金会。该基金会于 2012 年发布开放获取图书目录（Directory of Open Access Books，简称 DOAB），根据 2017 年 11 月 DOAB 的数据，已有 10 000 开放获取书籍[①]。OPEAN 基金会于 2010 年至 2017 年实施 OAPEN-UK[②]、OAPEN-CH[③]、ERC deposit[④] 等项目，OPEAN 运营逐渐从一开始的机构资助模式转变为更多的基于 OA 专著存储服务的收费运营模式[⑤]。Knowledge Unlatched[⑥] 是英国资深学术出版人 Francis Pinter 于 2012 年创建的一个非营利性的开放获取机构，通过集体分摊出版商出版学术专著的单本成本费（title fee），实现学术专著内容的开放获取[⑦]。惠康基金会授权公开出版其资助研究的专著，并将支付任何相关的出版费用[⑧]。2016 年 5 月梅隆基金会（Andrew W. Mellon Foundation）资助约翰霍普金斯大学开展 MUSE 项目[⑨]，构建一个开放获取专著的在线平台。其他机构例如 HEFCE、Jisc、AHRC 等都对公开获取专著的出版非常感兴趣，并参与执行了项目和倡议，以探索开放获取学

---

① DOAB[EB/OL]. [2018-08-02].https://doabooks.org/doab?func=news&nId=27&uiLanguage=en.

② OAPEN-UK. Welcome to OAPEN-UK[EB/OL].[2018-08-02].http://oapen-uk.jiscebooks.org/.

③ SNF. SNSF launches OAPEN-CH pilot project for open access book[EB/OL].[2018-08-03]. http://www.snf.ch/en/researchinFocus/newsroom/Pages/news-141218-oapen-ch-pilot-project-for-open-access.aspx.

④ OAPEN. ERC deposit[EB/OL].[2018-08-03].http://www.oapen.org/content/erc-deposit.

⑤ 魏蕊.OAPEN学术专著开放获取研究与实践进展述评[J].图书情报工作,2017 (9): 135-144.

⑥ KU. About us [EB/OL].[2018-08-03].http://www.knowledgeunlatched.org/about-us/.

⑦ 任翔.开放获取能否拯救学术专著出版？[J].出版广角,2013(23): 20-22.

⑧ Wellcome. Depositing your wellcome-funded research[EB/OL].[2018-08-02].https://wellcome.ac.uk/funding/guidance/depositing-your-wellcome-funded-research.

⑨ Project MUSE[EB/OL].[2018-08-03]. https://muse.jhu.edu/.

术专著的方式[①②③]。目前可查找和免费获取学术专著的开放获取平台有：OPENA 管理的 Open Library[④]、开放获取出版商所经营的 IntechOpen 平台[⑤]，同时一些出版商也通过他们的网站开放获取专著，包括 Palgrave Macmillan、Cambridge University Press、Open Book Publishers、Taylor & Francis 和 Springer 等。

总体而言，学术图书和专著开放获取处于理论研究与实践交互推进的过程。当前，国内外相关学术调查对于全面了解学术图书和专著开放出版现状具有非常重要的作用，相关学者和机构的调查和研究集中在 3 个方面：

（1）针对利益相关方的调查，特别关注图书馆、图书馆员和出版社对学术专著开放出版的态度。国际性宣传公司出版商通讯集团（Publishers Communication Group，简称 PCG）[⑥] 于 2015 年 4 月收到来自 34 个国家 152 份针对图书馆员和出版商的问卷调查，以了解图书馆开放获取学术专著的资金状况，发现图书馆开放获取预算仅占整体的 1%—5%，其中 26% 的开放获取资金用于出版图书，74% 用于支付开放获取的期刊或论文，大部分图书馆员对开放获取学术图书持积极的态度；接受调查的出版商中有三分之一出版 OA 专著，但仅占所有书籍的 5%，大部分认为开放获取专著增长缓慢或几乎未有增长。OAPEN-UK 在 2016 年也发布了研究人员、机构、出版商、学术团体、资助者对学术专著开放获取的态度和看法[⑦]。国内，吴振寰调查了国内 72 家高校出版社，认为目前我国学术图书开放获取具有一定的可行性与必要性，但仍存在盈利模式不清、经济冲突显著等缺陷问题，学术图书开放获取工作需要循序渐进地展开[⑧]。

（2）重要国家和机构的学术专著开放获取现状。2017 年 10 月 Knowledge Exchange 发

---

① HEFCE. Monographs and open access [EB/OL].[2018-08-03].http://www.hefce.ac.uk/pubs/rereports/year/2015/monographs/.

② JISC. Investigating OA monograph services—Final report[EB/OL].[2018-08-03].https://scholarlycommunications.jiscinvolve.org/wp/2016/10/11/investigating-oa-monograph-services-final-report/.

③ AHRC. Guide to open access monograph publishing for arts, humanities and social science researchers[EB/OL].[2018-08-03]. http://oapen-uk.jiscebooks.org/files/2015/07/Guide-to-open-access-monograph-publishing-for-researchers-final.pdf.

④ Open library[EB/OL].[2018-08-03].https://openlibrary.org/.

⑤ IntechOpen[EB/OL].[2018-08-03].https://www.intechopen.com/books.

⑥ Open access monographs[EB/OL].[2018-08-03]. http://www.pcgplus.com/wp-content/uploads/2013/03/Open-Access-Monographs.pdf.

⑦ OAPEN-UK. OAPEN-UK final report: a five-year study into open access monograph publishing in the humanities and social sciences[EB/OL].[2018-08-03]. http://oapen-uk.jiscebooks.org/files/2016/01/OAPEN-UK-final-report-single-page-view.pdf.

⑧ 吴振寰.学术图书开放存取研究——对72家高校出版社的调查分析[J].新世纪图书馆,2017(2):88-93.

布一项报告，调查了丹麦、芬兰、德国、荷兰、英国、法国、挪威和奥地利的 70 多个机构的专家，重点了解了欧洲 8 个国家在开放获取政策中纳入开放获取专著、支持开放获取专著的资金来源以及出版开放获取专著的商业模式等 3 个方面的特征[①]。

（3）学术专著开放获取面临一些问题。OAPEN-UK 2016 年的调查报告说明了开放获取需考虑法律问题，即使用者的许可、图片权限、已出版版本的法律声明等；经济问题，例如购买图像、图书定价、版税等；产品生产问题，例如图书的再版、索引、排版、图片涉及等；管理以及标准问题，例如元数据、资助的标准、出版商管理系统等；图书使用状况评估问题，例如下载量、不同平台的浏览量等；市场问题，例如市场的定位、在线市场或已出版版本的市场等；图书传播问题，例如：供应商的支持、电子图书、打印版本等；图书修改意见问题，进行开放获取的图书需要经过标准的同行评议过程；图书内容部分所需的技术支持，包括初稿、进行同行评议后内容的更改、新增内容的确认等；开放获取书籍的风格和呈现方式，需考虑最初作者的意见、最终版的制定、复印本的编辑等问题。

6.1.2.9 科学数据开放获取进展

开放科研数据目前在不断向前推进，得到更多政策的支持以及相关协议的肯定和执行、试点项目的实施。例如欧盟委员会自 2013 年发布《地平线 2020 对科学出版和研究数据的开放获取指南》，2017 年 3 月更新了 3.2 版本[②]，继续推动欧盟“2020 地平线”所资助项目科研数据的开放获取；《瑞士国家科学基金会开放科研数据政策》要求从 2017 年 10 月起，申请瑞士国家科学基金会项目经费的研究人员必须提交一份数据管理计划（DMP），并于 2016 年 7 月发布开放科学数据协议[③]；挪威研究理事会于 2017 年发布了《研究数据的开放获取政策》[④]，采用 FAIR 作为研究数据管理的主要原则。澳大利亚 2016 年发布声明肯定澳大利亚公共资助研究成果实现 FAIR 原则[⑤]；欧盟发布新“地平线 2020 计划数据管理

---

① Knowledge Exchange. Summary: a landscape study on open access (OA) and monographs[EB/OL]. [2018-08-03]. https://repository.jisc.ac.uk/6693/5/Knowledge_Exchange_summary_-_landscape_study_on_OA_and_Monographs_revised_July_2018.pdf.

② European Commission. Guidelines to the rules on open access to scientific publications and open access to research data in horizon 2020[EB/OL].[2018-08-28]. http://ec.europa.eu/research/participants/data/ref/h2020/grants_manual/hi/oa_pilot/h2020-hi-oa-pilot-guide_en.pdf.

③ Swiss national science foundation[EB/OL]. [2017-03-06].http://www.snf.ch/en/researchin Focus/newsroom/Pages/news-170306-towards-open-research-data.aspx.

④ RCN. Open access to research data—policy for the Research Council of Norway[EB/OL].[2018-07-28]. https://www.forskningsradet.no/en/Article/Open_access_to_research_data/1240958527698.

⑤ Framework for F.A.I.R. access to Australia's research[EB/OL]. [2017-02-24].https://aoasg.org.au/2017/02/24/framework-for-f-a-i-r-access-to-australias-research/.

指南”中强调了科研项目的数据管理要符合FAIR原则[①]；瑞典国家科学基金会数据管理计划（DMP）指导方针中期望研究人员在遵循FAIR中与公开可获取的、数字化和非商业知识库相关的数据原则的前提下共享他们的数据[②]；英国四家领先研究机构——英国高等教育基金委员会（HEFCE）、英国研究理事会（RCUK）、英国大学（UUK）和惠康基金会——于2016年7月正式发布开放科研数据协议，提出了使用科研数据的10项明确和实用的原则[③]。2016年4月瑞典启动了瑞典国家数据服务（Swedish National Data Service，简称SND）研究试点项目，目的是实现瑞典的大学和瑞典国家数据服务能够满足日益增长的对数字研究长期保存与科研数据可获取的需求[④]。

与期刊和学术专著相比，科研数据的开放出版是一个比较新的领域，在实践探索过程中仍有一些问题需要解决，其中“数据权”归属为关键问题。此外，改变科研人员的观念，完善科研数据开放获取的评价体系和激励机制以提升学者参与科研数据开放获取，对利益相关者进行教育和培训以推动科研数据的开放获取以及科研数据存储和开放平台等基础设施的建设也非常重要。

6.1.3 开放出版的发展趋势

从以上现状分析部分可以发现，期刊的开放出版基本形成了稳定的金色OA和绿色OA两种模式，但学术专著以及科研数据的开放获取仍处于探索阶段，同时在开放获取的全球环境中，欧美国家的开放获取较为领先。对于未来开放出版发展的方向以及相关问题需要关注以下3个方面。

6.1.3.1 政策层面

在开放获取的政策系统中对研究人员激励性的相关政策较少。对科研人员进行开放获取的相关鼓励性政策，例如：将开放获取与学者职业生涯发展进行联系，但目前学者的个人发展基本上以现有的评价系统为依据，而目前对开放获取环境中期刊、学术专著或科研数据的评价标准和方法仍未完善。由此，针对研究人员的激励性政策的出台须与开放出版

---

① DCC. New H2020 guidelines for data management plans[EB/OL]. [2016-08-12]. http://www.dcc.ac.uk/news/new-h2020-dmp-guidelines.

② Data management plan (DMP) — guidelines for researchers [EB/OL]. [2017-05-11]. http://www.snf.ch/en/theSNSF/ research-policies/open_research_data/Pages/data-management -plan-dmp-guidelines-for-researchers.aspx.

③ HEFCE, RUCK, UKK, et al. Concordat on open research data launched [EB/OL]. [2016-07-28]. https://www.jisc.ac.uk/news/concordat-on-open-research-data-launched-28-jul-2016.

④ SND. Open access to research data : a pilot project in Sweden [EB/OL]. [2016-05-03]. http://www.libfocus.com/2016/05/open-access-to-research-data-pilot.html.

环境中完善的评价体系相结合。

6.1.3.2 技术层面

对于期刊论文开放获取而言，需要解决的技术层面问题是在钻石 OA 的发展过程中，如何将相关软件[①]或技术应用到整个出版流程中，降低期刊论文出版的成本。绿色 OA 则需要解决全球或区域知识库网络的互操作性以及知识库平台功能的开发和完善。对于开放获取科研数据以及学术专著而言，则需要有相关基础设施平台的构建。

6.1.3.3 实践层面

在开放获取期刊、学术专著或科研数据过程中，都涉及成本以及各方权益平衡问题。在运营开放获取期刊的过程中，利益相关者逐渐关注到 APC 费用增长的问题。同时，钻石 OA 的资助模式是否可能从现有文章层面的 APC 方式转化为直接资助期刊整体出版的方式，是实践过程中需要探讨的发展方向；鉴于目前对开放获取学术专著的成本收入以及经营模式上，未来开放学术专著可能会属于多模式运营状态[②]，即经费有可能来源于资助，也可能来自自身经营过程中产出的收入。此外，目前开放出版期刊论文趋向于使用 CC-BY 授权方式，但就开放学术专著而言，版权管理和授权方式的选择还较为复杂，文学、艺术和音乐领域的图片、图像和乐谱都是必不可少的元素，而且往往受到昂贵的版权限制，同时可能还需要第三方授权[③]；开放获取科研数据中数据权益的管理和归属也是关注的重点。总而言之，无论是政策层面、技术或实践层面，开放出版在未来的发展过程中仍有许多问题需要解决。

6.2 学术图书馆面向开放出版时代的功能

6.2.1 开放出版环境下对学术图书馆定位认知

探讨学术图书馆在开放出版时代的定位与功能首先要厘清两个问题：学术图书馆的职能定位是什么？开放出版环境下学术图书馆有何转变，学术图书馆该如何进行角色定位？

---

① LEDI A. Software，server，search engine—technical criteria of establishing and running (Diamond) open access journals[J]. 2017，27(1): 30-38.

② NIELS S. Open access and monographs—policies，funding and publishing in eight european countries [EB/OL]. [2018-08-04]. http://www.doria.fi/bitstream/handle/10024/93255/Open%20Access%20at%20the%20Nordic%20Council%20of%20Ministers.pdf?sequence=1.

③ Open access and monographs: where are we now? [EB/OL]. [2018-08-03]. https://www.britac.ac.uk/sites/default/files/British_Academy_paper_on_Open_access_and_monographs-May_2018.pdf.

从传统纸本、物理图书馆到复合图书馆、数字图书馆、移动图书馆的转变，再到智能图书馆和智慧图书馆概念的产生和逐步落地，图书馆的发展史从来都是伴随着技术的更新换代不断发展的变革史，这一变革不仅仅是图书馆形态从物理到数字再到智能和智慧的形态变革，还是“书本位”到“人本位”发展理念的变革①，也是从文化资源的保存者到资源建设者、知识服务与传播者、人才培养和教育的辅助者、情报分析与学术出版者等多种角色的扩展和演变。当前环境下，图书馆的业务和职能已经渗透到了包含知识生产、知识传播、知识利用到知识服务等环节在内的整个知识生命周期中。作为保障高等教育和科研机构信息资源和知识资源需求的服务机构，学术图书馆存在的终极目标和核心职能是保障用户的信息需求，为用户提供满意的服务。而为了满足用户的需求，学术图书馆必须围绕其目标和职能，通过不同的途径和业务及服务设置来实现其应有的社会价值，包括：资源建设，建立完善的资源保障体系；深入用户科研生命周期的各个环节，提供学科化的知识服务等。

开放出版的初衷是应对“期刊危机”，缓解学术图书馆面对持续上涨的期刊订阅费无能为力的窘境。这种新型出版方式的出现拓展了图书馆获取和提供资源的途径，丰富了资源的数量和类型，同时还有利于学术图书馆充分利用其获取的资源，实现学术资源价值的最大化。

本研究通过网络问卷的方式对学界和业界相关人员进行调查，发现 85.73% 的受访者都认为开放出版会对学术图书馆产生影响。对图书馆而言，开放出版确实提供了多重机遇和挑战。首先是资源建设模式的转变。以 SCOAP3 为例，它实现了出版后支付文献采购费与出版前支付开放出版服务费的转换，将高能物理领域的高水平论文实现开放出版，使得图书馆将原来用于订购的费用转为开放出版支持费，从源头上保障了图书馆的信息服务能力②。其次是业务和服务内容的转变。从购买资源到建设、组织和再利用资源等业务领域的扩展。图书馆通过建设机构知识库、学科知识库或者参与预印本平台建设与运营等绿色 OA 的方式，采集、组织和揭示本机构的学术资源，保存机构知识资产，提高机构知识成果的彰显度和流动性。这些都为用户提供了良好的学术交流环境，使得图书馆用户可以逐渐无限制地、免费地获得学术成果。同时，学术图书馆还积极扩展其角色职能，在 OA 运动中，或通过参考咨询的方式为用户提供与开放出版相关的信息咨询等服务，或融入并参与开放出版，努力成为活跃的 OA 期刊出版者，积极推动开放出版学术的发展。以澳大利

① 初景利. 网络用户与网络信息服务[M]. 北京：海洋出版社，2018:101-102.

② 张晓林，李麟，顾立平，等. 从SCOAP3模式看图书馆资源建设的范式转变[J]. 图书情报工作，2012(17): 42-47.

亚大学图书馆为例，澳大利亚很多大学利用图书馆的数字资源库和开放平台来参与开放出版，其出版重心和优势主要是学术期刊，还有一些大学图书馆通过与出版社整合的方式进行开放出版①。此外，图书馆是知识服务的重要机构，开放获取、开放知识和开放创新的汇聚为其支持用户驱动的知识服务创新提供了巨大机遇②。通过参与开放出版，构建开放资源体系，完善用户服务机制，提升知识服务水平，从而实现开放知识服务的长足发展，这充分体现了图书馆在知识普惠社会方面发挥的积极作用。

Pascal Calarco 等学者曾将开放获取环境下图书馆的角色划分为学术出版服务者、开放获取知识库服务者、著作权和开放获取建议咨询者及学术资源评估者③。Intekhab Alam 在其研究中指出，大学图书馆在 OA 的扩展运动中通过多种推广方式发挥了积极的作用，包括将 OA 期刊列入公共目录和电子期刊列表中、建立机构知识库、参与推进开放获取发展的科研项目、推进本机构数字化历史馆藏的开放获取、成为活跃的 OA 期刊出版商④。

综合上文对学术图书馆的职能定位以及开放出版对学术图书馆影响的分析，本书认为学术图书馆在开放出版时代的主要功能定位应该是知识库的建设者、开放出版者及开放知识服务者。本研究在网络调研中的数据显示，89.73% 的受访者认为学术图书馆应该具有知识库建设者的角色定位，72.26% 的受访者认为学术图书馆应该也是开放出版者，90.01% 的人则认为学术图书馆同样是开放知识服务者，还有 54.38% 的受访者认为学术图书馆应该还具备其他的功能。由此可以看出，业内和学界对开放出版环境下学术图书馆的角色定位与本书对开放出版时代学术图书馆的功能定位不谋而合。

6.2.2 机构知识库建设者——以中科院文献情报中心机构知识库为例

机构知识库（institutional repository，简称 IR）是伴随着开放获取运动理念的出现而兴起的，作为一种重要的开放获取运动模式，它不仅在保存机构科研成果和扩大其传播力与影响力等方面发挥了重要作用，还加速了学术交流和知识共享，有力地促进了学术交流生态系统的良好发展。目前，机构知识库在全球范围内已经得到了普遍认可和发展，OpenDOAR 统计数据显示，截至 2018 年 7 月 25 日，全球机构知识库数量已经达到 3800

---

① 王雅菲，范军．澳大利亚大学图书馆的开放获取出版新模式[J]．现代出版，2015(5): 72-76.

② 张晓林．开放获取、开放知识、开放创新推动开放知识服务模式——3O 会聚与研究图书馆范式再转变[J]．现代图书情报技术，2013(2): 1-10.

③ PASCAL C. Librarians' competencies profile for scholarly communication and open access[EB/OL]. [2018-07-25]. https://www.coar-repositories.org/files/Competencies-for-ScholComm-and-OA_June-2016.pdf.

④ INTEKHAB A. Changing role of academic librarians in open access environment[EB/OL]. [2018-07-25]. http://microblogging.infodocs.eu/wp-content/uploads/2015/12/3-IR239.pdf 2014-12.

多个，国内包含台湾和香港在内的机构知识库有106个，其中内地的机构知识库有41个①，中国科学院（Chinese Academy of Sciences，简称CAS）是中国开放获取机构知识库的主要贡献者，有25个（64.10%）②，而中国科学院文献情报中心作为CAS的信息服务和资源保障机构，则是引领和推动中国科学院各研究所机构知识库建设和发展的关键角色。对文献情报中心在IR建设中所做的努力和工作进行梳理和总结，可以更好地明晰学术图书馆在开放出版环境下所发挥的作用。

中国科学院的IR建设起步于2007年，经过十多年的发展已经集成了112家已建成和在建的IR系统，存缴量达84万余篇，是中科院科研创新环境的重要组成部分。为保障和支持中科院系统IR的建设，文献情报中心立足全院，从政策研究与制度建设、技术开发与基础设施建设、服务支持与推广3个方面出发，形成了以服务支持为核心的三位一体的建设与推广模式③。

6.2.2.1 政策研究与制度建设

政策、制度和相关机制的建立是机构知识库构建与发展的重要依据和宏观指导，是指导实践的行动指南。政策制定是机构知识库可持续发展的保障，它对机构知识库的建设与发展具有重大的意义。自2009年中国科学院开始大规模建设研究所机构知识库以来，文献情报中心作为全院开放获取的主体规划组织者，对开放获取战略与政策进行了一系列的研究，并提出了相关的实施办法和建议。2010年，文献情报中心作为主要研究者起草的中国科学院开放获取战略声明在第八届开放获取柏林会议上发布④。2012年4月，出台了《机构知识库内容存缴与传播政策指南》⑤，详细说明了机构知识库内容的权益管理关系，内容传播与使用的实施细则。在此前后，中心的科研工作者们还对机构知识库建设和运营过

① OpenDOAR. OpenDOAR statistics[EB/OL]. [2018-07-25]. http://v2.sherpa.ac.uk/view/repository_visualisations/1.html.

② Current status of Chinese open access institutional repositories: a case study [EB/OL]. [2018-07-25]. http://microblogging.infodocs.eu/wp-content/uploads/2017/05/4-IR-371.pdf.

③ 张冬荣，祝忠明，李麟，等.中国科学院机构知识库建设推广与服务[J].图书情报工作，2013(1): 20-25.

④ 张晓林，刘细文，李麟，等.研究图书馆推进开放获取的战略与实践——以国家科学图书馆为例[J].图书情报工作，2013 (1): 14-19，48.

⑤ 张晓林，张冬荣，李麟，等.机构知识库内容存缴与传播的政策指南.2012. [EB/OL]. [2018-07-25]. http://ir.las.ac.cn/handle/12502/5043.

程中所涉及的著作权①、内容传播权利②、互操作③、作品认领机制④和评价机制⑤等战略性和执行性政策和机制进行了研究。2014 年，中国科学院与国家自然科学基金委共同发表各自的开放获取政策《中国科学院关于公共资助科研项目发表的论文实行开放获取的政策声明》⑥和《国家自然科学基金委关于受资助项目科研论文实行开放获取的政策声明》⑦，这两个政策的制定和发表得到了文献情报中心的有力支持。文献情报中心还推出了《开放获取政策问答》⑧，其中绝大多数内容都是对开放存储实施细则的阐述。2017 年，该中心还代表中国机构知识库推进工作组（CIRG）以中国代表身份签署了 COAR 发起的《全球开放知识库网络合作协议》。到目前为止，文献情报中心在机构知识库建设的战略层和执行层已经完成了制度化的建制。

6.2.2.2 技术开发与基础设施建设

文献情报中心是中国科学院 IR 基础设施建设的组织管理者和关键技术开发者，为了快速高效地推进中科院 IR 建设，在“中国科学院知识创新工程重要方向项目”的支持下，首先提出了全院联合机构仓储体系的构想，以及“试点→示范→一期推广→二期推广”的实施计划和步骤，最终实现了从技术研发到试点实验再到全面实施的渐进式发展。

建设前期，文献情报中心通过综合调研 IR 开源软件的使用现状和中科院各研究所的需求之后，选择了 DSpace 开源软件进行定制和扩展开发，主要包括 DSpace 的本地化及针对特定功能需求的定制和扩展开发，如语言、作者姓名和中文排序的本地化，以及元数据应用规范、数据导入和统计及与各种服务系统集成等功能需求的扩展。在 IR 系统基本完成之后，将系统打包投放到试点和示范单位，通过远程或者现场的方式，帮助研究所安

---

① 周玲玲．机构知识库建设中存缴和发布已发表作品的法理透析——梳理中国科学院研究所机构知识库主要著作权疑虑[J].图书情报工作，2011 (13): 76-79，87.

② 张晓林，张冬荣，李麟，等．机构知识库内容保存与传播权利管理[J].中国图书馆学报，2012(4): 46-54.

③ 梁娜，张晓林．机构知识库的互操作需求和互操作规范框架[J].现代图书情报技术，2013(9): 1-7.

④ 刘巍，祝忠明，张旺强，等. 机构知识库中作者标识与作品认领机制的研究与实现[J].现代图书情报技术，2014(3): 8-13.

⑤ 顾立平．机构知识库评价机制 .2013. [EB/OL]. [2018-07-25]. http://ir.las.ac.cn/handle/12502/6368?mode=full&submit_simple=Show+full+item+record.

⑥ 中国科学院. 中国科学院关于公共资助科研项目发表的论文实行开放获取的政策声明[EB/OL]. [2018-07-25]. http://www.las.cas.cn/xwzx/zyxw/201405/P020140520508249023649.pdf.

⑦ 国家自然科学基金委. 国家自然科学基金委关于受资助项目科研论文实行开放获取的政策声明[EB/OL]. [2018-07-25]. http://www.las.cas.cn/xwzx/zyxw/201405/P020140520508249160205.pdf.

⑧ 中国科学院文献情报中心．开放获取政策问答[EB/OL]. [2018-07-25]. http://www.irgrid.ac.cn/note.jsp.

装、部署IR应用系统并实现线上使用，同时还通过撰写IR规划和实施等相关参考文档供研究所参考，进一步协助研究所IR的建设和发展①。

在计划实施的第二阶段，文献情报中心依托全院的学科服务机制，将研究所IR推广建设与学科馆员服务结合起来，建立了研究所文献情报人员、学科馆员与技术协调和支持人员为主体的协同团队，并针对不同角色的工作职责制定了相关的技术支持与服务规范，实现IR推广建设过程中平台技术咨询、培训与服务工作的全方位人员部署②。在此基础上，通过举办面向研究所科技管理人员和文献情报人员的集中培训，通过现场安装、自助安装或者远程安装等多种途径帮助各研究所进行系统的安装、部署和上线应用。最后，基于OAI元数据收割系统的开发，通过收割与再组织已经部署和应用起来的研究所IR元数据，建立起全院联合的机构仓储服务系统③。到目前为止，经过近10年的发展，由文献情报中心牵头组织的全院IR建设项目已经较为成熟，而基于DSpace开发的CSpace平台经过不断的更新也更加完善，成为国内知识资产存储、展示和系统管理的“领航者”。

6.2.2.3 服务支持与推广

政策制度层面的指导、技术开发和基础设施建设层面的支持是中科院机构仓储服务系统全面落成的重要保障。在IR运营过程中，文献情报中心还为各研究所提供了更多的服务支持和帮助，使得研究所IR服务更加完善，为科研人员和科技管理者等用户创造了更加优质的用户体验。相关内容大致包含4个方面④：①进一步加强相关制度和机制的研究与建设。如：开放科学和开放数据环境下，科学数据开放共享的权益政策问题等的研究。②提供更多面向知识服务和增值服务的技术支持，增强系统功能，充分满足各研究所用户的个性化需求。如：知识分析与图谱、学科评价、知识整合等功能服务的优化。③扩展服务渠道，提供多样化的快捷服务。通过组织会议、现场/线上培训和指导、远程交流和日常咨询提供多方面的服务咨询与交流。④深化IR的进一步发展，加强国内外交流与合作，提升中科院IR的服务能力和国际影响力。如：每年举办“中国机构知识库学术研讨会”和“全国开放获取推介周”；以中国代表身份签署COAR发起的《全球开放知识库网络合作协议》等。

---

①③ 祝忠明，马建霞，张智雄，等.中国科学院联合机构仓储系统的开发与建设[J].图书情报工作，2008 (9): 90-93，144.

② 张冬荣，祝忠明，李麟，等.中国科学院机构知识库建设推广与服务[J].图书情报工作，2013 (1): 20-25.

④ 张冬荣，祝忠明，李麟，等.CAS IR Grid 建设、推广、服务[EB/OL].[2018-07-25]. http://www.irgrid.ac.cn/handle/1471x/509648?mode=full.

6.2.3 开放出版者——以密歇根大学图书馆 Digital culture books 项目为例

长期以来，数据库商日渐增长的高昂订阅费使得大学和科研院所等机构越来越难以承受，传统的学术出版生态系统日益不适应也无法满足当前的学术环境。而开放获取运动的兴起则打破了传统的学术交流模式，同时也打破了过去商业出版集团垄断行业的学术出版格局。在这一背景下，图书馆等开始以开放出版者的角色嵌入整个学术出版的生态圈中。基于公共资助资金、基础设施和丰富的馆藏资源，利用已有的出版业务和出版渠道尝试开放出版，或重新建立开放出版部门，图书馆一直在努力壮大开放出版业和推动开放获取发展的道路上不断尝试，其中密歇根大学图书馆的数字文化图书（digital culture books）项目就是一个较为典型的代表。

6.2.3.1 Digital culture books 项目简介

数字文化图书项目于 2006 年启动，由密西根大学图书馆与 Michigan Publishing 旗下的密西根大学出版社（University of Michigan Press，简称 UMP）联合推出，是 UMP 发展史上的一次大事记。该项目充分利用和发挥了整个 Michigan Publishing 下属员工的专业知识和技能，致力于出版与新媒体研究和数字人文领域相关的创新成果，其主要的目标是成为人文和社会科学领域的新出版模式的孵化器。为了推进项目的实施，相关机构从以下 4 个方面努力：①构建开放平台，让开放成为学术同行评议过程的一部分；②在密歇根大学或者其他地方建立一个“出版社—图书馆”协作的模型；③充分展示并扩大密歇根州大学在数字资源开发方面的主导地位；④鼓励并参与到未来学术交流的全国性对话中[①]。该项目作为密歇根大学图书馆的一项新兴业务和服务，是图书馆实施开放出版的典型案例。

6.2.3.2 Digital culture books 开放使用规则

数字文化图书的内容可在网上免费查看，也可以通过购买纸质版本和电子书版本的方式查看。数字文化图书项目平台中的内容通常是在 CC-BY-SA-3.0 的 Attribution-Noncommercial-No Derivative 协议下生成的，该许可允许特定的、非商业性的使用。只要用户使用合理且遵循创作 CC-BY 协议中的条款，用户便可以自由免费地使用，无需进行申请。如果用户想复制超出 CC-BY 许可范围的数字文化图书内容，如商业转载，则需要遵守密歇根大学出版社的相关许可和规定。

6.2.3.3 Digital culture books 平台服务

数字文化图书平台还处在继续建设和完善阶段，目前聚合了 10 个主题和领域的文献

---

① University of Michigan Library，Michigan Publishing. About us [EB/OL]. [2018-07-25]. http://www.digitalculture.org/about/.

集，为读者用户提供基本图书检索和浏览阅读服务。其中，聚合主题资源在平台首页按主题领域进行展示，用户可以直接点击进入图书的详细页面。在检索模块，有基本检索、布尔检索、近似检索和书目检索 4 种检索方式，检索行为发生后，平台会保存用户的检索记录以便回溯[①]。在图书的详细界面，平台首先呈现了图书及其作者的基本信息，用户可在此选择购买图书或是在线阅读。此外，平台还针对在线阅读提供一些较为个性化的服务，如阅读批注和高亮标注。

6.2.4 开放知识服务者——以哈佛大学 DASH 项目为例

“图书馆存在的价值体现在服务及其效益上”[②]，且其发展是由资源、服务、空间、技术、管理等诸多要素构成的，其中，资源是图书馆存在的基础，服务是图书馆的本质属性，服务是图书馆成败的关键[③]。因此，于图书馆而言，在开放获取、开放科学和开放数据等开放浪潮风起云涌的时代，开放获取期刊出版、机构知识库建设和资源存储都不是其业务开展的最终目标，而是其开展信息服务和知识服务的重要保障。目前，国内外图书馆在开放获取期刊出版和机构知识库等开放资源的建设方面已取得一定的进展，相关机构已经基于现有的开放资源体系尝试开展面向更广泛用户的开放信息和开放知识服务，其中哈佛大学图书馆的 DASH 知识库就是一个具有代表性的案例。

6.2.4.1 DASH 知识库简介

DASH 知识库是哈佛大学图书馆为支持开放获取政策而建立的，它由哈佛大学学术交流办公室（OSC）负责管理，是由哈佛大学全体教师和研究团队的学术成果构成的开放获取资源库，可供广大科研人员尽可能地获取和使用学术资源。其最大的特点是全世界所有的用户可以在合理范围内免费下载和使用该平台所存储的内容。对哈佛大学社区的用户而言，该平台具有以下 3 个方面的意义[④]：①它是一个在线的学术存储空间。支持不同格式文件的存储，并且鼓励科研人员将自己的手稿和相关的数据、图片、音频和视频等相关文件存储在平台中。②可以增强哈佛大学社区用户学术成果的可发现性和影响力。受益于一些元数据收割平台以及谷歌等其他索引服务，全世界的科研学者都可以访问该平台中的所有可访问数据，学术成果较高的曝光度有效地增加了其引用率，同时也保证了科研人员在

---

① University of Michigan Library，Michigan Publishing. Search [EB/OL]. [2018-07-25]. https://quod.lib.umich.edu/d/dcbooks?g=dculture;page=simple;rgn=div1;xc=1.

② 吴建中.转型与超越：无所不在的图书馆[M].上海：上海大学出版社，2012:206.

③ 初景利，秦小燕.从“地心说”到“日心说”——从以图书馆为中心到以用户为中心的转型变革[J].图书情报工作，2018 (13): 5-10.

④ DASH. About DASH [EB/OL]. [2018-07-25]. https://dash.harvard.edu/docs/about/.

未发表之前的早期成果的首发权。③扩展了科研人员对哈佛大学研究成果的访问和获取权限。对于校内研究人员基于学校现有的开放获取政策所发表论文，哈佛大学对其具有优先权和非排他使用许可，科研人员必须将科研成果存储到 DASH 平台，而这些成果是可以被全世界的用户所访问和获取的。

6.2.4.2 使用政策和条款

哈佛大学学术交流办公室（OSC）设置了适用于 DASH 平台运行的使用条款和隐私政策，这些政策和条款能够保证 DASH 正常运行和发展，保障内容提交者和使用者的隐私及相关权利，从而使 DASH 平台更好地完成其支持面向学者、教育家和公众传播信息和研究成果的使命。其中 DASH 知识库使用条款①主要从哈佛大学自身出发，用户在使用该平台时需要遵守其关于内容存储、版权保护、合理使用和外部访问等 17 个方面的规定。隐私政策②涉及用户个人信息和行为信息的收集与使用、儿童隐私和网站安全等方面，相关条款中对数据收集和使用的途径及方式等进行了说明，指出其目的是通过用户行为数据，了解平台的使用情况，改进平台服务水平，从而更好地促进平台的运作和安全，保护用户的权利和财产。由此可以看出，平台使用政策和条款的最终目的也是为了实现服务效果的最大化，这也正是 DASH 作为开放知识服务者的初衷。

6.2.4.3 服务内容及特点

（1）基础服务是 DASH 实施开放知识服务的基础

DASH 平台提供了一系列的功能性服务，这些服务是其实现基本功能的保障，主要包括资源的收集、存储、组织、检索和利用等。①资源收集与存储：哈佛大学社区的作者用户可以自行将作品存入 DASH，也可以向 OSC 申请帮助。OSC 可以为用户提供各种各样的服务，同时会研究用户的简历，帮助用户处理一些法律上的问题，其开放获取研究员会代替用户存储文章。②资源组织与整理：系统的功能设计与实现是后期资源组织与整理的前提。哈佛大学图书馆在 API 标准下制作了参考数据标准，DASH 遵循了该标准，并且在对资源进行描述的过程中，平台还采用并拓展了 DC 元数据标准，增加了存储数据的描述项，细颗粒的数据描述为后期的数字组织和整理奠定了良好的基础，方便用户通过院系、作者、标题、关键词和提交时间及出版时间等多种选择访问相关资源。③资源的检索与利用：平台提供了一般检索和高级检索两种检索方式，其中高级检索中有全文、作者、标题、关键词、摘要、部门、提交时间、出版日期、标识符、其他附属机构、指导教师、委

① DASH. Terms of use for DASH repository [EB/OL]. [2018-07-25]. https://dash.harvard.edu/docs/termsofuse/.

② DASH. Privacy policy for DASH repository [EB/OL]. [2018-07-25]. https://dash.harvard.edu/docs/privacy-policy-dash-repository/.

员会成员、学位论文等级、论文所属院系和 ORCID 等检索入口，用户可通过布尔逻辑运算符制定检索策略，从而精准地查找并下载自己所需要的资源和有价值的信息，这也是 DASH 开展开放知识服务第一步。

（2）深层次服务是 DASH 实施开放知识服务的核心目标和方向

深层次服务与基础服务是相对的，深层次服务必须基于基础服务才能更好地开展。通过对 DASH 平台进行调研，对其当前所开展的深层次服务进行归纳，大致有以下几个方面：①DASH Stats数据统计和可视化服务。包括对整个平台和注册用户个人的DASH数据统计，任何用户登录平台即可查看整合数据，但个人数据只能校内注册用户登录才能查看。以平台整合数据为例，从数据呈现方式来看，平台基于数据的不同特点提供了表格、地图和时间轴等多种呈现形式；从统计数据内容来看，平台整合数据涉及作品的下载量（包括下载量的时间和国家分布）、评论数、访客数和作品发表数等，可呈现部分数据在最近 7 天、最近 30 天和整个时间段内的情况，此外用户还可以选择院系等选项进行分类查看。②个性化服务。DASH 平台为作者提供了创建个人学术空间的服务，作者可通过哈佛大学提供的登录方式进入 MyDASH Profile 个人学术页面，存储自己的原创成果及相关数据，并获得所提交作品的下载量和引用情况以及被阅读和访问情况等。③热门文献推荐。平台根据文献的下载情况向用户推荐一些备受读者关注的文献，热门文献列表是根据下载量不断更新变化的。④来自全球访问用户与 DASH 的故事。平台以数字地图的形式集成了全球阅读者对 DASH 所说，用户点击地图中的各个国家可详细查看相关读者在使用该平台后的感受及其使用和阅读的具体文献资源。⑤订阅与推荐服务。平台为用户提供了 RSS 和 Atom 两种订阅方式，用户通过订阅能更快地获取信息，了解 DASH 平台内容的最新更新情况等，从而开展课题分析、引文跟踪等深度研究工作。除以上服务外，平台还为作者用户和读者用户提供了多方面的服务，例如，面向作者用户的辅助授权和咨询服务。

6.3 开放出版时代学术图书馆的能力建设

通过以上关于开放出版环境下学术图书馆角色地位的探讨，可以明确的是在开放获取运动和知识服务的今天，学术图书馆传统的文献保障功能已经无法满足用户的需求，图书馆需要且正在重新调整其业务和服务功能的布局，同时也必须重新定义和重塑其能力体系，从而提升学术图书馆在开放出版环境下的竞争力，并促进开放出版和开放获取运动的进一步发展。

6.3.1 以开放知识服务为目标

图书馆是社会公益性事业，它的发展得益于政府和社会的大力支持。因此，满足公众需求，服务全社会，实现公共利益最大化应该是图书馆存在和发展的最终目标。21 世纪以来信息技术快速发展，大数据技术和人工智能等新兴技术不断涌现，用户获取信息资源的渠道越来越多元化，且对信息服务的需求和要求也不断转变，深层次知识服务乃至智慧服务成为用户的迫切需要，学术图书馆原有的文献保障服务已经无法满足社会发展的需求。从国内科技发展来看，“十三五”期间，国家不断深化科技体制改革，推动创新驱动发展战略的实施，努力促进开放科技基础设施和服务业的发展，并进一步加强对开放知识、开放工具和知识服务的支撑。与此同时，得益于网络信息技术的日益更新和开放获取运动的不断扩展，开放出版、开放知识库和开放数据等如火如荼地发展起来，这为开放知识服务创造了有利的环境。科技信息不断走向开放，开放信息被转换为可计算的开放知识，互联网为开放创新创造了有利机制，开放获取、开放知识和开放创新的 3O 会聚，为图书馆开展知识服务创新提供了巨大机遇①。

因此，学术图书馆已经具备了实施开放知识服务的必要条件和充分条件，将开放知识服务作为发展目标和方向将是学术图书馆在开放出版时代必然的选择，也是有利于其自身可持续良好发展的最佳选择。

6.3.2 以开放资源建设为基础

开放获取理念和运动兴起初期，其主要的目的就是为了解决期刊订阅费不断上涨给学术机构及图书馆等带来的经费压力。随着开放获取运动的蓬勃发展，开放出版、机构知识库和 OA 期刊不断涌现，开放资源开始逐渐成为学术图书馆资源保障系统的重要组成部分。与此同时，学术图书馆在订阅费用、资金分配和业务结构等方面也做出了一些重要的调整和改变，这在一定程度上导致了订阅资源在图书馆资源保障体系中垄断地位的不断弱化。另一方面，越来越多的综合性信息资源呈现在互联网上，很多的学术社区和开放平台等同时也提供了大量的学术信息资源②，用户获取资源的渠道不再仅仅依赖于图书馆，这使得图书馆信息资源保障的主体地位受到威胁，但同时也为图书馆资源体系的重构创造了机遇。此外，丰富的文献资源和信息是科学研究不断发展的基础和必备条件，随着科学研

① 张晓林. 开放获取、开放知识、开放创新推动开放知识服务模式——3O 会聚与研究图书馆范式再转变[J]. 现代图书情报技术, 2013(2): 1-10.

② 孙坦. 开放信息环境：学术图书馆信息资源建设的重定义与再造[J]. 中国图书馆学报, 2013 (3): 9-17.

究范式向数据密集型科学转变，科研人员对多元的、大体量的资源和数据的需求越来越迫切，对图书馆的资源建设提出了更高的要求。

因此，在开放出版时代，学术图书馆应该抓住机遇，面向开放信息环境，重塑其资源建设模式，以开放资源建设为基础，构建一个全方位的覆盖多渠道、多类型资源的开放资源体系。当然，在此过程中，资源的版权归属、标准化和一致性、保存与挖掘等都是值得关注和解决的问题。

6.3.3 以信息技术驱动为引擎

人类历史是一部科学与技术的发展史，信息技术是开放知识服务起源和发展过程中不可或缺的动力要素①。在数字化和网络化成为日常的今天，知识的获取和服务都离不开对信息技术的利用。首先，开放知识服务的开展需要广泛的文献信息资源，而资源的发现、采集、组织、集成和存储等必然需要数据存储技术、搜索引擎技术、语义技术、信息采集和融合技术等来实现。其次，知识服务过程中涉及信息处理和信息推送等环节，这一过程需要个性化服务系统、可视化技术、知识推荐技术和多媒体技术等多元技术的支持。同时，在知识服务的过程中还需要保证系统平台的可靠性和安全性，这就需要信息技术来防御和抵抗计算机病毒和黑客的攻击。此外，开放知识服务要想满足不断变化的用户需求，保持长久的生命力，还需要不断地深化和升级，这仍然需要持续引进大数据、人工智能和云计算等新兴技术和工具。因此，于开放知识服务而言，信息技术是驱动力，也是重要的保障。

6.3.4 以知识基础设施为依托

知识基础设施主要指关系到组织和机构知识资源建设和知识服务实施的网络设施或虚拟的系统和资产，是用于保证社会知识交流和知识服务活动正常进行的知识服务系统，它是学术图书馆开放知识服务赖以发展的一般条件。除开放资源本身以外，开放知识服务中涉及的知识基础设施还包括几个方面：资源存储、知识服务和知识交流等相关的系统平台和网络设施等硬件设施，知识服务过程中的业务安排、岗位设置、人员配备和过程管理等涉及管理层面的软设施，知识服务中涉及的相关制度和政策，以及知识服务开展的模式和评价等。要实现开放知识服务的长远发展，这些基础设施缺一不可。只有完善知识基础设施，学术图书馆才能更加高效地提供开放知识服务，从而实现服务效益的最大化。

---

① 刘灿姣，黄立雄．知识服务动力机制研究[J]．情报理论与实践，2010 (1): 8-11.

7 数据出版对学术图书馆的影响

随着大数据时代的到来和数据密集型科学研究的兴起，科学数据共享和利用问题受到前所未有的关注与重视。图书馆作为最重要的出版物收藏与服务机构，出版业的任何变化都密切影响着图书馆的发展。数据出版环境下，图书馆只有更好地了解数据出版发展的特点与趋势，明晰新形势所带来的影响与挑战，积极进行战略性创新与功能定位调整，加快转型变革的步伐，才能驾驭发展，创造未来。

7.1 数据出版概述

7.1.1 数据出版的背景

7.1.1.1 科研范式变革，科学数据重要性凸显

信息技术的迅猛发展与广泛应用，催生了数据的爆炸式增长，人类社会进入了大数据时代。数据驱动创新，数据驱动发展，对数据的识别、管理和利用正在前所未有地影响和改变着人类生产和生活的各个方面。在科学研究领域，几乎各个学科都面临着空前的数据爆炸，科研模式也因此而发生了革命性的变化，促成了数据密集型科研第四范式的诞生。这种研究模式的蓬勃发展，使得科学研究不再单纯依靠科学问题或假设驱动，而是越来越重视对科学数据本身的探究。科学数据不仅作为科学研究的基础资源和重要产出，更被科研人员作为科学研究的对象和工具，通过对其动态监测与实时分析，利用科学数据进行探索与创新，设计和解决新的疑难问题甚至以往不可触及的科学研究领域[①②]，科学数据成为科学研究和促进社会进步的重要基础设施。

7.1.1.2 数据共享势在必行，数据出版应运而生

科学数据在科研过程中的重要性不言而喻，而大量的原始数据却被散落并尘封于科研

---

① HEY T，TANSLEY S，TOLLE K. The fourth paradigm: data-intensive scientific discovery[EB/OL]. [2012-03-08]. http://research.microsoft.com/en-us/collaboration/fourthparadigm/.

② HEY T，TANSLEY S，TOLLE K. 第四范式：数据密集型科学发现[M]. 潘教峰，张晓林，等,译. 北京：科学出版社，2012: xvii.

机构、课题组或研究人员各自手中，未能充分发挥其巨大的科研价值和社会效益。无论在公共领域还是科研领域，科学数据共享的必要性已经成为人们的普遍共识，并且各领域的科技工作者都在积极思考如何通过有效公开和加工整理，深入挖掘科学数据的潜在价值。

国内外政府主管部门、基金资助机构、科研机构和科学家们，在数据共享实践中进行了大量努力与探索，从数据共享政策制定、数据基础设施建设、数据共享平台和标准平台搭建、数据共享模式创新等方面，积极推动数据资源的市场化、社会化共享，提高数据资源的利用效率。然而，经过数十年的发展，尽管在数据整合和共享方面取得不小的成效，但数据开放共享的局面仍不容乐观，依然面临着许多方面的阻力，诸如科研激励机制问题、知识产权问题、国家安全、机密和隐私保护问题、成本问题、个体心理和组织文化问题、技术和基础设施问题等[①]。一些学者认为，除非科学家在数据方面的科学贡献能够得到科技界的认可和回报，或者能有一定的商业回报价值，否则，他们将科研数据拿出来共享的意愿将受到严重影响，科学数据共享的问题也难以从根本上得到解决[②]。因此，要实现根本意义上的数据共享，其中一个最为关键性的问题，就是科技界对科学家数据贡献的认可和回报，要从全球范围解决这个问题，其首要基础，即是通过科学数据成果的出版来实现对科学家数据成果的评价。数据出版为数据共享的实质性进展提供了一种探索模式，是数据共享发展的新阶段，受到了学术界和出版界共同的关注，纷纷从数据出版的概念、模式、流程、出版服务和成本等多个角度展开探讨与实践，期望通过梳理与科学数据相关的各利益方的权益分配，加快科学数据开放共享的进程，促进数据资源的深化共享。

7.1.2 数据出版的定义

数据出版是一种特定的数据共享模式，在学术交流体系中，通常是指对科学研究领域中所产生数据的相关出版活动[③]，亦称科学数据出版。其面向的数据对象主要是版权清晰的、可引用的、高质量的科学数据集。科学数据是指在观察、探测、实验、调查等各类科学研究活动中所产出的原始事实记录（数值、文本、图像、音频等类型），以及按照不同需求和主题系统加工整理而形成的数据集[④]，与科学数据相关的一系列信息，如数据的获取

---

① 黎建辉，吴超，张丽丽，等. 科学数据出版调查与分析[J/OL]. 中国科学数据，2016(1). http://www.csdata.org/paperView?id=9. DOI: 10.11922/csdata.120.2015.0009.

② 刘闯. 论全球变化科学研究数据出版[EB/OL]. [2018-08-25]. http://www.geodoi.ac.cn/WebCn/doi.aspx?Id=153.

③ 张小强，李欣. 数据出版理论与实践关键问题[J]. 中国科技期刊研究，2015 (8): 813-821.

④ OECD. OECD Principles and guidelines for access to research data from public funding[EB/OL]. [2015-05-16]. http://www.oecd.org/dataoecd/9/61/38500813.pdf.

方法、用途说明、元数据等①，也成为数据出版必不可少的要素。

学术界对数据出版理论与实践进行了积极研究与探索，但目前为止，关于数据出版的概念，业界仍没有统一的界定。有的学者认为“任何将数据上载到网络或其他媒介并允许他人使用的行为”都可以称之为“数据出版”②。目前国际上创建了很多存储专业数据的平台，支持科研工作者按照一定格式标准将研究数据上传到这些平台，在遵循版权协议的前提下，供他人下载、分析、重用和引用，这实际上是广义的“数据出版”，认为只要数据上传于网络并可以开放获取即是出版，并未强调与数据文件相关的长期保存、不被损坏、元数据描述以及质量评审等问题③。

另外一种观点指出“只有经过类似于科学论文发表一样，经过同行专家评审的科研数据的正式出版，对科学家科学数据成果的评价才有可能有序地进行”④。强调只有依照严格的学术论文出版标准，遵循规范的质量管理和控制流程，经过同行评审、创建元数据等环节而进行的数据发布，才可以称之为正式的数据出版，其不仅保证了科学数据集的质量和重要性，使数据可发现、可获取、可理解、可追溯，进而促进数据集被学术资源引用，实现面向数据消费者的数据增值，同时也肯定了数据生产者的贡献，为其带来应有的学术声誉，充分发挥了数据作者参与数据共享的主动性和积极性。

以上关于“数据出版”的两种观点，国内外学者都进行了相应的探讨与研究，也反映了学界对“数据出版”概念的不同认知与探索。Klump 认为，科学数据的出版是指将科学数据在互联网上提供开放获取以支持科研活动所需的过程，数据出版的核心内容是为已出版的数据提供标准的引用格式和永久访问地址以及数据质量的保证⑤。黎建辉认为，数据出版是指科研人员与科研机构按照统一规范的质量管理和控制机制，主要利用互联网及其他方式公开发布其通过观察、实验、计算分析等科研过程所产生的原始数据，或通过对已有数据进行系统化地收集、整理和再加工形成数据及数据产品的出版行为，以帮助使用者便

---

① RAY J M. Research data management: practical strategies for information professionals[M]. West Lafayette: Purdue University Press, 2014:129–166.

② PENEV L, MIETCHEN D, CHAVAN V, et al. Pensoft data publishing policies and guidelines for biodiversity data[EB/OL]. (2011-01) [2018-07-15]. https://www.researchgate.net/publication/265422943/download.2011.01.

③ CALLAGHAN S, DONEGAN S, PEPLER S, et al. Making data a first class scientific output: data citation and publication by Nerc'S environmental data centres[J]. International journal of digital curation, 2012, 7(1): 107–113.

④ 刘闯. 论全球变化科学研究数据出版[EB/OL]. [2018-08-25]. http://www.geodoi.ac.cn/WebCn/doi.aspx?Id=153.

⑤ KLUMP J, BERTELMANN R, BRASE J, et al. Data publication in the open access initiative[J]. Zeitschrift fur die gesamte innere medizin und ihre grenzgebiete, 2006, 28(9): 263.

捷地发现、获取、理解和再分析利用数据，并可在科研论文及相关研究成果中引用数据[①]。简单而言就是指基于同行评议的数据发表。吴立宗指出，科学数据出版是指将数据作为一种重要的科研成果，从科学研究的角度对科学数据进行同行审议和公开公布，创建标准和永久的数据引用信息，供其他研究性文章引证[②]。张小强则认为：数据出版指学术共同体中的学术期刊、学术机构或学术社区等相关主体，在科研工作者把自己或同行产生的科研数据及相关信息发布于互联网之前或之后，实施或组织对这些科研数据或科研数据有关的信息进行评议、编辑加工使之符合一定规范和标准并能为学术界方便地获取或再利用和引用的过程[③]。

从以上关于数据出版的定义可以看出，数据出版必须具备一些基本要素，主要包括：①科学数据资源。科研活动所产生或收集的高质量的原始数据或经再加工形成的数据及数据产品。②数据存储技术。通过互联网或机构库等多种技术对数据资源进行长期保存。③出版和引用机制。经同行评审等机制按照一定规范和标准对数据进行公开发布，并提供标准引用格式和永久访问地址。

综上可见，数据出版作为新兴的学术成果出版形态，是使来源明确、质量可靠的科学数据实现公开发布与全面共享，通过唯一标识和正式引用，明晰数据知识产权等的一系列活动和过程[④]。随着网络环境的发展，学术出版的概念和范式也经历着不断的变迁[⑤]，与传统的论文出版相比较，数据出版的理念以及模式更为丰富，不仅包括数据提交、同行评审、发布和存储、引用与评价等基本环节[⑥]，同时还涉及数据监护、数据挖掘和数据共享等相关服务。

7.1.3 数据出版的意义

作为推动数据共享的重要途径之一，数据出版能够激励数据发布与共享，规范数据引用与重用，保护数据知识产权，为科学事业发展带来积极作用，数据出版具有重要的现实意义。

---

① 黎建辉，周园春，胡良霖，等.中国科学院科学数据云建设与服务[J].大数据，2016(6): 3-13.

② 吴立宗，王亮绪，南卓铜，等.科学数据出版现状及其体系框架[J].遥感技术与应用，2013(3): 383-390.

③ 张小强，李欣.数据出版理论与实践关键问题[J].中国科技期刊研究，2015(8): 813-821.

④ 涂志芳.科学数据出版的基础问题综述与关键问题识别[J].图书馆，2018(6): 86-92，100.

⑤ 颜帅.学术出版范式创新[EB/OL].[2015-03-20]. http://www.chuban.cc/rdjj/9qkcx/fayan/201501/t20150116_163248.html.

⑥ 吴立宗，王亮绪，南卓铜，等.科学数据出版现状及其体系框架[J].遥感技术与应用，2013(3): 383-390.

7.1.3.1 深化数据开放共享，促进科学技术发展

数据的开放共享，包含两层含义，一方面要实现数据的尽可能公开和大范围使用，另一方面要保证所公开数据的完整性和高质量。传统的数据共享，更多的是国家或集体行为，通过强制性的整合汇交或共享政策，建立专门的数据管理中心与存储机构，对科研人员所提交的科学数据进行管理、保存和共享，这种模式在一定程度上忽略了科学家的智力贡献，直接影响到数据共享的积极性和主动性，另外，数据质量也未能得到充分的评审和把关。而数据出版将“数据”作为知识链的核心组成部分，通过出版、引用和评价的有机结合，从根本上改进了对数据和数据生产者的评价机制，从而增强科学家主动参与数据共享的动力，同时通过标准的数据文档、元数据等手段对数据进行详细的描述和说明，提高数据的可靠性、可解释性与可用性，从而最大限度地推进科学数据资源的开发利用和开放共享。

7.1.3.2 明晰数据知识产权，协调数据权益分配

科学数据在生产与管理的整个过程中，蕴含着科研人员丰富的智力投入，科学数据的知识产权已逐渐成为业界共识。然而知识产权的专有性与科学数据的共享性存在一定的冲突，其根源在于数据生产者和数据使用者之间利益的失衡，也就是个人利益和公共利益的不均衡，利益成为科学数据共享与知识产权保护冲突的焦点[①]。数据出版，作为正式的科学数据发布，具备规范的质量管理和控制流程，可以有效协调数据利益相关者之间的矛盾，在充分实现数据共享的同时，明确了数据的知识产权，保护了数据生产者的合法权益，也为数据使用者增加了数据价值。通过数据的出版和科学引用，进而促进科研评价体系的完善和多元化。

7.1.3.3 实现数据重用价值，降低科研成本压力

通过数据出版，可以更容易地发现数据、获取数据、利用数据。科学数据集被保存于受信任的存储库中，并得到合理的评审与监护，任何机构或个人可以遵照一定的使用协议进行访问、下载和分析数据，在已出版的高质量科学数据基础之上，一方面可以进行研究过程的重复与研究结果的验证，避免科研不端行为，另一方面通过对所获取数据的整合与分析，可以发现新的科学问题，设计并开展新的科学研究，减少重复的科研时间和人力物力投入，有效降低数据收集的总成本，极大地发挥数据的使用价值。通过支持数据的再利

---

① 朱雪忠，徐先东．浅析我国科学数据共享与知识产权保护的冲突与协调[J].管理学报，2007(4):477-482,487.

用，还可以带动相关产业和经济发展①。

7.1.4 数据出版的发展态势

随着科研环境与学术交流生态的不断发展，数据出版的具体形式也将得到不断创新。由于数据出版的复杂性和专业性，数据出版的未来趋势将向着出版内容大数据化、出版主体合作化、出版模式多元化而发展，逐步创造一个优质的数据出版与共享的生态环境。

7.1.4.1 出版内容大数据化

数据出版的最终目标是汇集与开发全球的科研数据，形成科研数据网络，最终形成科研大数据环境②。在许多研究领域，科学数据的收集、处理和分析贯穿于项目的整个研究过程。数据生命周期与研究资助机构、科学家、数据观测与分析仪器、数据分析与处理方法等密切相关，研究科学数据与这些对象之间的关联是大数据研究的重要组成部分。但是，传统情况下，科学数据多作为“原材料”和“过程数据”，只有极少部分数据以图表和辅助数据的形式在学术论文上正式和公开发表，其他大部分原始数据和分析数据都被“雪藏”，既无法再利用，也无法建立数据与其他对象之间的联系，无法开展大数据研究。在数据出版环境中，这种情况可以得到极大改善，不同处理级别的数据将以不同的方式出版，这可以促进同一学科的不同数据库之间，甚至不同学科的不同数据库之间的互操作性，并促进不同科学数据库之间的数据交换和互通，使数据在最大范围内传播、共享和重用，与学术机构、科学家、科学仪器、研究方法和科学结论建立关系，将真正实现科学数据之间的无缝链接，充分发挥大数据研究的价值③。

7.1.4.2 出版主体合作化

与传统的学术论文发表相比，数据出版的主体更加多样化，不仅包括期刊出版单位、科研管理机构、学术界，还包括数据中心和相关评估机构。不同的主体在科学数据发布过程中扮演着不同的角色，每个主体都履行自己的职责，相互配合。由于数据出版需要相应的数据存储技术的支持，大多数期刊出版单位不能独立承担，需要不同出版机构之间的密切合作。另外，数据出版以开放、共享为基础，其版权控制和质量审查过程越来越难以由不同主体独立完成，更多的是由不同类型或相同类型机构合作组织或实施。

---

① The Royal Society. Final report—science as an open enterprise[EB/OL]. [2016-10-11]. http://royalsociety.org/policy/projects/science-public-enterprise/report/.

② 张小强，李欣. 数据出版理论与实践关键问题[J]. 中国科技期刊研究，2015 (8): 813-821.

③ 吴立宗，南卓铜，王亮绪. 科学数据出版——促进数据共享的一种新模式[EB/OL]. [2018-07-15]. https://max.book118.com/html/2017/0527/109494628.shtm.

7.1.4.3 出版模式多元化

随着科学技术的不断发展，多元媒体日益发达，为数据出版提供了更为丰富的出版媒介与传播方式，如通过声音、影像、图形、动画等多种形式将不同的数据格式进行公开发布，实现了数据出版的实时性、直观性、形象性，使得数据更方便被采集和感知、计算与处理，加深人们对所出版数据的印象及理解，充分发挥数据的利用价值与影响范围。

基于多元媒体的数据出版模式，广泛地应用于气象、交通、旅游、卫生等多个领域，无论对于科学研究，还是社会应用，其数据资源潜在功能的挖掘和释放，对于创造更高的经济价值和社会价值具有无可估量的作用。结合大数据、云计算分析技术、各应用平台交互以及跨行业的数据挖掘，为决策研判提供科学服务，更好地发挥数据资源的战略作用，同时推动数据的开放共享与众创。

7.2 数据出版的模式与典型案例分析

7.2.1 数据出版的模式

7.2.1.1 数据出版模式的划分

数据出版模式，主要是指数据出版的途径或机制，国内外学术界、期刊出版界、数据中心等都在研究不同的出版模式，以支持科学数据出版。学者们分别从不同的视角对数据出版模式进行了划分和归类，下面列举几种具有代表性的观点。

Lawrence 等基于数据集的正式引用与同行评审机制，提出数据出版的“五种模式”，分别为独立数据出版（standalone data publication）、学术论文辅助数据出版（data publication by proxy）、附录数据出版（appendix data）、期刊数据档案出版（journal driven data archival）以及数据论文出版（overlay publication）[①]。国内学者大都以此为基础对数据出版进行研究与模式划分，黄国彬按照科学数据产生情形，将科学数据出版模式划分为集成出版与独立出版两种模式，对于集成出版而言，指科学数据与学术论文集成出版，依据科学数据的存储位置，细分为由学术期刊自行出版和委托公共的科学知识库进行管理两种；对于独立出版而言，是指科学数据以独立的学术成果形式进行出版，依据出版主体，细分为通过数据知识库直接出版和以数据论文的形式进行出版两种模式[②]。顾立平将数据出

① LAWRENCE B，JONES C，MATTHEWS B，et al. Citation and peer review of data: moving towards formal data publication[J]. The international journal of digital curation，2011，2(6): 4-37.

② 黄国彬，王舒，屈亚杰. 科学数据出版模式比较研究[J]. 大学图书馆学报，2018 (1): 34-40,33.

版划分为 3 种形式：一是将研究数据作为论文的附录和论文一起出版；二是将研究数据作为一个独立的信息对象存储在研究数据知识库中；三是数据论文的形式，将研究数据作为文本性文档在数据期刊中发表[①]。张小强和李欣从数据出版的客体和主体角度，对数据出版模式进行了剖析，根据数据出版的客体，划分为 3 种，即数据附属于出版物、独立的数据出版和出版物附属于数据；根据数据出版的主体，划分为 4 种，即出版机构控制模式、非出版机构独立控制模式、混合模式和二次出版模式[②]。张静蓓和任树怀结合国内外数据出版的实践与研究，将数据出版模式归纳为 4 种，分别是数据独立出版、数据论文出版、合作出版和期刊自行出版[③]。

综合以上学者的一些观点和讨论，可见数据出版实践有其自身的复杂性，学术界与出版界也在不断探索中。关于数据出版模式的名称，业界并没有统一，比如，在已有文献中，"数据论文出版"与"数据集独立出版"[④]，"作为论文附件的数据出版"与"科学数据合作出版"[⑤]，常被用来指代同一类出版模式。结合已有的主流观点，数据出版大致可以划分为以下 3 种模式。

7.2.1.2 基于论文支撑材料的数据出版

"基于论文支撑材料的数据出版"模式是由传统论文出版发展而来的，在这种模式下，数据不会独立存在，而是作为学术论文的附属物，用来支撑论文的核心观点和研究结论，成为学术论文不可分割的一部分。期刊出版商自行负责数据出版政策的制定和数据出版管理工作[⑥]，包括数据提交、评审、存储、服务和数据权益管理等各方面问题，通过规范和控制出版流程，以实现论文与作为支撑材料的数据的关联出版，如图 7-1 所示，主要包括以下两种情况：

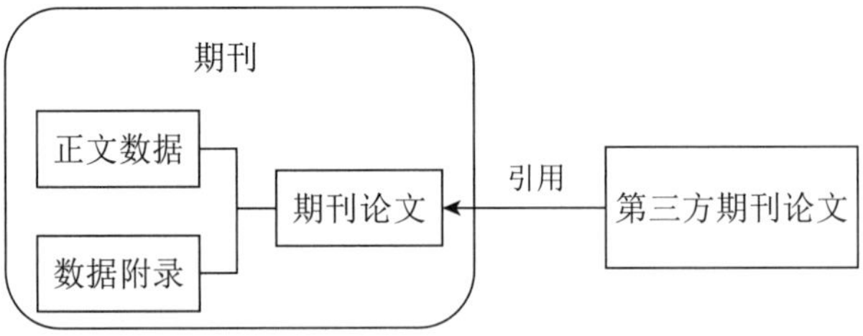

图 7-1　基于论文支撑材料的数据出版模式

---

① 顾立平. 科学数据权益分析的基本框架[J]. 图书情报知识, 2014(1): 34-52.
② 张小强, 李欣. 数据出版理论与实践关键问题[J]. 中国科技期刊研究, 2015 (8): 813-821.
③ 张静蓓, 任树怀. 科研数据出版模式、流程及引用策略研究[J]. 图书情报工作, 2015 (9): 21-27.
④ 王丹丹. 数据论文: 数据集独立出版与共享模式研究[J]. 情报资料工作, 2015(5): 95-98.
⑤ 梁子裕. 国外科研数据出版模式研究[J]. 出版发行研究, 2017(3): 82-85.
⑥ 何琳, 常颖聪. 国内外科学数据出版研究进展[J]. 图书情报工作, 2014 (5): 104-110.

（1）数据包含在论文正文中

研究人员在发表论文时，支撑研究结论的数据会在正文中被详细地分析与描述，数据通常以表格、图片等形式存在，这是最原始的数据出版模式。其优势在于这种模式会使数据和论文紧密结合，数据的选择与分析处理成为科学记录的一部分，便于读者或评审专家对研究所涉及的数据进行理解与评审。但只有当数据量较小时，才适合在论文中进行阐述，而且限于论文篇幅，与研究相关的大部分原始数据并未能随论文一起发表；另外，论文中的数据也很难被单独揭示或检索到，进而影响到数据的重用。

（2）数据作为论文的附录或附件

随着数据在科学研究与学术交流中的重要性日益凸显，部分期刊或出版商制定了论文补充材料的存缴与出版政策，其中影响力度和影响范围较大的有 *PLoS ONE*①、*Biology Letter* 以及 *Science* 等期刊，要求将论文研究相关的科学数据、研究方法、扩展说明等作为附录或附件随同论文一起发表，补充材料的类型主要有文本、数值图表、数据集、数学公式、视频、音频等，科学数据是其中最重要的组成部分。

在这种情况下，数据集通常不具备独立性，与出版论文的内容紧密联系，评审专家以及读者可以通过文章方便地访问数据。但其局限在于：因为数据是论文的附录或附件，所以其出版的数据规模是有限制的，而且对于数据的编辑、监护、引用与长期保存问题也具有不确定性。鉴于此，一些国际组织和联合会致力于建立这类数据的存缴政策指导标准，如美国国家信息标准组织（NISO）和美国国家高级信息服务联合会（NFAIS）针对作为论文补充材料的数据，提出当数据是理解文章内容的必要组成部分时，要求将科研数据与所属期刊文章同时作为引用对象进行引用。

随着数据量的增长，这种模式也显现出一定的弊端。首先，数据规模对存储空间以及数据管理水平的要求越来越高，需要消耗大量的人力物力财力，一般的期刊难以独立承受；其次，数据评审的工作量不断增大，并且需要与论文评审同步进行，给评审专家带来很大的负担；另外，数据附属于论文，数据的格式、大小、类型等受到多方面的限制，数据的不独立性导致不能对数据进行单独引用。国际上很多期刊已经意识到这个问题，认为其严重影响到同行评审的进程和效果，因此对文章补充材料的出版模式做出相应调整，如期刊 *Journal of Neuroscience* 宣布从 2010 年 11 月 1 日起，不再接受作者投稿时随论文附带补充材料（包括数据），也不支持将作者提交的补充材料发布于期刊网站上，只是要求作者在发表文章时，提供一个存储文章补充材料的网站链接，以及相关材料或数据的简要

① Data availability[EB/OL]. [2018-07-05]. https://journals.plos.org/plosone/s/data-availability.

说明，期刊并不对补充材料进行评审[①②]。

7.2.1.3 基于数据仓储库的数据出版

“基于数据仓储库的数据出版”模式是利用开放存取数据仓储系统，将数据或描述数据的信息作为独立的信息对象进行提交、处理、存储、发布与传播，是目前较为主流的一种数据出版模式，其出版主体通常为科研机构、大学、相关学术组织、期刊出版商等。

数据仓储库（data repository），通常也被称为数据知识库或数据中心等，是一种为具有研究价值的数字对象提供长期监护的服务系统[③]，一般具备独立而且完整的数据出版政策以及成熟的数据评审标准。按照学科性质划分，数据仓储库通常分为通用型和学科型，前者不受学科限制，无论自然科学领域还是人文社科领域的科学数据，均可提交出版，如 figshare、Dryad、Zenodo 等，后者用来存储特定学科领域的科学数据，如 GenBank、ICPSR、IQSS Dataverse Network 等。依据管理主体的性质不同，数据仓储库可以划分为公共仓储库和机构知识库。前者不受机构、期刊、国籍的限制，面向的科研人员或研究项目较为广泛，支持研究人员根据需要自由选择进行数据出版；而机构知识库则是为特定机构而构建的，通常由大学发起，依托于图书馆承担建设，面向本校科研团队、教师学生以及参与本校科研项目的研究人员，存储其科研过程中产生的数据成果和资源，但各机构知识库所支持出版的数据类型有一定的差异性和局限性，而且对于数据存储空间和存储期限都有相应的规定。基于数据仓储库的数据出版运行机制一般包括以下两种形式：

（1）数据集独立出版

对于一些通过大型仪器设备采集或通过大规模调查研究所产生的科学数据集，可以以独立的学术成果进行出版，如图 7-2 所示。由于科学数据的学科属性及其特点不同，根据资助机构的要求，数据生产者需选择合适的数据仓储库进行数据存档。数据仓储库为每个科学数据集提供数字对象唯一标识，即 DOI 链接，以保证数据的可访问性、可理解性和可共享性，并对数据实施长期监护，按照政策收取或免去数据管理的相关费用。相比于传统的数据共享，这种数据出版模式包含对数据以及相关信息进行评审的过程。

---

① SMIT E, GRUTTEMEIER H. Are scholarly publications ready for the data era? Suggestions for best practice guidelines and common standards for the integration of data and publications[J]. New review of information networking, 2011, 16(1): 54-70.

② Announcement regarding supplemental material[EB/OL]. [2018-07-17]. http://www.jneurosci.org/content/30/32/10599.

③ Research Data Canada. Data repository[EB/OL]. [2017-08-14]. https://www.rdc-drc.ca/glossary/original-rdc-glossary/.

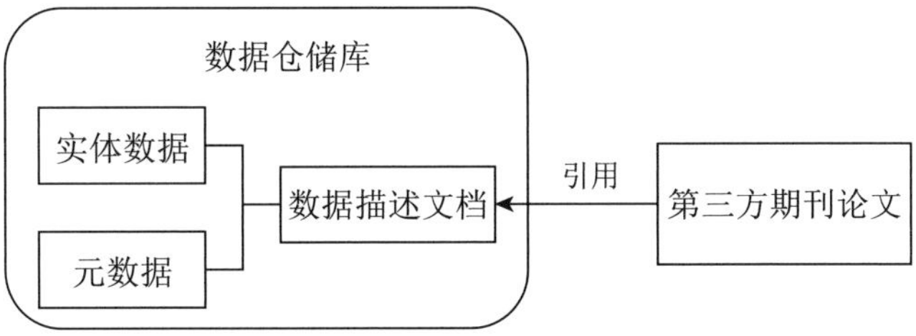

图 7–2　数据集独立出版模式

由于该出版模式所涉及的主体仅为数据仓储库，因此出版流程相对简单。第一步，数据生产者将数据和数据描述文档（data description document，简称 DDD）提交至数据仓储库；然后，同行专家对数据质量和元数据质量进行审查；通过之后，数据仓储库为数据分配 DOI 号，并确保存储位置安全、进行定期备份和审查；最后，公开发布数据集，为第三方提供引用数据描述文件的链接方式①。

（2）期刊与数据仓储库合作出版

合作出版模式主要是指学术期刊与数据仓储库互相合作进行科学数据的出版，如图 7–3 所示。作者在发表学术论文时，对于那些支撑论文核心观点的科研数据集，期刊要求将其提交至指定的数据仓储库中，并与文章建立双向链接，数据在这些仓储库中的唯一标识符（DOI 号）通常被添加到文章正文内、脚注中或参考文献的引用列表中，数据仓储库也在数据出版页面上插入论文的基本信息，保证数据和出版物之间的紧密联系。期刊文章和科研数据通过不同渠道共同出版，一方面缓减了科研数据由期刊自行存储与管理的负担与压力，同时也有利于科学数据的共享与发展。同一研究领域的数据集经规范化、标准化之后进行集中管理与长期保存，增加了其可发现性与可获取性，并且服务于整个学术共同体。但其局限性在于，目前这种出版模式主要集中于少数学科领域中，例如生物学、生命科学、地球科学、材料化学、医学等，而且数据仓储库的发展一般依赖于政府资助政策的稳定性。

① 黄国彬，王舒，屈亚杰．科学数据出版模式比较研究[J]．大学图书馆学报，2018 (1): 34–40，33.

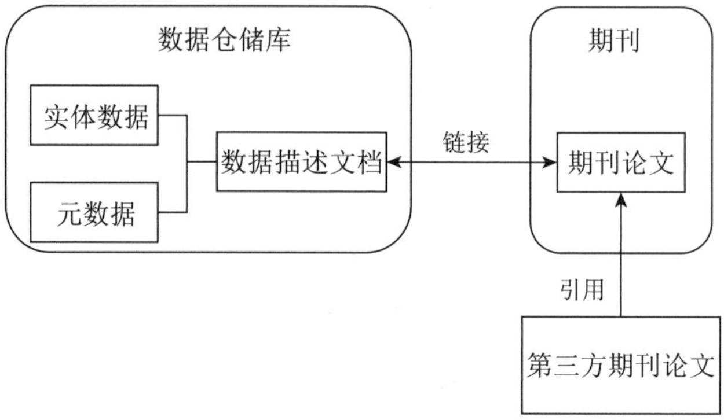

图 7-3 期刊与数据仓储库合作出版模式

7.2.1.4 基于数据论文的数据出版

数据论文（data paper）是一种新兴的出版物形态，是指根据学术实践规范进行正式出版的、可被检索的元数据文档，用以描述单个或一组可在线访问的数据集 ①，基于数据论文的数据出版模式如图 7-4 所示。数据论文和相对应的数据集通过数字对象唯一标识符（DOI）实现链接，从而完成整个数据论文出版过程。遵循 CC-BY 4.0 协议（Creative Commons Attribution 4.0 International License）在线发表，能够使数据更具发现性、引用性、解释性和重用性。数据论文的稿件通常具有固定的结构，由两大部分组成：一是传统期刊论文的结构化描述内容，即揭示论文基本特征的信息，包括论文标题、作者、作者单位、摘要、关键词、参考文献、作者贡献等；二是数据集相关信息，即数据集的规范化描述内容，包括数据产生方法、访问路径等基本信息，以及数据质量评估与验证方法、数据许可、数据利用所涉及的共享规范等数据处理信息。数据论文经过严格的同行评议，包括数据内容质量、提交格式以及共享引用等方面的审核，发表于专门的数据期刊（data journal）或综合型期刊的数据论文栏目。它与传统学术论文最大的区别在于其出版的重点并不是对科学假设或科学问题的分析、推理、研究及论证过程，而是对科学数据本身的描述，包括数据产生背景、数据质量和结构、数据的采集、获取、处理、利用等过程与方法，支持数据的重复利用并发挥其潜在的科研价值 ②③。

---

①③ CHAVAN V, PENEV L. The data paper: a mechanism to incentivize data publishing in biodiversity science[J]. BMC bioinformatics, 2011, 12(Suppl 15): S2.

② CANDELA L, CASTELLI D, MANGHI P, et al. Data journals: a survey[J]. Journal of the association for information science & technology, 2015, 66(9): 1747-1762.

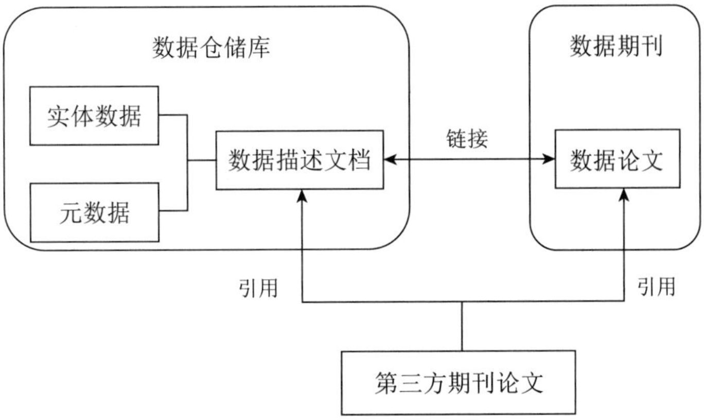

图 7–4　基于数据论文的数据出版模式

目前，数据论文出版模式主要集中于生物学、地球科学、物理学、机械工程等学科领域。近年来，随着科研资助机构和出版商的大力支持和积极推广，国际上出现了一大批数据期刊，如，*Earth System Science Data* 从 2009 年开始专门发表地球科学领域的高质量数据集论文，Wiley 公司与皇家气象学会合作推出开放获取期刊 *Geoscience Data Journal* 用以在线出版简短的地理科学数据论文，自然出版集团 2014 年推出开放获取数据期刊 *Scientific Data* 专门出版高价值的科学数据；很多传统学术期刊也开始致力于数据论文的出版，如 *BMC Research Notes*、*Ecology*、*Phytokeys*、*Zookyes* 和 *International Journal of Robotics Research* 等期刊都发表数据论文[①]。数据论文的形式多种多样，不同的期刊，其数据论文的命名方式有所不同，反映了不同期刊对数据出版内容的不同侧重点，如：*International Journal of Food Contamination* 中的数据文章“data article”，*Dataset Papers in Science* 发表数据集论文“dataset papers”；*Scientific Data* 发表数据描述“data descriptors”；*Genomic Data* 发表数据简述“data in brief”，*BioMed Central journals* 发表数据注释“data note”，*Neuroinformatics* 发表数据原创文章“data original article”；*BioMed Central journals* 发表数据库论文“database article”；*PLoS ONE* 发表数据库论文“database paper”等[②]。我国近几年也不断加快数据论文的出版步伐，并取得一定进展，2014年，《地理学报》开设增刊发表地理学科领域的数据论文，2015 年，《中国科学数据》通过国家新闻出版广电总局审批，成为目前我国首个涉及多学科领域的数据期刊，专门出版科学数据，极大地促进了我国科学数据的开放共享与长期保存，也为科学数据资产管理提供了有

① 刘凤红，崔金钟，韩芳桥，等. 数据论文：大数据时代新兴学术论文出版类型探讨[J]. 中国科技期刊研究，2014 (12): 1451–1456.

② CANDELA L，CASTELLI D，MANGHI P，et al. Data journals: a survey[J]. Journal of the association for information science & technology，2015，66(9): 1747–1762.

力保障①。

随着数据量的不断剧增以及出版流程的规范化，以上所述的几种数据出版形式也在不断发展和变化甚至走向融合。在遵守版权协议的前提下，期刊出版商、数据仓储库都在寻求最佳合作模式，同时也倡导数据以更加合理、可靠的方式公开发布，而不局限于某种具体的出版形式②。

7.2.2 数据出版的流程

有学者认为传统学术出版主要具备五大功能，分别为：①注册功能：支持学者确立学术研究与发现的优先权；②证明功能：证明所注册的学术研究或学术主张的有效性；③识别功能：使学术交流体系中的参与者识别新的学术主张和发现；④存档功能：保存学术记录；⑤奖励功能：通过学术传播系统中的计量与评价，给予参与者（学者、期刊等）应有的奖励与回报③。而对于数据出版，除以上功能之外，还有一个更为重要的独特功能："说明功能"，即说明"所出版的数据到底是什么"。其包含两层含义：一方面，"帮助实现数据的再利用"，提供使数据永久可用的相关信息，或在其他应用环境中所需的必备知识，如数据存档、描述与识别；另一方面，"对数据推动者给予认可"，能够衡量和评价数据工作的价值（如注册、奖励、认证等）④。因此，数据出版应该包括对数据的可靠性与适用性进行确定与评价的整个过程。不同的数据出版模式，其具体出版环节和流程会有一定的差异性。从总体上讲，数据出版通常包括数据投稿、同行评议、数据发布和永久存储、数据引用、数据评价五个基本环节⑤，如图 7-5 所示。

---

① 中国科学数据[EB/OL]. [2018-02-14]. http://www.csdata.org/p/static/33/.

② 张恬，刘凤红. 数据出版新进展[J]. 中国科技期刊研究，2018 (5): 453-459.

③ SOMPEL H V D，PAYETTE S，ERICKSON J，et al. Rethinking scholarly communication: building the system that scholars deserve[J]. D-Lib magazine，2004，10(9). DOI: 10.1045/september 2004-vande sompel.

④ LAWRENCE B，JONES C，MATTHEWS B，et al. Citation and peer review of data: moving towards formal data publication[J]. International journal of digital curation，2011，6(2): 4-37. DOI:10.2218/ijdc.v6i2.205.

⑤ 吴立宗，王亮绪，南卓铜，等. 科学数据出版现状及其体系框架[J]. 遥感技术与应用，2013(3): 383-385.

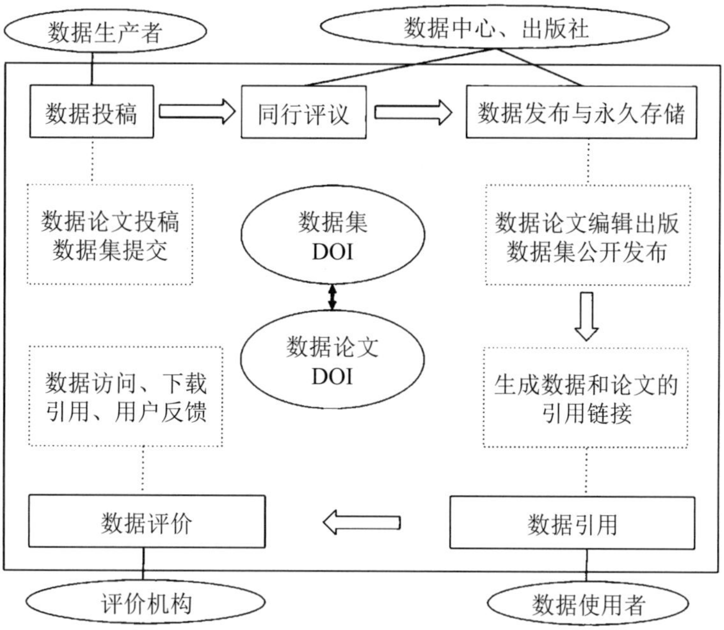

图 7-5　数据出版基本流程

7.2.2.1 数据投稿

科研人员通过数据浏览与检索，在参考借鉴已有科学数据的基础上，通过开展新型实验或对数据进行重组加工后获得新的数据，将有价值的数据进行解释或注释，增加元数据，编写成为数据文件，并按照数据出版机构的要求，将整理好的数据集提交至相应的数据仓储库，将数据论文投稿于数据期刊或学术期刊的数据论文版块。数据论文应当详细描述其所对应的数据集，包括数据集采集和处理方法，数据样本描述，数据质量控制和评估，以及数据价值、数据使用方法和建议等相关信息等。不应当包括新的科学假设、新的观点和新的科学方法等内容①。

在传统出版中，出版单元通常是文本记录，如期刊论文、图书章节等，其定义明确，特征明显，内容相对独立，更容易被理解或引用。而数据出版则更加复杂，因数据类型多样，数据结构不同，数据集之间的边界往往是模糊和重叠的，数据使用者通常需要通过大量的信息来理解或者读取数据，以使数据具备可检索可重用的功能。

7.2.2.2 同行评议

与传统期刊论文出版一样，需要对作者所提交的数据集或数据描述文档的质量进行相应的控制与评审，使其遵守出版机构的格式要求，并符合科学的质量标准。在数据发布之前，同行评审专家主要关注数据是否完整、数据描述信息是否准确、数据使用条件是否明

① 中国科学数据．投稿须知［EB/OL］．［2017-05-08］. http://www.csdata.org/p/static/143/.

晰而且易于理解等方面。数据中心或数据仓储库的数据评议主要关注技术方面，如数据集的永久标识符、开放共享所遵守的方法和标准，目的是确保数据可以被管理和恰当存储，而数据论文的评议更关注数据本身的发表价值、元数据质量、数据的采集和管理标准等，总之都围绕评价数据的开放性和可获取性而展开①。值得一提的是，数据的质量评估有其复杂性，仅仅依靠同行专家的个人判断有一定的局限性，还需要在大量的数据实际应用中接受用户检验。

7.2.2.3 数据发布和永久存储

数据集和数据论文经过同行评议并已达到出版水平之后，则数据中心为数据集注册永久性的数字对象唯一标识符（DOI），数据集由数据中心正式发布，并提供公开访问与长期保存，数据论文由期刊正式出版，数据集与数据论文通过 DOI 建立关联。

7.2.2.4 数据引用

通过建立规范的数据引用机制，实现数据与论文的关联，促进数据挖掘与知识发现，进而保护数据作者的权益。各国科研数据组织机构相继制定数据引用的规范性文档，推动数据引用纳入到学术期刊引用标注的标准体系中，促进数据的开放共享。我国于 2018 年 7 月 1 日起正式实施《信息技术—科学数据引用》国家标准，对科学数据引用元素描述方法、引用元素详细说明、引用格式等内容进行了明确规定②。

7.2.2.5 数据评价

有效的数据评价机制是数据出版的必要组成部分，它是激励出版与自主共享的原动力。数据的影响力评价主要包括数据访问量、下载量及引用量以及用户在数据使用过程中对相关问题与数据再利用的直接反馈，将数据使用情况及影响反馈至数据中心或数据作者，或者在数据中心的网站上公布用户的使用意见，以此来帮助其他用户判断数据价值。

7.2.3 数据出版典型案例分析

7.2.3.1 数据期刊 *Scientific Data*

《科学数据》（*Scientific Data*，简称 SD）是“自然”（Nature）出版集团于 2014 年 5 月正式推出的一种新型期刊，《科学数据》是一个经同行评议的、开放获取的在线出版物，其文章类型主要为“数据描述符（data descriptor）”，以论文的形式描述有价值的科学数

---

① 王丹丹. 科学数据出版过程中的数据质量控制[J]. 图书情报工作,2015 (23): 124-129.

② 中国国家标准化管理委员会. 中华人民共和国国家标准公告“信息技术科学数据引用”[EB/OL]. [2017-12-30]. http://www.sac.gov.cn/was5/web/search?channelid=97779&templet=gjcxjg_detail.jsp&searchword=STANDARD_CODE='GB/T%2035294-2017'.

据集，使数据更加可发现、可访问、可互操作和可重用，使研究者的数据更具可信性[①]。

（1）出版内容与格式

SD 数据描述符中的数据集主要来自于大型科研合作联盟或单个实验室所产生的大数据或小数据，包括计算或分析数据以及通过实验或观察产生的数据，既包括对新型研究数据的描述，也有对传统研究数据的更新或补充，有利于数据的重用。SD 出版的数据论文内容类型主要有四大类，包括对研究数据集的详细描述、对现有数据的新分析或元分析、关于系统或技术的原始报告、其他简短评论或公告，而且每种类型的数据论文都有明确的格式大纲，详见表 7-1。SD 最初将数据出版的重点集中于生命科学、生物医学和环境科学上，逐步扩展到自然科学的其他领域[②]以及社会科学领域[③]。

表 7-1 《科学数据》的内容类型与格式大纲[④]

论文类型	数据描述符 （data descriptors）	分析 （analysis）	文章 （article）	评论 （comment）
主要内容	对科学数据集的详细描述，其重点是帮助其他人重用数据，而不是科学假设或提出新的见解	对已有数据的新分析或元分析，展示数据重用的创新示例，或引人注目的新发现	关于系统或技术的原始报告，促进数据共享和重用，以支持研究的可重复性	内容灵活，用于发表简短的见解、评论和感兴趣的公告
同行评议	是	是	是	编辑评审
格式大纲	摘要 背景与总结 方法 数据记录 技术验证 使用说明（可选） 参考文献 数据引用	摘要 介绍 结果 讨论 方法 参考文献 数据引用（可选）	摘要 介绍 结果 讨论 方法 参考文献 数据引用（可选）	摘要 评论 参考文献（最多 25 篇）

对于一般学术期刊上的科研论文，主要是描述与记录科研项目的研究目的、对象、方

① Scientific Data. Principles[EB/OL]. [2018-05-06]. https://www.nature.com/sdata/about/principles.

② NPG to launch scientific data to help scientists publish and reuse research data [EB/OL]. [2018-05-06]. https://www.nature.com/press_releases/scientificdata.html.

③ Scientific Data now inviting submissions from the social sciences[EB/OL]. [2018-07-11]. http://blogs.nature.com/scientificdata/2014/11/13/scientific-data-now-inviting-submissions-from-the-social-sciences/.

④ Scientific Data. Submission guidelines[EB/OL]. [2018-05-06]. https://www.nature.com/sdata/publish/submission-guidelines#metadata.

法、结果等，而数据期刊上的数据论文则是对于科研产出数据本身的描述，强调数据表示的结构化和规范化，以此来提升其可检索性和可利用性。SD 提供了 Word 或 Excel 格式的数据描述符稿件模板，作者可以通过下载到本地或使用 Overleaf 在线协作系统起草和提交手稿。SD 数据描述符的基本元素与格式要求详见表 7-2。

表 7-2 SD 数据描述符基本元素与格式要求①

元素	要求
标题	包括空格在内最多 110 个字符
摘要	不包括引用最多 170 个字符
背景与总结	最多 700 个字符
方法	不限制长度
数据记录	不限制长度
技术验证	不限制长度
使用说明	不限制长度
图	一般每篇手稿不超过 3 个
表	一般每篇手稿不超过 10 个

（2）出版费用②

SD 是开放获取期刊，作者在 SD 发表数据论文，须支付文章处理费，以及数据存储费用。所有内容类型都是在创作共享署名 4.0 国际许可（CC-BY）下发布的，每个数据描述符中包含的元数据文件都可在 CC0 版权共享协议下共享，以促进数据最大限度的重用。

（3）数据存储

在提交数据描述符之前，作者必须将所有相关的数据集存放在适当的公共存储库中，确保所提交数据的真实性和可查证性。如果数据描述符通过了同行评审专家的评审，则数据集将无任何条件限制地公开发布，与人类隐私或公共安全有关的数据需进行合理控制。

如图 7-6 所示，SD 期刊与百余个公共数据存储库建立联系，帮助作者根据数据类型找到最佳的存储位置。对于一些领域中的数据类型，如果缺乏与之对应的专业知识库，则建议作者采用通用型数据仓储库，如 Dryad 或 figshare，进行数据提交，并将登录号提供于手稿中，便于查找和引用。

① Format of data descriptors[EB/OL]. [2018-05-06]. https://www.nature.com/sdata/publish/for-authors.

② Costs[EB/OL]. [2018-05-06]. https://www.nature.com/sdata/publish/for-authors.

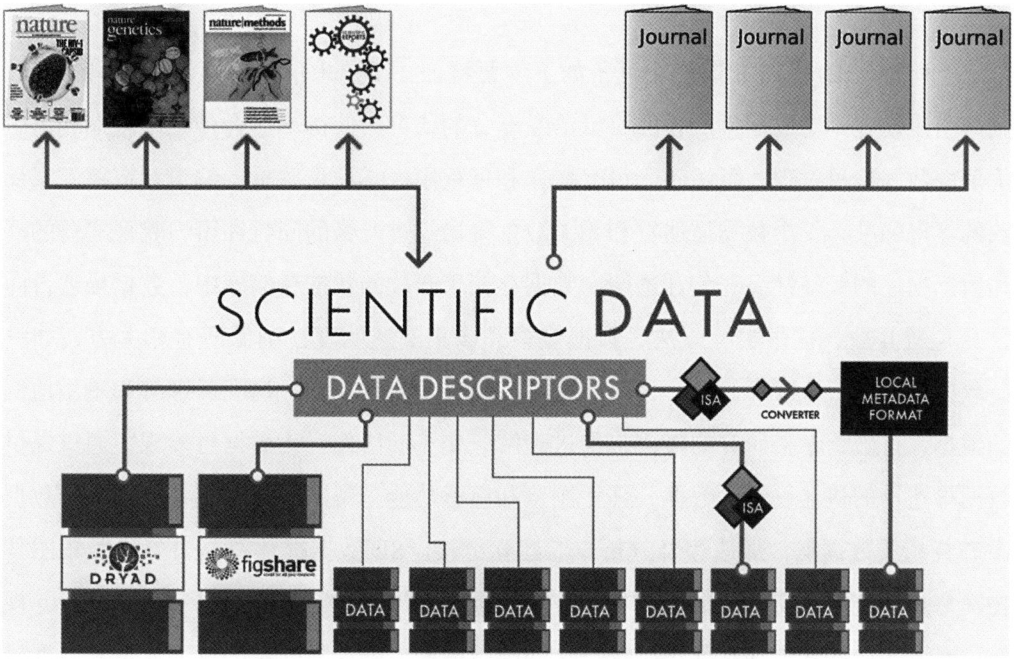

图 7-6　《科学数据》出版及其数据存储知识库 ①

SD 提供全面的数据搜索平台，支持研究人员在不同的数据仓储库间跨库检索，精准高效地获取科研过程所需要的高质量数据集②。同时，SD 数据描述符与自然出版集团内的其他期刊和外部出版商的相关出版物无缝链接，支持科学家在研究成果、科学数据和丰富的数据描述之间轻松导航。SD 的每个出版内容均有描述数据关键属性的元数据，并经过严格的评审，这些元数据将有助于数据挖掘，并支持科学家跨越多个数据仓储库发现和重用高质量的数据集。

（4）质量评审

期刊编辑与审稿专家对数据论文进行严格评审，主要评审数据描述符的内容信息是否符合规范、数据产生流程的科学性、数据存储库的选择是否合适、数据能否被开放获取以及数据的重用价值等。在必要时，还会要求作者提供数据来源的实验质量控制证据。依据不同的学科领域组建专门的评审专家团队，要求具备相关的实验技术专业知识或数据标准

① Scientific data to complement and promote public data repositories[EB/OL]. [2018-07-11]. http://blogs.nature.com/scientificdata/2013/07/23/scientific-data-to-complement-and-promote-public-data-repositories/#more-73.

② Recommended data repositories[EB/OL]. [2018-07-11]. https://www.nature.com/sdata/policies/repositories.

研究背景①。

综上所述，SD出版数据论文具备如下主要特征：①追求信用。通过建立科学的数据出版与引用模式，对数据生产者的贡献给予充分的认可，使得不适合传统学术期刊出版的有价值的数据集可发现、可访问、可互操作和可重用。②注重质量。编辑和审稿专家保持一致的评审标准，每个数据描述符和相关数据集均经过严格的同行评审，验证实验的严谨性和数据描述的完整性。③公开透明。数据存储于开放的数据存储库中，数据描述符向所有公众免费开放，提供实验方法、数据观察和收集的透明度，确保所有相关方，如科学家、政策制定者、非政府组织、公司、资助者和公众能够找到、访问、理解和重用他们所需的数据，打破跨学科研究的障碍，促进理解、交流和协作。④数据可发现。通过提供所有数据描述符的机器可读元数据，强化浏览和检索功能，帮助科学家在各种不同的数据类型中查找相关数据集，加速综合分析。⑤建立链接。SD数据描述符与自然出版集团其他刊物文章相互链接，使研究数据更易于查找和重用，提升研究数据的再利用潜力。⑥规范高效。专业的内部管理和标准化、统一化的出版流程，确保数据集的快速评审和数据描述符的及时发布，为作者和读者提供优质服务。

7.2.3.2 全球变化科学研究数据出版系统

“全球变化科学研究数据出版系统”创办于2014年6月，是由中国科学院地理科学与资源研究所、中国地理学会主办，国际科学技术数据委员会（CODATA）发展中国家任务组、肯尼亚Jemo Kenyatta农业与技术大学（JKUAT）、数字化林超地理博物馆联合协办的数据出版系统。该系统是以全球变化科学研究数据的出版为核心，依据国际标准（ISO 26324）和中国科技信息研究所中国DOI注册机构的有关规定而开发的，是中国全球变化研究国家重大科学计划数据成果出版和传播平台，也是CODATA发展中国家数据出版和共享基础设施。该系统有中、英文两个版本，对数据网上申请、网上评审、网上批准出版、网上共享服务等实现一条龙系统管理②。据网站统计，通过规范化的科学数据评审、出版和网络共享，在4年时间内吸引了来自11个国家、150余个单位的700多位学者，在该系统中公开发表了400多个数据集，来自世界70多个国家近4万个计算机IP用户访问并下载了该平台的数据，100多万次的学者专家关注和浏览了该系统的数据③，受到了国内

① 刘晶晶，顾立平．数据期刊的政策调研与分析——以Scientific Data为例[J].中国科技期刊研究，2015 (4): 331-339.

② 全球变化科学研究数据出版系统投稿须知[EB/OL]. [2018-06-01]. http://www.geodoi.ac.cn/WebCn/Notice.aspx.

③ 全球变化科学研究数据出版系统[EB/OL]. [2018-06-01]. http://www.geodoi.ac.cn/WebCn/Default.aspx.

外数据界的广泛关注。

全球变化科学研究数据出版系统作为世界上较早将科学数据纳入出版领域的优秀案例之一，其具体创新举措包括：创立了元数据、实体数据、数据论文关联一体出版的新机制，并做出了可借鉴的示范案例；创立了中英文双语一体化的数据和数据信息传播系统；创立了知识产权保护与数据广泛共享协调一致的整套管理办法和技术标准①。

全球变化科学研究数据出版主要包括作者投稿、数据评审、数据出版、数据共享与服务等关键环节②。

（1）作者投稿

作者申请数据出版时需要承诺以下 4 个基本原则：①每一位数据作者（包括合作作者）确认对该数据集具有自主知识产权；作者同意将该数据著作权中的编辑权、不同介质复制权、印刷权、依注册中数据公开范围内的数据散发权、网络传播权、多语种翻译权和上述产权的转让权与数据出版者共同所有；该数据集出版权由数据出版者所有。②符合中华人民共和国有关法规、保护个人隐私和遵循相关科学研究项目的相关政策规定。③保证科学数据集的真实性，即没有任何作假数据（部分或全部，包括数据产生过程）。④首次出版（即每个数据集、数据库只能出版一次，已经出版的数据不可以重复出版，更新数据集、数据库不包括在内）③。

具体投稿内容包括数据集（库）的元数据、数据论文、实体数据三部分，且均需要经过同行专家评审。

a. 元数据。元数据是数据集出版获得 DOI 注册的关键信息，全球变化科学研究数据出版系统将元数据标准各项栏目逐一编撰在数据集出版申请系统中，作者只要按照网站需要填写的内容逐一填写就可以完成元数据的内容上报。

b. 数据论文。数据论文是一篇集数据集的说明和数据创新性可靠性论证的论文，需要对下列信息给予清晰的交代：数据集名称、作者、作者所在单位及其联系方式、通讯作者及其联系信息、数据出版者及其联系信息、数据引用格式、数据来源引用格式、关键词、数据集组成及各组成部分数据格式、数据量、数据共享范围、数据获取方式、数据共享服务中心及其联系信息、数据产生资助项目信息、数据集内容涵盖的时间、空间、主要内容

---

① “全球变化科学研究数据出版系统”获得第八届中国数字出版博览会“创新项目”荣誉[EB/OL]. [2018-06-01]. http://www.geodoi.ac.cn/WebCn/NewsInfo.aspx?ID=63.

② 刘闯. 论全球变化科学研究数据出版[EB/OL]. [2018-08-25]. http://www.geodoi.ac.cn/WebCn/doi.aspx?Id=153.

③ 数据集（库）作者自律四原则[EB/OL]. [2018-08-25]. http://www.geodoi.ac.cn/WebCn/Agreement.aspx.

信息。此外，数据论文中需要对该数据的创新性和可靠性给予翔实的论证。下列内容应尽量满足：数据集产生的基础数据和信息的可靠性评价、数据集产生和获取的方法和途径、数据集内容的阐述、数据集可视化展示图、对该数据集可靠性检验方法和检验结果、数据集产生、主要参考文献（包括主要参考数据）等。

c. 实体数据。实体数据是数据出版的核心。对于全球变化科学研究数据来说，由于数据内容、覆盖区域、空间分辨率、时间频率、数据版本等因素影响，数据呈多样性。

d. 数据评审。数据论文和实体数据，需要经过 3—5 名同行专家进行评审和国家有关部门批准。

（2）数据出版

该出版系统采取科学数据及其相关的数据论文关联方式同时出版，实体数据集及关联数据论文分别赋予不同的出版标识符。数据论文采取纸质和电子版两种方式出版；实体数据在 DOI：10.3974/ 以数字化方式出版。全部信息均可以在全球变化科学研究数据出版系统网站获得。

2017 年创办的《全球变化数据学报》（中英文版）作为“全球变化科学研究数据出版系统”的重要组成部分，承担出版和传播数据论文为主的任务，其涵盖内容包括：在全球变化研究领域，实体数据关联的数据论文、与数据相关的科学发现论文、数据科学新方法论、数据新标准、综述性评论、数据大百科词条以及最新国内外活动和领域发展动态报道等①。《全球变化数据学报》（中英文版）采取网络版和印刷版两种方式出版和传播。

实体数据出版犹如科学论文发表一样是科学家科学思想和科学结论的公开发表。对于同一地理学现象，不同的科学家可能有不同的学术观点；在不同的学术观点下分析得到的数据有可能不一致。科学数据的出版将本着“百花齐放、百家争鸣”、尊重作者、保护作者知识产权的基本原则，予以无歧视地及时出版。由于有些研发的部分数据成果已经以科学论文的方式出版，作为数据论文将不再重复，欠缺的内容在数据论文中进行补充。对于科学数据研发采用的基本数据相同、研发方法论相同或相近、地理空间和表达时间相同的数据集，将以申请为先的原则出版；对于其后申请的，如果没有足够的创新内容，则原则上不考虑准予出版。这样处理，也是遵循科学论文发表的基本原则——尊重科学家的首创劳动成果和对该成果知识产权保护的基本原则。

（3）数据共享与服务

全球变化科学数据共享服务的根本核心是工作在一线的科研人员能够免费、无偿、随

---

① 葛全胜. 发刊词[J]. 全球变化数据学报，2017(1): 1-2.

时通过计算机网络下载获取所需数据。具体包括对全社会用户的共享服务，对数据作者的回报服务和对特殊用户的专题服务三方面内容。目前，全球变化科学数据注册与出版系统提供对全社会用户的共享服务包括网络免费浏览服务和网络免费下载服务。由于有些数据量比较大，为了便于用户下载，对于一些数据集数据量比较大，很难以一个数据文件 ftp 下载时，在提供服务过程中，将数据按照一定规则（经纬度）划分成若干数据文件，根据目前网络带宽允许的情况下，确保每一个数据文件在几分钟内用户畅通下载。在对数据作者的回报服务中，全球变化科学数据注册与出版系统为每一个出版的数据单独设立一个独立的版面，并通过计算机自动计算和查询系统，在数据浏览次数、数据下载次数、数据下载量方面予以即时网上统计和显示。此外，该系统还与中国 DOI 注册中心合作，提供数据引用次数和引用者统计和相关信息，便于作者了解自己的数据被世界范围内的用户引用情况。对特殊需求用户的专题服务是数据增值服务的重要内容，出版方将与有关方面，如国家科技基础条件平台——地球系统科学数据共享平台等合作，在尽可能的情况下，起到“桥梁”和“催化剂”作用，为特殊需求的国家重大科研项目、研究机构和个人等提供专题服务[①]。

7.3 数据出版对学术图书馆的新要求

数据密集型科学环境的兴起，尤其是数据出版模式的出现与发展，使得“数据”成为学术图书馆资源建设与业务重构的中心与重点，数据资源是支撑图书馆提供相关服务的基础与保障。学术图书馆的核心使命在于促进学术交流与传播，提供高专业化、高定制化的知识密集型服务，因此，应正视大数据时代带来的机会与挑战，积极思考与转型变革，更好地适应时代发展、满足读者需求。

7.3.1 馆藏资源重构与融合

数据出版不但丰富了图书馆馆藏学术资源的存在形态，同时，数据出版资源与传统出版物的系统揭示与多维链接，进一步释放出图书馆馆藏数据的价值[②]。以“互联网+”业态、“大数据”思维构建馆藏、融合资源，是学术图书馆在大数据时代进行资源建设的战

---

① 刘闯. 论全球变化科学研究数据出版[EB/OL]. [2018-08-25]. http://www.geodoi.ac.cn/WebCn/doi.aspx?Id=153.

② 王玲. 数据期刊带给图书馆的影响与挑战[J]. 图书与情报, 2015(5): 25-28, 64.

略选择。本研究面向学界和业界相关人员的网络调研结果显示，“馆藏资源重构与融合”被认为是数据出版环境下单位发展所面临的最大挑战。

图书馆的馆藏资源建设是个动态发展的过程，不同的时代，其馆藏主体也不同。对于数据密集型科研环境下的学术图书馆来说，科研用户的信息需求直接影响着馆藏资源建设的内容，除了传统纸质文献、数字资源、数据库等多种资源类型以外，新型数据资源的建设比例将显著增加，基本分为两大类：一类是科研数据、数据期刊、数据仓储库、多媒体资源等数据出版资源，通过第三方资源购买、机构库自建或互联网免费共享等方式来建设；另一类是图书馆运行与服务过程中产生与收集的数据，包括图书馆的系统数据与运营数据、读者个体特征与信息行为数据、社交网络平台数据、视频监控数据等，这些数据资源具有信息海量、类型丰富、价值密度高、发展速度快等特征，成为新时期学术图书馆馆藏资源建设中不可忽视的重要组成部分，通过对其组织整理与分析挖掘，能够实时反映用户信息需求与使用习惯，揭示馆藏资源使用效率与建设重点，从而有效地指导大数据环境下馆藏资源建设的合理性、高效性与系统性。

此外，在数据驱动创新、数据驱动管理、数据驱动发展的学术生态环境下，馆藏资源的组织方式和服务模式也将随之发生巨大变化，更加强调数据资源的融合化、语义化和智能化。面对不同存储格式、不同分布位点、不同学科领域的数据资源，通过元数据组织与描述、标准化处理与数据融合，实现资源的统一发现、知识关联，提升数据资源的二次增值与使用效益，这也是图书馆目前资源建设中最具挑战性的议题。在“一切互连”的图书馆数据生态系统中，围绕将最有价值的数据资源提供给最需要的用户这一发展目标，资源、空间与服务三位一体，互相驱动，使图书馆发展和转型为真正的智慧图书馆。

在数据驱动的社会环境中，图书馆不仅是文献信息收藏机构，更应该参与到信息组织加工与出版的工作中，使图书馆的资源建设更加数字化、数据化，从而实现从文献信息服务向知识服务、智慧服务的飞跃。

7.3.2 科研数据管理与服务

长期以来，图书馆承担着信息创建、组织与传播的主要职责，从印刷时期到数字出版时代，无论在分类目录编制、元数据标准规范还是馆藏发现工具开发等领域奠定了坚实的基础。在数据密集型科研范式环境中，图书馆的职能也发生了根本性的变革，从出版后的学术资源收藏向出版前的数据组织加工拓展和延伸①，实现对异构、海量数据的管理、应用

① 李晓辉. 图书馆科研数据管理与服务模式探讨[J]. 中国图书馆学报, 2011 (5): 46-52.

与开发，科研数据管理必然成为学术图书馆的业务增长点与转型关键。图书馆馆藏结构、馆员角色、业务流程也将围绕数据进行重构[①]。在美国大学与研究图书馆协会（ACRL）近几年的学术图书馆发展趋势报告中，"数据"和"研究数据服务"成为热点关键词，凸显了科学数据的重要性，也预示着图书馆在科学数据管理中将大有作为。

目前，贯穿科研全流程的数据管理与利用的政策与机制逐步形成。自 2011 年以来，美国国家科学基金会要求所有项目申请人为科研项目产出的数据提交数据管理计划（DMP），DMP 包含了数据从产生到保存、开放以及重用的标准、政策、计划以及其他促进科学数据有效组织和共享的元素。由多家组织机构（包括数据中心、出版商、图书馆和基金资助者）合作、倡导的 Data Cite 项目，致力于开发和支持使数据更易访问和更有用的工具和方法，提供科学数据集的可持久访问的唯一标识符（DOI），支持科学数据集的规范引用和重复利用。源起于生物学和生态学领域的 Dryad 项目，为期刊等出版物提供所引用数据集的联合存储、登记和公开获取服务。这些案例都充分表明，全球学术生态系统的科学数据基础设施环境正在形成并快速发展[②]。

面对数据政策的不断发展以及科研人员的迫切需求，英美等发达国家的研究型大学图书馆已经开始积极探索，针对不同学科领域进行科学数据管理与服务实践，在政策制定、参考咨询、教育培训等方面发挥着重要作用。科学数据管理与服务贯穿于科学数据的整个生命周期：首先，在科研项目申报与立项阶段，需要提前制定科学数据的提交、管理和保存方案，需要明确机构的数据管理架构和基础设施建设，这些都离不开图书馆与学校其他管理部门的协调与配合；其次，在项目研究阶段，图书馆和研究团体建立合作关系，图书馆员密切参与到科学项目研究中，协助研究人员和研究机构评估所在项目产生的数据类型和数据数量，确定适当的元数据方案、数据筛选机制，并帮助他们制定和提交项目数据管理计划以及量身定制的数据保存策略。具体方式包括：搜集整理各基金资助机构的数据政策与要求，提供数据管理计划模板或案例，甚至开发数据管理工具，为研究机构、团体或个人提供样本参考和操作指导，以创建标准化的 DMP 来满足研究资助方的要求；开展数据获取与处理方面的参考咨询与教育培训等[③]。另外，在科学数据存储方面，图书馆凭借丰富的文献资源保存经验，有能力主动承担科学数据长期保存的责任，建立机构仓储库、制定数据提交标准，对本机构的科研成果进行保存，同时推动数据出版，促进数据与其他类

---

① REILLY S, SCHALLIER W, SCHRIMPF S, et al. Report on integration of data and publications[EB/OL]. [2018-07-02]. https://zenodo.org/record/8307#.W_ACNa3tZR0.

② 刘明，李娜. 大数据趋势与专业图书馆[J]. 中华医学图书情报杂志，2013(2): 1-6.

③ 陈大庆. 国外高校数据管理服务实施框架体系研究[J]. 大学图书馆学报，2013 (6): 10-17.

型文献资源的更多链接与关联。

根据本研究在网络调研中的数据，在 1471 位被调查对象中，目前我国已经开展科研数据管理服务的单位仅占到 43.44%，能够提供数据出版服务的则更少，只有 25.63%。而影响科研数据管理服务开展的主要问题为：单位缺乏技术骨干（56.81%）、服务标准不统一（56.34%）、经费不足（55.71%）；另外，传播渠道不完善（48.04%），科研人员缺乏数据管理的共享意愿（46.32%）以及领导层意见未完全统一（40.38%）等也被认为是阻碍科研数据管理服务有效开展的重要因素。因此，我国应该参考借鉴国外先进经验，积极探索科研数据管理与服务的可行路径，着力从制度、经费、技术、人员等各方面加强建设与支撑，更好地为科研用户提供优质的服务。

7.3.3 数据密集型知识服务

大数据时代，图书馆的知识服务不再局限于传统的文献服务、信息服务，而将视角瞄准大量的碎片化信息，用户行为与用户关系以及由此产生的海量实时数据、非结构化数据及机器数据[①]，图书馆知识服务必然向着数据密集型特征发展，以海量数据资源的挖掘、组织与分析为基础，围绕用户信息需求解决方案，融入问题解决的整个过程和场景，面向需求与创新，有针对性地为用户提供所需的各类知识产品和支撑服务，向知识预测性服务转型，将大数据变为大智慧[②]。大数据为知识服务提供了更加丰富的数据资源、更加专业的数据分析技术以及更加新颖的问题解决思维方式。

数据密集型知识服务是大数据时代图书馆知识服务的新形态。围绕数据收集、保存、管理、出版、挖掘、利用、评价等各方面，向用户提供数据咨询与服务。有学者提出图书馆的数据密集型知识服务系统框架主要由大数据层、计算融合层和用户服务层构成[③]。图书馆作为重要的数据资源中心，蕴含着大量丰富的文献数据、用户数据、运营数据，不仅拥有本地存储数据，而且包括异地共享数据，通过对数据的采集、标引、分类等计算融合过程，可以满足用户对数据服务的各类需求，诸如数据出版、数据研究、科研态势分析、学科前沿探究等深层次知识服务。

数据密集型知识服务应将精准、快速、实时和经济这 4 个关键要素作为服务的追求目标。学术图书馆的主要用户群体是科研一线的教师和学生，科学研究是一个动态、交互的

---

① 蒋勋，刘喜文．大数据环境下面向知识服务的数据清洗研究[J]．图书与情报，2013(5): 16–21.

② 唐晓波，魏巍．知识融合：大数据时代知识服务的增长点[J]．图书馆学研究，2015(5): 9–14，8.

③ 谭影虹．从数字图书馆到数据图书馆——大数据时代的图书馆服务范式转变[J]．图书与情报，2016(3): 75–78.

过程，数据密集型科研模式使得用户的知识服务需求发生了根本性变化，与科研过程动态融合、跨领域资源共享与协同合作、实现对科学数据的智能重用是科研用户对知识服务的新期望。因此，在支持知识创造、交流、分析、组织、保存的数字科研环境下，理想的知识服务是结合科研生命周期，构建开放、即时、高效的数字交流合作体系，并能够充分支持科学数据等各类数字科研对象的分析、组织、管理和重用，面向科研过程、支持语义关联、融入社会网络，提供更加智能化、语义化的功能，从而进一步满足科研用户深层次的知识需求。

7.3.4 科学数据素养教育

随着科学数据作为科学研究第四范式的标志和驱动因素，科学数据素养对图书馆员和科研用户的意义更加凸显。如果不具备基本的数据收集、管理、分析和共享能力，就不能称之为大数据时代合格的研究人员。图书馆在多年的信息素养教育实践基础之上开展数据素养教育，已经成为大数据背景下图书馆用户教育的必然发展方向。

科学数据素养是指在科学研究过程中，科研人员作为数据的生产者、使用者和管理者，收集、处理、管理、评价和利用数据进行科学研究所涉及的思维、知识和技能以及在数据生命周期中普遍遵循的伦理道德与行为规范。其重点强调对科学数据的理解、利用和管理能力，目的是将数据转化为知识[①]。

科学数据素养教育的目标即是培养大数据时代合格的科研工作者，使其认识并了解数据的重要性，识别数据类型与格式，掌握数据管理与分析的基本技能[②]。国外高校图书馆已经开展了大量数据素养教育活动，面向本科生、研究生、科研人员以及数据服务人员进行多种形式的教育与培训，基本形成较为系统的教育模式，大致分为三类：

（1）科学数据管理资源导航与服务。该方式较为初级，主要依靠网络平台，梳理与科学数据管理相关的资源目录，方便科研人员初步了解数据管理的概念、政策和工具，理解数据管理的意义和方法。欧洲和美国的大多数高校图书馆采用 Libguides 平台来实现这种较为基础的数据素养教育形式，这是对科学数据管理的总体介绍和分类梳理。

（2）科学数据素养通识教育。其教育内容比资源导航更深入，教育形式也更丰富，包括开设在线课程、专题研讨会、选修课程等。主要面向本科生、研究生或科研人员，围绕数据生命周期或科研生命周期，推广和普及数据管理和利用的基本理论和方法，介绍数据

① 秦小燕. 科学数据素养能力指标体系构建与实证研究[D]. 北京：中国科学院大学，2018.

② CARLSON J，FOSMIRE M，MILLER C C，et al. Determining data information literacy needs: a study of students and research faculty[J]. Portal libraries and the academy，2011，11(2): 629-657.

管理的知识、数据分析工具的操作方法、数据出版流程和数据伦理等，有些课程还介绍图书馆的数据管理平台[①]。

（3）学科专题数据素养教育。通常采用嵌入式教学或开设数据空间等形式，来满足特定学科的学生或研究人员的需求。根据数据生命周期纵向设计，在不同学科中展开横向设计，进行有针对性的专业培训，内容更加系统和深入。

近年来我国部分组织、科研机构、高等院校开始积极探索数据素养教育实践，围绕数据技能的培养逐步展开，推进教育研究项目与培训课程的系统形成。2014 年以来，CODATA 中国每年都会举办科学数据大会，深入探讨大数据和数据科学的相关议题，为培养数据科学家而组织系列培训。部分有条件的图书馆在数据素养教育方面做出了有益的尝试，例如，中国科学院文献信息中心较早策划并组织了"地球科学数据管理"课程，主要针对地球科学专业的研究生而开设，此外，还定期邀请国外专家为图书馆员开设短期培训课程，讲授"科研数据管理与服务实践"[②]；同时，开展一系列政策研究工作，如调研基金资助机构、教育机构、信息服务机构、数据知识库、学术期刊的数据政策等，梳理政策要素，制定政策调查报告及最佳实践指南，在机构知识库上开放共享。这些数据素养教育实践对于提升我国科研人员数据意识、积极融入开放科学事业中具有重要作用。

7.3.5 数据馆员能力建设

图书馆作为知识存储、知识传播、知识管理的主要服务机构，随着数据驱动创新成为一种新的科学进步路线，整个数据治理生态体系需要图书馆执行数据获取、数据共享、数据重用的政策[③]。不同学科领域科研人员对科学数据管理与共享服务的需求催生了高校图书馆对数据监管人才的迫切需要，对图书馆现有馆员的知识结构和专业技能提出严峻挑战，"数据馆员"成为新型图书馆员岗位。欧洲研究图书馆协会 e-Science 工作小组为图书馆启动研究数据管理提供了十项建议，其中明确指出应该"设置数据馆员职位，培训数据馆员专业技能"[④]，A.Swan 与 S.Brown 认为数据馆员要经过系统的训练，取得从业资格，能够独

---

① 孟祥保，李爱国．国外高校图书馆科学数据素养教育研究[J].大学图书馆学报，2014 (3): 11-16.

② 胡卉，吴鸣，陈秀娟．英美高校图书馆数据素养教育研究[J].图书与情报，2016(1): 62-69.

③ 顾立平．数据治理——图书馆事业的发展机遇[J].中国图书馆学报，2016(5): 40-56.

④ CHRISTEN S B. Ten recommendations for libraries to get started with research data management [EB/OL]. [2018-03-03]. https://libereurope.eu/wp-content/uploads/The%20research%20data%20group%202012%20v7%20final.pdf.

立从事数据管理和存储方面的业务[①]。L.Lyon 在其基础上阐述了数据馆员的岗位职责，具体包括：数据长期保存和协调利益相关方合作、宣传和推广科学数据管理服务、数据监管标准制定和数据价值评估、数据共享和发布平台建设和维护[②]。

有学者对国外数据馆员岗位职责与招聘条件进行调研总结，归纳出四点能力要求：①具有 ALA 认证的图书情报硕士学位以及数据或计算机科学相关学科背景，优先考虑数据监管专业学科背景；②具备数据监管相关理论知识与实践技能、数据监管工具使用、数据管理平台维护以及数据版权与法规相关知识等；③具备较高的综合素质，包括项目管理能力、人际交往能力、组织管理能力等方面；④具有图书馆、档案或科学研究相关的工作经历，工作经验内容大多与知识库建设和科研信息咨询服务相关，并具有一定的实践经验[③]。可见，数据馆员是一个对学科背景、知识技能、综合素质、工作经验均有较高要求的岗位，通常由图书馆相关岗位的馆员经过系统培训而担任，如学科馆员或技术馆员；抑或单独设置数据馆员岗位，通过引进专业人才全面负责数据监管工作。与其说数据馆员是一个具体的岗位名称，不如说他代表了新时期图书馆员的一个职业发展方向。

随着科研人员在数据管理与共享过程中出现的各种新的服务需求以及数据监管工作的不断深入，数据馆员的知识结构和技能要求也在不断提升，图书馆应当合理规划、统筹协调，明确数据馆员的角色定位与岗位职责，制定系统的岗位培训计划，注重长期与短期结合、理论与实践并重，进行全方位、多层次的培训，提升数据馆员的业务素质与服务水平。

---

① SWAN A，BROWN S. Skills，role & career structure of data scientists & curators: assessment of current practice & future needs[EB/OL].[2018-04-01]. https://www.webarchive.org.uk/wayback/archive/20140614202538/http://www.jisc.ac.uk/publications/reports/2008/dataskillscareersfinalreport.aspx.

② LYON L. The informatics transform: re-engineering libraries for the data decade[J]. International journal of digital curation，2012，7(1): 126-138.

③ 蒋丽丽，陈幼华，陈琛. 国外高校图书馆数据馆员服务模式研究[J]. 图书情报工作，2015 (17): 56-61.

8 语义出版对学术图书馆的影响

语义网概念的提出，为知识的传播带来了新的思维，语义出版的发展为知识的重组利用打开了新的大门，为大数据时代海量数据的利用找到了新的方法，从根本上改变知识的组织结构，从本质上改变了原有的学术交流方式，改变了科技创新的手段，极大地促进了科学的进步。随着语义技术的发展，学术图书馆也逐渐开展了基于语义的知识组织体系构建，帮助图书馆融合各类数据资源、为用户提供一站式知识解决方案，成为发展智慧图书馆的关键一环。

8.1 语义出版概述

8.1.1 语义出版的语义网基础

1998 年 Tim Berners-Lee 提出了语义网（semantic web）的概念[①]，它是对未来网络的一个设想，并与 Web 3.0 这一概念结合在一起，作为 3.0 网络时代的特征之一[②]。在技术领域，语义网被定义为“数据语义的明确表示形式”[③]。从可操作的信息互连的角度阐释语义网“是一个可操作信息的网络，从数据派生的语义理论解释符号。语义理论提供了有含义的描述，其中术语的逻辑连接建立了系统间的互操作性[④]。由万维网联盟（W3C）确立的语义网“提供了一个共同的框架，允许在应用程序、企业和社区边界之间共享和重用数据”[⑤]。

---

① BERNERS-LEE T, HENDLER J, LASSILA O. The semantic web [EB/OL]. [2016-11-10]. http://www.scientificamerican.com/article.cfm?id=the-semantic-web.

② 语义网[EL/OL]. [2016-11-10]. http://baike.baidu.com/view/157370.htm.

③ FENSEL D, MUSEN M A. The semantic web: a brain for humankind[J]. IEEE intelligent systems, 2005, 16(2): 24-25.

④ SHADBOLT N, HALL W, BERNERS-LEE T. The semantic web revisited [J]. IEEE intelligent systems, 2006, 21: 96-101.

⑤ WAHLSTER W, DENGEL A. Web 3.0: convergence of Web 2.0 and the semantic web. [EB/OL]. [2016-11-10]. http://citeseerx.ist.psu.edu/viewdoc/summary?doi=10.1.1.422.2055.

随着技术的发展，语义网的概念从机器理解的角度出发，包括“语义网络补充当前网络与机器过程能力。因而计算机或机器成为提取和解释信息的实体，而不是仅用于张贴和呈现的设备，为人类用户提供的信息”①。Pileggi 等给出了语义网的概念图，认为语义网就是数据的语义表示在语义互操作的语境中允许语义主体之间交流的语义生态系统②。

Web 1.0，也就是万维网（World Wide Web，简称 WWW），它构成了互联网的核心技术。在 Web 1.0 的基础上发展起来的 Web 2.0 适用于人机交互，以及人与人之间的交流。社交网络（Web 2.0）时代，拥有海量用户，直接或通过社交网络间接连接，可以分享和交换任何种类的内容、信息、感觉或经验。社会互动彻底改变了用户行为。Pileggi 等人提出了语义社交网站（Web 2.5），是 Web 2.0 向 Web 3.0 的过渡阶段，是 Web 2.0 和 3.0 之间的桥梁。语义网、Web 3.0 时代更强调将 Web 2.0 的交互模式扩展到机器与机器之间的信息交互，这意味着机器可以理解、辅助阅读、参与交流并提供帮助。语义网就是要用机器可以处理的方式来表达信息的语言，它并没有颠覆 Web 2.0，而是在其上进行的概念的扩展，通过技术支持达到信息资源的丰富、彼此间的关联，从而使得人和计算机可以协同工作。在此基础上，未来网络将向智能网（Web 4.0）迈进（图 8-1）。

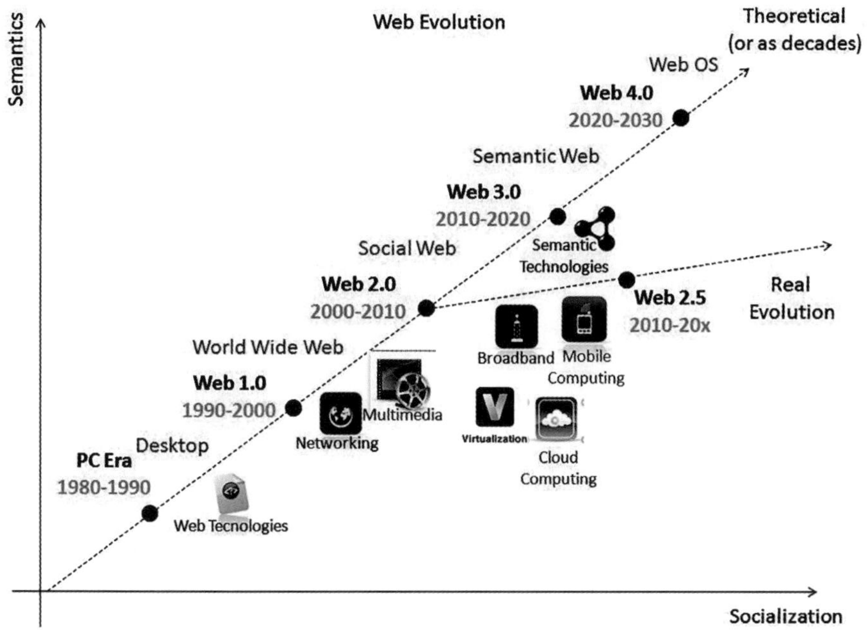

图 8-1　理论与真实网络进化

① FENSEL D, FACCA F M, SIMPERL E, et al. Semantic web [C]// Semantic web services. Berlin: Springer, 2011: 87-104.

② PILEGGI S F, FERNANDEZ-LLATAS C, TRAVER V. When the social meets the semantic: social semantic web or Web 2.5[J]. Future Internet, 2012 (4): 852-864.

单机计算机时代的科学交流的本质并没有与打印时代的学术交流有本质的不同，只是换了一种物质载体而已，而随着互联网的发展，Web 1.0 利用在线工具使研究人员能够使用信息和网络功能，Web 2.0 创新使用最新的网络交互，使在线讨论、协作、实验工具等发生了巨大改变，Web 3.0 的发展则是在 Web 2.0 的基础上，颠覆了传统的文献组织方式，从根本上变革了信息本身和信息的传播介质，给学术交流带来了根本性的变革。

语义网的实现基于大量现有技术，也依赖于text-and-markup与知识表现的结合①。语义网技术渊源可以追溯到 20 世纪 60 年代末期的 Collins、Quillian、Loftus 等人的研究，还有之后 70 年代初 Simon、Schamk、Minsky 等人陆续提出的一些理论上的成果②。其中 Simon 在进行自然语言理解的应用研究时提出了语义网络（Semantic Network，不是现在的 Semantic Web）的概念③，其核心是通过给如 HTML 文档、XML 文档等这些网络文档添加能够被计算机理解的语义“元数据”（Meta Data），使整个互联网成为一个通用的信息交换的媒介④。

实现语义网是一项繁杂浩大的工程⑤⑥。它的实现一方面需要数据网络的实现，如需要制定一套统一、完善的数据标准，需要版权保护的制度护航，需要保证内容的不重复性，或者重复的内容起到了不同的作用，需要保持用户的互动性，通过用户的语义行为来共同维护语义网⑦。另一方面语义网的实现也需要具有语义分析能力的搜索引擎⑧（Semantically Enabled Search Engine），它是一种能够理解的自然语言，通过计算机推理进而提供更符合

① DIETZE S，GUGLIOTTA A，DOMINGUE J. Exploiting metrics for similarity-based semantic web service discovery[C]// IEEE international conference on web services. IEEE computer society，2009: 327-334.

② BRICKLEY D，GUHA R V. RDF vocabulary description language 1.0: RDF schema[EB/OL]. [2016-11-10]. http://www.w3.org/TR/rdf-schema/.

③ BERNERS-LEE T，HENDLER J，LASSILA O. The semantic web[J]. Scientific American，2001，284(5): 34-43.

④ 麻省理工计算机科学与人工智能博士研究生David Huynh专访[EB/OL]. [2012-11-16]. http://www.visionunion.com/article.jsp?code=200609010013.

⑤ BIZER C，HEESE R，MOCHOL M，et al. The impact of semantic web technologies on job recruitment processes[C]//Wirtschaftsinformatik: eeconomy，egovernment，esociety，7 internationale tagung wirtschaftsinformatik. 2005:1367-1382.

⑥ ELENA S. Reusing ontologies on the semantic web: a feasibility study [J]. Data & knowledge engineering，2009，68 (10): 905-925.

⑦ D'AQUIN M，SABOU M，DZBOR M，et al. WATSON: a gateway for the semantic web[C]// Proceedings of the fourth European semantic web conference (ESWC)，Poster Session，2007.

⑧ TOLKSDORF R，BONTAS E P. Organizing knowledge in a semantic web for pathology[C]// International conference on object-oriented & Internet-based technologies. DBLP，2004: 39-54.

用户心理的答案，这是应用语义网发展用户沟通的关键一环[①]。

实现语义网的三大核心技术包括 XML、RDF 和 Ontology。XML 作为可扩展标记语言，标准通用标记语言的子集，是一种用于标记电子文件使其具有结构性的标记语言[②]，可以让信息提供者根据需要自行定义标记及属性名，从而使 XML 文件的结构复杂到任意程度[③]。RDF 是 W3C 组织推荐使用的用来描述资源及其之间关系的语言规范，具有简单、易扩展、开放性、易交换和易综合等特点[④]。本体（Ontology）是一个概念框架，给出一套词汇标识一套概念，这些词汇就是术语。本体库的构建及使用是语义网发展的关键问题之一，一方面需要大量的技术人员的努力，另一方面本体库的构建也需要专业领域的研究人员参与进来共同完成。

8.1.2 语义出版相关概念辨析

“语义出版”这一概念可以分为两部分，“语义”和“出版”。辞海中“出版”的定义为：著作人以其著作物交付发行人担任印刷及发行。凡用机械或化学之方法所印制而供出售或散布之文书图画，皆为出版品。现代对“出版”的定义为通过可大量进行内容复制的媒体实现信息传播的一种社会活动。

“语义”一词源于语义学，语义学又称作词义学（Semantics，来自于希腊语 Semantikos）。研究对象是词语，主要研究词义以及词和词之间的各种关系，例如同义词、反义词、同音词等。随着技术的发展，“语义”的概念扩展到了计算机领域。“语义”具有领域性特征，对于计算机科学来说，语义一般是指用户对于那些用来描述现实世界的计算机表示（即符号）的解释，也就是用户用来联系计算机表示和现实世界的途径。“语义”也具有很强的主观特征，即如果将信息简单定义为被赋予了含义的数据，该含义（语义）如果能够被计算机所“理解”（指能够通过形式化系统解释、推理并判断），那么该信息就是能够被计算机处理的信息。语义技术的发展就是希望能用计算机理解的方式来理解信息，同时建立起信息间的相互关联，形成网络。

将“语义”和“出版”相结合就形成了语义出版，简言之就是语义网技术在出版领域应用所形成的一个概念。

2009 年，大卫·香顿（David Shotton）明确地提出了语义出版（semantic publishing）

---

① 什么是语义搜索引擎[EB/OL].[2016-11-08]. http://www.gooseeker.com/cn/node/Fuller/ 20090427.

② XML [EB/OL].[2016-11-10]. http://baike.so.com/doc/5509285-5745031.html.

③ 语义网 [EB/OL].[2019-07-06]. https://wenku.baidu.com/view/b75d313143323968011c92a9.html.

④ 董海风. 一个完整的基于语义网的信息搜索模型[J]. 计算机技术与发展，2009(8): 1-3, 7.

概念：语义出版包括增强所发表的期刊论文的含义，促进其自动发现，使其关联语义上有关联的文章，以可执行的方式提供对数据的获取或促进文章之间数据的整合[①]。这一概念以及后续与之相关的概念都存在一个明显的疑问，就是似乎将术语“语义出版”解释为“将语义添加到出版的内容中”，而不是更直观地阅读或出版一些“语义”或以“语义”的方式出版。

这一定义将语义出版归纳为其所呈现出的结果，但语义出版这个名词本身却不仅仅包含了结果。语义出版是从技术及逻辑关系层面实现语义与出版有机融合。语义不仅仅是表型，同时也是内部的逻辑关系及技术。1998 年，蒂姆·伯纳斯－李（Tim Berners-Lee）提出了语义网的概念，实际上是基于大量现有技术，也依赖于后来与文本集成及知识表现的综合作用。从这一角度而言，语义出版是将多种技术融合应用于出版领域的一种技术成果。而单纯从“语义”这个词而言，在语义网的概念中也包含了这个单词的语言学的概念，即语义可以简单地看作是数据所对应的现实世界中的事物所代表的概念的含义以及这些含义之间的关系，是数据在某个领域上的解释和逻辑表示[②]。这一含义构建了语义网、语义出版的逻辑关系的基础。因此，从这个角度而言，“语义出版”这一概念，不仅仅是表型的外部关联、资源整合，同时也包含从根本上明确并重新组织概念与概念间的相互关系，从逻辑关系层面重新进行知识融合和学术创新。而且无论是语义网还是语义出版，都是以计算机机读为基础的信息组织、信息交换行为，因此具有划时代的意义。

此外，还有其他学者给出了“语义出版”的定义，Di Iorio 等认为语义出版就是利用网络和语义网技术，通过指定大量信息作为元数据并将其作为开放关联数据（open linked data）出版，来正式表示已出版文档的含义[③]。王晓光和宋宁远认为语义出版物是借助语义技术实现的，能够揭示概念、命题、论证等显性和隐性科学知识，有利于知识重组和再利用的新型出版物模型，具备结构化、模块化、网络化等特征[④]。

本书融合了技术发展、对语义出版的不同定义及作者对这一名词的理解，将语义出版定义为：借助自然语言处理技术、语义技术等技术，对数字资源及其内容（概念、属性、实体、主题、对象、事件等）进行语义化抽取和标注，建立数字资源的科学结构的语义关

---

① SHOTTON D. Semantic publishing: the coming revolution in scientific journal publishing [J]. Learned publishing, 2009, 22(2): 85-94.

② 语义[EB/OL]. [2019-07-06]. https://baike.baidu.com/item/%E8%AF%AD%E4%B9%89.

③ IORIO A D, PERONI S, VITALI F, et al. Semantic lenses to bring digital and semantic publishing together[C]// International conference on linked science. CEUR-WS.org, 2014.

④ 王晓光，宋宁远. 语义出版物的内容组织架构研究——基于纳米出版物和微型出版物的比较分析[J]. 出版科学, 2017(4): 20-27.

系与知识结构网络，实现对内容的深度信息揭示与知识挖掘。

这一定义强调了各种技术的综合应用，随着技术的进步，会有越来越多样化的技术手段融入其中。语义出版的对象是各种数字资源，包括多种格式资源，以及未来将出现的不同格式的、用于学术交流的各种资源。对数字资源进行语义出版体现了语义出版的方式是应用各种技术手段出版科研成果，落脚点仍是出版，因此仍具有出版的特征、价值和意义。对数据资源的出版仍然能满足学术共同体出版的功能，包括注册、认证、传播、存档以及奖励等方面。语义出版的目的是通过技术手段建立科学结构的语义关系和知识结构、知识网络，这是语义出版的未来发展方向，也是知识网络、智慧网络构建的基础。

在语义出版这一概念出现的同一时期，出现了一些相关的、相近的概念，这些概念间相互交叉，存在联系和差异。

（1）增强出版：宋宁远和王晓光给出的关于增强型出版物（enhanced publication）的定义：以提高论文内容的可理解性为目标，通过关联外部资源，借助语义标签、实体链接、可视化等多种语义增强方式，丰富论文内容表现形式①。本书认为这种出版物是构建语义出版物的另一种思路，因此可以认为是语义出版的方式之一。

（2）动态语义出版（dynamic semantic publishing）：动态语义出版是由 BBC 公司提出的语义技术应用策略。王莉莉和栾冠楠将动态语义出版定义为一种利用本体、关联数据、元数据等语义网技术，基于用户的个性化需求或历史积累数据，将语义相关的多元化、碎片化知识按需动态地进行重组，直接满足用户对知识需求的数字出版模式②。根据动态语义出版的定义可以看出，这种出版方式简言之也是语义技术在出版领域的一种应用方式，此方法更突出内容的按需动态重组，因此也可以看作是语义出版的表现形式之一。

8.1.3 语义出版的发展态势

作为技术驱动型的出版模式，语义出版的发展必然涉及相关技术的研发和探索。作为一种新型的出版方式，语义出版在其发展的过程中需要与传统出版方式多角度、多方面进行深度融合，只有这样，才能将其真正地在出版领域全面应用。此外，语义出版也带来了创新的学术经营方式，通过开展语义出版经营活动，贯通学术出版产业生态链条，从而实现知识产品的价值化，实现语义出版的价值化。

---

① 宋宁远，王晓光．增强型出版物模型比较分析[J]. 中国科技期刊研究，2017(7): 587-592.

② 王莉莉，栾冠楠．英国广播公司（BBC）动态语义出版模式研究[J]. 图书情报工作，2017(8): 126-132.

8.1.3.1 改变学术出版形态

语义出版的作用在于以本体、XML 和 RDF 为核心技术，推动学术出版向技术融合、机器可读、机器学习、人机互动、人工智能等层面不断深入发展。语义技术的发展及与其他技术的融合，将促进计算机突破机读障碍，实现计算机替代人脑完成部分数据处理、知识组织、知识融合的工作。在机读过程中，由于计算机超越人脑的强大的数据处理功能，可以直接为用户提供解决方案的知识服务，这将极大提高目前学术出版行业的服务水平和服务能力，因此加强语义出版的研发和探索，是突破目前学术出版发展现状、促进学术出版商向知识服务提供商转型的关键技术手段，它将改变知识的传递方式、学术交流的模式，重新组织学术交流生态系统，彻底更迭目前的学术出版形态。

8.1.3.2 与传统出版流程融合

传统学术出版有其自身的优势，包括资源优势、作者优势、平台优势等，语义出版作为一种创新型的出版模式，未来必须与传统出版不断融合，才能有更多的实践机会、更好的发展空间以及更为广阔的发展机遇。语义出版与传统出版融合，直接体现在打造平稳、融合的新型出版平台。出版机构在原有传统出版平台的基础上，通过建立相关本体库实现语义信息的相互关联；平台开发商、数据库商、馆配商等通过构建基础资源库来明确数据来源，完善数据，实现数据的长期保存、标准化等；通过将语义技术融入传统出版流程，重新梳理出版的每个环节，从而方便用户信息的积累以及人机交互的实现；通过应用语义搜索引擎等，满足用户的个性化检索需求，有利于为用户提供知识图谱等知识服务产品。融合后的出版平台是一个汇聚多方资源、重新组织知识内容、满足用户个性化需求、为用户提供预判式设计的平台，是面向未来的、发展的知识交流平台。

8.1.3.3 打通出版产业生态链条

语义出版带来了创新型的知识产品以及不同以往的经营模式，这将给出版机构带来前所未有的发展机遇。语义出版的知识产品不是传统意义上的文章，也不是颗粒化的知识单元，而是经过重新组织加工、重新构架的知识结构和知识体系所形成的一系列产品。其盈利模式也是多样化的，可以售卖阅读权限、提供交互功能付费、按知识节点收费等。其经营模式需要从投入、产品、营销等几方面深入。无论是人力投入、物力投入还是资金投入，都需要比以往更多的投入与研发。此外，出版者可以将知识产品置身于行业领域中心，以产品为核心发展点，融合语义出版技术及行业发展，通过对行业的产业了解来扩展领域本体的内容，建立多个相关本体，包括上游作者的科研环节，下游读者的阅读、购买及行业相关产业需求，打通整个行业链条，将知识产品融入整个知识产业链中，从而贯通出版产业生态链条，形成以语义技术为核心的新型学术出版产业生态链条。

8.2 语义出版对学术出版模式的重构

8.2.1 语义出版在学术交流中的作用

8.2.1.1 促进学术交流中信息的生成与融合

语义出版促进了学术交流中信息的生成者与融合。在原有信息的基础上，语义出版通过文本挖掘技术从大量的文献中挖掘知识单元，这些知识单元的挖掘使得信息的数量成百倍、千倍数量级递增，这也造就了文献的大数据。已经发表的文献中蕴含着大量的信息，文本挖掘则是将信息析出，从知识的层面加以展示。此外，语义出版针对知识单元的表现形式还开创了“纳米出版”（Nanopublication）等出版形式，这些出版形式将出版的单位从一篇论文细粒度到了一个知识单元（如一个观点、一张图表、一个公式、一个人物、一个地点等等），成果的发表形式更简洁、更容易，从而使得出版的门槛降低，更易于交流，交流单元维度增多，交流主体间的交互成几何级增长，且由于语义出版带来了知识组织方式的变革，不同的知识组织方式所提供的知识是不同的，从知识组织层面就带来了更多的知识源。

语义出版对于学术交流信息的融合是从关联交互的角度来阐释的。语义基本知识单元间的彼此交互构成了语义知识网络，在每一个节点和每两个用户间都能形成大量的交互，且这种交互是网状的。语义出版强化了新的学术交流参与角色——计算机的作用，语义出版间的交互不仅仅是人与人之间的交互，还包括人与计算机间的交互，语义出版建立了人与计算机、人与人、人与外部环境以及人与技术之间的交互关系，并构建了将这些元素融合为一个整体的学术交流知识网络。

8.2.1.2 变革学术交流系统

随着科技的进步和互联网的普及，学术交流系统的外部环境越来越明显地影响着学术交流系统的信息流动。自 20 世纪 80 年代起，国外的科技社团开始投入大量资金进行学术期刊平台的建设。学术期刊平台的出现使学术交流变得更加方便快捷①。技术的发展直接推动科研方式和学术交流方式的改变。社交媒体和网络能够增强正式的和非正式的学术交流②。开放的学术环境催生了学术需求的开放性、快速性和广泛性。然而随着学术交流环境

---

① 姚伟欣，马建华. 新学术环境下科技期刊数字出版平台的技术发展趋势[J]. 中国科技期刊研究，2013 (6): 1039-1043.

② Research Information Network. If you build it，will they come? How researchers perceive and use Web 2.0[EB/OL]. [2017-01-08]. http://www.rin.ac.uk/system/files/attachments/web_2.0_screen.pdf.

的日益开放，科技期刊出版平台将向着科研社区的方向发展。此后，语义出版作为一种先进的出版形态，它所实现的数据挖掘、数据关联、信息可视化、智能检索与个性化服务等功能正掀起新一轮的学术交流革命[①]。语义出版从信息的提供方式、信息交流的参与元素、交流方式以及信息的组织形式、信息的传播方式等诸多方面给学术交流生态系统的各个层级都带来巨大变革。

语义出版对学术出版的影响方式包括：①确立标准。语义出版通过技术进步，通过XML、RDF、Ontology等技术的使用，将相关的国际标准引入出版领域，推动建立出版领域通用的国际标准，促使数据互通，促进学术交流。②通用的数据语言。语义出版创立一整套通用的数据语言，方便交流与互相引用，且可用于以此为基础的语义模式的构建。③整体的框架流程。语义出版创立新的出版流程，完全颠覆了传统的出版流程，从而构建了新型的学术交流方式。④更多的知识源：语义出版从根本上挖掘了更多细粒度的信息，并重新组织发布，从而创建了有组织的海量的知识数据。⑤链接的基石：语义出版从资源上、技术上、标准上都对知识内容进行了重新的组织与发布，从而为后续的技术融合提供了链接的基石，使得更多的知识和技术可以在语义出版的基础上进行创新性的融合。⑥可复用性、可互联互通、可重新组织。语义出版具有可复用、可互联互通及可重新组织的特点，从根本上改变了传统出版的知识固化在发表的论文中，将知识激活，且可复用重组，通过重新的排列组合达到创新科研的目的。

8.2.1.3 改变学术交流方式

从语义网的发展来看，语义出版更能够满足研究者的需要，它支持元知识（meta-knowledge）[②] 和战略性阅读。语义出版系统通过文章自动关联和本体捕捉工具，在多个层面建立多种形式的知识网络以实现知识的自动整合、比对和分析，并利用增强型阅读终端辅助科研人员快速和高效率地透视、学习和掌握元知识[③]。在大量元知识的基础上，学术交流系统将超越以往的以信息交流为主的功能，逐步向科学功能、创新功能迈进。在语义出版广泛应用的基础上，信息交流的功能逐渐被语义出版的人机交互功能取代，电脑完成了研究者需要做的庞杂的信息收集、获取、筛选功能，而学术交流更多的功能则体现在了信息的利用、重组、创新上，创新功能将得到前所未有的发展。

---

① 王晓光，陈孝禹. 语义出版：数字时代科学交流系统新模型[J]. 出版科学，2012 (4): 81-86.

② RENEAR A H，CAROLE L P. Strategic reading，ontologies，and the future of scientific publishing[J]. Science，2009(5942): 828.

③ 王晓光. 科学知识网络的形成与演化（Ⅰ）：共词网络方法的提出[J]. 情报学报，2009(4): 599-605.

8.2.1.4 推动数据密集型科研

随着开放的深入、互联网的发展，数据爆炸的时代悄然到来，数据密集型科学研究被学术界称为科研的“第四范式”①。越来越多的数据会逐渐成为用户的负担，如何从海量的数据中发现数据背后的规律并加以利用，成为研究的重点问题。语义出版的出现，为数据挖掘和数据重用提供了很好的解决办法，语义关联更为数据的深入使用提供了基础。出版商通过构建平台，把所有的科学数据与文献统一，创建数据和文献的交互操作，并通过智能语义，提供用户真正需要的信息，从而使用户可以站在海量数据之上来分析和处理数据。

8.2.1.5 改变信息传播方式

在 Web 2.0 社交网络下，典型的人与人间的信息传播方式，通过社区化、社交化的方式让有着共同兴趣、爱好、目的的人结识在一起，完成人与人之间信息的传播②，而随着语义出版模式下对知识的重构，对用户信息的收集、分析和预测，信息的传播逐渐过渡为推荐信息模式以及呈网络化的人机交互模式。语义出版的智能语义以及个性化服务的应用，促使用户的阅读模式将从曾经的平面的、二维的转而改变为三维的、立体的，从单一的文字的信息利用与交流，改变为更多元化的、多种模式的交流方式，比如音频、视频、直接的实验数据、图片等，语义出版为用户提供的智能语义，给用户带来更方便、快捷的用户体验，更能想用户之所想，同时也与用户展开了交互性的信息利用模式，甚至可以将部分在人与人之间交流的信息逐渐过渡到在人与电脑间交流，并用电脑对信息进行语义处理后供更多的用户使用。信息的传播方式从点对点的传播、点对面的传播逐渐扩展为网络结构。

8.2.1.6 改变知识组织形式

语义出版的结构化信息、语义挖掘、语义关联等功能的应用，彻底改变了原有的知识组织体系，重新构建了新的知识组织体系。语义出版在原有以篇章为结构的知识组织体系中，应用语义出版技术，将知识细颗粒化，深度挖掘更多的信息，并将它们重新组织形成新的知识体系，在这一过程中，机器代替了人脑，完成原本由人脑完成的一些工作，从而解放了用户的时间和精力，转而去研究更为深入的、需要靠人类智慧解决的问题，在知识创新领域提供了更为灵活的、有价值的知识源供研究者使用。随着科研过程全流程的开

---

① 郎杨琴，孔丽华. 科学研究的第四范式：吉姆·格雷的报告“e-Science：一种科研模式的变革”简介[J]. 科研信息化技术与应用，2010(20)：92-94.

② 互联网中信息传播方式的转变与发展[EB/OL]. [2019-07-06]. https://wenku.baidu.com/view/d802f687a0116c175f0e48e7.html.

放，包括开放的实验笔记、简明的语言、透明的试验流程及开放的图表都将作为科研数据被语义挖掘及利用，这些一线的数据有时比发表的论文更具有实际价值和意义，更能指导其他研究者跟进实验及推陈出新。

8.2.2 语义出版系统架构模型

王晓光和陈孝禹给出了语义出版的DBIU模型，即将语义出版划分为4个层级，包括：数据层、业务层、交互层、用户层①，许鑫等沿用了这一模型，统称为语义出版层次模型，并在此基础上添加了两个层级，分别为语义出版业务层对数字资源聚合的要求以及学术期刊数字资源聚合模型，从而形成了面向语义出版的学术期刊数字资源聚合模型②。Marcondes给出的学术电子出版语义模型也包括4个层级，分别为电子期刊文章投稿系统网络界面、数据库、公众网络知识库和发现识别工具③。

本研究将语义出版系统架构分为4个层级（图8-2），分别为：①数据层：对各种来源渠道的资源进行聚合、规范结构、对数据进行识别、加工、描述等，也就是提供语义技术实施的初级原料——计算机可以识别的数据资源；②技术层：运用各种技术对已经格式化的数据资源进行数据挖掘、构建知识体系、知识重组和知识关联，形成知识网络；③展示层：在技术层的知识网络的基础上，打造不同的语义出版产品，以计算机作为交互界面，为用户提供多样化、精准化、个性化、满足不同需求的知识服务；④用户层：对用户行为进行跟踪学习，将相关信息并入数据层，将相关需求作为展示层开发产品的核心驱动；与用户进行交互，用户辅助技术层知识网络构建及技术完善。

8.2.3 语义出版与传统出版的异同

从语义出版的系统架构模型可以看出，它的运作方式与传统的出版模式有根本上的不同：

（1）数据资源不同。传统出版资源来源于作者的投稿文档，出版过程仅针对新来稿，对已经刊发的稿件仅在传播和分析方面给予一定的支持和帮助；语义出版的资源非常丰富，包括纳米出版等语义出版物，包括各类用于资源聚合的知识，如各类型数据库、开放

---

① 王晓光，陈孝禹. 语义出版：数字时代科学交流系统新模型[J]. 出版科学，2012(4): 81-86.

② 许鑫，江燕青，翟姗姗. 面向语义出版的学术期刊数字资源聚合研究[J]. 图书情报工作，2016(17): 122-129.

③ MARCONDES C H. A semantic model for scholarly electronic publishing [C]// Proceedings of the first workshop on semantic publication (SePublica2011) 8th extended semantic web conference. Crete: Hersonissos, 2011: 47-55.

资源、用户行为资源等，包括多种不同格式的资源，文档资源中的文章、段落、图表、数据、附件资料等，数据、音频、视频等多种格式。

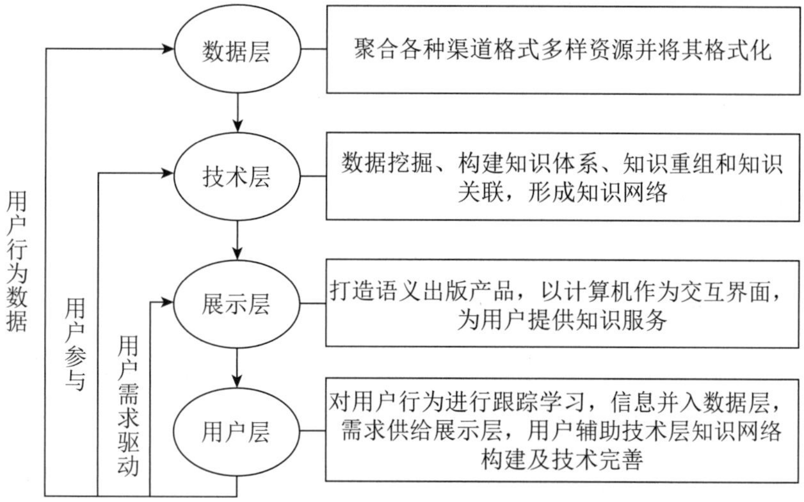

图 8–2　语义出版系统架构模型

（2）知识组织方式不同。传统出版模式下，知识组织的方式是一篇一篇的文章，而在语义出版模式下，打碎知识产品原有的呈现方式，将细粒度的知识在新的知识体系下重新组织，呈现新的知识组织方式，这是对知识的根本性变革，极大地促进了学术交流生态系统的知识供给及知识创新。

（3）知识交流方式不同。传统学术出版的交流方式依靠论文以及其他的非正式的交流方式，包括社交媒体等；而语义出版下的知识交流方式由于计算机的加入变得更为多样化，人机之间的知识交互使得语义出版创新了学术交流方式，从而将计算机纳入学术交流的核心组成部分。

语义出版是对传统数字出版的颠覆，在传统数字出版的基础上，随着技术的发展不断创新的知识网络结构将极大推动学术交流的发展。

8.2.4 语义出版的功能

作为数字出版的高级形态，语义出版不仅提升了学术交流的效率，也改善了用户的阅读和使用体验。它的具体功能主要体现在内容资源的有序整合、提高出版时效、创新出版形式、帮助用户高效获取信息几方面。

8.2.4.1 内容资源的有序整合

包括从文本中挖掘出知识单元并对其进行结构化的处理，在此基础上通过技术实现，将这些结构化的信息相互关联形成网络结构。

（1）结构化信息：语义出版的最基本的特点就是打破原有的文章组织结构，将篇章信息结构碎片化，使信息成为一个个细小的知识单元，而语义出版的目的就是将这些细小的单元重新通过语义结构连接起来，构成结构化的信息。具体到期刊，语义出版应用 XML、RDF、OWL 等技术和标准，通过添加语义标签，划分文章的结构层次，由机器建立起文章与数据库之间的链接。如利用 XML 实现全文文件生成符合 NLM DTD 3.0 规范的 XML 文件，并从其中批量提取直接用于网刊发布的元数据，包括题目、摘要、参考文献及图表信息，期刊可以方便地直接向相关数据库提供数据①。

（2）信息重组和语义关联：语义出版借助语义技术，通过自动识别文本中有意义的实体，从词、篇章、内容结构等不同的层次实现对期刊资源的精准分析，实现知识单元之间的多层次关联，深度揭示期刊的知识结构，便于用户阅读和理解。同时，通过期刊论文的多重引用关系和本体技术，实现不同语义元素、论文之间及论文与外部资源的联系，便于用户拓展阅读②。

8.2.4.2 提高出版时效

从语义出版的特点即可看出，语义出版更注重知识的细粒度表现，知识之间的聚集关联形成的新的知识结构和内容。以纳米出版为代表的语义出版的出版模式因其内容仅含有一个论断等相关信息，与整篇论文相比，无论是体量上、内容含量上都能尽快完成，提升了出版时效。此外，在对原有出版资源的知识加工和重组方面，由于使用的是计算机操作，因此时效性上也大大提高。在同一界面中，研究人员可以了解到大量与论文相关的知识资源，可以节省他们寻找知识的时间，提高科研发现的效率，从而也节省了科研人员提出新的创新性结果及结果发表的时间。

8.2.4.3 创新出版形式

语义出版通过对数据融合和智能语义检索等方面的应用，实现出版形式的创新。

（1）数据融合。在语义出版环境下，不同来源的数据信息通过语义技术来互通互联，从而实现语义发现。具体的方式有提取元数据、构建本体库、进行语义关联，改变信息孤岛的情况，极大地提升了用户的检索效率和检索体验。在数据融合的背景下，整个语义出版系统将变成一个巨大的数据网络，待机器随时调用信息。

（2）智能语义。源于语义网的语义出版技术的应用就是要建立智能的语义检索等系统。通过语义标注及语义本体间的互联，达到模仿人脑思维的过程，使得原本由人脑自行

---

① 李楠，孙济庆，马卓．面向学术文献的语义出版技术研究[J]．出版科学，2015(6)：85-92.

② 江燕青．面向语义出版的学术期刊数字资源聚合研究[D]．上海：华东师范大学，2016.

完成的检索过程转而由电脑通过智能语义技术完成，并给出智能化的建议，在语义关联的基础上全面实现出版知识的智能化服务。

8.2.4.4 帮助用户高效获取信息

语义出版通过数据挖掘技术、信息可视化、个性化服务，帮助科研人员更高效地获取信息和知识。

（1）数据挖掘。通过语义技术增强数据的可发现性，从而对数据进行深度挖掘，不只是单纯的知识挖掘，也包括知识本体后所涵盖的更广泛而深入的知识组织，从而无限扩展知识的广度与深度，甚至可以超越个人的思维。

（2）信息可视化。在语义出版过程中，用户体验是很重要的一个方面。语义出版全面应用各种信息，从传统的单一的文字信息扩展为融合了视频、音频、图片、表格等各种格式信息的数据库，因此语义出版可以在语义发现的过程中，添加可视化的信息，包括高亮重点内容、显示相关的图片、提供视频、音频甚至是化学式的三维立体结构，构建知识图谱等。信息的可视化将极大地提高用户体验，从而使语义出版的融合度更高，更能适应市场的发展。

（3）个性化服务。语义出版通过数据挖掘，可以获得大量的用户信息，包括用户的使用习惯、使用频率、使用偏好等，从而为用户提供针对性的、个性化的服务，也可以与用户进行交互，利用用户的知识建立和维护本体库及知识的关联①。

8.3 学术图书馆以语义为核心的知识组织体系构建

8.3.1 语义出版与语义知识组织

在传统的学术交流中，图书馆在学术交流生命周期中的作用仅限于信息的消费者——收集并组织学术资源，供他人发现和使用。然而随着技术创新及自身转变，其语义知识组织功能的实现为图书馆利用其服务和专门知识、更大范围参与学术交流提供了机会。在图书馆实现语义知识组织，并以此参与学术交流，是图书馆参与学术交流的必然趋势，也是图书馆语义出版功能的体现。

语义出版所实现的对原有资源的数据挖掘、知识组织和知识关联，扩展了出版商原有的出版功能，为学术交流提供更多的知识供给及知识创新。在这一领域图书馆有其得天独

---

① 王晓光，陈孝禹．语义出版：数字时代科学交流系统新模型[J]．出版科学，2012(4): 81-86.

厚的优势，图书馆拥有大量的技术人员、丰富的信息资源及相对稳定的用户群体，因此图书馆除了可以开发正式学术交流的出版功能外，也可以大力发展其语义组织功能，从而促进图书馆在学术交流中稳固地位。

从某种意义而言，图书馆的语义知识组织与语义出版具有异曲同工之效，形成一个全面的语义出版系统。图书馆的发展目标是超越图书、超越图书馆，即以知识交流为主体，促进知识流通、创新交流环境、注重多元素养，而这一目标的实现与图书馆的语义出版有着千丝万缕的联系，促使语义出版及语义技术成为图书馆构建知识网络的基础。

图书馆实施语义知识组织可以实现：①对象识别、分割和索引，通过识别图书馆现有资源，可以对图书馆资源的知识性进行深度挖掘，为后续的处理提供知识源。②语义分析。对文本或多媒体对象进行语义分析，通过技术来明确知识的语义含义，从而为建立知识关联打下基础。③知识表示。语义分析过程的结果可以用语义网络、决策规则或谓词逻辑的形式来表示，利用知识的语义重新将知识进行组织和逻辑化，形成新的知识结构。且这种知识组织方式，可以根据用户的需求灵活地进行拼接，从而构建图书馆知识的新的展示方式。④人机交互和信息可视化。图书馆通过构建语义平台实现大规模信息收集动态显示及可视化，从而使知识的表示更能被研究人员所认可和掌握。

8.3.2 学术图书馆语义出版的用户认知

本研究通过问卷调查的方式探讨了语义出版对学术图书馆的影响。在问卷总体调查各种新型出版模式对未来的社会产生影响的基础上，分别针对不同的出版模式展开了具体调研，共有1个总问题（表3–9）及5个与本主题相关的问题（表8–1）。共回收问卷1471份。以下分析是针对 5 个与本主题的相关问题问卷结果。

（1）针对 1471 个受访者提问受访者所在图书馆是否开展语义出版服务（本题否定与肯定答案互斥，肯定答案可多选），得到半数的否定答案（50.71%），可见我国图书馆的语义出版服务并没有全面展开，而图书馆构建以语义为核心的知识组织体系的占比 40.04%，图书馆以语义方式进行出版活动占比 36.3%，说明有些图书馆同时开展了以语义为核心的知识组织体系构建及以语义方式进行的出版活动，且同时开展两种形式的比较多，因此可以认为当一个图书馆掌握了语义出版技术，就会利用它开展多种多样的服务，包括构建以语义技术为核心的知识组织体系，并对其内容进行出版活动，同时也利用语义出版技术提供更为丰富的知识服务。

（2）探讨图书馆开展语义出版服务的基础，依据重要性排序（1—5 分，5 分最高），得到的结果为：技术基础（3.57）＞发展理念（3.5）＞资金基础（2.9）＞人员安排

（2.17）＞管理模式（2.04），从中可知对于技术驱动型的新型出版模式，技术基础决定一切，只有掌握了核心技术才能有话语权，才能根据技术来实现发展理念，此后的资金基础、人员安排、管理模式等方面都是实现技术、实践发展理念所必需的基础储备，其中资金比人员安排更重要，而人员安排比管理模式更重要。资金帮助实现技术及理念，同样资金也帮助寻找合适的人员及管理者，但无论是资金还是人员、管理模式，他们的总体分值都在 2—3 之间，而人员安排和管理模式之间的差值较少，二者重要程度较为接近。

（3）关于建立语义知识组织体系需要解决的关键性问题（按重要性排序），包括技术发展和需求不匹配（2.95）、语义技术与图书馆业务的融合问题（2.81）、功能不完善（2.6）、其他（0.29）等，无论是技术与需求的匹配问题、技术与业务的融合问题还是功能开发问题分值都比较接近，说明受访者认为这些选项均为图书馆建立语义知识组织体系需要解决的关键性问题，且彼此间不分伯仲，而其他方面的问题，并未给出很明确的答案，判断受访者认为还有需要解决的关键问题，且应该在实践中不断发现与解决。

（4）在语义出版与学术图书馆融合发展的必要性方面，81.78% 的受访者认为语义出版与图书馆知识组织体系需要有机融合，只有有机融合才能充分利用图书馆的资源优势、管理优势、人员优势和技术优势，发挥语义出版的技术效用，重新构建图书馆的技术框架，打造新型的图书馆技术供给模式；76.07% 的受访者认为语义出版利于图书馆建立以语义技术为核心的技术网络，这种新型技术网络的构建将成为图书馆新型技术供给模式的核心，帮助图书馆全面实现资源优势配置、智能化；69.54% 的受访者认为图书馆需要更多地应用语义出版技术，只有先进技术的支持，才能打造新时代的图书馆，改变图书馆的知识供给模式和知识服务方式，也因此 60.23% 的受访者认为语义出版是智慧图书馆的组成部分，是实现智慧图书馆的重要推手，从技术上帮助图书馆实现智慧化。

（5）关于学术图书馆语义技术融合发展最需要解决的问题（按重要性排序），受访者认为基于用户的语义知识服务系统（4.34）是最重要的，远远高于其他选项，可见构建图书馆语义技术框架、实现语义技术的集成知识服务系统是图书馆与语义技术融合发展的呈现方式和解决方法，符合大多数图书馆人的预期，并认为这种方法能发挥图书馆和语义技术的双重优势；此后，在语义知识服务系统构建的技术上，个性化定制集成（3.6）、嵌入用户环境（3.58）、提供知识解决方案（3.34）都是比较重要的、需要解决的问题，这些问题的解决需要语义技术集成的知识服务系统的不断完善，研发符合用户个性化需求的产品，同时嵌入用户环境中，直接提供知识解决方案，帮助用户一站式地真正解决问题，从而使得用户的科研工作事半功倍。此外，多种场景的应用融合（2.53）也是技术融合中需要解决的问题，它融合了图书馆的各个业务部门和功能分区，使得图书馆的基于用户的语义知识服务系统更为完善，图书馆的各部门间可以协同作业，更大程度上发挥图书馆的功能，从而推动图书馆的新型功能实现（1.92）。

从问卷调查中涉及的语义出版的相关回复中可以看出，受访者对语义出版的具体技术认识并不清晰，但可以整体地把握图书馆的发展，构建基于语义技术的图书馆知识服务体系，全面实现智慧图书馆。整体上看，受访者对语义技术在图书馆中的应用充满信心，认为语义技术是可以解决图书馆在智慧图书馆、图书馆融合发展道路上技术方面的实质问题的。相关问题的用户答复见表 8-1。

表 8-1 语义出版对学术图书馆的影响

选项	频次 / 权重	百分比
贵图书馆是否开展语义出版服务		
否	746	50.71%
图书馆构建以语义为核心的知识组织体系	589	40.04%
图书馆以语义方式进行出版活动	534	36.3%
您认为图书馆开展语义出版服务的基础（按重要性排序）		
技术基础	3.57	
发展理念	3.5	
资金基础	2.9	
人员安排	2.17	
管理模式	2.04	
建立语义知识组织体系需要解决的关键性问题（按重要性排序）		
技术发展和需求不匹配	2.95	
语义技术与图书馆业务的融合问题	2.81	
功能不完善	2.6	
其他，请填写	0.29	
语义出版与学术图书馆融合发展的必要性		
语义出版与图书馆知识组织体系需要有机融合	1203	81.78%
语义出版利于图书馆建立以语义技术为核心的技术网络	1119	76.07%

续表

选项	频次 / 权重	百分比
图书馆需要更多地应用语义出版技术	1023	69.54%
语义出版是智慧图书馆的组成部分	886	60.23%
学术图书馆语义技术融合发展最需要解决的问题（按重要性排序）		
基于用户的语义知识服务系统	4.34	
个性化定制集成	3.6	
嵌入用户环境	3.58	
提供知识解决方案	3.34	
多种场景的应用融合	2.53	
推动图书馆的新型功能实现	1.92	

8.3.3 图书馆语义知识组织体系的价值

图书馆存在的主要意义在于信息中介在学术交流过程中的枢纽功能，它对学术资源进行收集、储存、组织管理，给用户提供信息检索、传递和利用等服务①。图书馆实施语义知识组织的价值表现在：

（1）促进图书馆向知识生产者转变。图书馆语义知识组织体系的建立，促使信息的生产者和使用者的范围不断扩大，随着图书馆介入语义知识组织，图书馆的角色逐渐向信息生产者、知识创造者的方向转变。语义知识组织能够提升图书馆的内容出版含金量。将图书馆现有的馆藏资源与馆际资源融合，使其学术资源的内容实现更为多样、丰富、准确的供给。图书馆实施语义知识组织，从诸多数据中挖掘有效信息，并对信息进行重新组织，通过语义关联为用户供给更多有效知识，可以提升图书馆对学术资源的知识分析能力。图书馆在语义知识组织领域发展的基础上，通过与出版商的伙伴关系和协作来降低成本，提高效率，共享设备和专业知识、获得空间和工作人员支持等，同时构建图书馆、出版商之间不同的领域的连接，实现知识的共享与创新。

（2）提升图书馆的知识服务能力。图书馆建立以语义出版技术为核心的知识组织体系就是要与出版融合，为用户提供一站式的解决方案。在学术交流生态系统中，随着数字学术出版、科学数据、语义出版等新技术的应用，弱信息需求下模糊探索、战略性阅读下计算分析和研究性合作式学习下动态信息交互等新需求不断涌现，都要求图书馆改变服务方

① 燕今伟，刘峥．网络环境下学术信息传播的变革[J]．情报理论与实践，2004(2): 199-201，208.

式和策略。语义知识服务体系的构建，使得图书馆深挖自身资源，搭建知识服务平台，在提升知识含金量的同时，通过技术应用提升图书馆的知识分析能力和为用户服务的能力，为用户提供更为完善、契合、个性化的深度服务。此外，语义知识组织在提升图书馆知识服务方面大多通过产品来实现，图书馆在为用户提供知识服务的同时也是在提升图书馆的用户服务水平和技能，从而提升图书馆的用户服务能力。

8.3.4 图书馆语义知识组织体系的架构

在语义出版系统架构的基础上，依据学术图书馆的职能部门的分类，将其与语义出版系统架构融合，构建了图书馆语义知识组织体系（图 8–3）。体系将以图书馆为核心的学术交流生态系统纳入其中，涵盖了信息人（图书馆员、用户等）、信息环境、信息（图书馆及其用户提供的大量信息），其中数据层、技术层、展示层和用户层都融合了图书馆的职能部门和用户，使得图书馆和语义出版技术完美融合，从而促进以图书馆为核心的知识融合体系的构建。

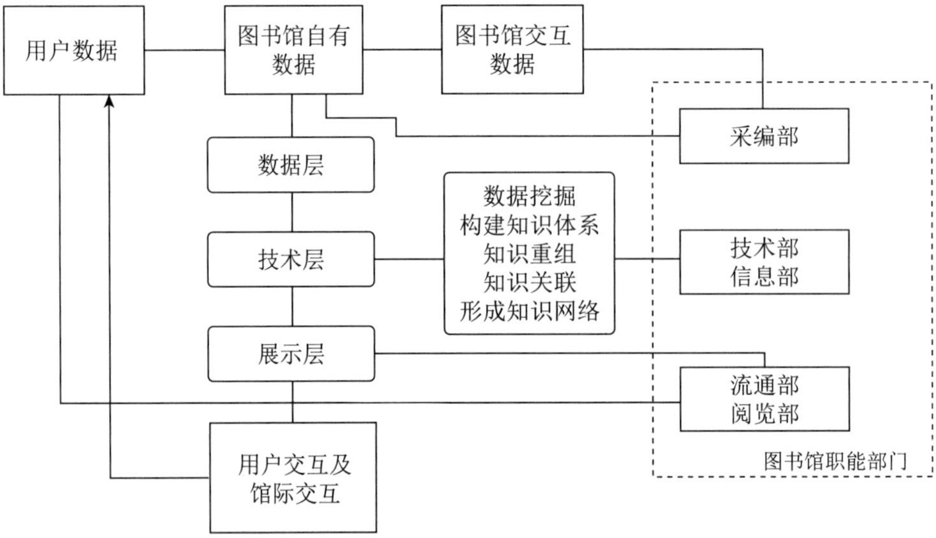

图 8–3 学术图书馆语义知识组织体系模型

数据层。图书馆的语义出版知识组织体系中的数据具有多样性。①数据形式多样化：涵盖了各种形式的学术资源，包括纸质文档、电子版文档以及数据、音频、视频等各种格式、各种展现形式的资源。②数据来源多样化：在知识组织体系中，数据来源不仅仅是图书馆自身的馆藏资源，还有来自于其他图书馆、数据库等的大量数据资源，通过资源共享协议及开放科学活动的开展，这些资源都可以共享和交互。此外，语义出版知识组织体系中的一个重要特征就是用户的参与。用户的行为信息可以直接传输到数据层供数据分析使用，同时用户通过交互界面交互的知识信息也可以通过数据层补充到语义知识中，从而丰富知识的类型和内涵，便于知识间的交互。

技术层。出版商和图书馆都是学术交流中支持技术研发和应用的主要推手，在技术领域投入了大量的资源进行技术创新，为学术交流带来新的知识服务产品及技术工具。目前图书馆关注关联数据、语料库、数字图书馆中的数据、数字图书馆的质量、数字人文、学术交流、情绪分析、信息行为、信息检索等方面的技术，在语义出版方面关注语义知识图谱、元数据整合和分析、引文匹配等分析技术等。在构建语义出版知识组织体系中，图书馆的技术部和信息部协同，共同搭建知识组织体系的基本系统架构并完善系统功能。此外，如果图书馆技术力量薄弱的话，还可以与数据库商、出版商、技术服务商等合作，共同开发知识组织平台，从而实现信息的语义化与智能化的呈现。

展示层。在技术层知识网络的基础上，展示层是基于用户需求而设计的，可以集成大量用户的个性化定制需求，且嵌入用户环境，融合多种场景，为用户提供一站式的知识解决方案。展示层的具体功能通过各种应用体现。语义出版的应用十分广泛，用户可以通过图书馆对出版内容进行语义化处理及语义增强显示来获取更多的知识，利用语义搜索引擎获取更为可靠、内容丰富且相关性更高的结果，可以看到所需的各种知识图谱，可以通过个性化定制获取个性化的信息。

用户交互及馆际交互。涵盖了图书馆与外界信息交互的全过程。用户交互是语义知识组织体系在目前及未来的网络基础上增加更多人机互动功能的体现，包括收集大量的用户信息及用户主动参与网络知识的供给及分享。而图书馆自身对开放科学运动的促进，也帮助图书馆获得更多的数据资源并进行交互。馆际交互的频繁促进了不同平台间的信息及技术的交流，可以帮助构建馆际知识体系联盟等，从而在更为广阔的层面上构建语义出版知识组织体系。

8.3.5 图书馆语义出版与知识组织体系的实施与保障

8.3.5.1 图书馆语义出版与语义知识组织体系的实施措施

在大数据时代，语义知识组织所实现的对原有资源的数据挖掘、知识组织和知识关联，扩展了图书馆原有功能，为学术交流提供更多的知识供给及知识创新。图书馆应本着服务用户需求的原则，参与语义知识体系构建，并逐渐向知识服务提供者的角色转变。

另一方面，图书馆出版作为图书馆的新领域，可以利用语义知识组织的优势，将语义与图书馆出版有机结合，从而实现创新性功能：①图书馆可以搭建具有竞争力、高质量、数字的学术期刊和专著出版平台，平台可以拥有强大的编辑版块、同行评议和可持续发展的商业模式；②尝试新的出版模式，可以容纳不同长度的论文、富媒体，并嵌入数据链接，帮助保护资源版权；③重新审视同行评议的方式、方法、机制、意义等，创新同行评议流程供学术交流使用；④应用更多的传播方式及评价方法，不完全依赖出版物的认可或常规的期刊引文衡量标准；⑤支持管理和保存新的研究方法和产品，包括自然语言处理的组件、可视化产品、复杂分布数据库和地理信息系统等。

在图书馆出版的基础上，图书馆的信息资源不断扩大，在对信息资源进行发掘和重用的同时，与外界的资源进行相互关联，构建语义技术为基础的知识网络，实现图书馆向知识服务提供商的角色转变。这要求图书馆在新的环境下：①保持其作为资源库的功能。探索组织和传播知识的新途径，使其更容易发现、理解和跟踪；保存多种格式的数据、学术记录和出版物，保证数字流畅，以便适应更新的学术交流消费趋势。②积极推动开放科学。开放资源和开放出版可以抵御不断上涨的付费成本、期刊订阅费用，保证学术资源的可访问性。③新技术的应用与拓展。不断融合新媒体和新技术，包括可视化、虚拟现实等；创新服务和运作，用语义技术重新构建知识组织结构，并融合其他各个功能领域的技术和专长，来满足用户的需要；使用大量的应用工具，包括地理信息系统、数据可视化工具、数据收集和共享工具；应用智能与物联网来增强图书馆服务。④增强法律规范意识。维护信息隐私和知识自由；捍卫图书馆的价值，保证其自身权利和责任；反对破坏公共利益和网络的政策；帮助用户增强版权意识和为他们提供法律帮助。⑤以用户为中心。以用户为中心开展产品设计和服务体验，建立基金项目相关数据库，为用户提供学习支持，帮助进行科研创新；除网络环境外，为用户提供适宜学术交流和写作的物理空间。

8.3.5.2 图书馆语义出版与语义知识组织体系的保障措施

图书馆在实施语义出版与语义知识组织体系时的保障措施应包括技术的可获得性、用户的认可度、信息的可获得性、人员的可调配性以及资金的可持续性等。

（1）技术的可获得性。这是因为语义出版是技术驱动型的出版方式，也只有获得了真正的技术才能实现。对于技术的可获取性不仅仅包含语义出版技术，还包含其他的计算机技术、与开放资源相关的技术等，此后随着科技的发展，越来越多的技术将会融合，打造成为技术网络，因此技术的可获取性十分重要。

（2）用户的认可度。图书馆在构建语义出版知识组织体系时应将用户需求及图书馆如何满足用户需求视为图书馆的首要目标，在服务过程中将用户放在中心位置，一切从用户角度出发，充分尊重用户的想法，利用信息化技术提高服务效率和服务质量，给用户更贴心的服务，提高图书馆的整体服务水平。此外，用户的认可度不仅仅是对图书馆的认可，还包括用户对语义技术的认可。语义技术是对用户的知识服务进行升级的技术，随着技术的发展它的强大功能可以逐渐显现，但是这些发展并不能达到立竿见影的效果，因此用户对语义出版的认可还需要时间和过程。

（3）信息的可获得性。这和语义出版基于信息资源的技术模式有关。有了技术也需要有信息才能实现，二者缺一不可。图书馆本身就拥有大量的信息资源，这是图书馆的优势之一，但是这些资源的适用性，资源涉及的版权问题也是图书馆需要考虑的主要问题之一。信息的可获取性包括的信息资源不仅是图书馆本地的资源，还包括其他数据库的资源等，这也涉及了技术问题及相互沟通问题，因此信息的可获取性十分重要。

（4）人员的可调配性。是图书馆实施语义出版需要考虑的重要因素之一。首先，充足的技术人员是首要因素，他们需要去实施技术，并对语义出版技术进行研发，同时与现有技术进行融合，开发出自适用的技术方案及流程，并对系统运行进行监管及维护。此外，语义出版涉及大量用户相关信息的收集、与用户沟通等方面的事宜，这涉及传统图书馆员的职责的变化与知识的更新。他们需要与时俱进地了解语义出版的最新进展及技术发展方向，同时也需要掌握对关键技术的应用。如果传统的图书馆员无法适应这种转变，那么就涉及旧的岗位的消亡及新的岗位的诞生。

（5）资金的可持续性。充足的资金无论是在技术引进研发、人员调配等诸多方面都能发挥出重要作用，因此图书馆拥有充足资金是实施语义出版的保障之一。图书馆的资金大多靠财政拨款，并不是十分充裕，因此可以多管齐下，除政府加大投入外，可以促成图书馆与企业的合作研发，共同受益。

8.4 语义出版与学术图书馆的融合趋势

语义出版技术与学术图书馆的融合趋势推动了智慧图书馆以及智慧网络和智慧社区的构建，促使图书馆巩固学术交流的核心主体地位，促进科技创新的发展及整个社会的进步。

8.4.1 语义技术发展推动智慧图书馆的实现

智慧图书馆是目前图书馆界普遍认同的图书馆的发展方向之一[①]，包含了智慧服务、物联网、射频技术（RFID）、大数据、云计算、智慧城市、情境感知等。在服务方面，智慧

① 吴建中. 再议图书馆发展的十个热门话题[J]. 中国图书馆学报，2017(4): 4-17.

图书馆通过情境感知理论、本体论、云计算、语义网等技术实现数据的整合贯通，使得图书馆更加智能、感知用户的情境需求、提供信息服务、提升用户体验。智慧图书馆的目标是打造泛在的、智能的、具有知识服务能力的图书馆，构建出版社—供应商—图书馆—读者的互联图书馆应用系统。智慧图书馆是一个数据资源支撑的新型的图书馆管理和服务的综合表现形式，其中语义出版及语义技术均占据核心地位。这也是图书馆发展语义出版的核心价值所在。

随着科技的发展和技术的交互而不断成长，Web 4.0 是以“智慧化”为核心的新一代互联网信息技术，它是海量的、同步的、共生的、智慧的网络①，是从知识到智慧的一种升华。随着图书馆在语义技术为核心的知识网络的构建中不断发展，促进学术交流从知识到智慧的升华，也将使智慧图书馆成为智慧社区中创造智慧化学术交流的核心组成之一。

8.4.2 学术图书馆与语义技术融合发展面临的问题和思考

语义技术在学术图书馆中的应用虽然有广阔的前景，但在实践过程中仍然有诸多问题需要解决和思考。

（1）技术发展和需求不匹配。语义出版是一个技术驱动型的出版方式，因此技术的发展对语义出版的研发和应用起到至关重要的作用。首先是语义网技术的发展，包括本体库、语料库的使用问题，语义标注分类和标准的接口问题，跨学科、跨专业领域的本体库的构建，与传统出版产生的技术融合问题，功能滥用问题等一系列问题；且技术应用是一个需要持续投入的领域，相关的人力储备和资金储备也决定了技术开发的水平和客户对产品的满意度；此外，技术问题还涉及开放科学，拿来主义对于学术进步和科技交流有直接的推动效用，因此建议使用开源的技术，并将自己的研发技术开源。在技术相关的标准方面，建议使用已经成熟的标准，方便信息、产品间的相互交流。技术问题需要逐个解决和完善，因此在技术发展过程中会经常碰到与用户需求不匹配的问题。在技术上短时间内达不到用户的需求时，可以先满足用户最基础、最常规的需求，再逐步开发针对个性化需求的各种应用。且开发应用务必要兼顾兼容性和系统的稳定性，确保新开发的产品与前期的知识体系稳定融合。

（2）语义技术与图书馆业务融合的问题。随着技术的发展，图书馆的传统业务不断受到冲击。物理图书馆使用率降低迫使图书馆不断改变物理图书馆原有使用分区以适应新技术的发展和满足新的用户需求。与图书馆的原有业务融合，这其中会遇到包括资源获取渠

① 张庆普，陈茫．Web 4.0时代的情报学创新探[J]．情报学报，2016(10): 1048-1061.

道不畅通、格式不匹配、技术不完善、人员技术不熟悉、资金不到等各种问题，这就要求图书馆在保证技术创新的同时，也要求图书馆的各部门的技术升级及人员的通力配合，图书馆应进行统筹规划和整体调配，并在实施过程中不断调整，不能急于求成，而是稳步发展，在保障图书馆正常运营的基础上，打造好语义出版知识体系的基础架构，此后再不断开发新的应用。

（3）资源的长期保存以及版权问题。语义出版资源的长期保存包括文本和非文本资源的长期保存，特色和特殊资源长期保存等，以及在保存过程中所面临的版本问题。大数据时代面临的很重要的一个问题就是资源爆炸，但对于资源的发掘、利用的技术和手段等都是有限的，因此很多没有被利用的资源在大数据时代面临的是快速被遗忘、消失。这也造成了大数据时代的数据缺失问题。因此语义出版资源长期保存是个十分重要的问题，这不仅是对知识的积累，也是在知识不断丰富的基础上才能不断地显现出语义出版的知识聚合的优势和在此基础上带来的知识创新。

对于版权问题，主要是涉及知识聚合、知识重组时的版权归属，这方面涉及大量的法律问题和学术道德问题。利用开源数据库是解决这一问题的很好的方法，此外区块链可以从技术上解决这一问题，这也是学术交流领域对区块链热度不断上升的一个重要原因。

第四部分

结论：新型出版模式下学术图书馆建设策略

9 新型出版模式影响下学术图书馆建设策略

新型出版模式对学术图书馆的影响是全方位的。图书馆界需要重新认识并积极应对新型出版模式对图书馆的发展所带来的挑战与变革，重构学术图书馆的资源建设模式、服务模式、业务管理结构、核心能力，构建与新型出版变化发展相适应的学术图书馆的业务体系与能力体系，推动图书馆不断适应环境变化的能力，适应新型出版模式对学术图书馆发展的新要求与新定位。

9.1 学术图书馆资源建设模式变革

随着新型出版模式的变化与发展，图书馆以及用户所依赖的知识创造、传播与利用环境发生了根本性变化。这些变化对学术图书馆的传统资源建设模式提出了新的挑战，也形成了资源建设模式重构的驱动力。

开放出版正在导致图书馆在学术期刊保障方面的垄断地位迅速弱化，数据出版和语义出版使得信息资源关联检索和语义知识发现飞速发展，迅速填补了新型科学研究与学术交流的需求空白，并日益冲击着学术图书馆服务创新的新空间[①]。国外的同行已经认识到，馆藏的规模将快速失去它的重要性[②]。当越来越多的馆藏资源是数字化的资源，当越来越多的资源是开放获取的资源，图书馆仅仅依赖资源和空间实现生存和发展的机会就会越来越小。

同时，面向新型出版模式下图书馆的知识服务目标，图书馆资源建设将从文献信息资源建设、信息资源建设逐步转向知识资源建设。张晓林提出研究图书馆必须推进打造开放知识服务支持平台，构建公共的Knowledge Service Support Commons[③]。孙坦认为学术图书

---

① 孙坦. 开放信息环境：学术图书馆信息资源建设的重定义与再造[J]. 中国图书馆学报，2013(3): 9-17.

② KARWASINSKI P. Redefining the academic library: managing the migration to digital information services[M]. Washington，DC: The Advisory Board Company，2011.

③ 张晓林. 开放获取、开放知识、开放创新推动开放知识服务模式——3O会聚与研究图书馆范式再转变[J]. 现代图书情报技术，2013(2): 1-10.

馆信息资源建设模式重构的目标是：构建网络开放信息环境中的信息（知识）资源设施Information Commons[①]。

为实现以上目标，学术图书馆需要且正在重新调整其业务和服务功能的布局，同时也必须重新定义和重塑其资源及服务体系，从而提升学术图书馆在新型出版环境下的竞争力，并促进科学研究范式和学术交流模式的进一步发展。从资源建设角度，这种转变包括重新构建新型资源体系、强化结构化语义化的知识组织、重新定义资源建设业务交互关系、重新构建资源建设业务布局、重新定位资源建设人员角色、重新配置资源建设预算结构。

9.1.1 重新构建新型资源体系

资源体系是学术图书馆的服务根基。图书馆的信息资源体系通常由文献的学科结构、等级结构、时间结构、文种结构和文献类型结构 5 个层面所构成，是经过图书馆长期收集、整理、存储、管理的有序的知识信息系统。随着新型出版模式的发展以及开放资源、数据资源、富有语义的资源等急剧增长，图书馆势必要开展对这些资源的收集、处理、存储和提供利用，因而对图书馆传统的信息资源体系的结构产生较大的影响，导致在图书馆资源体系及其内涵和结构上的变化。

9.1.1.1 构建共享资源体系

在数字出版背景下，信息资源和文献呈指数式增长，每个图书馆都不可能也没有必要收集全世界出版的所有文献，更无法做到依赖自身的信息资源来满足用户的所有信息需求。通过机构合作发展馆藏对学术图书馆的未来发展越来越重要。OCLC 副总裁 Lorcan Dempsey 曾判断，图书馆资源从本地向共享方向延伸是资源建设的大趋势[②]。在新型出版模式下，图书馆在学术研究全生命周期中的参与度越来越高，从信息资源服务中介的单一化角色向信息资源产生、管理、保存、规范和再利用的全流程综合角色转变，建立共享资源体系将更有利于信息资源的综合集成利用乃至新信息、新知识的创造。因此，图书馆构建共享资源体系已是资源建设的大趋势。

9.1.1.2 构建开放资源体系

图书馆作为一种可靠的知识获取机制，还应建设机构知识库、学科知识库或者预印本

---

① 孙坦. 开放信息环境：学术图书馆信息资源建设的重定义与再造[J]. 中国图书馆学报，2013(3): 9–17.

② DEMPSEY L, MALPAS C, LAVOIE B. Collection directions: some reflections on the future of library collections and collecting [EB/OL]. [2018–07–31]. http://www.oclc.org/content/dam/research/publications/library/2014/oclcresearchcollection–directions–preprint–2014.pdf.

平台建设，保存机构知识成果并进行深度挖掘和再利用，提高彰显力度和流动程度，为科研人员创造一个开放自由的学术交流环境，保障整体研究实力和研究水平[①]。

在开放出版时代，越来越多的综合性信息资源呈现在互联网上，很多的学术社区和开放平台等同时也提供了大量的学术信息资源。学术图书馆应该抓住机遇，面向开放信息环境，以开放资源建设为基础，构建全方位的覆盖多渠道、多类型资源的开放资源体系，实现开放资源与馆藏资源的有效融合。其目的是为了扩大馆藏文献的规模，进行资源类型的拓展，为科研人员提供更加丰富的资源保障。与此同时，开放资源的版权归属、建设标准化和一致性、保存与挖掘等都是值得关注和解决的问题。开放资源的共建共享也应该作为图书馆的资源建设目标之一，图书馆界需制定统一化的建设标准，方便其揭示和利用[②]。

9.1.1.3 构建数据资源体系

数据密集型科学环境的兴起，尤其是数据出版模式的出现与发展，使得“数据”成为学术图书馆资源建设与业务重构的中心与重点，数据资源成为支撑图书馆提供相关服务的基础与保障。在《新媒体联盟地平线报告（2017 图书馆版）》中，科研数据管理被列为学术和研究图书馆信息技术发展的中期趋势，并指出图书馆要加强科研数据生命周期管理，真正提高用户服务的便捷性和信息获取性[③]。

对于数据密集型科研环境下的学术图书馆，科研用户的信息需求直接影响着馆藏资源建设的内容。除了传统纸质文献、数字资源、数据库等多种资源类型以外，数据资源的建设比例将显著增加，基本分为三大类：第一类是科研数据、数据期刊、数据仓储库、多媒体资源等数据出版资源，通过第三方资源购买、机构库自建或互联网免费共享等方式来建设；第二类是学术图书馆建设围绕科研生命周期进行的数据资源收集、分析、可视化与保存，包括支持用户对科研数据的获取、利用与管理。获取主要是指为用户建设并提供相关数据库的使用，同时建立数据引用标准与规范。为了保证科研数据的长期可发现性，图书馆应发挥在元数据标准建设及应用方面的专业优势，协助用户对科研数据来源、目的和方法等信息进行标引，在此基础上对数据进行存储、管理以及重用，实现数据资源体系的建设与增值，同时将科研数据管理所需的工具、软件等纳入资源体系范畴进行采集、管理和服务；第三类是图书馆运行与服务过程中产生和收集的数据，包括

① 麻思蓓.开放获取对图书馆信息资源建设的影响[J].图书馆,2015(1): 78-80,84.

② 魏红菊，王世乔. 开放存取与高校图书馆信息资源建设策略[J]. 科技情报开发与经济，2010(28): 66-68.

③ BECKER S A，CUMMINS M，DAVISA，et al. 新媒体联盟地平线报告:2017图书馆版[J]. 赵艳，魏蕊，高春玲，等译.图书情报工作，2018 (3): 114-152.

图书馆数据中心的系统数据与运营数据、用户个体特征与信息行为数据、社交网络平台数据、视频监控数据等。

9.1.1.4 构建动态集成资源体系

学术图书馆应构建以用户为中心，以用户需求和应用场景为牵引的可动态集成的资源体系。通过对图书馆运行与服务过程中产生和收集的数据进行组织整理与分析挖掘，实时把握用户的信息需求与使用习惯，揭示资源使用效率与建设重点，从而指导大数据环境下资源体系建设的合理性、高效性与系统性，有效精准地对接用户需求，提供重点用户所需资源的有效组织、精准保障和深层服务利用。

9.1.2 强化结构化语义化的知识组织

资源的组织、存储与检索是图书馆服务的基本手段。与语义出版技术的快速发展形成鲜明对比的是，图书馆现有的统一资源检索平台仅能够实现对标题、作者、主题等简单元数据的揭示与检索，难以支撑对丰富的语义类型及语义关系数据的组织、存储、展示和利用，无法满足为用户提供更加高效、精细和智能的知识服务的需求。因此，将资源体系转换为可计算、语义化的知识资源，支持用户不仅能够利用资源中的结构化内容高效获取知识，还可以通过知识链接进行有效的拓展阅读，并利用关联的数据集进行研究实验，是重构学术图书馆资源建设的核心。

9.1.2.1 资源信息的结构化表示

随着数字出版的发展以及专业领域知识更新的加速，信息资源呈爆炸式增长，使得读者在海量资源信息中能够迅速找到所需核心资源的难度越来越高。首先利用计算机快速地、自动地对信息资源进行阅读和“分拣”，找到适合读者精读的信息资源后再推荐给读者，已经成为现代信息资源利用的普遍需求。

对非结构化或者半结构化的信息资源进行识别，对其关键要素、信息等进行提取和解析，并映射到特定的组织结构模型中去，从而实现信息资源的建模及结构关系的表示，是实现机器阅读的首要步骤。

9.1.2.2 资源内容的知识化组织

知识组织是对知识（隐性知识、显性知识）的标引、关联、分析、挖掘、揭示等一系列组织活动与过程，简而言之就是对客观知识进行整序的活动过程[①]。知识组织在前向资源驱动和后向利用导向作用下，通过知识挖掘、知识发现、知识融合、定制推送、智能搜索

① 李桂贞，郑建明．论数字图书馆的知识组织[J]．图书馆理论与实践，2007(5): 70-73.

等多种智能技术，发现隐含在信息中的有用信息单元并组织成知识库，然后提供给用户，满足用户知识的需求，为用户提供卓有成效的知识服务[①]。由此可见，知识组织是对知识的智能认知与高效整合。它面向用户需求，通过数据、信息、文献等相互映射和语义关联的知识组织过程实现知识服务。知识组织是图书馆馆员的核心能力[②]。知识组织是在信息服务基础上深入和延伸的概念与服务形式，是用户需求变化环境下服务的拓展与革新[③]。

9.1.3 重新定义资源建设业务交互关系

在新型出版模式发展过程中，资源建设业务交互关系从传统模式中的以图书馆实体空间为主转变为网络环境为主，从支持用户对馆藏资源加以利用转变为支持用户面向网络开源、异构的综合信息对象进行创造、管理和利用，从基于文献的借阅服务转变为基于知识和语义的计算分析服务，新型的业务交互模式呈现出显著的开放化、融合化、协同化特征，交互对象拓展、交互关系转变、交互层次深入。

9.1.3.1 交互对象的拓展

在传统学术信息交流生态系统中，出版社通过对资源的销售和服务成为图书馆资源建设的上游供应方和主要交互对象。双方的交互体现为买卖双方，通过谈判及授权许可约定双方的责权利。

科研人员虽然是传统学术信息交流生态系统的主体，且同时是学术信息的生产者（作者）与使用者（用户），但这两种角色都不直接与资源建设发生交互：生产者通过出版社对文献的出版和销售将成果输入资源建设流程，使用者通过图书馆流通部门的服务获取资源建设的结果。

在开放信息环境中，资源体系的构建更加共享化、开放化、数据化、可动态集成化，资源对象遍及整个数字空间，各类信息对象涉及的权益主体也愈加多样化。从资源供应方来看，除了出版社，科研人员也将作为开放出版文献的著作权人、科研数据资源以及自有知识资产的生产者和发布者，成为资源建设的直接交互对象。

李麟曾借用 Herbert Van de Sompel 的学术信息交流系统价值链说明开放出版在学术信息交流系统中的作用（图 9-1）[④]。从图中可以看出，在开放出版和数字出版环境下，Google、Facebook 等新媒体丰富了学术交流的功能并且带来了新的服务内容，如

---

① 刘维丹. 数字图书馆的知识组织研究[J]. 现代情报, 2002(10): 123-124,126.

② 刘炜. 知识组织：图书馆职业的核心能力[J]. 国家图书馆学刊, 2010 (2): 32-37.

③ 张曼，黄龙. 大数据环境下图书馆知识组织与知识服务研究[J]. 新世纪图书馆, 2017(2): 20-23.

④ 李麟. STM 期刊出版机构开放出版驱动力关键影响因素研究[D]. 北京：中国科学院大学, 2014.

Altmetrics 等。随着图书馆利用这些新型服务内容开展资源建设，这些服务的提供者也自然成为资源建设的交互对象。

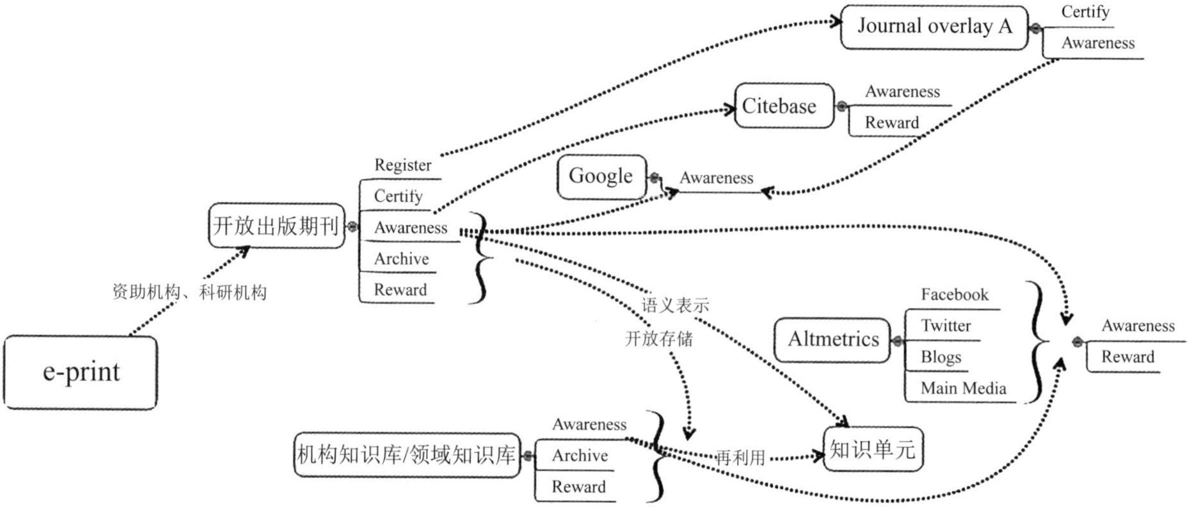

图 9-1 开放信息环境中的学术信息交流系统价值链

在知识组织体系建设与应用的过程中以及在用户支持环境的构建中，与用户和领域专家的直接交互也成为保障资源建设效果不可或缺的手段。

9.1.3.2 交互关系的转变

在传统的学术交流流程中，出版是上游。期刊、图书和数据库出版后，图书馆发挥中介的作用，购买后提供给用户使用。用户利用这些资源创造新的成果，又成为作者，将成果通过论文、专著输出给出版者，出版者再供应给图书馆。在数字环境下，这一流程正在发生变化。大英图书馆在一份战略规划报告中指出，在数字世界里，出版商、图书馆、集成商和作者在信息的创造和传播方面的角色将融合①。这意味着信息的创造和传播以前都是作者和出版者的事，而现在出版商、图书馆、集成商、作者都可以参与其中。信息的创造者与传播者的角色已经越来越模糊。

在数字化和开放获取的环境下，图书馆从信息的购买者延伸到信息的创造者和传播者，在信息的创造和传播方面发挥作用。主要体现在两个方面：①向下延伸，建立与作者之间的学术关系，如建立机构知识库、学科知识库，作者所发表的或没有发表的成果都可以通过图书馆建立的知识库存储、管理和传播；②向上延伸，为作者提供出版服务，开展图书馆出版。

---

① The British library's strategy 2008-2011 [EB/OL]. [2018-07-02]. http://www.bl.uk/aboutus/stratpolprog/strategy1115/strategy2008-2011.pdf.

9.1.3.3 交互层次的深入

资源建设与科研人员的交互层次将嵌入其学习与研究过程之中。嵌入式交互突破了图书馆的物理障碍，融入用户知识获取、利用及创造科研成果的全过程，发挥图书馆员的信息优势、服务优势与团队优势，与其科研、教学、管理密切协同，建立合作伙伴关系，面向用户的特定需求与应用场景提供资源建设服务，同时也在这个过程中赢得用户的信赖、支持与合作，吸引用户参与资源建设过程中，借助用户所掌握的专业领域知识，完成对资源所涵盖的知识内容的系统分析、挖掘、发现和组织，双方协同实现知识服务的目标①。

9.1.4 重新构建资源建设业务布局

9.1.4.1 加强开放资源与数据资源体系建设

面向用户需求，拓展资源保障内涵，加强开放资源的规模化遴选、评估、登记与集成，形成开放资源的可靠保障和服务能力，实现开放资源与订购资源、自建资源和外部关联资源的集成揭示和集中发现，实现重要开放资源的可靠采集和长期保存。建立开放资源的遴选标准、付费策略、采集技术、组织、存储与利用方法。

在开放出版方面，实现从文献订购经费到开放出版服务费的业务转变及服务转变，提供开放出版付费和许可协议咨询服务。在开放存储方面，建设机构知识库，对本机构学术资源进行采集、组织、存储和出版，提高知识资源的能见度、使用度。推进国家、行业、机构的科研成果开放出版和开放仓储的政策制定和落地实施。加强开放知识资源的增值开发，支持构建基于预印本交流、科学数据共享、研究社交网络的新型学术交流模式。

加强科学数据的利用和管理研究。树立数据产品和数据品牌意识，通过多来源数据的对齐、集成整合、精细化加工、资料整编等多种方法手段，建设一系列高质量、高附加值的数据，同时开展开放科学数据与文献的互链接和互引用，数据的可检索性、发现性、可解析性和再利用等研究与实践，形成对科学数据的采集、保存、管理和利用能力，为科研人员提供有关科学数据的咨询服务。

9.1.4.2 加强资源集成与开放关联

优化现有统一资源集成系统，实现对传统数据资源（期刊、图书、学位论文等）与新型资源（科学数据、语义出版物、种质资源、教学资源、软件、设施、计划与项目、学术组织等）的系统化发现、规范化遴选、知识化描述、开放化链接、集成化揭示，有效登记、揭示、组织各类信息资源，建立与数字文献、开放学术资源等的关联利用；利用语义

---

① 王天泥. 知识咨询：大数据时代图书馆的知识服务增长点[J]. 图书与情报，2013(2): 74-77.

网技术实现对资源的多层次关联、智能检索和可视化呈现；与内部机构及外部出版社、期刊集成商数据互联互通。

通过资源的上下文信息扩大信息资源的发现和使用范围，为用户提供资源的关联访问。利用科学的知识组织体系对资源进行语义化描述和组织，实现基于概念的扩展检索、检索结果的自动归类、相关资源的发现等功能。

9.1.4.3 加强知识组织与可视化呈现

针对新型资源体系构建具有语义描述能力的资源描述框架，信息组织业务逐渐由简单的 Marc 编目向基于 RDF 的资源描述转变，实现对资源外部特征及内容的结构化和语义化描述。

通过文献数据可视化、文献架构可视化与密集型数据可视化等，提高知识的可获取性和易理解性；利用数据挖掘分析用户阅读兴趣，提供个性化资源推送服务；为用户提供数据接口、数据分析算法和工具，促进用户对数据资源的深度利用；开展新型数据资源的使用培训服务，帮助用户了解新型数据资源的特点及使用方法。

9.1.4.4 加强用户知识环境构建

以用户需求和应用场景为牵引，有效实现基于用户需求、使用情景和知识组织体系来发现、关联、集成、探索和可视化组织信息，实现基于网络的知识发现与探索集成平台。

建设开放知识组织引擎和专业知识环境支持服务，提供专业知识环境的个性化快速定制工具和服务，实现各类专业知识环境系统的内容发现、内容集成、服务关联和协同建设，有效支持专业知识环境和服务有效嵌入科研、教育和传播过程。

9.1.4.5 加强资源长期保存建设

随着数字化和网络化环境的形成，数字信息资源已经成为科技信息传播与利用的主要形式。数字资源的长期保存和长期有效利用已经成为学术图书馆的基础保障内容，需要采取切实和可持续的措施保障这些资源的长期可获得，这也是国家科技信息资源保障的基础条件和国家科技安全的重要体现。

建立数字资源长期保存体系，系统、全面、可靠地对数字资源，特别是外采数字资源的本地化长期可靠保存，需要研究和建立长期保存权益管理、系统可靠运行、公共服务、认证与审计等核心规范及标准体系，并针对拟保存资源的个性化特点，建立个性化的系统和技术程序处理能力，为国家科技信息安全提供战略保障。

9.1.4.6 建设数字资源全流程知识产权保护

持续研究数字环境下资源建设相关的知识产权问题，制定切实可行的政策和措施，争取合法权益，合理规避相应知识产权风险，同时开展基于合理使用原则的图书馆信息资源服务新方式研究，开展政策法律层面的知识产权服务等。

9.1.5 重新定义资源建设人员角色

随着新型资源体系的重新构建、资源建设业务交互模式的重新定义和资源建设业务布局的调整，资源建设人员角色与能力要求需要进行相应的调整与扩展。面向知识服务的目标，资源建设人员不但要掌握传统的知识组织、知识揭示与知识服务等能力，还应面向图书馆知识资源建设的内容、范围及对象在新型出版模式下发生的巨大变化，扩展发现新知识资源载体、评估知识价值、挖掘内容以及认知知识对象的能力。

新型学术图书馆资源建设模式中，资源建设人员不但要求发挥传统的知识采集、整序和组织角色，还将扮演一系列全新的角色，主要包括数据馆员、学术交流馆员、出版馆员等。

9.1.5.1 数据图书馆员角色

包括数据规划师、领域数据科学家、数据工程师、数据管理员、数据分析员等。他们负责对各类数据的发现、描述、加工、规范、组织和管理，工作的目标是保证数据的可再利用性并根据不同的使用目的定制提供个性化数据集合。

9.1.5.2 学术交流馆员角色

熟悉传统图书馆业务和技能，具备宣传和外联等能力，同时拥有特定学科背景或者熟悉科学研究流程与特性①。学术交流馆员的职责是与学科馆员、用户和领域专家共同创建和维护用户知识环境。

9.1.5.3 出版馆员角色

定位于学术出版服务者、开放获取知识库服务者、著作权和开放出版咨询者及学术资源评估者。他们熟悉出版政策与流程，了解出版渠道与规范，能够为用户提供出版协助、著作权咨询以及开放出版费用处理等服务。

9.2 学术图书馆服务模式转型

在传统的学术生态交流系统中，作为生态主体之一的图书馆一直处于学术交流的下游位置，承担着信息传播的中介功能，其所提供的传统服务是将从出版商处购买的文献资源

---

① The Office of Scholarly Communication. Changing roles and changing needs for academic librarians [EB/OL]. [2018-07-31]. https://unlockingresearch-blog.lib.cam.ac.uk/?p=1189.

提供给用户，实现学术信息资源的共享与传递。

当前图书馆正处在持续变革的大环境中，大数据、云计算、互联网+、人工智能等新技术发展迅猛，涌现出了各种新型出版模式，如数字出版、开放出版、数据出版、语义出版、自出版、可视化出版、增强出版和优先出版等。新型出版模式给图书馆带来了挑战，使其作为传统学术交流生态体系的主体地位与价值受到了威胁与冲击，同时图书馆用户的行为需求也随之变化，为了可持续地生存与发展，图书馆的服务模式亟须变革和创新。

因此，学术图书馆为了应对环境的变化，适应用户行为需求的变化，迎接面临的挑战，需要尝试对传统的图书馆服务进行重新设计。学术图书馆可以在充分利用自身文献资源禀赋和传统优势的基础上，在学术交流生态系统的拓适原理作用下，尝试向学术交流生态系统的上下游拓展。其一，图书馆服务向上游进入出版领域，借助图书馆的资源优势和学术优势提供出版服务；其二，图书馆服务向下游继续深化用户服务，挖掘用户需求，与用户建立合作伙伴关系，共同致力于学术创新，以有效提升图书馆在学术交流系统及所在机构中的地位和影响力。

9.2.1 新型出版对图书馆服务模式的影响

如前文所述，出版包含内容、技术与传播 3 个核心要素：内容要素是新型出版方式发展的重要基础和内生动力，技术要素是新型出版方式发展的重要外部推动力，传播要素是新型出版方式发展的重要社会推动力量。

在本书重点介绍的数字出版、开放出版、数据出版、语义出版和图书馆出版等一系列形态中，数据出版是以内容要素为出发点，将数据作为出版内容，丰富了出版类型；数字出版和语义出版是以技术要素为出发点，将数字化技术和语义技术融入出版流程，使研究成果的传播更快速广泛深入；开放出版是以传播要素为出发点，将信息传播方式从购买变成了开放获取，拉近了读者与出版者之间的距离，缩短了信息传播路径；图书馆出版与前几种出版模式不同，其出发点跳出了出版的 3 个核心要素范围，而是以出版主体为出发点，由图书馆作为出版主体进行的出版活动。

在这 5 种出版模式中，最基础的是数字出版模式，开放出版、数据出版和语义出版都是在数字出版模式基础上发展而来的新型出版，而图书馆出版也更倾向于数字出版，由此可见，数字出版是其他新型出版模式的基础，其特点已经在其他新型出版模式中有所体现。开放出版、数据出版、语义出版和图书馆出版不仅对图书馆服务模式产生了影响，而且提出了新的要求。

9.2.1.1 开放出版对图书馆服务模式的影响与要求

开放出版为图书馆的传统服务带来了机遇与挑战。机遇体现在开放出版一方面缓解了图书馆面对持续上涨的期刊订阅费毫无反击之力的窘境，另一方面拓展了图书馆获取和为用户提供资源的途径，增加了资源数量、丰富了资源类型，同时还有利于图书馆对获取资源的充分利用和挖掘，实现学术资源价值的最大化。开放出版的出现，改变了图书馆的服务内容，在开放出版的引导下，图书馆通过建设知识库为用户提供良好的学术交流环境，改善了图书馆的用户服务质量。挑战体现在开放出版会使用户对图书馆的依赖度不断减少，可能让图书馆失去作为文献资源购买者的角色定位，那么，图书馆的传统服务，即为用户提供购买资源的服务可能将面临消失。开放出版对图书馆来说，带来了资源获取形式的变化，从购买馆藏资源到参与开放获取运动中，通过构建知识库或直接成为开放出版者，为用户提供更加广泛而深入的服务。

图书馆应该抓住开放出版带来的新的发展机遇，利用开放出版的发展势头，重新制定新的功能定位，创新服务内容，加入推动开放学术资源的行列，积极建设机构知识库，或者直接成为开放期刊出版者，并在此基础上提供相应的知识服务等。

9.2.1.2 数据出版对图书馆服务模式的影响与要求

数据出版是为了从机制上改变数据共享面临的根本问题而产生的。数据出版的出现，不仅催生了新的学术资源存在形态，还丰富了图书馆的馆藏资源类型。更进一步，数据出版资源与传统出版物的多维链接，可以进一步挖掘释放出图书馆现有馆藏数据的隐藏价值。数据出版的发展，要求图书馆的角色从数据生命周期的下游（出版后）向上游（出版前）拓展和延伸①，进入数据资源领域开展业务和提供服务。因此，在数据驱动创新、数据驱动管理和数据驱动发展的学术生态环境下，图书馆的服务模式必然受到影响。数据出版对图书馆来说，带来了馆藏资源类型的变化，即从传统的文献拓展到数据，丰富了图书馆服务的类型，即数据与相关文献的关联服务以及数据再开发利用的服务。图书馆需要更加关注数据资源的融合化、语义化和智能化，并围绕数据资源提供科研数据的深度知识服务。

9.2.1.3 语义出版对图书馆服务模式的影响与要求

在语义技术发展的基础上应运而生的语义出版改变了原有的学术交流方式，其将计算机技术纳入了学术交流的组成部分，由计算机完成研究人员之前需要做的信息收集、获取和筛选工作，学术交流方式从以前的以信息交流为主逐步向信息利用、重组和创新迈进，

---

① 李晓辉. 图书馆科研数据管理与服务模式探讨[J]. 中国图书馆学报，2011(5): 46-52.

使得学术交流系统中的科学功能和创新功能得到充分发展。而传统图书馆服务，一种是为研究人员提供原始的文献资源，另一种比较深入的服务是通过图书馆的学科馆员或情报人员为研究人员提供信息收集筛选服务。显然这两种服务方式因为语义出版的出现，可能会面临被取代的风险。

语义出版对学术出版模式进行了重构。在学术交流过程中，语义出版充当了学术交流中信息的生成者和融合者，其从大量文献中挖掘出知识单元进行出版，与其他传统学术出版模式以一篇论文为出版单元具有显著不同。同时，语义出版还是学术交流系统变革的推动者，在信息提供方式、信息交流的参与元素和交流方式、信息组织形式和传播方式等方面均对学术交流系统产生了影响。这对图书馆来说，需要构建与之相匹配的语义知识组织体系，并在此基础上提供知识服务。语义出版对图书馆来说，带来了馆藏资源类型的变化，即从传统的文献拓展到文献中抽取的知识单元，也丰富了图书馆服务的类型，即深入文章内部的知识单元提供知识服务。

语义出版改善了用户的阅读和使用体验。语义出版对内容资源进行有序整合，便于用户理解和扩展阅读；语义出版能利用计算机技术提高科研发现效率，从而提高科研人员创新效率和出版时效；语义出版通过数据融合和智能语义检索可以提高知识传播的效率；语义出版通过数据挖掘技术、信息可视化和个性化服务，协助科研人员高效获取信息。从用户角度来看，语义出版为图书馆提供更高水平的用户服务创造了条件。

9.2.1.4 图书馆出版对图书馆服务模式的影响与要求

图书馆出版是基于数字出版技术从出版主体角度出现的一种新型出版形式，是在学术出版领域生态环境发生巨大变化的背景下，即出版机构有可能越过图书馆直接向用户提供服务，图书馆为了应对此危机，向学术交流生态系统上游拓展出的一项新的业务，同时也为图书馆增加了学术交流的新型服务。图书馆出版带来了资源来源的变化和用户的变化，资源来源从单一的出版商扩展到图书馆自身，用户从读者拓展到作者，使图书馆的服务范围向学术交流系统的上游拓展，直接为上游的作者用户提供出版服务。图书馆出版要求图书馆认清自身优势和劣势，需弥补在出版领域所欠缺的选题策划、市场营销、出版运作等方面的能力，考虑如何重组业务结构，提供出版服务。当图书馆介入出版领域时，图书馆必然拓展作者范围，增加用户类型，导致图书馆从文献服务拓展到出版服务。

9.2.2 更新图书馆服务理念

9.2.2.1 从到馆服务到网络服务

传统的图书馆服务主要采取的是到馆服务方式，即用户需要到达物理图书馆中，才能享受到图书馆提供的馆藏资源借阅、参考咨询、检索查新等服务。随着各种新型出版模式的产生，图书馆的服务方式也发生了变化。数字技术、网络技术等让传统的图书馆到馆服务方式转变成网络服务方式，即用户不用到图书馆的物理实体，通过网络就可获得图书馆提供的服务，比如数据库和机构知识库中的电子资源、数字参考咨询等。

9.2.2.2 从被动服务到主动嵌入式服务

传统的图书馆服务采取的是被动服务方式。面对出版商出版的内容，图书馆只有选择权没有决定权，图书馆仅能根据用户的需求从出版商处选择购买特定的资源，再基于这部分馆藏资源被动地为用户提供服务。而现在，图书馆也作为主体参与了科研活动，从传统的被动接受资源的中介身份变成了主动融入科研过程的合作方，加入学术交流生产系统，承担学术交流的生产功能。学科馆员就是提供主动嵌入式学科服务的典型代表。学科服务是图书馆主动为作者提供的服务，能够针对作者用户，主动接近用户，主动融入用户的科研过程中，挖掘他们的需求，并提供有针对性的知识服务。

9.2.3 拓展图书馆服务内涵

传统图书馆的服务，主要是基于从出版商处购买的馆藏资源向学术交流系统的下游（读者）用户提供服务。其中提供服务的资源来源是“出版商”，资源获取形式是“购买”，馆藏资源类型为文献，服务对象为学术交流系统的下游读者用户。在大数据技术、移动互联网技术、人工智能等新兴技术的推动下，不同新型出版对传统图书馆服务中涉及的资源来源、资源获取形式、资源类型、服务对象等 4 个方面进行拓展，进而使得图书馆的服务内涵得以拓展。

如前文所述，新型出版对图书馆服务内涵进行了拓展，是因为新型出版使得图书馆的资源来源、资源获取形式、馆藏资源类型和服务对象变得多元化，在此基础上，图书馆服务内涵的拓展深化了用户服务，比如拓展知识服务、开辟出版服务。

图书馆服务是以用户为中心，用户的需求决定了图书馆的服务内容。在新型出版技术快速发展的今天，用户的需求已不满足于从图书馆获取馆藏资源，而是新增了对图书馆馆藏资源和开放获取资源的深层次服务。当新型出版拓展了图书馆服务内涵时，图书馆的服务内容也需进行重构。新型出版对图书馆服务内容的重构，主要体现在对知识服务的拓展和对出版相关服务的开辟。

9.2.3.1 拓展知识服务

知识服务是图书馆以用户为中心、以用户需求为驱动的服务。在传统的图书馆服务中，也有一些学科馆员提供的学科服务以及情报人员提供的情报服务属于知识服务，但各种新型出版技术的发展为图书馆提供更深入的知识服务提供了机遇，拓展了知识服务的深度与广度。

（1）知识发现服务

语义出版是在数字出版的基础上发展而来的，它将文献中的知识碎片化，从中抽取相关的知识点并建立关联关系，达到知识内容的重组、加工和计算①。开放出版不仅促进了知识的传播，还使得知识增值的速度变快。同时，出版商和图书馆加入开放获取运动，使得开放资源的体量变大。因此，语义出版和开放出版为图书馆提供知识发现服务提供了基础与实现的可能。图书馆可以通过语义技术等新技术，对数字化的馆藏资源和可以获取的开放资源进行知识抽取和重组，进而发现新的知识，为用户的知识需求提供精准化服务。

（2）数据知识服务

随着数据密集型科研模式的兴起，用户对数据的知识服务需求发生了变化，比如对科学数据的智能重用、跨领域资源共享与协同合作等的知识服务需求。数据出版的发展，让数据资源成为图书馆的重点建设方向，使得图书馆馆藏资源的类型更丰富。图书馆应从用户需求出发，对数据资源进行存储、加工、组织以及关联，然后在此基础上为用户提供以下服务：①数据发现服务，即根据用户的特定需求提供相关数据的服务；②数据关联服务，这是基于数据与相关论文关联关系提供的服务，以便于作者更好地理解数据与论文内容；③数据挖掘服务，即对现有数据进行重用，挖掘出更多更深层的知识。

9.2.3.2 开拓出版服务

出版服务能从源头上解决图书馆面临的困境，是图书馆向学术交流系统上游开辟的一项全新的业务领域，基于此业务，图书馆可供开展的服务主要包括宣传并提供出版政策服务、开放获取资源服务、出版服务和出版咨询服务。

宣传出版政策服务包括图书馆出版的相关政策，让作者了解图书馆在学术出版活动中新定位的功能角色：数字出版合作者、机构知识库建设者、开放出版发布者②，引导作者使用图书馆出版服务。提供出版政策服务，在开放获取运动发展进程中，各出版商有不同程度的开放出版政策，比如同意开放出版、同意开放出版但作者只能发布在出版的最终版本、不同意开放出版、不同意开放出版也不允许发布在机构知识库、不同意开放出版但允许作者在出版后一段时期将成果发布在机构知识库③。为了不使出版商的开放出版政策与图

---

① 韩丽，初景利．国际知名出版机构知识服务特征、价值和启示[J]．出版发行研究，2018(2): 5-10.

② ADEMA J, GRAHAM S. Changing publishing ecologies: a landscape study of new university presses and academic-led publishing[EB/OL]. [2017-08-29]. http://repository.jisc.ac.uk/6666/1/Changing-publishing-ecologies-report.pdf.

③ 鄂丽君．麻省理工学院图书馆学术出版服务介绍[J]．图书馆杂志，2014 (1): 78-82.

书馆的开放存取政策冲突，图书馆提供各出版商的开放出版政策查询服务，便于作者快速准确投稿。

通过建立机构知识库，为用户提供存储、共享和检索开放获取数字研究成果的服务。其中数字研究成果包括多种类型：文献、著作、研究报告、汇报 ppt、数据集、音频文件、视频文件、图像等。

图书馆馆藏资源丰富，因此图书馆出版的内容与出版商相比，更多元化，出版形式更倾向于数字出版和开放出版，是商业出版的重要补充。图书馆出版服务的内容可以包括：期刊论文、会议论文、数据、学位论文、馆藏资源、研究报告等。图书馆开展的出版服务与出版商不同，不以营利为目的，是为了实现学术交流的公益性服务。其中，学位论文、图书馆特色馆藏资源、研究报告可以为用户提供个性化的按需出版服务。

参考咨询服务是图书馆的常规服务，新型出版的出现，可以对图书馆的参考咨询服务进行拓展，咨询服务的内容包括对新型出版实践和决策的建议和咨询以及出版物版权的咨询。

9.2.4 打造新的图书馆服务形态

传统图书馆的服务形态是基于馆藏资源的服务形态，即图书馆为读者用户提供文献资源，这种服务形态主要体现在图书馆的资源能力上，图书馆的馆藏资源越丰富，就越能满足用户更多的服务需求。同时，对图书馆员的要求仅限于组织建设文献资源，并提供相应的参考咨询服务，主要体现在体力劳动上。对服务场所来说，传统的图书馆服务局限于图书馆的物理场所，即需要用户到馆才能为其提供相应服务。

随着开放获取运动的开展和语义技术、大数据技术迅猛发展，各种新型出版模式不仅丰富了图书馆的馆藏资源类型，极大增加了用户可获取的文献资源数量，同时，用户的需求也从对馆藏资源的需求变成了对知识的深度需求。因此，图书馆的服务形态转变成了基于知识的服务形态，这种服务形态下图书馆已经把资源能力转变成了以用户为中心的服务能力。同时，对图书馆员能力的要求变高了，从传统的业务型图书馆员转变成专家型馆员，能够对用户的知识需求提供基于研究的服务，还能对图书馆服务开展创新性研究，以提供更满足用户需求、更精准的知识服务。在服务场所方面，图书馆服务转变成一种泛在的服务模式①，就是指图书馆的服务无所不在，是以用户为中心、高度智能化的服务模式。数字化技术和网络技术让图书馆现在的服务形态已经突破了图书馆的物理空间，为用户提

① 李杰.浅谈图书馆如何开展知识服务[J].现代情报,2013(3): 84-86.

供无障碍、到身边、到桌面、随时随地的服务，还将服务嵌入用户的科研学习过程中。

9.3 学术图书馆业务管理结构重组

9.3.1 新型出版对图书馆业务管理结构的影响

长久以来，图书馆都是以资源中心为核心价值而存在。出版业为图书馆提供馆藏资源，图书馆为出版业提供稳定市场。二者相互渗透，相互融合，相互影响。新型出版是出版行业的重要变革，必然会对图书馆的发展造成重大影响。

新型出版影响了图书馆的定位，参与出版的图书馆从学术交流体系中的下游位置转移到上游位置，使图书馆以新的角色定位融入知识传播体系。其角色从消极的信息接收者，转变为智力输出的积极传播者[①]，从图书馆数字资源的“合作购买者”转变为数字资源的“合作生产和创作者”[②]。新型出版模式主要有数字出版、开放出版、语义出版、数据出版以及增强出版和可视化出版等其他出版模式。新型出版对图书馆定位带来改变，新型出版模式也使图书馆业务与管理结构受到影响。

新型出版模式对图书馆业务的影响首先体现在图书馆的资源建设上。资源建设和信息服务一直是图书馆的核心业务和价值所在。但是信息技术发展和新型出版的兴起使得图书馆资源中心的地位动摇，人们获取信息时对图书馆的依赖性减弱。对图书馆资源建设的影响具体有两方面。一是资源采购模式。原来的图书馆从出版商处购买文献资源，但随着开放出版模式的发展，出版商加入开放出版行列，图书馆原本用于文献资源采购的经费会逐渐向开放出版经费转化。二是资源组织模式。新型出版兴起之前，文献的出版和呈现形式较单一。图书馆只需从出版商处购买之后再借助数据库和管理平台进行展示，资源组织的难度较小，但是新型出版出现之后，资源呈现格式多样化，资源来源路径多元化，资源组织的难度加大。

新型出版模式的出现对图书馆在资源建设和服务上提出新的要求，要求图书馆考虑如何改进资源建设方式以提供符合时代需求的信息服务和知识服务，考虑如何将业务体系延伸至新型出版领域。资源建设上，图书馆要利用与新型出版的文献资源相适应的方法，对形式多样的资源进行组织和揭示，还要在此基础上寻求更个性化的资源组织模式，开发与

---

① WALTERS T O. Reinventing the library—how repositories are causing librarians to rethink their professional roles[J]. Portal-libraries and the academy, 2007, 7(2): 213-225.

② 曾丽莹，刘兹恒. 图书馆联盟参与数字出版的角色与现状[J]. 图书馆，2018(2): 32-36.

时俱进的信息管理系统和展示平台，以满足用户越来越个性化的知识服务需求。最关键的是，要主动适应新型出版环境，利用图书馆的资源优势，融入新型出版发展之中，参与出版业务，创新开拓图书馆的新型出版业务。在服务上，图书馆要从注重资源建设向注重知识服务转型，从被动地为用户提供到馆的信息服务，转型为主动走出图书馆，到用户的学习、教学、科研过程中去挖掘用户需求，主动地提供个性化的、嵌入式的知识服务。

新型出版模式对图书馆管理结构的影响主要体现在旧的管理结构与新的管理需求的冲突上。合理的管理结构是保证图书馆业务顺利开展的基础。不同的发展目标，需要与之相适应的管理结构体系。在图书馆原有的管理结构中，部门、人员岗位、考核标准等主要是围绕传统的文献资源建设和读者服务设置。新型出版业务的加入，打破了图书馆原有的发展路径，促使图书馆重新进行业务布局。原有的管理结构不能满足新业务布局的管理需求，具体问题表现在新型出版岗位和人才缺乏、传统资源建设和服务部门的岗位冗余。

新型出版模式要求图书馆进行管理结构的重组，考虑如何从部门设置和人员岗位布局上重新部署管理结构，以适应新型出版形态和用户需求。部门岗位设置上，图书馆要调研新型出版的工作链条，梳理图书馆参与出版的现有资源，明晰图书馆参与出版的工作环节与着力点。在此基础上进行现有部门和岗位的调整、新增、分解和合并，以满足出版业务流程对部门岗位的硬性要求。人员布局上，图书馆要明确出版各环节所需要的人员及其能力要求，再根据图书馆现有的工作人员情况，进行出版人才引进、人才外聘，开展对现有人员的培训等工作。除了对人员进行出版业务技能的培训之外，还要培养现有人员与时俱进的发展观念，明确图书馆在新时期的定位和发展目标，引导其不再局限于图书馆原本的资源服务业务之中，推动图书馆转型，开拓业务新领域。

新型出版对图书馆的业务与管理结构带来了挑战，同时也为图书馆的改革与创新提供了新机遇。图书馆要在新型出版蓬勃发展的大环境中勇于改变，主动应变。在业务上拓展与创新，在管理结构上调整与变革，重构图书馆能力，为用户提供多元而深入的服务。

图书馆在学术交流体系中的位置发生改变，在知识传播体系中所扮演的角色转变，但图书馆所承担的推动知识传播、获取和利用的核心使命不变。新型出版模式对图书馆带来影响，更是对图书馆提出了要求。图书馆要顺应潮流，积极开展出版业务，及时调整业务布局与管理结构，在新环境中实现更好更快的发展。

9.3.2 重塑图书馆发展理念

新型出版与信息技术的融合，正在挤压传统图书馆的生存空间。新型出版使得文献出版方式更多元、文献获取方式更便捷、学术交流方式更自由，传统图书馆的作用在学术交流体系中逐渐弱化。

新型出版对图书馆的传统功能而言是一次冲击，图书馆在新环境下的发展方向在哪里？应如何面对当下的挑战，把握新机遇？应如何调整图书馆的业务布局与管理结构？要解决上述问题，首先就要重塑图书馆的发展理念。发展理念是图书馆发展的灵魂与中心，它植根于图书馆的文化，渗透在图书馆发展的整个过程和各项业务，影响图书馆的发展结果；图书馆的发展理念主要解决的是用怎样的思想去指导图书馆的实践，先进的发展理念应该符合图书馆管理的基本原理、体现当下的时代精神以及充分体现图书馆的服务宗旨①。

重塑发展理念需要解决两个关键问题：一是直面转型，正确认识图书馆定位和功能的转变；二是开放创新，把握图书馆新一轮的发展机遇。

图书馆要摒弃落后的发展理念，抛弃妄自菲薄的自我认知。明确图书馆不仅是单纯的资源管理场所，更是整个学术交流系统的重要成员。传统的出版环境中，文献资源由于出版方式、流通方式和获取方式的限制而成为稀缺资源。在该环境下，图书馆的核心业务就是做好文献资源建设，为到馆的用户提供文献资源服务。但随着信息技术发展带动出版环境变化，出版方式发生变革，文献资源的出版途径和文献的呈现方式由单一向多样化转变。人们广泛通过互联网获取文献资源，不再局限于图书馆的到馆获取。当图书馆的文献资源不再是稀缺资源，当图书馆的文献保障功能无法满足用户需求，当用户所需的服务由资源服务向知识服务转型，图书馆的自我认知就应及时从“以资源为本”转变为“以服务为本”，把为用户提供个性化的知识服务作为新环境下的发展目标。

图书馆要以开放创新的态度投身于新型出版发展变革之中，主动拥抱新型出版，积极发展新型出版业务，把握重振图书馆的发展机遇。重新规划发展道路，整合自身资源，在逆境中寻求生存，在转型中寻求新的发展，在变革中寻求全新的价值增长。开放是信息服务时代的关键词，图书馆的发展要在开放理念的指导下，积极进行知识的生产、出版和服务，勇于跳出原有的发展模式，与出版界跨界合作和融合；创新是发展的动力，图书馆要将创新发展视为重要理念，革新自我定位，重塑发展目标，创新信息服务方式，提升图书馆服务的质量，促进图书馆的可持续发展②。运用创新的互联网思维，对市场、用户、产品、图书馆价值链乃至整个产业生态进行重新审视和思考。要延伸图书馆的服务时空，拓展图书馆的服务领域，增强用户的体验和效果。

---

① 张磊，尹士亮.基于“五大发展理念”的公共图书馆发展论述及思考[J].图书馆理论与实践，2017(6): 12-17.

② 曾建勋.以新发展理念推进图书馆更平衡更充分发展[J].数字图书馆论坛，2018(1): 1.

9.3.3 优化图书馆业务布局

不同的发展环境和发展目标下，图书馆的发展策略不同，业务布局也会随之演化。总体来看，图书馆的业务布局主要经历着 3 个演化阶段，从传统文献服务下的基于业务流程驱动，到学科服务背景下的基于学科驱动，再到新型服务趋势下的基于功能驱动。

基于业务流程驱动的业务布局是图书馆早期较为传统的布局形式，该布局中各业务模块的设置基础是文献服务的业务流程。主要包括资源建设、分类编目、流通阅览、文献检索、参考咨询、阅读推广六大模块。图书馆围绕该布局进行业务工作时具有以下特征：图书馆主要以文献为工作重心，注重发挥图书馆的馆藏功能，核心业务是文献资源建设和文献信息服务。工作地点方面，主要以馆内工作为主，因为该阶段图书馆馆藏资源在地点上具有局限性，所以用户获取文献的主要方式是到馆获取。在此布局中强调的是图书馆工作的中介性，通过已有资源为读者搭建获取文献的桥梁是该布局中的主要业务目标。图书馆员参与的工作多为事务性和技能性的常规工作，此类工作对馆员的学科背景、知识结构以及专业能力的要求均不高。

由于用户获得科研支持的需求日益凸显，且图书馆自身定位和发展目标不断转变，所以图书馆的业务布局迎来了从基于文献服务业务流程驱动到基于学科驱动的重大转变。在基于学科驱动的业务布局中，图书馆的资源建设依然是立馆之本。该布局中的工作主要在学科分馆和学科馆员两种模式下进行。学科分馆模式下，主要提供用户培训和情报跟踪等服务；学科馆员模式下，则可提供研究趋势分析、人才引进分析和机构竞争力分析等服务。该布局中，图书馆将为用户服务的理念提到了新的高度，业务从以文献为中心转变为以服务为中心。工作地点不再局限于馆内，而是深入研究所和学院，扎根研究人员身边，融入一线教学科研过程，嵌入教学科研的各个环节。图书馆在科研过程中所起的作用变得多样，角色内涵更丰富，从原本的文献资源中介，开始转变为科研过程中的关键支撑者。此时图书馆员也在向学科馆员转变，需要为用户提供的不是简单的文献服务，而是具有知识性、创造性和增值性的学科服务。这要求图书馆员具有深度的学科知识、高度的信息素养和专业的服务能力。

随着图书馆事业越来越开放，图书馆的服务边界变得越来越模糊，可提供服务的类型越来越多、范围越来越广。图书馆顺应时代要求，开始发展新型服务。新型服务内容的加入推动了图书馆业务布局的转变。图书馆业务布局开始从基于学科驱动转变为基于功能驱动。此布局下的图书馆主要有四大功能，包括情报分析服务功能、数据管理与服务功能、嵌入式学科服务功能和知识咨询功能。四大功能对应图书馆建设的各个方向，分别有智能图书馆建设、智慧图书馆建设、图书馆出版与服务建设和智库研究与服务建设。基于功能驱动的图书馆布局中，图书馆工作布局由矩阵式结构取代了之前的线性结构，并逐渐建立起以任务和项目为核心的业务模式。在此布局中各服务团队在存在形式上是独立的，但在业务运作上是一个整体，多团队的协同工作对实现图书馆的各个功能至关重要。对于各功能模块的具体业务而言，强调建立以目标与效果为核心的导向机制，注重发展“成本—收益”激励机制。

新型服务的业务布局中，图书馆出版是非常关键的一个模块。图书馆业务边界的模糊，意味着图书馆生存空间正在被挤占，同时也说明图书馆进行自我增值的机会在增多。在这关键的转折时期，不管是基于内在发展动因，还是外在环境要求，图书馆都需要开展新型服务，培养和发挥新型能力。就新型出版业务来说，图书馆拥有发展该业务的资源储备，也了解用户对于出版物的需求，已经形成了良好的发展基础。新型出版可以成为图书馆转折时期的一个发展突破口。

9.3.4 重组图书馆业务流程

业务流程重组（business process reengineering，简称 BPR）最初来自于管理学，其核心是过程管理思想和过程再造思想，强调打破职能部门的分界线，考虑过程的连续性和有效性，以过程而不是以职能部门为生产经营的管理对象[①]。图书馆业务流程重组是指借鉴企业业务流程重组的模式，重新审视图书馆自身，对传统的图书馆的组织结构进行彻底变革，以期体现图书馆的发展方向，提高图书馆的应变能力，从根本上促进图书馆的发展[②]。

图书馆自我定位的转变推动了业务流程重组，是业务流程重组的内在驱动力。传统的图书馆更多扮演的是文献资源保存者的角色，但随着外在环境变化加剧、图书馆事业越发开放、用户需求日益多样，图书馆的角色从原本的文献资源保存者变得更为多元。因此，图书馆的运作方式、服务方式、服务对象都发生了重要变化。现代图书馆在自我定位上应是以用户服务为核心，集信息服务、情报服务和知识服务为一体的重要的学术支撑机构。传统的业务流程存在的弊端是图书馆进行业务流程重组的外在推动力。业务流程中的各项事务是由组织机构来完成和实现。传统业务流程中的组织机构多是以文献为中心，围绕文献资源的加工处理或者文献载体的类型来设置的，这存在一些弊端。就用户而言，这种划分方式给用户获取信息资源带来了极大的阻碍，用户往往要通过多个部门才能获得一个课题的全部资料，用户获取信息的效率较低；就图书馆员而言，这种划分方式使得馆员的全

① 凌堃.运用BPR理念改造传统企业组织模式[J].经济与管理研究,2000(4): 68-71.

② 艾颖.网络环境下图书馆业务流程重组（BPR）探讨[J].图书馆论坛,2001(3): 91-92.

局观念受限制，视野变得狭窄，能力较为单一，对信息资源难有全面而深入的研究，导致为用户服务的质量和效率都较低[①]。

层级式的金字塔组织机构是传统的结构模式，适用于相对稳定的外界环境。信息技术的冲击使得图书馆所处的外界环境变化加剧，层级式的组织结构模式不利于图书馆快速响应用户需求。相较而言，扁平式的组织机构管理层级少，减少了各部门之间沟通的接口和障碍，有利于各部门之间的横向沟通与合作，可提高整个组织反应的灵活性和工作的高效性。图书馆业务流程重组的有效路径是组织机构从层级式向扁平式转型，按功能设置图书馆的组织机构。在新环境下图书馆不再仅仅是文献信息的保存者和提供者，而是知识的组织者、管理者和出版者。

从业务流程的角度来思考，图书馆业务流程体系中应将出版纳入进来。以发展出版事业为战略目标的业务流程重组，应该以信息资源的管理和出版为重组的核心，对原有的与信息资源管理相关的部门功能进行拆分，通过分解合并从中析出知识出版与服务部门。该部门专门负责信息资源的组织、学术出版与出版咨询等事务，从而将文献的采集、管理与服务延伸到学术出版与服务。此外，知识出版与服务部门还可以与专业出版公司合作，图书馆基于已有的数据与资源开展出版活动，出版公司则进行出版技术指导。

根据业务流程重组的相关理论，图书馆以出版为目的进行业务流程重组可分为以下四步[②]。一是确定战略目标。明确图书馆通过业务流程重组要达到开展出版业务、实现图书馆的出版功能、发展出版事业这一目标。二是对图书馆内外的现有情况进行分析。如对用户的出版物需求进行调查分析、对图书馆现有的业务流程进行全面分析和客观评估、对图书馆现有的资源进行分析（包括馆内的信息资源、技术资源和人力资源等）。三是根据图书馆为发展出版事业所需的各项功能进行业务流程的重组。设置业务部门和岗位，明确部门以及馆员的责权关系[③]。四是进入实施阶段。将现有的信息资源合理配置，发挥资源的最大效益。加强出版馆员的培训工作，人的素质和能力是图书馆在业务流程重组后能否顺利运转的重要因素。

9.3.5 改革图书馆管理结构

管理结构表明了组织中各构成部分及其相互关系，是整个管理系统的“框架”。图书馆的管理结构是由图书馆各部门和各人员的职、责、权构成的动态结构体系，其本质是为

---

① 赵宣.关于图书馆业务流程重组的再思考[J].山东图书馆季刊,2001(4): 26-28.

② 艾颖.网络环境下图书馆业务流程重组（BPR）探讨[J].图书馆论坛,2001(3): 91-92.

③ 范吉莲,彭红,于科平.业务流程重组与图书馆改革[J].图书馆杂志,2001(5): 29-32.

实现图书馆的战略目标而采取的一种分工协作体系。管理结构确定之后并非一成不变，会随着组织重大战略的改变而调整。因此，当图书馆将新型出版作为其发展战略的重要组成部分时，为科学、合理、高效地开展出版业务，对管理结构进行重组是需要面对和考虑的问题。

管理结构重组的直接目的在于在特定发展阶段确立最合理的组织模式，实现图书馆组织资源的价值最大化。即通过管理结构的重组，协调好图书馆中各部门间的关系、馆员与任务间的关系、任务与任务间的关系，使馆员明确自己在图书馆中的权利和职责，有效保证图书馆各项业务的进行，特别是与出版相关的业务。

在发展新型出版的战略之下，图书馆管理结构需要就部门和人员进行职责和权利的重组。具体来讲，图书馆管理结构的重组主要包括部门调整、岗位调整、人员调整和考核标准调整 4 个方面。

（1）部门调整方面，新型出版的不同模式会使部门之间原有的协作关系产生不同的变化，并促使新协作关系的产生。部门分工则根据协作关系的改变而调整，调整就可能涉及部门的增设、分解与合并等。图书馆可根据原有的部门分工情况和新型出版的发展需求，选择是否组建新型出版业务部门。若组建该部门，则有两种操作方式：一是不改变原有部门分工，直接增设专门的新型出版部门，集中负责新型出版业务；二是将原有的多个部门根据业务分解成多个模块，将与新型出版有关的模块组合在一起构成新的、可独立完成新型出版业务的部门。若不组建新型出版部门，则可以将新型出版业务拆分成不同的任务环节，将各环节的任务分配给各相关部门，由各部门协作完成新型出版任务。

（2）岗位调整方面，部门的调整自然会牵涉部门内岗位的改变。图书馆可增设新型出版馆员岗位，该岗位的馆员专门负责新型出版相关事宜；或不设立专门岗位，只在原有岗位的基础之上，要求在岗的馆员掌握开展新型出版的相关技能。

（3）人员调整方面，人是图书馆实现新型出版战略的最小单元，专业的人员队伍是保障图书馆新型出版业务顺利进行的根本。对不同业务的人员有不同的业务技能要求。总体来说，专业的新型出版人员需要具备的技能有商业技能、出版技能和与出版相关的图书馆技能①。

商业技能包括商业模型设计、商业谈判、市场营销、产品管理、项目管理等技能；出版技能包括编辑校对、排版、平面设计、版权管理、法律经验等技能；与出版相关的图书馆技能包括资源数字化、元数据管理、数据库技术、基础设施维护、研究数据管理、学术

---

① WALTERS T. The future role of publishing services in university libraries[J]. Portal-libraries and the academy, 2012, 12(4): 425-454.

培训能力、用户沟通等技能。

不同的新型出版模式下，人员需要具备的技能是不同的，图书馆需要根据参与新型出版的模式来进行人员重组。一般可采取以下 3 种方式：一是直接进行出版人才引进。根据业务所需，引进专业的出版人员负责出版工作。如聘请具有市场运营经验的人才进行商业方面的工作、聘请法律人才负责版权管理工作、聘请专业编辑人才负责编辑、校对和排版工作等。二是对现有人员进行业务上的重新部署。即在不进行人才引进的前提下，对现有人员进行新的业务安排。新技术在图书馆的应用节省了部分人力，传统的服务员工会被精简，而节省的人力可以转为新型出版管理，以支持新型出版业务。三是加强现有人员的能力建设，具体操作方式为培训出版技能、探讨出版实践问题等。图书馆可针对馆内员工开设出版技能研修班，定期邀请专业出版人才对图书馆员工进行出版技能培训，并引导大家针对图书馆在参与新型出版实践中遇到的问题展开讨论，共同寻求解决方案。提高现有员工的出版技能，挖掘他们的出版潜能，充分利用图书馆已有人力资源的价值。

（4）考核标准方面，不同的业务布局体系下，对人员、岗位和部门的要求不同，需要设立相应的考核标准来督促检查工作。随着新型出版业务的加入，图书馆对人员、岗位和部门的考核要新增考核标准，并根据新型出版的不同模式设置与之相适应且切实可行的考核细则。

9.4 学术图书馆核心能力建设

随着以网络为代表的信息技术的迅猛发展，图书馆以及用户所依赖的知识创造、传播与利用环境发生了根本性变化。图书馆的发展受到很多因素的影响，这些因素对图书馆发展的影响强度也在发生变化，形成图书馆发展的不同驱动力，构成图书馆新的能力体系。图书馆发展的根本问题是能力问题。图书馆的转型变革，本质上是图书馆能力结构与关系的改变，其核心是服务能力的重新构建。我们必须正视图书馆环境的变化以及所需求的图书馆能力的变化，重新认识影响图书馆转型变革的主体力量，构建基于用户需求驱动、适应时代变化、以服务能力为驱动的新的图书馆能力体系。

9.4.1 图书馆核心能力建设背景

正如阮冈纳赞所言，“图书馆是一个生长着的有机体”。当前，图书馆所处的环境在发生急剧的改变，也带来用户需求与行为的变化。图书馆必须深刻认识到这样一种变化，认识到图书馆的边缘化和危机感，分析用户的传统需求及用户需求所发生的变化。

9.4.1.1 用户需求与行为发生变化

图书馆总是处于一定的社会环境之下，而这种环境总是动态变化、快速变化的。图书馆现在所处的环境如果用一个词来表述，就是变化（change），对图书馆的要求就是转型（transformation），而且这样的一种变化与转型的速度超乎我们的想象。美国数字图书馆专家 Scott Nicholson 的判断是："图书馆过去 5 年的变化超过了前面 100 年的变化，而未来 5 年的变化将使过去 5 年的变化微不足道。"① 英国大英图书馆在一份战略规划中提到："我们所处的环境在过去 20 年里发生的变化超过了过去 200 年的变化，特别是技术发展的驱动。这种变化正逐渐改变了传统的学术研究对物理图书馆作为重要信息源满足研究需要的依赖……而走向复杂的有多种选择（不同的获取水平、权威性、深度）的网络。"②2018 年国际图联大会的主题就是：图书馆转型，社会转型。

可以说，当今图书馆所面临的最大挑战就是用户从过去获取信息主要依赖物理图书馆到今天主要依赖网络和搜索引擎。现在用户的基本认知和行为的特点是：网上找不到等于不存在。用户（尤其是科研用户）将网络作为获取信息的主要来源甚至唯一来源，表明用户对因特网、数据库、搜索引擎的一种依赖和信任。在 2011 年国际图联大会上，国外的学者曾提出这样的假设：当所有的信息都能在网上得到，我们还需要图书馆吗？③ 也许我们可以说不是所有信息都能在网上得到的，很多信息在网上是没有的，所以用户还需要依赖图书馆。但是很多用户并不认同，他们认为通过网络可以获取很多东西，所以不需要图书馆。《凤凰都市》杂志曾在 2015 年 11 月设立一个主题：你还去图书馆吗？表明社会公众对图书馆存在的意义和必要性提出严重质疑。因此，我们需要反思，需要重新认识，需要重新设计图书馆通过什么样的方式、什么样的途径、什么样的手段给用户提供服务，提供用户所需要的什么样的新服务，这关系到图书馆能否适应用户需求与行为的变化，关系到图书馆转型变革的成败。

9.4.1.2 图书馆的边缘化与危机感

传统的图书馆是以纸本文献为基础、以场所空间为特征、以馆内简单服务为主体的物理图书馆。传统图书馆的地位和影响力在下降，有被边缘化甚至有消亡的危机感。国外有

---

① 张晓林.颠覆数字图书馆的大趋势[J].中国图书馆学报，2011(5): 4-12.

② The British Library's Strategy 2008—2011. [EB/OL]. [2018-07-02]. http://www.bl.uk/aboutus/stratpolprog/strategy1115/strategy2008-2011.pdf.

③ Berndtson M. "What and why libraries?" Looking at what libraries might look like and why we still need them now and into the future [J]. Library Hi Tech，2012，29(4): 13-15.

人预测，到2030年，图书馆员将是不复存在的8种职业之首①，还有人预测是将消失的13种职业之一②，表明国外对传统图书馆的危机感已经非常强烈，只是我们仍然视而不见，甚至认为只不过是“狼来了”而已。

用户是不是需要图书馆？图书馆是否将边缘化？图书馆是否将消亡？任何预测或判断都是主观的。最重要的问题取决于我们的图书馆能够给用户提供什么样的服务。具备什么样的能力。如果图书馆所提供的资源和服务，具备满足用户变化着的需求的能力，更好地适应了用户新的需求，从传统图书馆转变为新型图书馆，图书馆就会存在，就会发展得很好；如果图书馆不能提供用户所需要的资源，不能满足用户的新的需求，用户就不需要图书馆，图书馆就必然被边缘化，图书馆就没有存在的意义。

我们要看到，图书馆已经不是原来的图书馆。英国图书馆另一份战略规划的主题就叫作“重新定义图书馆”③。这表明，我们对图书馆的功能、性质、作用的认识可能都要发生改变。图书馆必须通过自身能力证明自身的价值。图书馆的价值取决于它能为用户提供什么样的服务。“未被珍视的价值是没有价值的。”④图书馆的价值不是图书馆自身所认知、所固守的传统服务，而是建立在对知识的采集、关联、挖掘、分析和利用基础上的知识服务。根据美国纽约公共图书馆馆长的观点，图书馆的价值有3个标准：第一，提供对知识的利用；第二，将图书馆从内向型转向外向型；第三，激发关联关系。他认为图书馆就是关于关联关系的：人与人之间的关联关系、机构与机构之间的关联关系、数据与数据之间的关联关系⑤。匹斯堡大学图书馆的馆长Rush G. Miller多年前在一次演讲中就讲过：图书馆不是关于图书的，从来都不是，图书馆也不是关于信息的，而是关于人与人之间的关联关系。

国外的另外一份报告也指出：“图书馆的价值不是根据他所提供的馆藏的规模来判断，而是根据所提供服务的质量。”⑥国际上关于图书馆的评价标准已经发生了改变：从强调馆

---

① MICHAEL H. 8 jobs that won’t exist in 2030 [EB/OL]. [2018-07-04]. https://www.usatoday.com/story/money/careers/2017/10/13/8-jobs-that-wont-exist-in-2030/104219994/.

② SIÔN P. 13 disappearing jobs that won't exist in 2030[EB/OL]. [2018-07-04]. https://www.careeraddict.com/disappearing-jobs.

③ LYNNE B. Re-defining the library[J]. Library Hi Tech, 2006, 24(4): 484-495.

④ RICK A, The crisis in research librarianship [J]. The journal of academic librarianship, 2011, 37(4): 289-290.

⑤ MAITRAYEE G. Hack the library! A first timer’s look at the 29th computers in libraries conference in Washington, DC[EB/OL]. [2018-09-06]. https://www.researchgate.net/publication/262486716.

⑥ HARRIS S. Moving towards an open access future: the role of academic libraries[EB/OL]. [2018-09-06]. https://www.downes.ca/cgi-bin/page.cgi?post=58982.

藏量、期刊种类、经费数量、到馆读者数量、参考咨询数、培训人数等投入和规模指标，转变为对入学率、保持率和毕业率的影响、对学生学习的影响、对老师科研生产率的贡献、对教师立项和资助的影响、对老师教学的支撑等产出和成效的指标①。国外的同行已经认识到，馆藏的规模将快速失去它的重要性②。当越来越多的馆藏资源是数字化的资源，当越来越多的资源是开放获取的资源，图书馆仅仅依赖资源和空间实现生存和发展的机会就会越来越小。

9.4.1.3 用户的传统需求发生变化

图书馆的存在和发展的根本取决于用户需求。需求是一个非常基础性的问题，又是非常关键性的问题——需求决定存在。图书馆从资源能力到服务能力、从传统图书馆到新型图书馆的转型变革，就是因为用户的需求在发生改变。如果我们忘记了用户的需求，忽略了用户的需求，那么就失去了图书馆的根本。“不怕做不到，只怕想不到。”如果我们知道用户的需求是什么，用户有什么样的需求，我们一定会想方设法地去满足他（她）的需求。做到并不难，难的是我们常常不知道用户的需求是什么。

用户类型不同，需求可能也不同，我们要考虑3种需求类型：一是到馆读者的需求。如何为到馆的读者提供服务？这个问题也许并不是一个非常难的问题，因为这是我们图书馆多年来一直在探索，如何为到馆的读者（比如高校的本科生读者）提供各种各样的服务，包括空间、资源、设施等，所以到馆读者的需求比较容易满足。二是基本不到馆的读者的需求。在高校和专业图书馆，基本不到馆的读者主要是研究生，这类读者科研与学习并重，压力较大，到馆的频次很低。他们虽有少量的到馆学习需求，但主体上还是依赖网络满足科研需求。三是不到馆的读者的需求。主要是教师、科研人员、公务员、管理人员等，他们由于承担了繁重的科研、教学或管理工作，无暇到物理图书馆。但他们的需求很强烈、更复杂，需求的层次和要求更高，不是仅仅通过网络就能满足的。

传统图书馆满足的是用户的传统需求，需求对象主要是文献，因而需要图书馆对这些文献进行采集、分类、编目，提供流通阅览、文献检索、参考咨询、阅读推广等，也是传统图书馆的工作内容。这样一种工作性质也决定了图书馆员的职业特点：在馆内工作，与文献相关，主要作用是中介，主体是事务性和技能性的。所以对图书馆员的学科专业知识和业务能力要求并不是很高。

---

① MAYS R N. Lib-value: value，outcomes，and return on investment of academic libraries[C]. Arl Workshop at Ala Conference, 2010.

② KARWASIŃSKI P. Redefining the academic library: managing the migration to digital information services[EB/OL]. [2018-09-06]. http://www.infotodayblog.com/tcc-images/Provosts-Report-on-Academic-Libraries2.pdf.

而当今的用户需求，不仅需要印本和数字馆藏，更要图书馆员利用这些数字资源为读者提供基于馆员知识、专长和能力的深度服务。用户新的需求，迫使图书馆员的职业特点也在发生变化：基于研究的服务和基于服务的研究。图书馆员的服务必须建立在研究的基础上，没有研究就没有服务。但这种研究是面向服务的研究，以服务为导向，为服务提供保障和支撑。图书馆员的工作不再是中介，而是参与用户的过程，与用户建立合作伙伴关系，需要高学历和高素质。

因此，可以说，用户需要图书馆，但不是传统的图书馆；图书馆需要用户，包括到馆的和不到馆的用户。到馆用户需求需要满足，不到馆用户的需求同样需要满足，而且满足不到馆用户需求的意义更大。所以，需要我们去分析、挖掘、预期、激发和超越用户的需求，把潜在需求转化为现实需求，从而将图书馆文献资源的潜力转化为满足用户潜在和现实需求的服务能力。

9.4.2 图书馆核心服务能力转变

面向用户新的需求，图书馆需要建立与之相适应的新型核心服务能力，加快图书馆从资源能力到服务能力的转变。这种转变包括：从资源建设到知识组织，从馆内服务到嵌入式服务，从参考咨询到知识咨询，从文献检索到情报分析，从阅读推广到知识发现，从信息素质教育到创新素质教育，从文献服务到出版服务，从文献管理到数据管理，从图书馆服务到智库服务，从人工服务到智慧服务。

9.4.2.1 从资源建设到知识组织

移动互联网技术的广泛应用和知识经济时代的到来，促进图书馆从传统的资源建设向知识组织、知识管理、知识服务转化，其中以知识组织为基础。知识组织是在图书馆学、情报学的分类系统和叙词表研究基础上发展起来的，是信息组织的最高形式。知识组织在知识和信息的获取与交互方面扮演着重要角色，主要研究知识处理和知识表达使用的语言与工具的构建与控制等问题①。知识组织实现了从信息服务到知识服务的转变，是从信息到知识的升华。随着数字化和开放获取的发展，图书馆传统的资源建设功能将蜕变为知识组织功能。

知识组织是对知识（隐性知识、显性知识）的标引、关联、分析、挖掘、揭示等一系列组织活动与过程，简而言之就是对客观知识进行整序的活动过程②。知识组织在前向资源

---

① RLAND B. Facet analysis: the logical approach to knowledge organization[J]. Information processing & management, 2013, 49(2): 545-557.

② 李桂贞，郑建明. 论数字图书馆的知识组织[J]. 图书馆理论与实践，2007(5): 70-73.

驱动和后向利用导向作用下，通过知识挖掘、知识发现、知识融合、定制推送、智能搜索等多种智能技术，发现隐含在信息中的有用信息单元并组织成知识库，然后提供给用户，满足用户知识的需求，为用户提供卓有成效的知识服务[①]。由此可见，知识组织与知识服务紧密关联。知识组织是对知识的智能认知与高效整合。它面向用户需求，通过数据、信息、文献等相互映射和语义关联的知识组织过程实现知识服务。知识组织是图书馆馆员的核心能力[②]。知识组织是在信息服务基础上深入和延伸的概念与服务形式，是用户需求变化环境下服务的拓展与革新[③]。

9.4.2.2 从馆内服务到嵌入式服务

传统图书馆服务的典型特征是馆内服务。用户到馆，图书馆员就为用户提供服务；用户不到馆，图书馆员则无能为力。数字化与网络化促使越来越多的用户从效率和方便性等考虑，会选择在桌面通过网络获取所需信息。近些年一些图书馆到馆率、借阅率逐年下降迫使我们重新思考馆内服务的重要性，重新设计适应用户新的需求的服务模式——嵌入式服务。嵌入式服务重新定义了图书馆的概念与性质，重新认知用户的信息需求，重新确立图书馆员与用户的伙伴关系，颠覆了图书馆“中介论”的理论基础，开创了对图书馆学的新认知[④]。待在馆内，走出围墙，海阔天空——嵌入式服务为图书馆创造了新的服务空间与服务机会。

美国约翰霍普金斯大学医学图书馆的嵌入式信息专员（embedded informatinist）是提供嵌入式图书馆服务的典型代表[⑤]。嵌入式服务突破了图书馆的物理障碍，融入用户及其过程之中，发挥图书馆员的信息优势、服务优势与团队优势，与其科研、教学、管理密切协同，建立合作伙伴关系，在嵌入式的服务中赢得用户的信赖、支持与合作，在用户的任务中发挥重要的不可替代的作用。在当前和未来的图书馆发展中，图书馆员的作用不是体现在馆内服务，而是融入用户过程的嵌入式服务。嵌入式服务的能力与效果，表明图书馆的服务能力与影响力。

9.4.2.3 从参考咨询到知识咨询

参考咨询（reference service）走过了 100 多年的历史。参考咨询现阶段尽管有其一定的意义，但是参考咨询基本上是基于文献和文献线索的一种问答式的服务，没有深入到知

① 刘维丹. 数字图书馆的知识组织研究[J]. 现代情报，2002(10): 123-124,126.

② 刘炜. 知识组织：图书馆职业的核心能力[J]. 国家图书馆学刊，2010(2): 32-37.

③ 张曼，黄龙. 大数据环境下图书馆知识组织与知识服务研究[J]. 新世纪图书馆，2017(2): 20-23.

④ 初景利. 嵌入式图书馆服务的理论突破[J]. 大学图书馆学报，2013(6): 5-9.

⑤ 初景利，许平，钟永恒，等. 在变革的环境中寻求图书馆的创新变革——美国七大图书情报机构考察调研报告[J]. 图书情报工作，2011(1): 10-16,69.

识层面。参考咨询是一种基于图书馆的资源与服务的被动的服务，没有从用户需求出发，为用户能动地提供基于问题的解决方案（solution）；参考咨询是一种简单的知识性劳动，更多地体现为一种技能和经验，而不是一种复杂的智力型劳动，服务成果的知识附加值很低；参考咨询适应的是到馆用户和网上用户的一般需求，不能适应当今用户知识化、学科化、个性化的要求。早在 1988 年，斯波尔丁（Spaulding）就指出，专业图书馆员应该走向知识顾问①。威德尔（Weddell）倡议把参考咨询转变为前端的知识咨询服务②。随着用户需求从信息转向知识，图书馆也需要创新参考咨询服务模式，深化服务内容，改革服务方式，从参考咨询服务走向知识咨询服务。

与图书馆传统的参考咨询服务相比，知识咨询服务（consulting service）在很多方面有所不同：首先，参考咨询是图书馆员根据用户需求提供文献、数据和资料的服务过程③，而知识咨询针对用户需求，以图书馆学情报学等专业知识为基础，利用先进的技术对信息进行提取、组织、优化，融入用户知识获取的全过程，为用户的决策与创新提供有效的知识解决方案；其次，参考咨询往往只限于用户需要什么图书馆员就提供什么的现实需求，是基于显性知识的一种服务，而知识咨询强调基于用户的潜在需求，为用户提供基于隐性知识的一种服务；再次，参考咨询往往是将结构化（或标准化）文献信息、数据、线索提供给用户，或将进行了一定数据分析加工的知识产品提供给用户，而知识咨询更注重用户的专业化、知识化、个性化需求，提供解决用户最终问题的知识，与用户协同合作创造知识服务和面向用户的知识管理等④。

图书馆要实现从参考咨询向知识咨询转型，首先需要真正做到“以用户为中心”，以用户的需求为基础，开拓新型知识咨询服务，培养具备为用户提供知识服务的高水平高素质的专业馆员。尤其在大数据时代，图书馆知识咨询馆员既要掌握学科服务、嵌入式服务等咨询服务工作必备的信息检索、信息分析、信息组织及相关平台与工具使用等基本素养，还要掌握大数据环境下的数据挖掘、知识组织等大数据知识与技能⑤。

9.4.2.4 从文献检索到情报分析

文献检索往往是图书馆员的重要业务能力，也是图书馆服务工作的重点。但随着网络和搜索引擎的出现，用户往往可以自主地进行文献检索和信息搜寻，而不需要图书馆员作

---

① SPAULDING F H. Special librarian to knowledge counselor in the year 2006[J]. Special libraries, 1988, 79(2): 83-91.

② WEDDELL S. Transforming reference into a proactive knowledge advisory service: a case study [J]. Reference services review, 2008, 36(2): 147-155.

③ 夏侯炳. 参考咨询新论[M]. 南昌：江西人民出版社，2004.

④⑤ 王天泥. 知识咨询：大数据时代图书馆的知识服务增长点[J]. 图书与情报，2013(2): 74-77.

为中介。但面对纷繁无序的信息海洋，情报分析就变得越来越重要。情报分析已经成为图书馆深化服务内容、提供高层次服务的重要手段。图书馆服务的影响力往往取决于情报分析服务。情报分析服务是做好学科服务、咨询服务、数据服务、智库服务、智慧服务的根本保障。

图书馆开展情报分析工作的着力点包括：①与学科服务有机结合，开展学科情报服务，学科情报服务是学科服务的主导方向，将学科服务嵌入科研过程之中，为科研项目提供项目研究进展与研究态势分析；②嵌入科研管理与决策过程，通过情报分析为用户提供战略管理和决策的支持，开展领域发展态势、竞争状况以及发展动态的情报分析，为管理和决策提供依据；③结合信息计量学工具对人才和学科开展评价分析，挖掘和发现活跃的或具有潜力的人才，为我所用，或开展合作，或根据需要对学科的发展状况进行比较和分析，揭示学科发展的问题，提出学科发展需求，推动学科建设。

9.4.2.5 从阅读推广到知识发现

随着全民公共文化事业的发展和书香社会的建设，阅读推广已经成为图书馆的一项重要业务，开展了卓有成效的阅读推广工作，为全民阅读素质的提高、建立社会阅读文化发挥了重要作用。但随着数据库和数字资源成为图书馆馆藏的主体，图书馆的服务还应进一步从文献阅读层面延伸到知识发现层面。所谓知识发现是采用各种技术、方法和手段，对数据库内外的知识进行系统分析、挖掘、发现和利用，撷取隐含、有用、未被发掘、有潜在价值的知识资源的一种过程①，包括隐性关联知识发现，非相关文献知识发现和数据库知识发现②。

图书馆在阅读推广的基础上，深入数字知识内容层面，是图书馆对馆藏资源不断加以揭示和利用的必然途径。随着馆藏数字资源比重的加大，对数字资源的揭示、挖掘、分析和利用将变得越来越重要。图书馆服务就是要将这些大量的数字资源进行知识组织、知识管理和知识服务，而知识发现无疑是其中最重要的亮点。在大数据环境下，知识发现的应用范围逐渐扩展③。图书馆要善于借助知识发现工具，激发用户的需求，将图书馆的数字资源最大限度地发挥应有的作用和价值。

9.4.2.6 从信息素养教育到泛信息素质教育

美国大学与研究图书馆协会在2000年发布了《高等教育信息素养能力标准》，在2016

---

① 程鹏. 知识发掘的概念及其相关理论研究[J]. 图书情报工作，2010(18): 111-115.

② 冯新民，王建冬. 知识挖掘的概念困境与广义知识挖掘[J]. 情报杂志，2008(7): 63-65.

③ 靳嘉林，王曰芬. 大数据环境下知识发现研究的变化及其发展趋向[J]. 数字图书馆论坛，2018(5): 67-72.

年又发布了《高等教育信息素养框架》，其意义在于用户仅仅具有信息素养是不够的，必须将信息、科研与学术的很多其他概念与思想融为一体，将信息素养与科研学术过程相结合[①]，我们称之为“泛信息素养”。这是因为：信息素养不是目的，信息素养不是孤立存在的，而是与场域（field）和情境（context）相关联的；信息素养教育必须进阶，创新素养教育对信息素养教育提出了新的、更高的要求；信息素养教育需要视角转换，从创新素养视角认识和对待信息素养及信息素养教育；信息素养教育的归宿，是将创新意识、创新思维、创新精神、创新知识、创新能力、创新人格作为信息素养教育的最终目的。

图书馆的信息素养教育对提升用户的创新素质具有重要作用。图书馆应充分认识新形势下图书馆在创新素质教育中的重要作用，利用图书馆优势，开展泛信息素质教育：倡导阅读等活动，使学生具有广博的科学和人文知识，完善他们的知识结构，开启他们的创造灵感；通过嵌入学科服务，帮助学生加强对专业知识的学习；通过拓展信息素质教育，提高大学生获取知识和对知识的分析、甄别、分析、判断能力，增强创新、写作与学术交流的能力。图书馆不仅是获取信息的场所，更是培养创新人才的孵化器。

9.4.2.7 从文献服务到出版服务

在传统的学术交流流程中，出版是上游。期刊、图书和数据库出版后，图书馆发挥中介的作用，购买后提供给用户使用。用户利用这些资源创造新的成果，又成为作者，将成果通过论文、专著输出给出版者，出版者再供应给图书馆。在数字环境下，这一流程正在发生变化。有国外报告指出，在数字世界里，出版商、图书馆、集成商和作者在信息的创造和传播方面的角色将融合[②]。这意味着信息的创造和传播以前都是作者和出版者的事，而现在出版商、图书馆、集成商、作者都可以做。信息的创造与传播的角色已经越来越模糊。

在数字化和开放获取的环境下，需要重新认识图书馆在出版领域的定位和作用，从信息的购买者延伸到信息的创造者和传播者，在信息的创造和传播方面发挥作用。主要体现在两个方面：一是向下延伸，建立与作者之间的学术关系，如建立机构知识库、学科知识库，作者所发表的或没有发表的成果都可以通过图书馆建立的知识库存储、管理和传播；二是向上延伸，为作者提供出版服务，甚至开展图书馆出版（library publishing）。根据图

---

① ACRL. Framework for information literacy for higher education[EB/OL]. [2018-07-04]. http://www.ala.org/acrl/standards/ilframework.

② The British Library’s strategy 2008-2011. [EB/OL]. [2018-07-02]. http://www.bl.uk/aboutus/stratpolprog/strategy1115/strategy2008-2011.pdf.

书馆出版联盟《图书馆出版名录》(2017 版)[①] 发布的数据显示，美国、加拿大、巴西、英国、德国和澳大利亚等 118 个机构的图书馆在开展图书馆出版，提供的出版附加服务也有 49 项之多。图书馆出版与出版服务代表图书馆新的发展方向与趋势，也意味着图书馆业务的延伸与拓展，是图书馆新的业务增长点。

9.4.2.8 从文献管理到数据管理

在《新媒体联盟地平线报告(2017 图书馆版)》中，科研数据管理被列为学术和研究图书馆信息技术发展的中期趋势，图书馆要加强科研数据生命周期管理，真正提高用户服务的便捷性和信息获取性[②]。美国大学与研究图书馆协会发布的《大学图书馆发展趋势》提出，科研数据管理服务利于图书馆与科研管理机构的协作，改变了传统的合作方式，是美国高校图书馆的未来发展趋势之一[③]。科研数据作为研究成果的一部分，越来越受到重视。图书馆应该进一步重视和开展科研数据管理服务。

图书馆的科研数据管理服务，能确保科研数据的完整存储，避免因科研人员调动引起科研中断，同时图书馆可以向科研人员提供科研数据管理的指导与支持。科研资助机构要求资助项目科研数据的完整性与透明性，科研数据管理服务能确保科研资助机构准确掌握科研项目的研究情况。

9.4.2.9 从图书馆服务到智库服务

传统的图书馆服务与智库似乎没有直接的关系。随着智库作为一项国家战略，智库建设得到了政府和全社会的高度重视。智库的基础是信息，智库的建设与发展需要社会方面力量的支持。图书馆作为信息机构，应积极主动地参与智库建设之中，在智库建设中发挥能动而关键性作用。为此，需要借助于图书馆的学科服务、情报服务等优势，将图书馆的服务进一步延伸到智库服务，发挥图书馆在智库建设中应有的作为和作用。图书馆参与智库建设不仅是自身业务发展的需要，也是新时期的重要战略[④]。

图书馆在智库建设中的作为和作用，主要包括 4 个方面：一是为智库机构和智库研究提供直接或专门的文献资源支撑。这是图书馆的传统优势，资源的保障和支撑是图书馆非常重要的基础。如何为智库机构和智库研究提供适应他们需要的资源保障和资源的支撑，

---

① Library Publishing Coalition. Library publishing directory[EB/OL]. [2018-07-02]. https://librarypublishing.org/directory-year/directory-2018/.

② BECKER S A, CUMMINS M, DAVIS A, et al. 新媒体联盟地平线报告:2017图书馆版[J]. 赵艳，魏蕊，高春玲，等，译. 图书情报工作, 2018 (3): 114-152.

③ ACRL. 2016 top trends in academic libraries: a review of the trends and issues affecting academic libraries in higher education [J]. College & research libraries news, 2016, 77(6): 274-281.

④ 初景利，唐果媛. 图书馆与智库[J]. 图书情报工作, 2018(1): 46-53.

这是图书馆发展的新任务。二是建立或合作建立支撑智库研究的数据库和知识管理系统。图书馆的作用是如何把数据库和知识组织系统更好地组织、揭示、挖掘，从而更好地为智库机构和智库研究人员提供有针对性服务。三是提供嵌入智库研究过程的情报服务。智库研究无疑也需要情报服务。情报服务越准确、及时、有效，越有利于支撑智库研究成果，所提供的决策咨询建议就越符合国家制订公共政策的需要。四是提供智库机构、人才、成果影响力评价分析的建议以及智库成果的传播系统。图书馆员擅长做评价，多年来在期刊评价、数据库评价、学术评价等方面拥有良好的基础，需要延伸到智库评价，发挥评价在智库研究导向上的积极作用。同时，图书馆要利用自身在信息传播方面的优势，将智库成果通过图书馆的各种信息平台更好地传播出去。

9.4.2.10 从人工服务到智慧服务

传统图书馆服务是人海战术，依赖于人的体力性劳动为用户提供服务。在大数据、物联网和智能技术时代，传统图书馆将从数字图书馆走向智能图书馆和智慧图书馆，实现图书馆功能的质的飞跃。图书馆转变为智慧图书馆，必将成为未来图书馆发展的主导模式和最高形态。智慧图书馆将是图书馆发展的一场新的革命①。

智慧图书馆要解决两个方面的问题：一个是智慧图书馆的管理，比如说智能定位系统、楼宇的管理等；二是智慧图书馆的服务，智能采访、智能图书推荐、智能图书检索、智能情报分析等。智慧图书馆包括两个关键要素，一个是智能技术，另一个是图书馆员的智慧。智慧图书馆是智能技术应用与图书馆员智慧的有机结合。将技术尤其是人工智能技术和馆员相结合，针对图书馆的业务和管理的需要，更好地把服务需求、技术优势与馆员智慧结合起来，才能更好地解决图书馆业务和管理发展中的问题。比如说图书馆智能采访，以前更多根据图书馆员的人工判断，效果非常有限。如果建立语义和大数据分析，图书采访可以更加适应用户的需要，具有良好的发展前景。因而图书馆不仅仅建设的是智能图书馆，而且一定要走向智慧图书馆，从智能图书馆到智慧图书馆②，是图书馆建设的终极目标。

9.4.3 构建图书馆新型服务能力

面对用户新的需求，图书馆应该有新的定位，应该有新的战略，这个战略就是从资源能力到服务能力的转型变革，其核心为：从以图书馆为中心走向以馆员为中心，从以馆员为中心走向以用户为中心，从以资源为中心走向以服务为中心，从以到馆服务为中心走向

---

① 初景利，段美珍. 智慧图书馆与智慧服务[J]. 图书馆建设，2018(4): 85-90，95.

② 初景利，段美珍. 从智能图书馆到智慧图书馆[J]. 国家图书馆学刊，2019(1): 3-9.

以嵌入用户过程为中心，从以服务过程为中心走向以服务效果为中心。

第一，从以图书馆为中心走向以馆员为中心。以前我们往往更多关注图书馆本身，关注图书馆建设形象、馆舍面积、设备先进性、空间布局良好，精力和经费投入都用在了图书馆身上。今天，我们应该更多关注馆员。图书馆的作用发挥更多取决于我们馆员的能力、馆员的投入、馆员的积极性，如果馆员的能力与积极性没有发挥，图书馆再好、再大、馆藏再多，也不能有效发挥作用。这是今天最需要转变的认识。

第二，从以馆员为中心走向以用户为中心。以馆员为中心仅仅是一个手段，不是最终目的，最终的目的也要通过图书馆员，通过馆员的能力更好地为用户提供服务，实现以用户为中心的根本性转变。以用户为中心就是要体现“用户在哪里服务在哪里”，就是要利用各种各样的手段，千方百计满足用户各种各样的需求，就是要最大限度地为用户提供满意的服务。

第三，从以资源为中心走向以服务为中心。这就要将文献的潜力转化为知识的能力。通过对用户需求的分析，通过馆员的信息能力，转化为对用户服务的能力，直接地支撑其教学、科研和管理活动，真正把文献的潜力发挥出来，转化为用户真正的需求满足，图书馆的价值才能充分体现。

第四，要从以到馆服务为中心走向以嵌入用户过程为中心。图书馆的作用不一定是在馆内发生的，而是在用户的环境中发生的。所以，图书馆服务的重点是嵌入用户的过程，在其办公室、会议室、教研室、研究室、实验室等，图书馆员运用自身的知识和技能，将信息资源和用户的需求更好地衔接。融入一线，嵌入过程，走进教学，融入科研，支撑管理，这应该成为图书馆新的业务布局与发展方向。

第五，从以服务过程为中心走向以服务效果为中心。为用户提供服务，不是仅仅提供了服务，而是提供的服务到底解决用户什么样的问题，用户服务产生了什么样的效果，这一点更为重要。服务的评价应该是基于效果的评价，是基于用户需求的满意度的评价。通过评价更好地作用于图书馆服务的改进。

综上所述，图书馆从资源能力到服务能力的转型变革，最根本的一点是馆员的能力，图书馆的能力体现为图书馆员的能力，反过来这种能力又进一步推动图书馆从资源能力到服务能力的发展，没有图书馆员的能力就没有服务的能力。从图书馆能力而言，需要有两个跃迁：一是从资源能力到服务能力；二是从传统的服务能力到新型的服务能力。图书馆不仅仅是满足传统的用户需求，还要满足用户新的服务需求。

9.5 图书馆参与出版与服务

进入 21 世纪，学术出版领域生态环境发生了巨大变化，传统的出版资源和能力不再是出版机构独有的竞争优势，以出版方式数字化、资源类型多样化、内容传播网络化、出版能力知识化等为特征图书馆出版从技术、需求、制度方面正在对学术出版产生深刻的影响。图书馆出版不仅成为有别于商业出版的一种新的出版模式，而且正在成为学术图书馆的一种新型服务能力。

9.5.1 学术图书馆参与出版与服务的动因

9.5.1.1 学术出版链的新格局

在传统学术交流模式中，出版商完全垄断学术出版链，从学者手中获得学术成果，并要求作者进行版权转移，然后对学术成果进行制作加工，形成纸本或数字文献，再以图书、期刊或者数据库的形式销售给图书馆，图书馆购买资源，再提供给学者进行阅读，实现从“菜园”到“餐桌”的过程。数字出版的出现使学术出版格局发生了变化，单一的出版流程逐渐走向以开放便捷的信息交流为目的的多渠道、多类型、多主体、颗粒化内容的“发布”。因此，在“大出版”理念下，图书馆深刻地意识到学术信息产生和创造过程的变革[①]，从支持新知识的生产和传播学术内容，转向直接参与学术出版，成为内容的出版者[②]。

图书馆改变了“出版商出版，图书馆购买”[③]的资源建设模式，在功能定位中形成新的出版模式——图书馆出版。图书馆出版（library publishing）是指图书馆所主导的支撑学术性、创新性、教育性成果的创作、传播与管理的一系列活动。

图书馆出版是图书馆在长期的学术出版活动中对功能角色的重新定位，是图书馆对作为出版主体的角色深思熟虑后的角色重塑的选择[④]，是图书馆从过去、现在、未来的发展过程中制定的长期目标和战略抉择。

---

① HARBOEREE C. Just advanced librarianship: the role of academic libraries as publishers[J]. Australian academic & research libraries, 2007, 38(1): 15-25.

② 初景利,孙杰.图书馆出版:新领域、新能力、新挑战[J].图书情报知识,2018(6): 86-93.

③ INGHAM R, KANELLOPOULOS L. University presses in libraries: potential for successful marriages[J]. OClC systems & services, 2014, 30(3): 158 - 166.

④ VANDERGRIF M, BOLICK J. "Free to all": library publishing and the challenge of open access [EB/OL]. [2017-08-22]. http://dx.doi.org/10.7710/2162-3309.1181.

9.5.1.2 用户面向学术出版的新需求

用户对学术出版的需求是图书馆出版的原动力和逻辑起点。不论是一线科研人员、研究生甚至是本科生，他们在职位晋升、业绩考核、攻读学位过程中，产生并拥有大量的学术成果。由于商业出版具有周期长、学术身份偏见、学术成果复用难（版权）等问题，一些学术成果出版和发布受到极大限制。用户一方面迫切需要学术资源能够更加开放，减少使用约束，另一方面需要成果能够更加快捷、低成本、高质量、无障碍地广泛发布。在用户需求驱动下，图书馆充分利用在用户服务过程中积累的元数据标准化、知识发现、出版业务推荐、文献计量、信息存储等方面的丰富经验[①]，发挥其文献服务能力、资源组织能力、信息发现能力、情报分析能力、知识服务能力，从支持、参与学术出版的角度出发，从内容的获取、增值、传播等方面满足用户学术出版需求。

9.5.1.3 学术图书馆与出版的新融合

数字和网络技术的发展极大地推动了学术出版的数字化进程，打破了出版界和图书馆的原有界限，使出版机构有可能绕过图书馆直接服务于终端用户，而图书馆也以此为契机，参与学术出版，成为资源建设者。《2012 年美国大学图书馆十大发展趋势》中提到[②]，新的学术交流和出版模式正以更快的速度发展。图书馆与出版的关系日趋密切，与出版机构的角色日渐模糊，呈现出一体化的态势。

根据本研究“新型出版对学术图书馆的影响研究”调查问卷结果，关于“新型出版与学术图书馆的关系趋势”一题回答中，72.6% 受访者选择了“一体化关系”，48.2% 选择了“上下游关系”，如表 9-1 所示。

表 9-1　您认为新型出版与学术图书馆之间的关系趋势是什么？

选项	小计	比例
上下游关系	709	48.2%
一体化关系	1068	72.6%
替代关系	312	21.21%
没有关系	92	6.25%

① COWEN S. Open access journal incubator at University of Lethbridge Library[EB/OL]. [2017-08-22]. http://opensuny.org/omp/index.php/IDSProject/catalog/book/25.

② ACRL Research Planning and Review Committee. 2012 top ten trends in academic libraries [EB/OL]. [2018-05-22]. http://crln.acrl.org/content/73/6/311.full.

续表

选项	小计	比例
不确定	151	10.27%
本题有效填写人次	1471	

数字出版扩大了纸本出版的类型和范围，信息记录数字化改变了文献的记录方式，为学术资源的充分共享提供了可能，而互联网的崛起将这种充分共享的可能变成了现实。全球性开放获取运动提倡读者免费获取、在线自由访问的学术交流方式被越来越多的作者、读者以及大学所接受和使用，促进了学术成果的共享和利用。信息环境、数字出版、开放获取运动加速了学术图书馆向出版领域的角色延伸。

9.5.1.4 学术图书馆参与出版的新机会

图书馆正在走向出版领域，图书馆不仅仅是拥有藏书的场所，而且是学术出版物的可能的创造者。图书馆出版是个新的领域，但学术图书馆在数字化与网络化时代，面对“期刊危机”，若想再次崛起，图书馆必须充分考虑新时代背景下如何重构现有业务模式以适应信息与知识服务的新需求，必须考虑如何将业务体系延伸至出版领域。图书馆应该在出版理念、出版模式、交流模式中不断创新，在转型变革中寻求新的发展机会，通过学科库、知识库等开放出版的形式，适应数字化资源的保存、管理和利用需求，提供出版服务，从而重新定位自身角色，成为学术交流体系的主导力量。

9.5.2 学术图书馆出版与服务特征与优势

9.5.2.1 图书馆出版与商业出版的差异

相对于商业出版而言，图书馆出版在目标、出版模式、版权归属等方面具有根本性的差异，如表 9-2 所示。

表 9-2 商业出版与图书馆出版的差异

比较项目	商业出版	图书馆出版
目标	以出版商的利润最大化为目标	以服务用户促进学术交流为目标
出版模式	商业化运作模式的商业出版	非营利性模式的开放出版
版权归属	出版商占有著作权	作者享有自主知识产权

续表

比较项目	商业出版	图书馆出版
出版行为主体	出版商	图书馆
经费来源	用户支付出版费用	以图书馆的预算或运营经费为主，附加基金、捐赠、众筹等
出版形式及内容	以纸本或电子版形式的学术论文或著作	以文本、音频、视频、数据等数字化的毕业论文、期刊、著作、报告、讲义等
发行方式	用户订购的方式，包括团体订购如图书馆、学会以及个人用户订购	网络传播
质量控制	无评审制度或专业的、隐名的、外部审稿人制度	开放的同行评审制度

9.5.2.2 图书馆出版的优势

图书馆出版主要是非营利性的学术出版，解决学术成果的发布与传播的最后一公里的问题。图书馆以数字出版和开放获取出版为主（不排斥纸质出版），通过开放获取出版将本机构拥有自主知识产权的成果进行组织、关联、挖掘、发布，为用户提供学术成果和资源的提交和发布服务，供用户免费使用。而商业出版通常是营利性出版，通过作者著作权的获取形成资源的垄断，拥有独特的出版发行渠道和运营盈利模式。图书馆出版具有以下优势：

（1）图书馆作为独立的出版人，实现出版功能，而不局限于完成出版的某个环节。图书馆能够完成各类型文献的生产、制作、加工、传播等全流程的出版活动，而不仅仅是其中文献的组织、文献的存储等一个或几个出版流程。

（2）图书馆出版以数字出版为主，但不局限于数字出版。数字出版是图书馆出版的技术和手段，图书馆可以利用数字出版技术，对学术作品进行编辑、分类、组织、标引、传播等，也可以根据用户需求，采用如按需出版等技术，提供纸本出版服务。

（3）图书馆出版物类型丰富，既包括正式出版物，也包括非正式出版物。图书馆出版与其他出版类型的区别在于出版主体是图书馆，而正式或非正式出版的是由出版政策决定的。现阶段，具有出版许可的机构出版物属于正式出版，没有出版许可的机构出版物属于非正式出版物。但是，网络出版物的许可给图书馆出版带来了希望。出版政策必将随着出版结构、出版模式的变化而变化，因此，图书馆出版的未来可期。

（4）图书馆出版更加开放，但不排斥商业出版。开放出版是图书馆出版重要的传播方式和途径，图书馆出版更倾向于开放出版，成为商业出版的重要补充，在学术出版生态系统中获得更大的竞争优势，而不是取代商业出版。

（5）图书馆出版对作品声明版权，但不是内容垄断。图书馆出版与商业出版的重要区别在于作者并非以版权换取出版的权力。图书馆为作者提供出版的认证，但由作者保留版权。作者可以对其作品的内容再利用，不会受到图书馆的限制，图书馆更不会以版权的归属作为谋利的手段和资本。这一点与商业出版具有极大的不同。

（6）图书馆出版是低成本出版，但不等于免费出版。图书馆是非营利性公益组织，其出版行为的最终目的在于促进学术交流，而不是获得利润的最大化，这是图书馆出版与商业出版的本质区别。图书馆出版也需要人力、物力、财力的投入，图书馆通过各种渠道寻求出版资助，争取实现作者的免费出版和读者的免费使用，但决不以论文处理费、管理费、审稿费等名义收取高额费用获取高额利润。

因此，图书馆出版的产生源于图书馆与生俱来的以传承学术思想、促进学术交流为目标的责任感与使命感，在新型学术生态格局中，以开放的心态搭建学术交流平台，使用户共享学术资源，在学术成果出版中谋求共赢。

9.5.3 学术图书馆出版与服务内容

9.5.3.1 图书馆出版的服务对象与服务载体

用户是图书馆出版最核心的服务对象。根据用户的不用层次，可以分为学生、教师/科研人员和管理人员。不同的服务对象，其出版需求和成果各不相同。《图书馆出版指南（2014）》《图书馆出版指南（2015）》《图书馆出版指南（2016）》的调研结果中，论文、著作、报告、讲义、课件等成为图书馆出版物的常见类型，见表 9-3。这也表明不同的用户出版物类型各具特点。

表 9-3 图书馆学术出版物类型和数量

出版物类型	2014 年		2015 年		2016 年	
	图书馆数量	出版物数量	图书馆数量	出版物数量	图书馆数量	出版物数量
毕业论文	87	94 126	97	113 899	90	99 312
教师主办期刊	83	387	84	403	79	412
学生主办期刊	63	206	70	207	68	226
本科课程设计 / 论文	58	9 282	60	13 397	54	4 640
教师会议论文	46	8 560	48	7 401	47	7 692

续表

出版物类型	2014 年		2015 年		2016 年	
	图书馆数量	出版物数量	图书馆数量	出版物数量	图书馆数量	出版物数量
技术 / 科研报告	46	117 895	50	140 922	46	120 099
学术著作	41	1 080	45	1 084	39	774
快报	35	597	36	150	34	207
校外投稿	34	193	34	203	35	165
学生会议论文	29	1 279	32	1 544	24	832
数据库	22	100	21	87	14	95
教材	11	25	10	50	16	58

从表 9-3 中可以看出，图书馆学术出版物类型主要集中于毕业论文、教师和学生主办的期刊、会议论文、学术著作等 12 类，其中毕业论文出版数量较多，说明毕业论文的出版是出版服务的重点之一；技术 / 科研报告数量最多，2015 年达到 140 922 篇。这极大地扩大了传统的期刊文献和学术著作为主体的出版范围，也说明教师 / 科研人员的灰色文献在数量上、内容上、需求上具有巨大的潜力。此外，有的图书馆也出版了其他类型的出版物，例如堪萨斯大学图书馆出版口述历史、密歇根大学图书馆数字化项目、明尼苏达大学图书馆的博客等，图书馆出版物类型中任何包含学术信息的整体或片段都成为出版物。这也突破了传统出版物的物理形式。

9.5.3.2 图书馆出版的服务平台

根据《图书馆出版指南（2017）》的数据统计，常用的图书馆出版平台类型包括开源平台、商业平台、自建平台、托管式平台等 4 种类型。在 118 个受访图书馆中，有 76 个图书馆（占总数的 64%）使用多个平台，36% 使用单一平台从事出版活动。其中，Digital Commons 是使用最多的平台，使用数量从 2016 年的 42% 上升到 2017 年的 46%；其他平台有 OJS（42%）和 DSpace（28%）；本地开发平台（25%）、WordPress（22%）、CONTENTdm（17%）、Fedora（14%）等。

表 9–4 出版平台对照表

	开发者	性质	功能	内容
Digital Commons	加州大学伯克利电子出版社（BePress）	商业软件	网络发布平台	包括开放教育资源、教员的工作论文和其他灰色文献、档案和特殊的集合、同行评审期刊、学生工作包括论文、会议论文集、研究数据集
OJS 系列 OJS、OCS、OMP、OHS	公共知识项目（Public Knowledge Project，简称 PKP）	开源软件	网络发布平台 出版管理平台	开放期刊、开放会议、开放著作、开放数据
DPubs	康奈尔大学图书馆、宾夕法尼亚州立大学图书馆与出版社	开源软件	网络发布平台	期刊、著作、会议论文
DSpace	麻省理工学院与惠普公司实验室	开源软件	网络存储系统	对所有数字格式的支持，如文档、书籍、数据库、计算机程序、虚拟和仿真模型、多媒体出版物和学习对象等
VT 出版平台	弗吉尼亚理工大学图书馆	自主开发	编辑出版平台	期刊、书籍、会议论文集，以及公开授权的文本、媒体和其他用于教学、学习和研究的数字作品

9.5.3.3 图书馆出版的服务路径

（1）提供开放知识服务

从学术交流的角度看，开放获取运动和互联网信息技术不可避免地带来了科学研究范式的转变，这极大地促进了大量的开放性内容的生成，其中包括开放获取资源、开放教育资源、开放数据等。随着大数据时代到来，图书馆有能力开发和利用各类型开放信息资源，并以此为基础，构建资源平台，为学术出版提供依据。

在图书馆出版战略规划中，充分考虑已有的开放资源，跟踪识别资源的发展态势，将其转变为开放知识作为图书馆发展和创新的重要战略资源。对于机构内部资源，以机构知识库为依托，建立开放知识的信息基础设施，形成开放获取资源、开放教育资源、开放数据为代表的资源发现和利用模式；对于机构外部资源，改变传统服务流程，有效关联和融合体量巨大、来源分散、多种类型的真实可靠的信息和数据，将其转化为可识别、可利用、可再生的知识产品与服务，以学术成果的传播与发布带动资源的发现和利用，提供更好的知识服务。

（2）资助开放期刊出版

图书馆出版服务的一个重要方面是资助开放期刊出版，将图书馆的资源订购经费转化为开放期刊论文处理费（APC），支持科研成果开放出版。图书馆出版联盟对图书馆出版现状调研数据统计，图书馆业务经费支持开放出版的比例占到 80% 以上，其中 2016 年达到 85.2%。具体措施主要有：图书馆设立开放出版项目，提供 APC 出版经费；与相关出版机构会员获得会员出版费用折扣；向各类基金会或科研机构申请 APC 抵消或减免。同时，也对开放期刊的资质提出了要求，以此来保证图书馆出版物的质量。鉴于国内开放出版项目主要集中于开放期刊出版，因此成熟的开放期刊出版的经费使用和支配模式可以借鉴。中国科学院文献情报中心也制定了《资助学术论文开放出版的实施指南》。

图书馆资助开放出版为图书馆提供了从信息供应链源头上参与学术出版的契机。图书馆将原用于文献订购的经费转化为“开放出版服务费”，保障科研资助经费的投入合理、效益最大化，避免重复投入；也通过合理的 APC Offsetting 机制规避订购费与开放出版费的重复支付。图书馆在学术交流体系中，参与学术出版流程，推动学术资源的公开、公平使用，促进学术研究的不断繁荣。

（3）推进出版素养教育

随着开放出版的兴起，学术成果的开放获取得到了越来越多的科研人员的支持和参与，他们迫切需要具有良好的学术出版素养，以促进成果的产生、共享和传播。图书馆将出版素养教育作为出版服务重要内容，利用专业知识为研究生、教师以及科研人员提供学术出版支持、提升学术出版素养，是重要而且是必要的。

学术出版素养对图书馆员的能力提出了新要求，图书馆员通过场景再现、讲座训练、出版实践等方式提高自身的学术出版素养，为用户提供从选题申请、科学研究到成果发布的全流程的学术出版素养教育。

（4）加强各类机构合作

图书馆与出版机构并非是残酷的非此即彼的竞争关系，尽管二者同处于学术出版领域，但由于出版资源的不同，出版方式的不同，从信息生态协同共生的角度看，二者的合作更有利于学术出版的发展。因此，对于图书馆来说，“图书馆 + 出版机构”的出版模式更有利于二者共赢。目前我国正规的学术出版机构主要有学术著作出版机构和学术期刊出版机构，即学术出版社和学术期刊社。根据《全国普通高等学校名单（2015）》列出共有高校 2 553 所，其中本科院校 1 219 所，在这些本科院校中有 112 所高校有“大学出版社”，有 973 种学报，其中核心期刊 269 种。这些学术出版机构是图书馆重要的合作伙伴，至少对于高校内部的出版社或学报来说，合作基础良好。

①图书馆 + 出版社

对于高校出版社来说，学术著作出版是高校出版社为学校教学科研服务的重要内容。随着高校出版社转制工作的完成，原本成本高、销量低的学术著作出版越来与成为高校出版社发展的负担。对于作者来说，学术著作的出版也越发困难。图书馆通过开放获取出版与出版社在学术出版领域的深入合作，既是图书馆的需求，也是出版社的需求。

②图书馆 + 学报

高等学校学报是我国学术期刊的特有类型。高校学报编辑部和图书馆均为高校的所属机构，同根同源，既有共同的学术目标，又有提高高校影响力的目标。然而在经费使用上，高校管理部门仍然面临着多重支付的现象。

“图书馆 + 学报”的开放出版模式可以从资源获取源头上解决这一问题，或将“版面费”转化为“文章处理费”用于开放期刊出版，或将机构内部学术成果强制性开放存储。如果学报能够成为图书馆的出版部门，对图书馆来说，出版能力将得到极大提高；对学报编辑部来说，出版经费能够得到充分保障；对高校管理部门来说，资源的采购经费能够得到极大的节约。如果学报不能成为图书馆的出版部门，图书馆也可以通过与学报在开放期刊加工、评议、发布方面进行深入合作，共同提高经费的使用效率，提高高校的综合影响力。

③图书馆 + 第三方出版机构

由于图书馆出版物类型丰富，随着新技术的发展，学术内容的全媒体出版、移动出版、虚拟出版都将对图书馆出版产生极大影响。在互联网融合出版的大背景下，图书馆与媒体技术公司合作、与互联网机构合作、与终端设备公司合作，为学术出版的多模式呈现、传播、推广增加新的元素。图书馆不能也不可能独自完成出版活动，但是以图书馆为主体，多机构的合作将会给学术出版带来更新的气象。

综上所述，“图书馆 + 出版机构”的出版模式将打破商业出版一家独大的学术出版格局，图书馆为学术出版带来了新的生长空间。图书馆与合作伙伴共同寻求发展学术出版的空间，协同组织间优势功能，最终实现学术出版的共同繁荣。

9.5.4 学术图书馆出版与服务能力建设

9.5.4.1 学术图书馆出版服务核心能力构成

在开放出版时代，学术图书馆面向出版服务，需要能够提供开放的知识服务，在开放资源建设过程中，加强技术引入和应用，优化学术出版平台，搭建更加人性化、知识化、智能化的基础服务设施，形成以技术驱动服务的图书馆出版服务的核心能力。

（1）内容获取能力

作为出版者，图书馆首先转变角色，从出版的视角看图书馆。在图书馆出版模式下，图书馆需要具有获得拥有自主知识产权的各类型成果的能力，具有发现资源、遴选资源、获取资源的能力，从而摆脱对出版商、集成商的资源依赖。

首先，图书馆需要能够从馆藏资源中发现价值资源。不论是古籍收藏还是学术资源存储，特色馆藏都将是图书馆重要的出版资源，如美国国会图书馆、英国国家图书馆、中国国家图书馆以及高等院校等学术机构图书馆由于历史原因而形成的学科特色等，这不仅是图书馆资源建设的要求，也是资源管理和利用的要求。

其次，以 IR 为基础开发灰色文献。很多图书馆都存储大量的灰色文献，尤其是学术图书馆，科研人员在长期科学研究中，积累各类调查报告、工程设计、实验数据等阶段性科研成果，这些大都由科研人员个人存储，分散易丢失，不易共享。通过机构库建设，学术图书馆收集整理相关科研成果和数据，提供灰色文献的保存、管理与发布，利用图书馆出版便捷的特点，激活灰色文献的学术价值。

最后，自主策划搜集有价值的内容。资源是无限的，而图书馆的选择是有限的。佛罗里达大学乔治·斯梅瑟斯图书馆①、内布拉斯加大学林肯分校图书馆②、旧金山大学图书馆③在各自的图书馆战略规划中提到“图书馆员应该自主策划、搜集具有学术价值的出版物”。

图书馆出版既要避免掠夺性出版，也要避免重复性出版，严格控制出版物的来源，既有利于提高图书馆出版物的影响力，也会避免浪费大量的出版资源和经费。

（2）出版增值能力

图书馆出版联盟对图书馆出版概念的解释中强调，图书馆出版需要有“生产过程”，而不仅仅是存储和传播。因此，图书馆出版更需要通过出版物的生产加工过程，实现出版物的内容增值，提高用户满意度。

运用多媒体出版物所需的各种媒介技术，如图形设计、音视频非线性编辑、App 操作与发布、网络媒体后台管理等，全方位立体化展示出版内容④。同时，针对多媒体出版物进行设计，将学术内容以最适宜的方式、最具表现力的效果向用户推送，如实验过程的模拟仿真或虚拟现实，设备操作的动画设计或配套插图，整体媒介版面设计等。不断更新、完

---

① GEORGE A. Smathers libraries[EB/OL]. [2017-10-31]. http://cms.uflib.ufl.edu/.

② DigitalCommons@University of Nebraska - Lincoln [EB/OL]. [2017-10-31]. http://digitalcommons.unl.edu/.

③ University of San Francisco[EB/OL]. [2017-10-31]. https://www.usfca.edu/library.

④ 李雪，王占坤，崔晓健，等.科技期刊编辑新媒体出版能力的培育[J].编辑学报，2016(6): 602-605.

善对新型媒介操作的技能，使学术内容能够更快、更好地与技术发展相匹配，与时俱进。

（3）知识传播能力

知识传播能力是指图书馆将各种介质，不论文字、声音、影像、图片或数据、信息、知识，建立流通渠道迅速及时地传递给用户的能力。在Web2.0时代，图书馆积极利用网络、学术交流平台、移动设备等多种渠道与方式进行出版内容的网络平台发布、精准定向发布、需求定制发布，与用户进行交流和互动，实现速度快、范围广、信息准、消耗低、形式多。

图书馆作为知识传播中心，构建顺畅的传播渠道和良好的传播机制，消除内容的使用限制，加强对信息传播的控制，实现用户之间低成本资源获取。

（4）资金筹集能力

图书馆通过各种渠道和采用不同方式及时、适量地筹集出版服务所需资金，既可以将用于订购商业学术资源的经费转移用于图书馆出版，也可以将项目成果出版经费用于开放出版，或者通过申报各级出版基金项目、学术出版奖励项目中获得出版支持费用，用于出版成本的补贴。

图书馆通过拨款、捐赠、自筹、众筹等方式，解决图书馆出版的经费来源问题，减轻用户和部门经济压力，对资源进行规划、整理、挖掘、关联，科学有效地整合图书馆与机构的各类型资源，以现有的资金支持现有资源的流动，保证资金与资源动态流动的一致性，提高资源和资金的运营效率。

9.5.4.2 学术图书馆出版服务核心能力再造

由于学术出版领域生态环境的变化，传统的出版资源和能力不再是出版机构独有的竞争优势，图书馆基于自身的非营利属性，深入挖掘在内容、技术、人才方面的优势，致力于克服传统出版对学术交流的阻碍作用。图书馆出版是一种新型学术交流模式，是图书馆为适应不断变化的学术环境和学术需求而采取的积极应对措施。图书馆要在出版领域获得持续成长，必须持续加强自身能力建设，不断地锻造图书馆发展所需要的出版能力。

（1）提高图书馆出版认知和管理水平

①提高图书馆员对图书馆出版的认知水平

国外图书馆界已经开展了大量的出版实践，但是国内图书馆界对图书馆出版的认知仍然十分模糊。在2017年的一项“关于图书馆出版认知”的调查中，关于“您是否知道或听说过‘图书馆出版’”这一问题，其中选择“知道，并且所在图书馆已经在开展出版服务”的有27份，选择“不知道”的有43份。见表9-5所示。

表 9-5 图书馆员对“图书馆出版”的认知状况

选项	小计	比例
知道，并且所在图书馆已经在开展出版服务	27	10.15%
知道，但还未开展出版服务	105	39.47%
听说过，但不十分清楚	91	34.21%
不知道	43	16.17%
本题有效填写人次	266	—

尽管样本有限，但是从比例上也能从一定程度上反映出图书馆员对图书馆出版的认知不足。因此，通过各种途径，如业界会议、学术研讨、管理层交流等方式，对图书馆员进行图书馆出版意义和价值的阐述，尤其是激发管理层的危机意识和创新意识，使之了解图书馆出版的最新进展，应对外部环境的变化，制定出合适的图书馆出版战略和方针政策。

②建立图书馆出版质量保障体系

为了最大限度满足用户需求，为用户提供高质量的出版产品，将图书馆中与出版相关的部门、人员、软硬件设施进行统一协调，组织起来，建立图书馆出版质量保障体系。明确不同部门、人员的质量管理职责，制定相应的管理制度和工作程序，并使之贯彻执行，从而为图书馆培养出可靠的质量保障能力。

（2）引智与挖潜的人才培养策略

①借力发展引进图书馆出版专业人才

目前国内图书馆馆员的专业背景大体上可以分为两类：图书馆相关专业，所在机构优势学科相关专业。极少有馆员具有出版相关专业背景或工作经验。这就造成了图书馆在开展出版时经常会面对工作人员专业知识和技能不足的问题，在出版规划能力、编辑加工能力、质量保障能力方面尤其突出。要开展图书馆出版，具备图书馆出版专业知识和技能的专业人才是必不可少的。引进图书馆出版专业人才是解决工作人员专业知识和技能不足问题的捷径。即使由于条件限制，无法引进能力全面的复合型人才，至少可以针对具体工作，引进出版相关专业、信息管理相关专业、数字技术相关专业的专业人才。

②加强馆员的出版素养教育

对从事图书馆出版的全体人员，定期开展通用图书馆出版知识和专项技能培训。通用出版知识培训涉及出版规范及标准、OA 出版流程、OA 期刊质量评价与选择、OA 出版经费的申请与使用、OA 出版的版权要求等。专项技能要求根据图书馆员的学科背景、研究专长结合学科服务经验，确定服务对象的专业需求，具备专业性图片、音视频以及数据的采集、分析、处理、保存、发布等能力。图书馆提倡不同知识背景的馆员之间的学习交流与分享，在学习和工作中提升出版素养，促进个人能力向团队能力的转化，在交流中提升自己。

③建立健康的学术和专业技能生态

图书馆员必须具备一定的科研能力，才能在各项服务中与用户进行平等的对话与交流，这是图书馆员的学术创造能力的重要表现。科研能力不仅体现在学科服务上，也将在出版能力环节发挥更重要的作用。图书馆通过鼓励馆员之间交流、跨馆同行之间合作、跨机构之间学习的开放、共享、互助的策略，建立良好的学术和专业技能交流的氛围，形成良好的学术研究生态环境，让馆员在开放的心态和状态下，自由通过多种途径获取相关新知识和新方法，明确自身在学术交流中的重要作用，从而获得更高的自我实现和自我满足感。

（3）加强图书馆出版基础设施建设

①整合现有软硬件资源

图书馆在学术交流生态链中扮演着信息的存储者和传播者，既有丰富的馆藏，又有大量的信息存储、处理、传播软硬件资源。要开展图书馆出版，就要对现有的馆藏和软硬件设施以图书馆出版为核心进行重新定位和整合，使其不仅发挥存储和传播的功能，同时要发挥出版的新功能。

②加大图书馆出版基础设施投入

传统出版的传播本质是单向的、封闭的和静态的，内容、读者和作者之间的关系是割裂的，这与开放、互动、参与、社交的互联网思维存在差别[①]。而图书馆出版是多维的、开放的和动态的，图书馆出版可以获得更多的优质资源，更广阔的读者空间，更有效便捷的与受众交流的方式。图书馆出版平台上，出版物的类型是多样的，出版物媒介是多样的，出版物的发布形态是多样的，因此，图书馆需要多方筹措资金，加大图书馆出版基础设施投入，建设图书馆在线出版平台，实现用户信息大数据分析、计算机辅助编辑加工、自动化信息处理，促进编辑加工、数字化处理能力的大幅度提升。

9.5.4.3 学术图书馆出版服务能力建设框架

图书馆要实现更好的出版功能，胜任出版者的角色，图书馆从版权纠纷的解决到合理内容的再用，从数字格式的提交到版式形式的设计，从同行评议的审阅到下载引用的统计等学术出版过程中，都需要不断提升出版能力。尽管图书馆在学术出版方面积累了不少经

---

① 任翔.众筹与出版新思维——欧美众筹出版的现状与问题[J].科技与出版,2014(5): 4-7.

验，但是还面临许多挑战，需要加强出版服务能力建设。

（1）加强图书馆出版服务的规划与设计

在现有条件下，图书馆要提高出版服务能力还需要进行更深入的出版服务规划和设计。

首先，根据用户的出版需求，确定合理的出版目标，有针对性地规划和设计目标、内容、实施相融合的服务流程。不囿于纸本文献的出版限制，在开放出版、数据出版、数据保存方面提供必要的指导、培训和有效规划，在开放获取理念下采取多渠道、多类型、多载体、多平台的多元化服务模式。

其次，立足于机构特色资源和优势学科，使之成为出版服务的切入点。学术图书馆应当客观评价自身的学术出版能力，重点分析自身在馆藏、人员、技术等方面的优势和劣势，重新定位在机构发展中的机构信息中心、资源保障中心以及学术出版中心的角色。基于此，学术图书馆才能发挥出其在信息资源组织、信息资源管理以及学术信息发布中不可替代的重要作用，将学术出版服务作为未来发展战略的重要组成部分。

最后，争取政策和资金的支持。学术图书馆出版服务不是图书馆的独立行为，不仅需要得到用户的支持，更需要与相关管理部门建立良好的合作关系，构建健康的出版生态系统，从管理政策、出版经费、学术评价上获得各方面的大力支持。尤其是现阶段科研人员晋升考核评价指标中，书号、刊号依然是科研人员出版学术成果的重要考量因素。随着网络的普及，越来越多的电子出版物、网络出版物以及学术博客受到越来越多的科研工作者的关注和引用，然而，图书馆是否能够取得出版资格仍然是影响科研人员选择图书馆出版的制约因素。因此，制定支持图书馆出版的相关政策，完善学术评价体制，实现信息资源开放共享，推动更加公正透明、科学合理的科研绩效评价机制是十分重要而且迫切的。

（2）将出版服务纳入图书馆业务体系

传统学术交流体系中，图书馆的角色是中介，图书馆的工作主要是面向下游用户，以用户为中心，围绕信息的管理、加工，在不同用户之间的流动展开的。在数字化网络化和开放获取的环境之下，用户不再满足文献信息的单向传播，需要进一步加强用户之间的知识获取和交换。因此，来自于图书馆的文献经由出版商再到用户手中的传递方式不仅延长了信息传播周期，而且提高了信息获取成本，用户更希望一站式服务。图书馆出版及其服务应运而生。它既能满足用户对资源的获取需求，提供深度服务和精准服务，也实现了学术成果从产生到加工到发布的无障碍流通。

因此，可以说，图书馆出版服务的驱动力更多地是来自于用户端需求。图书馆在重构学术交流体系过程中，将出版服务纳入图书馆的业务体系，将图书馆打造成知识资源生成与创造、信息资源的科学配置、科研学习过程的知识服务、馆舍空间的智能规划、用户关系的管理与维护的立体化、知识化、智慧化的新型学术交流中心。

（3）培养专业的出版馆员并设置出版馆员岗位

开放的思想不仅影响着用户对资源共享的态度，同时也打破了图书馆的思维束缚。在学术交流服务中，图书馆越来越意识到用户对学术出版的需求，开始思索是否可以实现跨界服务——成为出版者①。数字技术和开放出版成为图书馆服务延伸的钥匙。在《图书馆出版目录（2016）》调查的115个大学图书馆中，有107个设置了专职出版馆员岗位②。虽然这只是名称上的细微变化，但是它体现了图书馆出版工作不再是图书馆的辅助工作，而逐渐成为图书馆常规的有专门人员负责的重要工作之一，由此出版馆员作为图书馆学术出版的策划者、执行者、推动者其定位更加明确，其职能更加专业化。

在出版服务过程中，出版馆员突破了学科馆员、学术交流馆员、技术馆员、版权馆员的专业化格局，显示出自己鲜明的复合型特征：①专业性。出版馆员以促进学术出版为核心，要求馆员具有学术出版的专业知识和技能。②技术性。出版馆员通过技术手段，完成学术资源的数字化、数字产品的开放化以及出版流程的自动化。③综合性。出版馆员负责学术出版流程中学术成果的生产、传播、保存、归档，还承担着学术出版中相关的法律问题，要求馆员具备各方面的知识储备，包括资源建设、编辑出版、数据管理及相关法律知识。

出版馆员是复合型人才，不仅需要掌握内容数字化、存储和再利用等技能，还需要掌握学术出版相关知识，更需要具备较强团队合作意识和沟通能力等。图书馆出版服务也并非要取代出版商，而是要与出版商保持更良好的伙伴关系，取长补短，共同发展。因此，出版馆员可以与编辑、作者合作，共享出版技能、专业知识和资源，提高出版效率，形成图书馆出版的良性发展。

（4）加强图书馆与相关部门的整合

学术出版是图书馆服务的新领域，图书馆不仅与作者、读者联系紧密，而且与出版相关机构、所隶属的机构或高校甚至是学术组织也有紧密联系。图书馆与出版商合作，不仅可以借力出版商的编辑加工能力和经验，而且可以借助出版平台，共同开发学术出版物。高校和科研机构是图书馆的服务主体，图书馆与所属高校或科研机构的发展休戚相关，图书馆出版既要服从高校或科研机构的发展需要，又要能够提高高校或科研机构研究经费的使用效率，提高学术成果的使用效率，更可以提升机构的影响力，为其发展提供智力支

---

① 孙杰，李淑媛．境外大学图书馆学术出版服务实践进展[J].图书情报工作，2016(2): 64-70.

② 孙杰．出版馆员：学术图书馆馆员的角色再造[J].图书馆建设，2016(12): 97-100.

持。图书馆与学术组织的联系和合作可以为图书馆丰富学术成果，通过图书馆出版规划与组织、内容挖掘与关联、数据分析与保存成果发布等方式，扩大学术成果的传播与影响，既有利于作者学术水平和影响力的提高，也可以提高学术组织的知名度，形成学术组织的优秀品牌。图书馆与其他机构的关联度也影响图书馆综合实力，与图书馆合作的出版商、科研机构、学术组织越多，越能够获得更多的科研成果，越能够得到更多的管理机构的关注与支持，从而进入学术出版的良性循环。

总之，基于开放思想的图书馆出版需要各方面的共同努力才能顺利发展。当然，新的学术出版模式必将层出不穷，不仅对图书馆，对整个学术出版领域都可能产生颠覆性影响。未来的变化尚不清楚，但是未雨绸缪，为未来的变化做好今天的准备是当前图书馆界应该做出的努力。

9.6 构建新型出版模式下学术图书馆新生态

从学术交流生态系统视角来看，学术图书馆和出版机构都是学术交流生态系统中的生态主体，处在生态环境中并受生态环境中各因素的影响。20 世纪 90 年代以来，随着信息技术和数字出版技术的发展和成熟，商业出版商不断收购合并形成了巨头垄断，同时也加速和加固了学术图书馆联盟的产生和发展，出版机构和图书馆开始探索集群化的发展模式，其根本目的在于成本效益控制，实现既定目标利益最大化。数字时代，在技术的驱动下，图书馆和出版机构都在积极探索面向终端用户的知识服务，特别体现在数字资源发现服务上。因此，从历史发展维度来看，学术图书馆与出版机构的关系从早期同一个学术体系内的亲缘关系，发展到传统学术出版模式中的合作关系，在新型出版模式的推动下逐步又形成了竞合的关系。在新的学术交流生态系统中，学术图书馆需要寻求二者依存共生、协同谐振的发展关系，构建与新的发展环境相适应的新生态。

9.6.1 重新审视学术图书馆与出版商竞合的生态关系

在传统学术交流系统中，根据供应链管理理论，出版商、代理商、批发商、馆配商、集成商、图书馆、用户是一个完整的功能网链结构[①]，上游的出版商为下游的图书馆提供订购式商业资源，图书馆再向用户提供信息资源服务。在新型出版模式的影响下，学术图书馆不仅从纵向上深化传统的信息资源服务，还从横向上拓展原有的非信息资源服务范围。

① 肖希明，完颜邓邓. 国外图书馆与出版商、书商的多元化合作[J]. 图书馆，2016 (4): 6-12.

学术图书馆与出版商之间形成的多种竞合关系，以促进学术交流而不是盈利为最终目的。

9.6.1.1 信息资源提供与获取的竞合关系

在传统学术交流系统和出版模式中，图书馆主要通过采购商业出版商或数据库集成商提供的商业资源为用户提供信息获取服务，形成了上下游的商业合作关系。随着信息技术特别是数字出版技术的发展，不断有新的利益相关方开始加入到新型出版服务模式的探索中。首先，学术图书馆不再局限于作为下游的消费者为用户提供印本和数字资源服务，开始作为上游的生产者将自身特色的印本资源数字化后自建数据库，直接为用户提供特有的数字资源服务作为商业资源服务的重要补充。学术图书馆的自建数据库主要为本机构用户提供服务，不对外开放，与商业资源相比，具有其独特性，是学术图书馆最早开展的出版服务形式之一。

其次，在数字技术的推动下，学术图书馆一方面开始负责收集和保存本机构数字格式的硕士和博士研究生学位论文以及优秀的本科生毕业论文，直接为本机构用户提供资源服务；另一方面一些图书馆还负责集中向数据库集成商授权数字版学位论文信息网络传播权，扩大学位论文类学术成果的传播和影响力。

最后，在开放运动的推动下，出现了提供免费开放资源服务的开放出版商和开放资源集成平台的开放出版模式，学术图书馆不再与出版商签订合作协议，而是直接通过导航的形式为用户提供信息资源链接服务，使其免费使用开放资源；还开始自建开放获取或开放出版平台，负责本机构教职员工的学术成果的收集、组织、管理、出版、展示和传播，为本机构或外机构的用户提供资源获取服务。

9.6.1.2 科研成果管理与利用的竞合关系

机构知识库是收集、组织、管理、存储和传播机构教职员工科研成果并提供给机构内外用户利用的数据库。学术图书馆机构知识库建设的目的是发展替代性、竞争性开放出版模式，学术出版控制权回归，形成面向全球集中展示机构科研活动产出的新机制，支持各种创新学术交流形式的基础设施，作为传统出版系统的补充和增强，促进学术作品支持证据（evidence）的出版，以及传统出版系统未涉及和覆盖的科研产出的出版[①]。学术图书馆机构知识库保存和管理的资源以各类出版商正式出版的资源为主，因此，需要各类出版商建立合作关系以获取其信息资源。出版商授权学术图书馆批量获取元数据甚至全文内容，机构采用不同的方式采集授权内容，如 Elsevier 的期刊论文与 Springer Nature 的电子图书。大部分开放出版商提供标准接口允许学术图书馆通过机器自动采集的方式批量获取全文内

---

① 祝忠明. 国际机构知识库发展趋势[EB/OL]. [2018-11-04]. http://ir.las.ac.cn/handle/12502/9467?mode=full&submit_simple=Show+full+item+record.

容。在开放运动的推动下，越来越多的商业和学术出版商开始支持将学术成果的元数据（甚至全文）通过机器接口推送到作者所在机构的知识库中，如允许机构对其作者产出的论文进行历史回溯、支持对最新数据的自动接收和分发的科睿唯安的 Web of Science，以及先从多个出版商系统中接收数据再根据作者单位将论文分发到每个作者所在机构的知识库中的 JISC 的 Repository Junction Broker（RJB）项目。

此外，学术图书馆还积极参与机构知识库联盟建设，从这个角度来看，其与商业出版商在一定程度上形成了竞争的关系。目前国内外已经建成诸多学术图书馆知识库联盟，随着联盟成员的增加和资源的积累，联盟在一定程度上可代替出版商集中保存、组织、管理信息资源并提供检索和利用服务。因此，商业出版商主要授权机构采集机构知识成果的元数据，授权的全文内容则以出版前版本为主，而限制直接获取和开放利用出版商拥有版式设计权的已出版的版本。

9.6.1.3 科研成果出版与资助的竞合关系

随着现有出版制度对信息交流的制约和数字出版技术对准入门槛的降低，学术图书馆开始拓展服务领域，参与传统出版就是重要的形式之一，目的在于展示有效的学术交流开放出版模式，探讨同行评议流程，提供发现研究成果的新渠道，建立可行的学术出版物基地等。学术图书馆出版服务开展方式主要分为两种：一是直接自主建立出版社，直接开展出版服务；二是与现有的出版社或校内的学术交流办公室、信息通信技术部门、学术研究中心等其他机构合作建立出版部门，利用综合机构优势，共享跨机构资源，提高学术出版业务的协同效应与效率①。从这个角度来看，学术图书馆与各类出版商之间是竞争的关系，传统上由出版社承担的稿件征集、编辑、排版的工作逐渐由能够与本机构学者取得更为直接联系的图书馆代替。从目前学术图书馆出版服务的形式来看，馆社合作（图书馆与出版社）是重要的一种服务方式，由学术图书馆提供前期的学者稿件征集、编辑和排版工作，后期的出版物销售和营销推广则由与市场联系更紧密的各类出版商提供。因此，学术图书馆与出版商之间形成了优势互补、紧密合作的关系。

在开放出版的新型出版模式中，学术图书馆的服务范畴向上延伸，既向上直接为作者提供服务，又向下为终端用户提供服务。作为机构代表管理出版经费的服务中，学术图书馆直接通过竞争性谈判与出版商签订集体开放出版合同，一方面为作者争取合理的出版物开放出版费用，一方面为用户争取便捷的资源开放获取服务。从 2015 年荷兰大学协会因 Elsevier 不允许开放出版，转而与 Springer 合作开放出版其成员机构作者的论文开始，目

---

① 魏蕊，初景利. 学术图书开放获取与美国大学图书馆出版服务[J]. 大学图书馆学报，2014(3): 17-22.

前越来越多的大学与商业出版商签署了开放出版协议，如 2019 年 Elsevier 与挪威高等教育与研究协会达成了研究成果开放获取和出版的试点项目的全国性许可协议，剑桥大学出版社与加州大学签署开放出版协议。学术图书馆在寻求与出版商合作的过程中要通过竞争性谈判达成互惠的合作关系，同时商业出版商、开放出版商之间形成的竞争关系，包括出版费用的竞争和提供服务的竞争，有利于学术图书馆为科研作者和用户寻求更多的利益。

9.6.1.4 科研成果发现与集成的竞合关系

随着信息资源的海量增长，特别是商业出版商开始对外开放元数据信息，学术图书馆基于采购资源、开放资源和自建资源提供聚合服务和发现服务成为必然。在信息资源聚合发现服务中，一种方式是学术图书馆通过付费采购平台集成商的发现系统为用户提供发现服务，如 ProQuest 的 Summon 和 Ex Libris 系统、EBSCO 的 EDS 系统、超星发现系统等，学术图书馆通过平台集成商与出版商建立了合作关系；另一种方式是具备较强技术开发能力的学术图书馆选择自主开发发现系统，如中国科学院文献情报中心和国家农业图书馆，直接与出版商建立合作关系，而与平台集成商之间形成了竞争关系。此外，一些学术图书馆联盟还联合开发发现系统，为联盟成员提供技术支持。总的来说，学术图书馆突破了传统的与出版商和平台集成商的合作关系，在拓展服务范围的过程中，参与到市场的竞争中。

9.6.2 新型出版模式下学术图书馆面临的挑战与机遇

数字科研正打造新的知识系统，数字教育也不断推动新型数字知识系统的演变。随着信息技术与互联网技术的发展，以商业出版和同行评议为主要特征的传统学术交流模式不再符合数字信息环境与新型学术交流模式的要求①，因而受到严重冲击。局限于出版体系的“知识”或“知识系统”认知正在受到根本性颠覆，传统出版实际上仅是知识交流在其中一个阶段的一种体现形式②。数字化出版已经成为用户赖以学习、创造与应用的基本保障，语义出版将成为未来科学出版的有机组成部分③。开放出版可以提高作者的世界关注度、曝光度和影响力，为研究人员提供全文检索和无限制访问，加快知识传播速度从而提高资助机构的研究投资回报率，满足图书馆用户的需求从而提高服务满意度，促进出版知识的有

---

① 孙坦. 开放信息环境下学术图书馆信息资源建设的重定义与再造[J]. 中国图书馆学报，2013(3)：9-17.

② 张晓林. 颠覆性变革与后图书馆时代——推动知识服务的供给侧结构性改革[J]. 中国图书馆学报，2018 (1)：4-16.

③ 张晓林. 颠覆数字图书馆的大趋势[J]. 中国图书馆学报，2011(5)：4-12.

效传播[①]。数字化期刊中每一个层次的信息都可以作为具体知识单元进行解析、描述与重组，从而计算出关联关系[②]，通过技术实现可以从原始文本到结构化文本再到富含语义知识的灵活内容，即语义出版的路线图[③]。新型出版模式既为学术图书馆的可持续发展提出了挑战，同时也为其创新发展提供了机遇。学术图书馆应该重新审视阅读、馆藏和服务，重新定义知识发现，重新定义知识表达，重新定义知识素养和知识能力，进而重新定位[④]。

9.6.2.1 信息资源形态的变革

数字资源已成为用户依赖的用以学习、创造与应用的基本保障，多数重要出版商的科技期刊和主要国家的专利文献已实现完全数字出版，主要科技会议录、专著、工具书等学术型“图书”的数字化快速推进并迅速逼近市场转型的转折点[⑤]。开放信息环境颠覆图书馆“馆藏”根基，开放资源、机构知识库和开放出版等将导致图书馆在学术期刊保障方面的垄断地位迅速弱化，越来越多的综合科技信息资源开放呈现在互联网上[⑥]。面对开放信息环境中数据资源体量、复杂性和异构性的增加，语义方法成为解决异构互操作的必然选择。图书馆依赖的知识创造、传播与利用环境正在从信息时代进入数据时代，信息资源走向全面数字化，知识内容走向富媒体化、关联数据化、智能化和开放共享[⑦]。信息资源形态的变革一方面为图书馆资源服务提供了深化和拓展的机遇，同时也为其获取、保存和管理新型的信息资源带来了新的挑战。

9.6.2.2 用户信息需求的变化

科学研究范式演进、开放获取运动和语义技术的发展共同推动信息资源形态与传播利用方式发生根本性变化[⑧]。在信息环境的推动和网络检索能力的支持下，用户信息需求也发生了很大的变化：①阅读需求。在数字信息和网络检索能力的支持下，人们越来越需要针对那些问题模糊、知识不清、缺乏明确发现路径的“弱信息”需求，通过快速发现和关联

---

① FERWERDA E. Open access book publishing [EB/OL]. [2017-10-20]. http://river-valley.tv/open-access-book-publishing/.

② 彭希珺，张晓林. 国际学术期刊的数字化发展趋势[J]. 中国科技期刊研究，2013(6)：1033-1038.

③ Elsevier smart content and the next generation of clinical information [EB /OL]. [2018-06-20]. http://info.clinicalkey.com/docs /physicians /ClinicalKey-Smart-Content.pdf.

④ 张晓林. 颠覆性变革与后图书馆时代——推动知识服务的供给侧结构性改革[J]. 中国图书馆学报，2018 (1): 4-16.

⑤ 张晓林. 颠覆数字图书馆的大趋势[J]. 中国图书馆学报，2011(5)：4-12.

⑥⑧ 孙坦. 开放信息环境下学术图书馆信息资源建设的重定义与再造[J]. 中国图书馆学报，2013(3)：9-17.

⑦ 张晓林. 颠覆性变革与后图书馆时代——推动知识服务的供给侧结构性改革[J]. 中国图书馆学报，2018 (1): 4-16.

大量知识内容，梳理复杂问题领域的知识点及其结构，鉴别和确认问题及其问题关系，探索可能的趋势与路径，阅读变成一种主动、互动、探索和构建的过程，变成贯穿从数据到信息、到知识、到智慧、到解决方案的整个过程的活动①。②科研需求。新型学术交流模式与开放信息环境为数据密集型科学研究提供了坚实的环境基础，而语义网络和知识表示与计算技术的支持则满足了知识计算的要求。新型知识产品与知识服务呈现出显著的开放化与个性化特征，支持科研人员在语义层面集成化构建、管理和分析各类知识资源②。此外，在服务形式上，用户希望能够一站式获取数字资源的需求，如发现系统的一站式服务；在服务阵地上，希望可以随时随地获取资源与服务，如通过移动端获得所需资源。2016 年中科院首次在国内发布“中国科讯”移动服务端，以邮箱认证的方式而非 IP 方式，使用户随时随地下载资源与享受信息服务。用户信息需求的变化一方面为图书馆资源服务带来了新的挑战，同时也为其基于特有的资源与技能优势拓展和创新服务模式提供了新的发展机遇。

9.6.2.3 资源建设模式的转变

近年来，图书馆的文献资源购置费基本趋于平稳甚至有减无增，其中电子资源采购费用持续增长，而纸质文献资源购置费不断减少。美国研究图书馆协会（Association of Research Libraries，简称 ARL）③，英国学院、国家与大学图书馆协会（Society of College，National and University Libraries，简称 SCONUL）④，英国艺术与人文研究理事会（Arts & Humanities Research Council，简称 AHRC）调查都显示图书馆倾向于优先考虑采购期刊，而削减图书的采购预算。这与期刊已基本实现数字化或原生数字有关，但学术专著还处于数字出版的发展初期，仍以印本出版为主关系很大。同时鉴于大型出版商数据库使用价格的不断攀升，图书馆使用权受到很大限制，因而开始大力支持电子学术资源实现开放获取。期刊开放出版的发展与公共资助研究成果开放政策的出台，使得图书馆以商业信息资源采购为主的模式被打破；而数字出版技术的发展与智能移动终端的普及，也使得用户易于通过出版社直接购买电子图书甚至是单本图书 APP 产品并与作者直接互动，图书馆作为资源集中采购的中介职能在减弱。图书馆需要转变“以馆为中心、以馆藏为中心”的思维模式和行为模式，大力推进知识内容的开放获取，大力支持知识工具的开放和安全共享，大力

---

① 张晓林．颠覆数字图书馆的大趋势[J]．中国图书馆学报．2011(5):4-12.

② 孙坦．开放信息环境下学术图书馆信息资源建设的重定义与再造[J]．中国图书馆学报,2013(3):9-17.

③ Association of Research Libraries．Monograph and serial costs in ARL libraries 1986-2011 [EB /OL]. [2018-06-20]. http://www.arl.org/storage/documents/monograph-serial-costs.pdf.

④ Trends in the finances of UK higher education libraries: 1999-2009[EB/OL]. [2018-06-20]. http://www.rin.ac.uk/system/files/attachments/library_trends_report_screen.pdf.

支持关联融汇各类知识资源、知识工具和知识服务能力的开放服务建设[①]。基于此，图书馆开始重新定义信息资源建设的内涵，并通过对信息资源建设中资源定义、发现，评估选择，采集与存储，结构化描述与知识化组织等多个方面的改变与新建，以完成信息资源建设模式的再造[②]。资源建设模式的转变一方面拓展了图书馆资源建设的范畴，为其提供了新的发展机遇，同时也为其获取、保存、传播和利用新形式的信息资源提出了挑战。

9.6.2.4 新型服务模式的探索

传统出版制度对学术交流的制约，数字出版技术对准入门槛的降低，都为图书馆拓展服务领域提供了机遇。图书馆出版服务应运而生。主要基于图书馆核心价值观与图书馆员传统技能的"图书馆出版"，更倾向于开放式传播，是指为支持印本或电子学术、创作或教育作品的创作、传播与管理进行的一系列活动[③]。2010年至2011年期间，普渡大学图书馆、乔治亚理工学院图书馆和犹他大学图书馆合作调研了152家大学图书馆，提出了实现基于大学图书馆的新型出版模式的最佳实践[④]。2013年1月，Educopia研究所牵头启动了图书馆出版联盟（Library Publishing Coalition，简称LPC）项目。自2014年至今，LPC已连续发布6年《图书出版指南》[⑤]，调查北美（美国与加拿大）及其他国家学术图书馆的出版服务，阐述其特有价值与重要实践。可见，学术图书馆正在积极探索出版服务这种新型服务模式。学术图书馆保存的丰富的特色信息资源，具备的专业的信息组织技能，积累的丰富的技术应用经验，都为其开展出版服务提供了机遇；同时，缺乏专业的出版技能和人才、严格的质量控制制度、编辑出版经验等，对开展相关服务提出了挑战。

9.6.3 新型出版模式驱动下学术图书馆的创新发展

高等学校和科研院所既是信息经济的创建者也是消费者，为学术图书馆拓展出版服务提供了良好的发展环境。传统出版制度的发展瓶颈，数字出版技术的快速成熟又为学术图书

① 张晓林. 颠覆性变革与后图书馆时代——推动知识服务的供给侧结构性改革[J]. 中国图书馆学报, 2018(1): 4-16.

② 孙坦. 开放信息环境:学术图书馆信息资源建设的重定义与再造[J]. 中国图书馆学报,2013(3): 9-17.

③ The Library Publishing Coalition. What is library publishing? [EB/OL]. [2018-06-20]. https://librarypublishing.org/.

④ JAMES L M, CATHERINE M R, et al. Library publishing services: strategies for success: final research report (March 2012)[EB/OL]. [2018-06-20]. http://docs.lib.purdue.edu/cgi/viewcontent.cgi?article=1023&context=purduepress_ebooks.

⑤ The Library Publishing Coalition. Library publishing services directory[EB/OL]. [2019-03-20]. https://librarypublishing.org/resources/.

馆提供了拓展服务领域的机遇。在新型出版模式的驱动下，学术图书馆利用长期积累的数字资源管理、保存与利用等专业技能，基于新型出版模式创新服务方面开展了一系列实践并取得了一定的成功，如通过建设机构知识库和机构知识库联盟管理机构科研成果，直接开展出版服务或作为管理者资助开放出版，建立预印本平台的科研成果发行服务以及集成科研成果的聚合服务。国际上代表性的有康奈尔大学图书馆（Cornell University Library）建立的 IR eCommons、学科预印本平台 arXiv、在线出版平台 Euclid、系列图书出版平台 Signale 和学术专著出版社 Internet-First 大学出版社（Internet-First University Press）。国内代表性的有北京大学图书馆负责建立的北京大学学术成果生态系统，既包括科研成果管理服务的北京大学机构知识库（PKU IR）、北京大学学者主页（Scholars@PKU），还包括科研成果出版服务的北京大学期刊网（PKU OAJ）和北京大学开放研究数据平台（PKU Open Research Data）①。

9.6.3.1 科研成果管理服务

机构知识库具有保存和保护机构成果、传播与宣传机构成果、支持机构知识管理、支持基于知识的数字科研与教育、支持开放知识资源体系发展等作用②。从2019年统计数据来看，OpenDOAR 收录的权威知识库中机构知识库占到了 80% 以上，从国别来看，美国最多，其次是英国、德国和日本，中国（包含台湾省数据）为 100 多个（此为登记数据，实际要更多）③。机构知识库建设既需要开发平台系统做技术支撑，又需要制定内容存缴机制做保证，还需要设计服务模式实现可持续发展，机构知识库协同建设有助于推动单个机构知识库快速部署与实施、实现内容与服务的集成展示与推广，有利于实现用户一站式发现、获取与利用，目前机构知识库协同建设主要以联盟的方式开展④。机构知识库联盟是两个及两个以上的高校、研究所与相关机构以合作协调的形式，将参与其中的每个成员的信息资源与科研成果进行整合，构建出具有共享性质的 IR 群，统一提供相应的数字化服务，最终实现不同机构间知识资源的共享与使用⑤。美国、英国、日本、中国都已经建立成熟的联盟。发展机构知识库联盟成为现阶段科研成果管理服务的另一重大服务形式，也是图书馆出版服务的发展趋势。

---

① 北京大学学术成果生态系统初步建成[EB/OL]. [2018-03-12]. http://www.lib.pku.edu.cn/portal/news/0000001188.

② 张晓林. 开放协同创新,推进中国机构知识库发展[C]//2012 中国开放获取周. 中国科学院文献情报中心,2012.

③ OpenDOAR [EB/OL]. [2018-09-04]. http://v2.sherpa.ac.uk/view/repository_by_country/countries=5Fby=5Fregion.html.

④ 魏蕊，王丽，封勇丽，等. 京津冀高校机构知识库协同建设模式研究[J]. 图书情报工作, 2017(14): 62-69.

⑤ 陈慧香，邵波，张译文. 国内外机构知识库联盟的现状分析与策略研究[J]. 图书馆学研究, 2016(16): 11-16.

（1）负责建设机构知识库

2013 年 LPC 发布的《图书出版服务指南》[①] 统计结果显示：94 家美国大学图书馆中，出版服务具有 IR 服务性质的约 65%，其中以 IR 服务为主的超过 50%。调查统计显示：主管出版服务的图书馆大部分为校级图书馆，只有少量分布在整个校区或分布在某些校区，也主要由校级图书馆来管理；图书馆出版服务主要由图书馆内部部门来管理，但主管部门却各不相同，又可以归纳为数字资源管理和学术交流服务两类部门，由前者主管服务的图书馆要多于后者，在一定程度上是由出版服务的学术交流与服务性质决定的；图书馆不论是出于访问 / 传播资源、管理内部资源，还是出版资源和转变学术交流模式的目的，主要选择由数字学术服务部或学术交流部主管相关服务；主要用户为本校各院系的教职员工与学生，是图书馆出版服务首选的校内合作对象，其中最主要的校内合作方是科研用户，即教师和校内相关部门 / 项目，其次是研究生和本科生，此外通过与本校出版社合作借助其出版服务经验服务本馆用户对图书馆开展机构知识库服务是明智的选择之一[②]。

我国机构知识库在多个层面拓展创新功能和关键价值，使其成为机构层面促进学术交流整合的有效机制和开放信息架构的核心组成，提供基于科研、教学和管理的情景敏感的支撑和服务，为机构发展和创新发挥驱动作用[③]。京津冀三地非民办本科的高校机构知识库建设情况调查显示：北京市建设情况最为良好，天津市与河北省只有部分高校建立了机构知识库相关数据库，但还不是完整机构知识库，需大力加强与推进。所在北京市的北京大学、清华大学等高校在机构知识库建设方面取得了良好业绩；所在天津市高校在机构知识库建设上进度较慢，所在河北省高校也开始积极推动机构知识库建设[④]。北京大学机构知识库建设经历了从独立建设机构知识库到融入学术生态系统的过程：作为 CALIS 三期机构知识库建设项目的牵头单位与 CHAIR 的主要发起机构，一方面通过自建机构知识库探索高校机构知识库的发展路径，另一方面通过机构知识库建设项目与联盟推动我国高校机构知识库的建设。目前北京大学机构知识库作为科研信息管理系统的学术成果子系统，成为北大信息基础设施的重要组成部分之一。清华机构知识库建设已经从推动机构知识库建

---

① The Library Publishing Coalition. Library publishing services directory [EB/OL]. [2018-04-20]. http://www.librarypublishing.org/resources/directory-library-publishing-services.

② 魏蕊，初景利. 美国大学图书馆基于机构知识库的出版服务实践研究[J]. 大学图书馆学报，2015(3): 5-11.

③ 姚晓霞. 中国高校机构知识库联盟（CHAIR）建设进展[EB/OL]. [2018-11-04]. http://ir.las.ac.cn/handle/12502/9475?mode=full&submit_simple=Show+full+item+record.

④ 魏蕊，王丽，封勇丽，等. 京津冀高校机构知识库协同建设模式研究[J]. 图书情报工作，2017(14): 62-69.

设转向学者库建设：实现了以机构为单位管理学术产出向以学者为单位管理学术产出的转换；后提出推出“学者库”，汇集、保存、展示学者的学术成果，展示学校 / 学者的科研实力、客观分析学校 / 学者的科研能力①。

（2）牵头机构知识库联盟

国外较为成熟的机构知识库联盟主要代表有美国研究图书馆协会（Association of Research Libraries，简称 ARL）、美国大学协会（Association of American Universities，简称 AAU）、公共和土地授予大学协会（Association of Public and Land-grant Universities，简称 APLU）共同发起高等教育开放获取先导项目 SHARE②，欧盟 50 多个国家合作建立的大型开放获取学术项目 OpenAIRE③，日本国立情报学研究所（NII）运行的 JAIRO（Japanese Institutional Repositories Online）项目④。鉴于开放获取在自然科学领域的最先成功和科研院所内部的高效协调，国内最早的机构知识库联盟建设是从科研院所开始的。

目前我国典型的三大机构知识库联盟，即中国科学院文献情报中心牵头的中国科学院（简称“中科院”）IR 服务网络（CAS-IR Grid）⑤、中国农业科学院农业信息研究所牵头的中国农业科学院（简称“农科院”）机构知识仓储（CAAS-IR）⑥、设在北京大学图书馆的中国高等教育文献保障系统（China Academic Library & Information System，简称 CALIS）中国高校 IR 联盟（Confederation of China Academic Institutional Repository，简称 CHAIR）⑦。作为国内外重要的科研教育机构，中科院、农科院、CALIS 积极推动开放获取的发展，参与开放获取的实施，加速我国科研成果的创造与创新，建设通过“以点带面”的推广方式“自下而上”建立机构知识库，由牵头单位负责开发或组织开发系统，采用“分散存储、集中揭示”模式在统一的机构知识库平台实现内容集成揭示与检索，用户直接在机构知识库集成平台或跳转到各机构知识库浏览或下载内容全文，同时制定合理的配套机制保障机构知识库内容建设与用户服务⑧。CHAIR 作为重要的学术图书馆机构知识库联盟，自 2016 年成立后，积极开展政策研究与制定，在标准规范建设、系统平台建设、

---

① 窦天芳. 学者库建设思路及应用实践——以“清华学者库”为例[EB/OL]. [2018-03-14]. http://piccache.cnki.net/index/images2009/other/2016CDPDL/index.html.

② SHARE [EB/OL]. [2018-09-04]. http://www.share-research.org/.

③ OpenAIRE [EB/OL]. [2018-09-04]. https://www.openaire.eu/.

④ JAIRO（Japanese Institutional Repositories Online）[EB/OL]. [2018-09-04]. http://jairo.nii.ac.jp/.

⑤ 中国科学院机构知识库服务网络[EB/OL]. [2018-09-04]. http://www.irgrid.ac.cn/.

⑥ 中国农业科学院机构知识库[EB/OL]. [2018-09-04]. http://caas.agriir.cn/.

⑦ CALIS 机构知识库[EB/OL]. [2018-09-04]. http://ir.lib.szu.edu.cn:8080/.

⑧ 魏蕊，王丽，封勇丽，等. 京津冀高校机构知识库协同建设模式研究[J]. 图书情报工作，2017(14): 62-69.

宣传推广培训等方面工作都取得了积极的进展，特别是在研究建立元数据描述方案、规范学者 ID、制定共享学者信息服务框架体系和机制及成果共享机制方面[①]。

9.6.3.2 科研成果出版服务

面对学术危机的加剧，在数字出版技术、过程管理和出版等开源软件的出现和开放获取运动的大力发展推动下，学术图书馆开始研究与探索新型出版模式，以拓展服务形式和转型升级。一般意义上的“出版”指文献、音乐或信息的创作与发行，主要包括开发、获取、编辑、设计、生产、印刷、推广与发行等环节[②]；而“图书馆出版服务”基于图书馆核心价值观与图书馆员传统技能，更倾向于开放式传播，主要指图书馆为支持印本或电子学术、创作或教育作品的创作、传播与管理进行的一系列活动[③]。目前学术图书馆出版服务包括资源管理服务、资源揭示服务、用户服务等基础服务，与传统出版服务、技术与学术交流服务等新型服务[④]。学术图书馆开展出版服务的方式主要有两种：①直接自主建立。利用长期电子资源建设方面的优势，包括现有的基础设施与资源、成熟的员工技能与经验、专业的图书编目与保存系统，由图书馆员直接开展编辑、校对、排版、发布与推广等服务。除承担原有的资源利用管理与服务外，还承担了原本出版社提供的出版服务。（2）与出版社等其他机构合作建立。主要利用已有的基础设施、资源内容、技术与人员等提供直接资助，包括资源的数字化、保存与托管技术等支持服务[⑤]。目前学术图书馆开展的科研成果出版服务既包括已经建立成熟的数字出版社或平台，还包括开放运动推动下建立的开放出版社或平台，以及为响应大数据发展趋势新办的数据出版期刊或平台。

（1）数字出版服务

数字出版，是指利用数字技术进行内容编辑加工，并通过网络传播数字内容产品的一种新型出版方式，包括内容生产数字化、管理过程数字化、产品形态数字化、传播渠道数字化[⑥]。数字出版产品主要有纸质出版物转换而来的数字化出版产品和原生数字出版产品直

---

① 姚晓霞. 中国高校机构知识库联盟（CHAIR）建设进展[EB/OL]. [2018-11-04]. http://ir.las.ac.cn/handle/12502/9475?mode=full&submit_simple=Show+full+item+record.

② Publishing[EB/OL]. [2018-04-20]. http://en.wikipedia.org/wiki/Publishing.

③ The Library Publishing Coalition. What is library publishing? [EB/OL]. [2018-04-20]. http://www.librarypublishing.org/about-us.

④ 魏蕊，初景利. 美国大学图书馆基于机构知识库的出版服务实践研究[J]. 大学图书馆学报，2015(3): 5-11.

⑤ 魏蕊，初景利. 学术图书开放获取与美国大学图书馆出版服务[J]. 大学图书馆学报，2014(3): 17-22.

⑥ 国家新闻出版广电总局出版专业资格考试办公室. 数字出版基础（全国出版专业职业资格考试辅导教材）[M]. 北京：电子工业出版社，2015.

接通过互联网发布。学术图书馆作为机构的资源管理中心，保存了丰富的学术资源，一类是珍贵的古籍善本等特有馆藏，一类是绝版的图书期刊等出版物。随着数字技术的发展，学术图书馆开始将这两类出版物数字化，主要用于自建特色数据库为本机构教职员工服务，也有部分委托给出版社制作成数据库开放获取或付费销售。此外，学术图书馆还为本校的学位论文、教师驱动型和学生驱动型期刊等提供数字出版服务。

加州大学出版社电子图书馆藏项目（UC Press E-books Collection，1982-2004）由加州数字图书馆（CDL）出版集团与加州大学出版集团在 2000 年联合创建。加州数字图书馆作为加州大学图书馆的一部分，支持本校图书馆与社区集中、创造性地使用全球学术资源与知识，支持学术作品生产与传播进行创新与实践，出版集团则支持学术作品在制作和传播方面的创新与实验及日常运营，向所有加州大学的教职员工与学生开放 2000 多种图书，标注"public"的 750 多种电子书则对所有公众免费开放[①]。所有的图书均采用用户友好、灵活、长期可行的 XML 和 java 架构支持出版，为研究人员、学者、教师及读者提供全文搜索和脚注与引文链接等全方位服务。北京大学期刊网（PKU OAJ）是由北京大学社科部和科研部牵头，所属各学术期刊参与，图书馆承建，集中保存、展示并宣传北京大学学术研究单位主办的学术期刊，旨在整合北京大学优质的学术期刊资源，推动刊物的数字化出版和网络化传播，扩大本校教师学者在学术积累与知识创新方面的社会影响力[②]。北京大学图书馆通过与成熟的期刊数字化公司合作，由图书馆员负责元数据字段选择、数据质量监测、辅助工作[③]。目前北京大学期刊网为北京大学社会科学、医学、人文学、理学、信息与工程学等 110 多种期刊提供数字出版服务，已出版约 5.5 万篇文章，提供关键词、引用、图表等检索[④]。

（2）预印本服务

预印本（preprint）是指科研工作者的研究成果还未在正式出版物上发表，而出于和同行交流目的自愿先在学术会议上或通过互联网发布的科研论文、科技报告等文章。因其发布周期短、传播范围广等优势，成为开放科学环境下的一种重要学术交流模式，也成为学术图书馆发行科研成果的重要服务形式之一。2017 年，"生物学预印本兴起"还被《科

---

① UC press e-books collection，1982-2004[EB/OL]. [2018-04-20]. http://publishing.cdlib.org/ucpressebooks/.

② 北京大学学术成果生态系统初步建成：北京大学期刊网（PKU OAJ）2.0 版[EB/OL]. [2018-03-12]. http://www.lib.pku.edu.cn/portal/news/0000001188.

③ 刘丹. 北京大学学术生态系统内容建设经验分享[EB/OL]. [2018-09-08]. http://ir.las.ac.cn/handle/12502/9476?mode=full&submit_simple=Show+full+item+record.

④ 北京大学期刊网[EB/OL]. [2019-06-22]. http://www.oaj.pku.edu.cn/OAJ/CN/OAJ/home.shtml.

学》评为全球十大科学突破之一①。预印本得到学术团体、学/协会、科技管理机构、基金组织甚至是传统出版商的广泛认可，特别是基金组织积极支持预印本交流，正在将预印本作为一种项目申请和项目研究报告的依据，并提出在项目申请和研究报告中引用预印本的标准规范，以学界自治为基础的预印本学术交流模式正在改变传统的以期刊为主体的学术交流模式②。arXiv③的建立开启了电子预印本时代，已经成为物理学、数学、计算机科学、计量生物学、统计学等领域预印本存缴和发布的权威平台。为满足保护作者首发权和促进中国优秀科研成果率先保存并服务于中国科技界的需要，中国科学院也启动了“中国科学院科技论文预发布平台（ChinaXiv）”项目。

作为目前国际最知名的预印本平台，arXiv 经历了一系列的发展：① 1991—1998 年为初创期，1991 年由量子物理学家 Ginsparg 创建；② 1998—2009 年期间为学术图书馆全权主管模式，1998 年由康奈尔大学图书馆接管和独立支持其发展；③ 2010—2011 年期间为多机构合作共管、多团体有效支持的会员管理模式探索期，2010 年 1 月，康奈尔大学图书馆开始了为期 3 年的可持续发展模式探索；④ 2012 年至今为康奈尔大学图书馆、西蒙斯基金会和全球成员机构共同支持的长期可持续发展模式，2012 年 8 月获得西蒙斯基金会 2013—2017 年每年 5 万美元运营管理费用资助，近两年在海辛—西蒙斯基金会和斯隆基金会支持下实现了下一代 arXiv 计划（arXiv-NG）所提出的建设目标④。2016 年，中国科学院文献情报中心承担建设 ChinaXiv，以中国科学院为基础，面向全国科研人员接收中英文科学论文的预印本存缴和已发表科学论文的开放存档服务，致力于构建一种新型的学界自治的科研成果交流和共享平台，与传统基于期刊的成果发布方式形成有效互补⑤。截至 2019 年 6 月，ChinaXiv 已与材料研究学报、金属学报、生态学报、工程热物理学报等期刊合作，发表预印本论文 1.2 万余篇⑥。

---

① 佚名.《科学》公布2017年全球10大科学突破[J]. 医学信息学杂志，2018,39(1):93.

②④ 张智雄，黄金霞，王颖，等. 国际预印本平台的主要发展态势研究[J]. 数字图书馆论坛，2017(10): 2-7.

③ arXiv [EB/OL]. [2018-09-04]. https://arxiv.org/.

⑤ 王颖，张智雄，钱力，等. ChinaXiv预印本服务平台构建[J]. 数字图书馆论坛，2017(10): 20-25.

⑥ 中国科学院科技论文预发布平台（ChinaXiv）[EB/OL]. [2019-06-22]. http://chinaxiv.org/home.htm.

（3）开放出版服务

开放出版，可以提高作者的全球关注度、曝光度和影响力，为科研人员提供全文检索和无限制访问，加快知识传播速度从而提高资助机构的研究投资回报率，满足图书馆用户的需求从而提高服务满意度，促进出版知识的有效传播。

康奈尔大学图书馆建立了多个开放出版平台和出版社。2000 年，在安德鲁梅隆基金会（Andrew W. Mellon Foundation）的支持下，其开发了非营利性在线出版物平台 Euclid 项目，为读者提供理论数学和统计学方面的影响广泛的同行评审期刊、专著及会议文献以促进本领域的学术交流，目前和杜克大学出版社（Duke University Press）共同管理[①]。截至 2019 年，Euclid 已发布约 200 万页的开放获取内容，其中包括 15 万余篇期刊论文[②]。2004 年，其成立 Internet-First 大学出版社[③]，提供已出版图书与新出版图书的在线免费与 PoD 服务，如手稿、本科学生论文和多媒体材料，还提供在线作品的使用情况统计、引文链接及 Google 全文索引服务[④]。2005 年，田纳西州大学图书馆启动数字出版项目 Newfound 出版社，利用大学投资于数字图书馆发展的资源与作者和科研人员合作，建立一种新型的促进学术发展的出版合作机制，要求作者在出版前提交图书全文手稿、数字媒体展示式检索、学术期刊或其他系列作品编辑的意见，同时为作者与编辑提供编辑、设计、推广、ISBN 与 ISSN 号申请服务[⑤]。2009 年，加州数字图书馆推出 eScholarship 服务，为加州大学各院系、研究中心、出版项目、教职员工与研究生等个人学者提供开放学术出版服务与研究工具，直接管理与传播相关学术成果；作者可以出版图书、期刊、工作报告、已出版作品与会议报告等原创学术作品供全世界学者使用，为后印本或已出版论文提供存储与发布服务[⑥]。

（4）数据出版服务

发布和开放科学数据可以保持科学体系自我纠错的能力，使得数据可以被广泛地重用

---

① Project Euclid [EB/OL]. [2018-04-20]. http://en.lib.ustc.edu.cn/uncategorized/euclid/.

② Project Euclid（mathematics and statistics online）[EB/OL]. [2019-06-22]. https://www.projecteuclid.org/.

③ Internet-first university press [EB/OL]. [2018-04-20]. http://ifup.cit.cornell.edu/.

④ STEELE B. Internet-first publishing project at cornell offers new and old books free online or to be printed on demand [EB/OL]. [2018-04-20]. http://www.news.cornell.edu/stories/2004/01/internet-first-publishing-offers-new-books-free-online.

⑤ Newfound Press [EB/OL]. [2018-04-20]. http://www.newfoundpress.utk.edu/University of Michigan Press-Digital Culture books.

⑥ UC press e-books collection，1982-2004 [EB/OL]. [2018-04-20]. http://publishing.cdlib.org/ucpressebooks/.

以及带动相关产业发展等，科学数据的出版模式包括独立的数据出版、论文的辅助资料、数据期刊与论文等，数据出版从数据工作者的角度创新科学数据开放共享模式，共享知识产权清晰、来源清晰、质量可信、可在学术出版物中正式引用、统计和分析数据引用情况、评价从事数据加工分析的人员的科研成果等①。数据开放获取的关键环节是数据出版。

2015 年，北京大学图书馆、国家自然科学基金－北京大学管理科学数据中心、北京大学科研部、北京大学社科部联合主办和共同推出北京大学开放研究数据平台，提供研究数据的保存、管理与发布服务，既鼓励数据产出者开放和共享数据，又满足数据利用者浏览、搜索、申请下载和重用数据的需要，协助研究者实行基于许可条款的数据开放共享，强调团队和研究者自主管理②。截至 2019 年 6 月，已有 39 个数据空间和 241 个数据集③。为探索数据长期保存，培育和实现跨学科的协同创新，2017 至 2018 年期间开展首届全国高校数据驱动创新研究大赛，鼓励各学科领域学子基于数据进行创新研究，促进研究数据的保存和共享④，共提交 291 项成果，吸引计算机科学与技术，管理科学与工程，图书馆、情报与档案管理，公共卫生与预防医学，地理学等多个学科的学生参加⑤。2017 年，为适应数字化计算化知识时代，迎接数据挖掘和知识分析挑战，推动数据驱动的智能化决策与管理，中国科学院文献情报中心将原主办的《现代图书情报技术》更名为《数据分析与知识发现》，聚焦各行各业中以大数据为基础，依靠复杂挖掘分析进行知识发现与预测、支持决策分析和政策制定的研究与应用，致力于提供理论指导、技术支持和最佳实践⑥；同年我国大陆图书情报领域第一本英文刊 *The Journal of Library and Information Science*（《中国文献情报》）更名为 *The Journal of Data and Information Science*（JDIS，《数据与情报科学学报》）⑦；2018 年中国科学院文献情报中心联合中国图书进出口（集团）总公司主办英文数据类期刊 *Data Intelligence*（DI，《数据智能》）正式在线预出版⑧。2019 年 6 月，由中国

---

① 孔丽华. 数据出版于发布的质量审核机制[EB/OL]. [2018-11-04]. http://ir.las.ac.cn/handle/12502/9479?mode=full&submit_simple=Show+full+item+record.

② 北京大学学术成果生态系统初步建成:北京大学开放研究数据平台（PKU Open Research Data）测试版[EB/OL]. [2018-03-12]. http://www.lib.pku.edu.cn/portal/news/0000001188.

③ 北京大学开放研究数据平台[EB/OL]. [2019-06-22]. http://opendata.pku.edu.cn/.

④ “首届全国高校数据驱动创新研究大赛”主页[EB/OL]. [2018-09-05]. http://opendata.pku.edu.cn/.

⑤ “首届全国高校数据驱动创新研究大赛”历届成果展示[EB/OL]. [2018-09-05]. http://opendata.pku.edu.cn/competition-product.xhtml;jsessionid=847c88e5cba4efcf7c753bb95fc2.

⑥ 数据分析与知识发现.《数据分析与知识发现》介绍[EB/OL]. [2018-09-05]. http://manu44.magtech.com.cn/Jwk_infotech_wk3/CN/column/column291.shtml.

⑦ 数据与情报科学学报[EB/OL]. [2018-09-05]. http://www.las.cas.cn/xscbw/sjyqbkxxb/.

⑧ Data Intelligence(《数据智能》) 首届编委会在南京大学召开[EB/OL].[2018-09-05]. http://www.las.cas.cn/xwzx/zhxw/201807/t20180710_5040829.html.

社会科学院图书馆主办的学术期刊《文献与数据学报》也已面世。

9.6.3.3 科研成果聚合服务

在数字资源建设与服务的大数据时代背景下，发挥数字资源的再利用性为用户提供更深层面的内容发现和数据挖掘服务对图书馆越来越重要。随着开放学术资源已成为学术研究不可或缺的资源[①]，学术图书馆不仅提供数字资源集成平台服务，还提供开放资源集成平台。图书馆对数字资源的建设方式、内容组织方式和再利用首先要从机构层面做顶层设计，建立规范、可行的数字资源权益管理与服务管理方式，更合理、有效地保障资源的使用与服务[②]。从资源类型来看，图书馆数字资源可以分为商业资源及其元数据、开放资源及其元数据以及自建资源及其元数据。据此，目前图书馆数字资源其组织和再利用模式主要有 2 种：①元数据的开放资源集成检索和开放服务，如资源集成发现平台；②内容层面的多类型开放资源内容关联，并基于引用构建分析网络，如开放资源集成平台[③]。

（1）资源集成发现平台

资源发现系统利用抽取、映射、规范、融合等智能化手段对数据进行全面聚合和深度组织，针对“薄、厚”不同的元数据，进行多来源元数据“去重”，从用户角度对出版商、内容商提供的数据进行标准化规范处理，形成各种分类与分面体系，从而构建具有“统一”索引与资源描述体系的资源发现系统，不仅全面揭示资源，还能多元定位资源，提高资源发现质量和水平[④]。目前国内学术图书馆使用的资源集成发现平台主要有 2009 年 ProQuest 发布的 Summon、2010 年 EBSCO 的 EDS（EBSCO Didcovery Service）和 Ex Libris 的 Primo Central 以及国内的知网必由发现平台和超星发现系统。中国科学院文献情报中心开发了资源集成发现（Discovery Service）系统，提供其购买的商业资源和本地资源的元数据的集成检索服务，既包括电子资源也包括纸质资源。

（2）开放资源集成平台

目前开放出版发展态势良好，截至 2019 年 6 月，开放期刊目录（Directory of Open Access Journals）收录了来自 130 国家的约 1.3 万多种同行评议 OA 期刊和 400 多万篇文章[⑤]，开放图书目录（Directory of Open Access Books）收录了 280 多家出版社约 1.28 万种

---

① 张晓林，李麟等．开放获取学术信息资源：逼近“主流化”转折点[J]．图书情报工作，2012(9)：42-47.

② 黄金霞．数字资源的权益及服务管理[EB/OL]．[2018-09-04]．http://ir.las.ac.cn/handle/12502/9770?mode=full&submit_simple=Show+full+item+record.

③ 黄金霞，王昉，张建勇．开放资源的组织和再利用[J]．图书情报工作，2016(17): 116-121.

④ 曾建勋．资源发现系统的颠覆性[J]．数字图书馆论坛，2016(2): 1.

⑤ Directory of open access journals [EB/OL]．[2018-09-04]．https://doaj.org/.

同行评议学术专著[①]。此外还有学位论文、期刊论文、课件等各类OA资源。大型的学术图书馆也开发了 OA 自有集成平台，如斯坦福大学图书馆、中科院文献情报中心。HighWire 是斯坦福大学图书馆于 1995 年创建的帮助学术出版社在线管理同行评议内容的出版平台[②]，为出版社提供电子出版解决方案和技术方案，利用创新技术支持国际上高影响力的学术出版物在线发布，和出版社合作提供信息产业智库服务；为图书馆提供管理工具，集成管理其订购的出版物和发现其他工具及信息；为科研人员提供出版物列表和访问功能[③]。其开放式期刊出版平台 JCore 提供基于 XML 的原稿提交、跟踪、审查和出版的系统，以及转换和下载数据、硬件和软件维护、资料备份及存档功能[④]；2017 年与 Hypothesis 合作为其增加可以实施和控制注释的层级和可见度开放注释功能[⑤]。在此基础上，HighWire 集成了 1700 多种期刊和 710 万篇文章，其中 500 多种为 OA 期刊，240 多万篇为免费全文[⑥]。

2013 年，中科院文献情报中心开始研究 OA 资源建设中的关键问题。2015 年初，正式发布 OA 期刊和论文的一站式发现系统 GoOA（Go to Selected OA Journals），构建 OA 期刊集成的内容组织体系和服务体系，提供 OA 期刊和论文的一站式发现和获取服务、数据开放服务、数据定制服务等，允许图书馆收藏该资源并提供代码帮助其将链接嵌入自建网站，为用户提供一站式服务并利用领域本体概念标引论文使其更精确地发展论文和扩展概念检索，基于严格的 OA 期刊遴选和评价标准为作者提供 OA 期刊投稿分析[⑦]。GoOA 遴选即时 OA 期刊且文章以研究型论文或综述为主，2016、2017 年连续两年发布《OA 期刊排行榜报告》，为图书馆、期刊及其出版商、研究人员、基金资助机构发现高质量 OA 期刊等方面提供参考[⑧]。截至 2019 年 6 月，GoOA 已集成了来自 20 多个国家和地区的 2676 种 OA 期刊，被中科院 40 多家研究所和 40 多家高校收录[⑨]。此后，其又开发了开放资源集成服务平台 OAinOne，不仅集成了期刊论文，还集成了会议论文、开放课件、科技政策法

---

① Directory of open access books [EB/OL]. [2018-09-04]. http://www.doabooks.org/.

② HighWire. About us: a proud academic heritage [EB/OL]. [2018-09-04]. https://www.highwirepress.com/about-us.

③ HighWire. EPublishing solutions for the scholarly community [EB/OL]. [2018-09-04]. http://highwire.org/publishers/.

④ 赵廓，唐瑞，尚书智 . HighWire 数字出版平台浅析 [J]. 科技与出版，2014(12): 6-10.

⑤ 本刊讯 . HighWire 与 Hypothesis 合作整合出版物的注释 [J]. 数据分析与知识发现，2017(3): 20.

⑥ HighWire Press·海威出版社 [EB/OL]. [2018-09-04]. http://db.idoc.sh.cn/Detail.aspx?Did=945&synopsis=all.

⑦ 黄金霞，王昉，张建勇 . 开放资源的组织和再利用 [J]. 图书情报工作，2016(17): 116-121.

⑧ 中国科学院文献情报中心GoOA团队 . 2016年度OA期刊排行榜报告 [EB/OL].[2018-09-04]. http://chinaxiv.org/home.htm.

⑨ GoOA[EB/OL]. [2019-06-22]. http://gooa.las.ac.cn/external/index.jsp.

规、学位论文、开放图书、科技报告、图表数据等，并提供了按文献类型、按学科、按年份和按许可浏览，以及资源类型、学科类别、关键云词和来源平台的可视化功能①。

9.6.3.4 出版资助经费管理

一般出版社都要求在售和在印图书的作者支付印刷成本补贴，关键问题是如果作者已经付费出版，那么转为OA出版后还需要图书馆或用户支付多少成本费来购买是面临的首要问题②。目前OA出版主流的出版模式是由作者支付文章处理费（APC），委托出版机构负责出版其科研成果，用户免费使用。学术图书馆开始探索将资源采集经费转为资助作者科研成果的出版费用。学术图书馆实施的出版资助方式主要包括3种③：①将资源采购经费直接转为科研人员OA出版资助经费。如图书馆参与的高能物理期刊开放出版联盟资助计划（$SCOAP^3$），改变原有采集方式、采集内容，将采集经费改为资助科研出版的出版经费，直接将现有的高水平学术期刊转换为开放出版，从而在不打破现有出版体系的情况下实现开放获取；$SCOAP^3$经费保障机制一是成员按发文比例分摊开放出版费用，二是通过竞争性集团谈判控制开放出版经费；出版社则向其提供开放出版服务，包括但不限于同行评议和出版、格式编辑、开放获取、参考文献及链接校验、与数据的链接以及纳入到文摘索引服务中等④。②统筹机构科研人员OA出版。如文献情报中心与OA出版机构BioMed Central（BMC）和OA期刊NJP（New Journal of Physics）达成机构间合作，中科院科研人员及研究生以第一作者或通讯作者在BMC发表的文章，所支付APC费用可减免50%。③建立OA出版基金。如文献情报中心GoOA团队在中科院范围推出面向作者的“OA论文发表资助基金”，以帮助科研人员找到合适的OA期刊发表论文和得到OA论文发表资助。

① 开放资源集成服务平台OAinOne[EB/OL].[2018-09-04]. http://oa.las.ac.cn/service#LibSearch.

② 魏蕊，初景利. 学术图书开放获取与美国大学图书馆出版服务[J]. 大学图书馆学报，2014(3): 17-22.

③ 彭媛媛，黄金霞，陈秀娟，等. 开放科学中研究型图书馆的角色[J]. 图书馆论坛，2018(3): 68-75.

④ 曾燕，郑建程，赵艳等. SCOAP3：开放出版新模式及其影响[J]. 图书情报工作，2013(1): 37-42.

参考文献

著作

[1]DE SOLA POOL I. Technologies of freedom [M]. Boston：Belknap Press，1984.

[2]JENKINS H. Convergence culture：where old and new media collide [M]. New York：NYU Press，2008.

[3]WOUTERSEN S，WINDHOUWER. Enhanced publications：linking publications and research data in digital repositories [M]. Amsterdam：Amsterdam University Press，2009.

[4]IGLEZAKIS I，SYNODINOU T H，KAPIDAKIS S. E-publishing and digital libraries：legal and organizational issues [M]. Information Science Reference，2011.

[5]KARWASINSKI P. Redefining the academic library：managing the migration to digital information services [M]. Washington，DC：The Advisory Board Company，2011.

[6]ZENGENENE D，CASAROSA V，MEGHINI C. Towards a methodology for publishing library linked data [M]. Berlin Heidelberg：Springer，2013.

[7]PERONI S. Semantic web technologies and legal scholarly publishing [M]. Switzerland：Springer，2014.

[8]RAY J M. Research data management：practical strategies for information professionals [M]. West Lafayette：Purdue University Press，2014.

[9]许力以. 出版和出版学. 中国大百科全书·新闻出版卷 [M]. 北京：中国大百科全书出版社，1990.

[10]谢新洲. 数字出版技术 [M]. 北京：北京大学出版社，2002.

[11]夏侯炳. 参考咨询新论 [M]. 南昌：江西人民出版社，2004.

[12]邱均平. 信息计量学 [M]. 武汉：武汉大学出版社，2007.

[13]HEY T，TANSLEY S，TOLLE K. 第四范式：数据密集型科学发现 [M]. 潘教峰，张晓林，等，译. 北京：科学出版社，2012.

[14]吴建中. 转型与超越：无所不在的图书馆 [M]. 上海：上海大学出版社，2012.

[15]前瞻产业研究院. 中国图书出版行业市场前瞻与投资战略规划分析报告 [M]. 前瞻产业研究院，2016.

[16]初景利. 网络用户与网络信息服务 [M]. 北京：海洋出版社，2018.

论文

［1］PENN L. Alternative ways of obtaining scholarly articles and the impact on traditional publishing models froma UK/European perspective［J］. Serials review，2018，44（1）.

［2］SHOTION D. Semantic publishing：the coming revolution in scientific journal publishing［J］. Learned publishing，2009，22（2）.

［3］MCKEE A E，STAMISON C M，BAHNMAIER S. Creation，transformation，dissemination，and preservation：advocating for scholarly communication［J］. The serials librarian，2014，66（1/4）.

［4］FRANDSEN T F. The integration of open access journals in the scholarly communication system：three science fields［J］. Information processing & management，2009，45（1）.

［5］GU X，BLACKMORE K. Characterisation of academic journals in the digital age［J］. Scientometrics，2017，110（3）.

［6］GRECO A N. The impact of disruptive and sustaining digital technologies on scholarly journals［J］. Journal of scholarly publishing，2016，48（1）.

［7］GAIGHER S，ROUX E L，BOTHMA T. The predictive value of disruptive technology theory for digital publishing in the traditional publishing environment：a South African case study［J］. Journal of scholarly publishing，2014，45（45）.

［8］HODGE G M. Digital preservation：overview of current developments［J］. Information services & use，2002，22（2/3）.

［9］HURYCH J. National digital preservation initiatives：an overview of developments in Australia，France，the Netherlands and the United Kingdom，and of related international activity［J］. Collection building，2003，23（3）.

［10］HUANG X R，HAO T. System of digital publishing policies and regulations in China［J］. Library Hi Tech，2014，32（3）.

［11］MANGANI A，TARRINI E. Who survives a recession？ Specialization against diversification in the digital publishing industry［J］. Online information review，2017，41（1）.

［12］HUNTER B. The effect of digital publishing on technical services in university libraries［J］. Journal of academic librarianship，2013，39（1）.

［13］WHITEHEAD D. Special issue：digital publishing for the humanities and social sciences［J］. Syllecta classica，2005，16（2）.

［14］MCGUIGAN G S. The NIH public access policy and federally funded research：an analysis of problem recognition and agenda setting［J］. The journal of academic librarianship，2015，41（1）.

［15］OLIVAREZ J D，BALES S，SARE L，et al. Format aside：applying beall's criteria to assess the predatory nature of both OA and non-OA library and information science journals［J］. College & research libraries，2016，79（1）.

[16]ZHANG L，WATSON E M. Measuring the impact of gold and green open access [J]. Journal of academic librarianship，2017，43（4）.

[17]MIKKI S. Scholarly publications beyond pay-walls：increased citation advantage for open publishing [J]. Scientometrics，2017，113（4）.

[18]CHAVAN V，PENEV L. The data paper：a mechanism to incentivize data publishing in biodiversity science [J]. BMC bioinformatics，2011，12（6）.

[19]NEWMAN P，CORKE P. Editorial data papers—peer reviewed publication of high quality data sets [J]. International journal of robotics research，2009，28（4）.

[20]ROAMARTINEZ S M，VIDOTTI S A，SANTANA R C，et al. Proposed structure of a data paper structure as scientific publication [J]. Revista espanola de documentacion cientifica，2017，40（1）.

[21]CANDELA L，CASTELLI D，MANGHI P，et al. Data journals：a survey [J]. Journal of the association for information science and technology，2015，66（9）.

[22]LAWRENCE B N，JONES C，MATTHEWS B，et al. Citation and peer review of data：moving towards formal data publication [J]. International journal of digital curation，2011，6（2）.

[23]PABÓN G，GUTIÉRREZ C，FERNÁNDEZ J D，et al. Linked open data technologies for publication of census microdata [J]. Journal of the American society for information science & technology，2013，64（9）.

[24]FEITOSA D，DERMEVAL D，ÁVILA T，et al. A systematic review on the use of best practices for publishing linked data [J]. Online information review，2018，42（9）.

[25]GUINN B. The future of publishing scientific data：is it time to accept the wider publication of null data？ [J]. Cancer，2014，1（1）.

[26]O'NEILL L，DEXTER F，ZHANG N. The risks to patient privacy from publishing data from clinical anesthesia studies [J]. Anesthesia & analgesia，2016，122（6）.

[27]SHOTTON D. Semantic publishing：the coming revolution in scientific journal publishing [J]. Learned publishing，2009，22（2）.

[28]WAN X，LIU F. Are all literature citations equally important? Automatic citation strength estimation and its applications [J]. Journal of the association for information science and technology，2014，65（9）.

[29]JUNG Y. A semantic annotation framework for scientific publications [J]. Quality & quantity，2017，51（3）.

[30]DILEVKO J，DALI K. The self-publishing phenomenon and libraries [J]. Library & information science research，2006，28（2）.

[31]PERRY A M，BORCHERT C A，DELIYANNIDES T S，et al. The balance point：libraries as journal publishers [J]. Serials review，2011，37（3）.

[32]DE GROOTE S L，CASE M M. What to expect when you are not expecting to be a publisher [J].

OCLC systems & services：international digital library perspectives，2014，30（3）.

[33]THOMAS S E. Publishing solutions for contemporary scholars：the library as innovator and partner [J]. Library Hi Tech，2006，24（4）.

[34]LEFEVRE J，HUWE T K. Digital publishing from the library：a new core competency [J]. Journal of web librarianship，2013，7（2）.

[35]SIMSER C N，STOCKHAM M G，TURTLE E. Libraries as publishers：a winning combination [J]. OCLC systems & services：international digital library perspectives，2015，31（2）.

[36]WILLIAMS K. A framework for articulating new library roles [J]. Research library issues，2009.

[37]WALTERS T O. Reinventing the library—how repositories are causing librarians to rethink their professional roles [J]. Portal-libraries and the academy，2007，7（2）.

[38]CARPENTER M，GRAYBILL J，OFFORD J，et al. Envisioning the library's role in scholarly communication in the year 2025 [J]. Portal-libraries and the academy，2011，11（2）.

[39]CRUZ L，FLEMING R. Partnerships：the engaged university and library publishing [J]. OCLC systems & services：international digital library perspectives，2015，31（4）.

[40]GILMAN I. Adjunct no more：promoting scholarly publishing as a core service of academic libraries [J]. Against the grain，2017，26（6）.

[41]BUSHER C，KAMOTSKY I. Stories and statistics from library-led publishing [J]. Learned publishing，2016，28（1）.

[42]WU S K，MCCULLOUGH H. First steps for a library publisher：Developing publishing services at UNC Charlotte J. Murrey Atkins library [J]. OCLC systems & services：international digital library perspectives，2015，31（2）.

[43]CHADWELL F，SUTTON S C. The future of open access and library publishing [J]. New library world，2014，115（5/6）.

[44]MANGIAFICO P，SMITH K L. Reason，risk，and reward：models for libraries and other stakeholders in an evolving scholarly publishing ecosystem [J]. Cultural anthropology，2014，29（2）.

[45]ZHAO L L. Riding the wave of open access：providing library research support for scholarly publishing literacy [J]. Australian academic & research libraries，2014，45（1）.

[46]SKINNER K. Library-as-publisher：capacity building for the library publishing subfield [J]. Journal of electronic publishing，2014，17（2）.

[47]WALTERS T. The future role of publishing services in university libraries [J]. Portal-libraries and the academy，2012，12（4）.

[48]GEDYE R. Open Access Is Only Part of the Story [J]. Serials review，2004，30（4）.

[49]FLEMING-MAY R A，GREEN H. Digital innovations in poetry：practices of creative writing faculty in online literary publishing [J]. Journal of the association for information science and technology，2016，67

（4）.

［50］MIDDLETON K，YORK A. Collaborative publishing in digital history［J］. OCLC systems & services：international digital library perspectives，2014，30（3）.

［51］BJÖRK B C. Scholarly journal publishing in transition-from restricted to open access［J］. Electronic markets，2017，27（2）.

［52］FRAZIER K. The librarians' dilemma contemplating the costs of the "Big Deal"［J］. D-lib magazine，2001，7（3）.

［53］LAAKSO M，BJÖRK B C. Hybrid open access—a longitudinal study［J］. Journal of informetrics，2016，10（4）.

［54］MARTÍN-MARTÍN A，COSTAS R，LEEUWEN T，et al. Evidence of open access of scientific publications in Google Scholar：a large-scale analysis［J］. Journal of informetrics，2018，12（3）.

［55］MANCA A，MARTINEZ G，CUGUSI L，et al. Predatory open access in rehabilitation［J］. Archives of physical medicine and rehabilitation，2017，98（5）.

［56］BASFORD J R，HEINEMANN A W. Predatory publishing in rehabilitation［J］. Archives of physical medicine and rehabilitation，2017，98（5）.

［57］FANG H，WALSH T，WORTHINGTON H. “Predatory” publishing and open access in dentistry［J］. The journal of the American dental association，2016，147（8）.

［58］MCCANN，TERENCE V，POLACSEK，et al. False gold：safely navigating open access publishing to avoid predatory publishers and journals［J］. Journal of advanced nursing，2018，74（4）.

［59］PEEKHAUS W，PROFERES N. An examination of North American library and information studies faculty perceptions of and experience with open-access scholarly publishing［J］. Library & information science research，2016，38（1）.

［60］CANDELA L，CASTELLI D，MANGHI P，et al. Data journals：a survey［J］. Journal of the association for information science & technology，2015，66（9）.

［61］CHAVAN V，PENEV L. The data paper：a mechanism to incentivize data publishing in biodiversity science［J］. BMC bioinformatics，2011，12（Suppl 15）.

［62］SOMPEL H V D，PAYETTE S，ERICKSON J，et al. Rethinking scholarly communication：building the system that scholars deserve［J］. D-lib magazine，2004，10（9）.

［63］FENSEL D，MUSEN M A. The semantic web：a brain for humankind［J］. IEEE intelligent systems，2005，16（2）.

［64］SHADBOLT N，HALL W，BERNERS-LEE T. The semantic web revisited［J］. IEEE interlligent systems，2006（62）：21.

［65］PILEGGI S F，FERNANDEZ-LLATAS C，TRAVER V. When the social meets the semantic：social semantic web or Web 2.5［J］. Future Internet，2012（4）.

［66］BERNERS-LEE T，HENDLER J，LASSILA O. The semantic web［J］. Scientific American，2001，284（5）.

［67］LYNNE B. Re-defining the library［J］. Library Hi Tech，2006，24（4）.

［68］RICK A. The crisis in research librarianship［J］. The journal of academic librarianship，2011，37（4）.

［69］ACRL. 2016 top trends in academic libraries：a review of the trends and issues affecting academic libraries in higher education［J］. College & research libraries news，2016，77（6）.

［70］HARBOEREE C. Just advanced librarianship：the role of academic libraries as publishers［J］. Australian academic & research libraries，2007，38（1）.

［71］INGHAM R，KANELLOPOULOS L. University presses in libraries：potential for successful marriages［J］. Oclc systems & services，2014，30（3）.

［72］王全林，程东峰 . 大学教师学术生态问题与重构［J］. 教师教育研究，2013（2）.

［73］韩丽，王敏，初景利 . 生态学视角下开放获取驱动的学术交流系统变革研究［J］. 中国科技期刊研究，2017（2）.

［74］杨移贻 . 知识经济时代的学术生态［J］. 教育发展研究，1999（S2）.

［75］司林波，乔花云 . 学术生态、学术民主与学术问责制［J］. 现代教育管理，2013（6）.

［76］佟林杰，孟卫东，郭沛 . 学术生态视角下研究生学术创新激励机制异化及治理研究［J］. 学位与研究生教育，2014（3）.

［77］张启强 . 学术生态与学术可持续发展［J］. 科技管理研究，2007（4）.

［78］刘贵华 . 论大学学术的生态学分析视角［J］. 青岛化工学院学报（社会科学版），2001（4）.

［79］王铮 . 学术交流模式变迁中的刊群建设环境分析［J］. 数字图书馆论坛，2015（3）.

［80］徐跃权，徐兆英 . 数字环境中图书馆与出版发行活动的行业关系构建［J］. 图书馆杂志，2003（7）.

［81］钟伟 . 基于系统论思想的图书馆联盟研究［J］. 图书馆，2013（4）.

［82］杜瑾，杨志萍 . 论云出版环境下图书馆与出版商的权益平衡［J］. 图书馆建设，2013（9）.

［83］顾立平 . 美国图书馆界与出版商界围绕联邦开放获取政策展开博弈［J］. 中国图书馆学报，2013（6）.

［84］王铮，王燕鹏，邹美辰，在变化的知识环境中寻求新平衡——2014 年英美等国图书馆发展策略评述［J］. 图书情报工作，2015（9）.

［85］刘锦宏 . 丁美方 . 安珍珍 . 国际数字出版研究进展可视化分析［J］. 科技与出版，2015（8）.

［86］程维红，任胜利 . 中国科协科技期刊的数字出版商业模式［J］. 科技与出版，2017（1）.

［87］沈东婧，王斌，江晓波 . 美国国立卫生研究院（NIH）公共获取案例解析及启示［J］. 图书情报工作，2009（s1）.

［88］李麟，初景利 . 开放存取出版模式及发展策略［J］. 中国科技期刊研究，2006（3）.

［89］黄国彬，王舒，屈亚杰，等 . 科学数据出版模式比较研究［J］. 大学图书馆学报，2018（1）.

[90]何琳，常颖聪.国内外科学数据出版研究进展[J].图书情报工作，2014（3）.

[91]梁子裕.国外科研数据出版模式研究[J].出版发行研究，2017（3）.

[92]汪庆，任慧玲.新技术环境下STM出版发展趋势探析[J].科技与出版，2014（9）.

[93]吴思竹，李峰，张智雄.知识资源的语义表示和出版模式研究——以Nanopublication为例[J].中国图书馆学报，2013（4）.

[94]汪新红.优先数字出版是提高学术期刊出版速度的一种新模式[J].中国科技期刊研究，2011（1）.

[95]史淑英，张静，强自力.自出版的兴起及图书馆的应对策略[J].国家图书馆学刊，2016（4）.

[96]金月华，大数据时代可视化出版研究[J].出版发行研究，2016（3）.

[97]徐丽芳，丛挺.数据密集、语义、可视化与互动出版：全球科技出版发展趋势研究[J].出版科学，2012（4）.

[98]刘兹恒，涂志芳.学术图书馆参与数字出版的动因与条件分析[J].图书情报工作，2016（3）.

[99]胡德华，韩欢.学术交流模型研究[J].图书情报工作，2010（2）.

[100]张鸣.网络时代科学信息传播与利用的模式浅析[J].图书馆杂志，2004（1）.

[101]黄如花，冯晴.论开放存取出版对科学信息交流和利用的影响[J].出版科学，2008（3）.

[102]明海，杨小龙.我国网络出版研究现状综述[J].情报杂志，2002（10）.

[103]刘闯.论全球变化科学研究数据出版[J].地理学报，2014（8）.

[104]刘凤红，崔金钟，韩芳桥，等.数据论文：大数据时代新兴学术论文出版类型探讨[J].中国科技期刊研究，2014（12）.

[105]黄国彬，王舒，屈亚杰.科学数据出版模式比较研究[J].大学图书馆学报，2018（1）.

[106]张小强，李欣.数据出版理论与实践关键问题[J].中国科技期刊研究，2015（8）.

[107]张静蓓，任树怀.科研数据出版模式、流程及引用策略研究[J].图书情报工作，2015（9）.

[108]屈宝强，王凯.数据论文的出现与发展[J].图书与情报，2015（5）.

[109]李小燕，田欣，郑军卫，等.科技期刊增强出版及实现流程[J].中国科技期刊研究，2018（3）.

[110]崔玉洁，包颖，廖坤.全媒体出版中增强出版的模式研究[J].编辑学报，2018（1）.

[111]周华清.科技期刊的移动优先出版模式研究[J].科技与出版，2017（1）.

[112]伍秀芳，林汉枫.在线优先出版科技文章及其引用分析[J].中国科技期刊研究，2008（3）.

[113]郭志菊，崔进.开放获取环境下国外图书馆出版对我国的启示[J].中国出版，2016（1）.

[114]孙博阳，李书宁.国外大学图书馆开放获取实践概述[J].图书情报工作，2013（10）.

[115]鄂丽君.麻省理工学院图书馆学术出版服务介绍[J].图书馆杂志，2014（1）：78-82.

[116]姜晓曦，冷熠.我国数字出版物呈缴现状及其制约因素分析[J].图书馆建设，2016（8）.

[117]张敏，胡嫔.修复数字出版产业链[J].网络传播，2005（5）.

[118]曲云鹏.国外版权法规对中国媒体传播保护的启示[J].新闻战线，2014（9）.

[119]黄先蓉，李晶晶 . 中外数字版权法律制度盘点 [J]. 科技与出版，2013（1）.

[120]李冰，文卫华，谷俊明 . 德国数字版权法律制度的发展 [J]. 现代出版，2014（1）.

[121]何莉娜，郑建程 . 开放获取期刊的运营模式探析 [J]. 图书馆杂志，2012（9）.

[122]田晓迪 . 开放出版及其对图书馆资源建设的影响 [J]. 图书馆杂志，2017（8）.

[123]魏蕊，初景利 . 国外开放获取图书出版模式研究 [J]. 图书情报工作，2013（11）.

[124]郭进京，彭乃珠，张梦霞，等 . 2014 年国际开放获取实践进展 [J]. 图书情报工作，2015（9）.

[125]段美珍，顾立平，赵昆华 .2015—2016 年国家开放获取相关政策与实践进展 [J]. 图书情报工作，2017（18）.

[126]李书宁 . 英国大学开放获取政策研究 [J]. 知识、学习与管理，2017（1）.

[127]张冬荣，祝忠明，李麟，等 . 中国科学院机构知识库建设推广与服务 [J]. 图书情报工作，2013（1）.

[128]祝忠明，马建霞，张智雄，等 . 中国科学院联合机构仓储系统的开发与建设 [J]. 图书情报工作，2008（9）.

[129]顾立平 . 科学数据权益分析的基本框架 [J]. 图书情报知识，2014（1）.

[130]王丹丹 . 数据论文：数据集独立出版与共享模式研究 [J]. 情报资料工作，2015（5）.

[131]王晓光，宋宁远 . 语义出版物的内容组织架构研究——基于纳米出版物和微型出版物的比较分析 [J]. 出版科学，2017（4）.

[132]宋宁远，王晓光 . 增强型出版物模型比较分析 [J]. 中国科技期刊研究，2017（7）.

[133]王莉莉，栾冠楠 . 英国广播公司（BBC）动态语义出版模式研究 [J]. 图书情报工作，2017（8）.

[134]姚伟欣，马建华 . 新学术环境下科技期刊数字出版平台的技术发展趋势 [J]. 中国科技期刊研究，2013（6）.

[135]麻思蓓 . 开放获取对图书馆信息资源建设的影响 [J]. 图书馆，2015（1）.

[136]魏红菊，王世乔 . 开放存取与高校图书馆信息资源建设策略 [J]. 科技情报开发与经济，2010（28）.

[137]BECKER S A，CUMMINS M，DAVIS A，et al. 新媒体联盟地平线报告：2017 图书馆版 [J]. 赵艳，魏蕊，高春玲，等，译 . 图书情报工作，2018（3）.

[138]李桂贞，郑建明 . 论数字图书馆的知识组织 [J]. 图书馆理论与实践，2007（5）.

[139]刘维丹 . 数字图书馆的知识组织研究 [J]. 现代情报，2002（10）.

[140]刘炜 . 知识组织：图书馆职业的核心能力 [J]. 国家图书馆学刊，2010（2）.

[141]张曼，黄龙 . 大数据环境下图书馆知识组织与知识服务研究 [J]. 新世纪图书馆，2017（2）.

[142]初景利 . 嵌入式图书馆服务的理论突破 [J]. 大学图书馆学报，2013（6）.

[143]孙杰 . 出版馆员：学术图书馆馆员的角色再造 [J]. 图书馆建设，2016（12）.

[144]肖希明，完颜邓邓 . 国外图书馆与出版商、书商的多元化合作 [J]. 图书馆，2016（4）.

[145]魏蕊，初景利．学术图书开放获取与美国大学图书馆出版服务[J]．大学图书馆学报，2014(3)．

[146]孙坦．开放信息环境下学术图书馆信息资源建设的重定义与再造[J]．中国图书馆学报，2013(3)．

[147]张晓林．颠覆性变革与后图书馆时代——推动知识服务的供给侧结构性改革[J]．中国图书馆学报，2018(1)．

[148]张晓林，李麟等．开放获取学术信息资源：逼近“主流化”转折点[J]．图书情报工作，2012(9)．

[149]黄金霞，王昉，张建勇．开放资源的组织和再利用[J]．图书情报工作，2016(17)．

[150]曾建勋．资源发现系统的颠覆性[J]．数字图书馆论坛，2016(2)．

附　　录

附录 1　《新型出版模式对学术图书馆的影响研究》调查问卷

尊敬的图书馆人员、编辑出版人员：

出版领域的数字化、开放获取、数据化、语义化等新型出版模式的出现与快速发展，不仅影响出版模式与出版市场，同时无疑将深刻影响一直以来作为学术交流系统中的“中游”（中介）的图书馆。实际上这种影响已经开始显现，而未来的影响一定会更大。作为图书馆同行，我们必须关注作为上游的出版端的发展与变化，未雨绸缪，及时调整学术图书馆的定位与功能，增强图书馆自身的适应性与自身发展能力。

受国家社科基金重点项目委托，我及我的课题组正在开展“新型出版模式对学术图书馆的影响”研究。希望通过本研究，能了解您对这一问题的看法和判断，以便我们能更准确地把握发展趋势，更好地提出适应新型出版环境下图书馆转型变革的方向与策略。

本文所指的学术图书馆是指大学图书馆和专业图书馆。

期待您在 2018 年 5 月 23 日前回复问卷。您的意见非常重要。非常感谢您的参与！

2018 年 4 月 7 日

一、新型出版环境下对学术图书馆的认知（多选题）

1. 您认为新型出版与学术图书馆之间的关系趋势是什么？

A. 上下游关系

B. 一体化关系

C. 替代关系

D. 没有关系

E. 不确定

2. 新型出版视角下学术图书馆的竞争力分析：

A. 有优势

B. 有劣势

C. 新型出版对学术图书馆有机遇

D. 新型出版对学术图书馆有威胁

E. 不确定

二、新型出版的内涵、特征与趋势

1. 您是否知道新型出版这个概念？是□　　　否□

2. 按照您的理解，您觉得以下哪些出版方式可以称为“新型出版”？

数字出版□

开放出版□

语义出版□

增强出版□

数据出版□

优先出版（按篇出版）□

自出版□

可视化出版□

其他□（请说明：____________________）

3. 您认为自己（所在的机构）在知识生产—知识传播—知识利用三个环节中，处于哪个环节？

知识生产□　　　知识传播□　　　知识利用□

4. 您认为新型出版对您所在环节是否影响最大？是□

否□（如果选否，请选择影响最大的环节）（单选）：

知识生产□　　　知识传播□　　　知识利用□

原因：____________________

5. 您认为新型出版的哪些出版方式将会对未来社会发展产生影响？

数字出版□

开放出版□

语义出版□

增强出版□

数据出版□

优先出版（按篇出版）□

自出版□

可视化出版□

其他□（请说明：____________________）

6. 您认为新型出版的以下三个特征是否会对未来社会发展产生影响？

是□（如果选是，请选择您认为影响最大的特征，单选）否□

内容要素□　　　　技术要素□　　　　传播要素□

三、数字出版对学术图书馆的影响（根据自己的身份选择）

出版商（编辑出版人员回答）

1. 贵单位出版物种类

纸本出版物占比 ___________

电子出版物占比 ___________

贵单位开放获取资源占比 ___________

贵单位电子版销售占比 ___________

2. 贵单位提供哪些数字服务

□集成检索；□跨库检索；□在线培训；□信息推送；□其他，请说明 ________________

3. 贵单位数字产品采用的长期保存方式

□加入 LOCKSS；□加入 Portico；□其他方式，请说明 ________________

4. 数字出版时代出版商关注的核心 / 关键问题应该是什么？

□丰富资源种类和数量；□提供高质量资源；□提供基于数字资源的深层次数字服务；□其他，请说明 ________________

5. 您如何看待数字出版的未来？简略回答：

作者、读者（作者、读者回答）

6. 您在科学研究和教学中需要使用文献时，优先选择以下哪种方式？

□先在网上搜索；□先到图书馆查找印本；□其他方式，请说明 ___________

7. 您在科学研究和教学中使用下列数字资源的情况，按照图书馆获取的资源多少从高

到低排序

电子图书 ____________

期刊论文 ____________

会议论文 ____________

学位论文 ____________

科技报告 ____________

社交媒体 ____________

其他 ________________

8. 您使用下列设备查看数字学术资源的频度?

设备	使用频率(单选)
台式电脑	□总是 □经常 □有时 □偶尔 □从来不用
笔记本电脑	□总是 □经常 □有时 □偶尔 □从来不用
平板	□总是 □经常 □有时 □偶尔 □从来不用
智能手机	□总是 □经常 □有时 □偶尔 □从来不用
其他	设备:________,□总是 □经常 □有时 □偶尔 □从来不用

9. 您从出版商和图书馆提供的哪些数字服务满足您的需求?频次如何?

服务项目	出版商	图书馆
集成检索	□总是 □经常 □有时 □偶尔 □从来不用	□总是 □经常 □有时 □偶尔 □从来不用
在线培训	□总是 □经常 □有时 □偶尔 □从来不用	□总是 □经常 □有时 □偶尔 □从来不用
原文传递	□总是 □经常 □有时 □偶尔 □从来不用	□总是 □经常 □有时 □偶尔 □从来不用
电子通报(E-Alert)	□总是 □经常 □有时 □偶尔 □从来不用	□总是 □经常 □有时 □偶尔 □从来不用
其他经常使用的其他服务	请说明:____________________	请说明:____________________

10. 作为作者，对于科研成果，您首选的发表渠道是 ___________，其他可以选择的渠道包括（请按选择偏好从高到低排序）___________

①同行评议的学术期刊或专著□；②非同行评议的学术期刊□；③预印本数据库□；④机构知识库□；⑤个人网站□；⑥社交媒体（微信、微博、人人网等）□；⑦其他□，请说明 ____________________

11. 您认为图书馆还需要提供哪些类型的数字资源或服务？简略回答：

图书馆（图书馆员回答）

12. 贵馆数字资源在全部资源中的大约比例为 ___________%，数字资源采购费占全部资源采购费的大约比例为 ___________%。

13. 贵馆 2017 年新购和续订的数字资源中各种类型资源经费的大致比例，以及使用量从高到低排序（大致估算）：

图书 ____________________　　　　排序 ____________________

期刊 ____________________　　　　排序 ____________________

会议论文 ________________　　　　排序 ____________________

学位论文 ________________　　　　排序 ____________________

研究报告 ________________　　　　排序 ____________________

二次文献 ________________　　　　排序 ____________________

其他 ____________________　　　　排序 ____________________

14. 贵馆是否提供以下基于数字资源的服务

□集成检索（对不同来源、不同类型数字资源的一站式检索）是□　　　否□

□片段 / 知识元检索（对资源中的知识点、知识元、内容片段如图、表、公式等进行检索）是□　　　否□

□定制服务（根据用户需求提供个性化的服务）是□　　　否□

□新增资源推送服务　　　是□　　　否□

□文献传递服务　　　是□　　　否□

其他服务 ___________

15. 您认为数字出版环境中图书馆的角色应该是？简略回答：

四、开放出版（OA publishing）对学术图书馆的影响

1. 您是否了解开放出版？是□　　　否□

2. 您认为开放出版对学术图书馆是否有影响？

有很大影响□　　有一定的影响□　　没有多少影响□　　不确定□

3. 您认为学术图书馆在开放出版时代的定位与功能是：

知识库建设者　　是□　　否□

开放出版者　　是□　　否□

开放知识服务者　　是□　　否□

其他□

4. 学术图书馆如何参与开放出版？

提供图书馆出版（library publishing）是□　　否□

提供出版服务（出版咨询等）　　是□　　否□

提供数字资源整合与服务平台　　是□　　否□

5. 在开放出版时代，学术图书馆需要重构哪些能力？

提供开放知识服务　　是□　　否□

开展开放资源建设　　是□　　否□

加强技术的引入和应用　　是□　　否□

打造知识基础设施　　是□　　否□

五、数据出版与数据管理（data publishing and management）对学术图书馆的影响

1. 您在科研过程中所产生的科研数据是否进行公开发布？

是□　　否□

通过何种渠道？

提交机构仓储□　　发表数据论文□　　其他□

2. 您是否发表过科学数据论文？

是□　　否□

数据论文成果是否纳入贵单位的科研评价体系？

是□　　否□

3. 贵单位是否开展科研数据管理服务？

是□　　否□

贵单位开展科研数据管理服务目前存在的主要问题是什么？

领导层意见未完全统一□　　经费不足□

缺乏技术骨干□　　标准不统一□

传播渠道不完善□　　版权问题□

网络基础设施不完善□　　科研人员缺乏数据管理的共享意愿□

担心数据共享影响其成果发表□　　其他□

4. 贵馆是否提供数据出版服务？

是□　　否□

数据出版的主要文献类型有什么？

图书□　　期刊□　　会议论文□　　学位论文□

研究报告□　　其他□

5. 您认为在“数据出版”环境下，贵单位面临的主要挑战是什么？请排序。

馆藏资源重构与融合 __________

科研数据管理与服务 __________

数据密集型知识服务 __________

数据素养教育 __________

数据馆员及其能力建设 __________

六、语义出版（semantic publishing）对学术图书馆的影响

1. 贵图书馆是否开展语义出版服务？（AB 可多选，与 C 互斥）

A. 图书馆以语义方式进行出版活动

B. 图书馆构建以语义为核心的知识组织体系

C. 否

2. 您认为图书馆开展语义出版服务的基础：（排序题）

A. 技术基础　　B. 发展观念　　C. 资金基础　　D. 人员安排

E. 管理模式

3. 建立语义知识组织体系需要解决的关键性问题：（请排序）

A. 功能不完善 __________

B. 技术发展和需求不匹配 __________

C. 语义技术与图书馆业务的融合问题 __________

D. 其他 __________

4. 语义出版与学术图书馆融合发展的必要性：(多选)

A. 语义出版与图书馆知识组织体系需要有机融合

B. 图书馆需要更多地应用语义出版技术

C. 语义出版利于图书馆建立以语义技术为核心的技术网络

D. 语义出版是智慧图书馆的组成部分

5. 学术图书馆语义技术融合发展最需要解决的问题：(请排序)

A. 基于用户的语义知识服务系统 __________

B. 个性化定制集成 __________

C. 嵌入用户环境 __________

D. 提供知识解决方案 __________

E. 多种场景的应用融合 __________

F. 推动图书馆的新型功能实现 __________

七、图书馆出版(library publishing)及其运营模式与能力(多选题)

1. 学术图书馆参与出版的目的：

图书馆功能定位中的出版角色□

学术图书馆面向出版的新能力□

学术图书馆与出版的一体化态势□

在转型变革中寻求新的发展机会□

其他□

2. 图书馆参与出版并提供服务需要解决哪些问题？

图书馆出版服务对象与相应内容分析□

图书馆出版的出版服务平台□

图书馆出版的商业与传播模式□

图书馆出版服务的途径与方法□

其他□

3. 学术图书馆出版服务能力建设策略：

加强图书馆出版服务的规划与设计□

将出版服务纳入图书馆业务体系□

培养专业的出版馆员并设置出版馆员岗位□

加强图书馆与出版部门的整合□

提供图书馆出版及出版服务□

八、新型出版模式对学术图书馆的重构与能力再造

1. 新型出版模式对学术图书馆最主要的影响体现在哪些方面？请排序。

对资源建设的模式具有影响 ___________

对图书馆服务模式具有影响 ___________

对图书馆业务布局与管理结构具有影响 ___________

对图书馆核心能力具有影响 ___________

2. 新型出版模式影响下，学术图书馆资源建设工作面临的最主要的挑战是什么？请排序。

新型资源体系的重新构建 ___________

资源建设业务布局的重新构建 ___________

资源建设业务交互模式的重新定义 ___________

资源建设人员角色的重新定位 ___________

资源建设预算结构的重新配置 ___________

3. 新型出版模式影响下，图书馆工作人员以下哪些能力的转型最为重要？请排序。

从资源能力到服务能力 ___________

从文献服务能力到知识服务能力 ___________

从文献管理能力到数据治理能力 ___________

从信息采集能力到内容出版能力 ___________

从信息服务能力到智慧服务能力 ___________

九、构建学术图书馆与新型出版新的学术生态

你是否认同图书馆（包括学术图书馆）被边缘化？

A. 是□　　　　B. 否□　　　　C. 不知道□

你是否认同当前的图书馆已经进入新时代？

A. 是□　　　　B. 否□　　　　C. 不知道□

图书馆是否存在“空壳化”现象？

A. 是□　　　　B. 否□　　　　C. 不知道□

图书馆自身能力是否存在弱化趋势？

A. 是□　　　　B. 否□　　　　C. 不知道□

学术图书馆与新型出版是否应该实现生态系统的平衡?

A. 是□　　B. 否□　　C. 不知道□

十、您的基本信息:

1. 您的职业是:

作者□　　出版商□　　图书馆员□　　其他□

2. 您的年龄:

20 岁及以下□　　21—30 岁□　　31—40 岁□　　41—50 岁□

51 岁及以上□

3. 您的学历:

专科及以下□　　本科□　　硕士研究生□　　博士研究生□

4. 您从事本专业年限:

5 年及以下□　　6-10 年□　　11-20 年□　　20 年以上□

5. 您的性别:

男□　　女□

6. 您的主要学科:

图书馆学情报学□　　自然科学与技术学科□

社科与人文科学□　　管理科学□

附录 2　《新型出版模式对学术图书馆的影响研究》调查问卷总体分析

1 调查目的

出版领域的数字化、开放获取、数据化、语义化等新型出版模式的出现与快速发展，不仅影响出版模式与出版市场，同时无疑将深刻影响一直以来作为学术交流系统中的“中游”（中介）的图书馆。实际上这种影响已经开始显现，而未来的影响一定会更大。作为图书馆同行，我们必须关注作为上游的出版端的发展与变化，未雨绸缪，及时调整学术图书馆的定位与功能，增强图书馆自身的适应性与自身发展能力。基于此，设计出“新型出版对学术图书馆的影响研究调查问卷”，期望了解出版商、作者、读者、图书馆同行对这一问题的看法和判断，以便更准确地把握发展趋势，更好地提出适应新型出版环境下图书馆转型变革的方向与策略。

2 问卷的发放与回收

本调查问卷发放的时间为 2018 年 4 月 23 日到 2018 年 5 月 22 日，问卷发放的方式为在问卷星平台上制作电子版问卷，通过微信发放问卷链接，在问卷发放期共回收到 1471 份有效问卷。

3 问卷答复者人口特征

3.1 人口地理位置分析

对填写问卷人口所在的地理位置进行分析，发现填写问卷的人群涵盖中国 31 个省级行政区域，未涵盖的 3 个省级行政区域分别为青海省、台湾省和澳门特别行政区。另外还有 6 份问卷来自美国，1 份问卷来自英国。

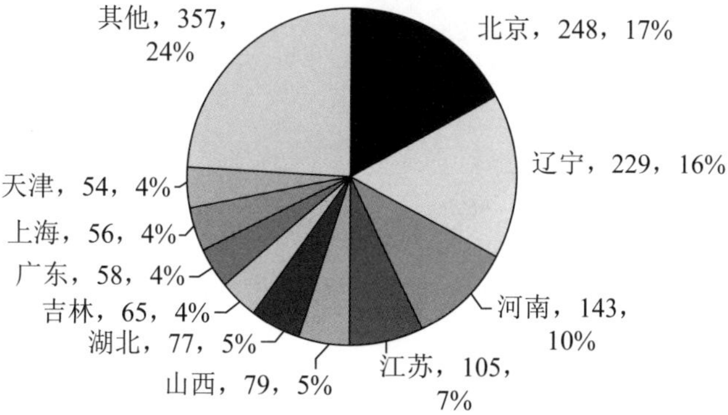

图 A-1　问卷答复者地理位置分布

图 A-1 展示了问卷答复者所在地理位置填报数量排在前十位的省级行政区域，按照填报数量降序排列分别为：北京、辽宁、河南、江苏、山西、湖北、吉林、广东、上海、天津。来自这 10 个省级行政区域的问卷合计 1114 份，占所有问卷的 75.7%，其中排名前三位的北京、辽宁、河南问卷总量占比接近 50%。

3.2 人口年龄分布

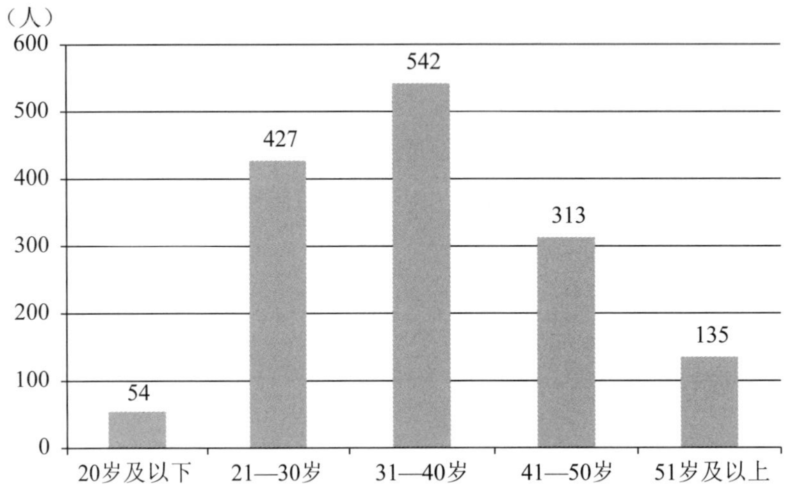

图 A-2 问卷答复者年龄分布

此次问卷答复者年龄分布呈现倒 U 型，填写问卷的人群主要分布在 3 个年龄组：21—30 岁、31—40 岁、41—50 岁，共占 87%。其中填写问卷最多的年龄组为 31—40 岁的，占据所有问卷的 36.9%。

3.3 性别分布

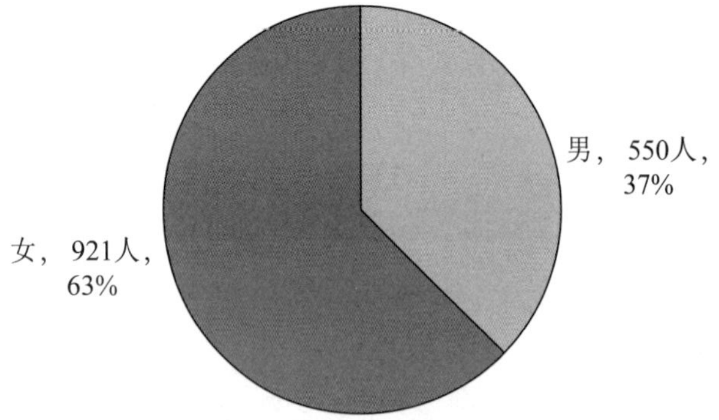

图 A-3 问卷答复者性别分布

此次问卷答复者女性居多，占 63%。

3.4 人口最高学历分布

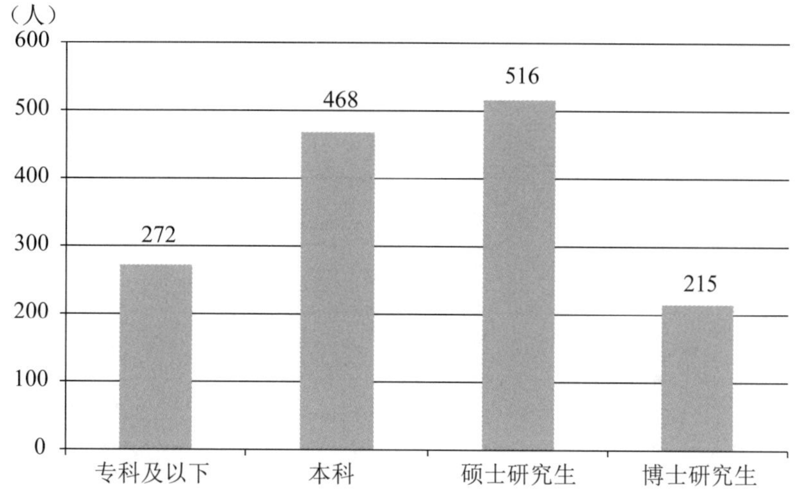

图 A-4　问卷答复者最高学历分布

此次问卷答复者的最高学历分布呈现倒 U 型，填写主力是本科学历和硕士研究生学历的人员，共占 66.9%。专科及以下学历的人员也占一定比例，大致为 18.5%。博士研究生学历的答复者所占比例最小，为 14.6%。

3.5 人口专业学科分布

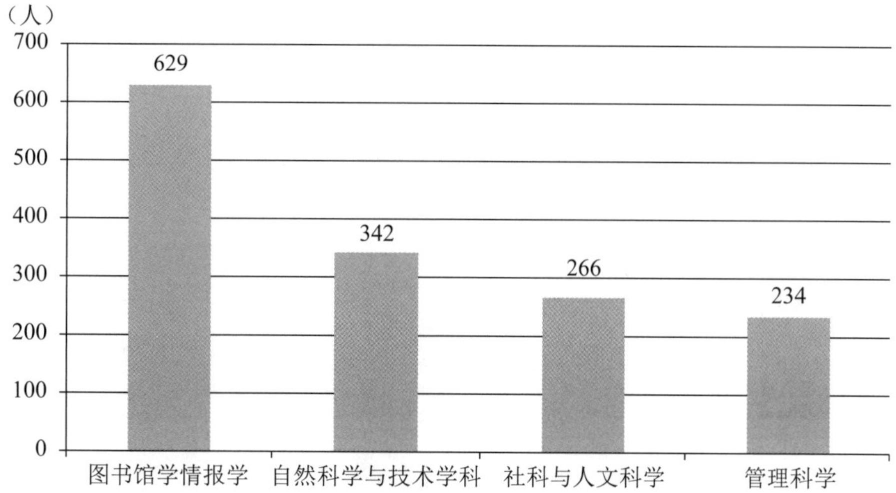

图 A-5　问卷答复者专业学科分布

此次问卷答复者的专业学科主要是图书馆学情报学，占总数的 42.8%，其次是自然科学与技术学科，占总数的 23.3%；最少的为社科与人文科学、管理科学的答复者，他们所占比重相差不大，分别为 18.1%、15.9%。

3.6 从事本专业年限分布

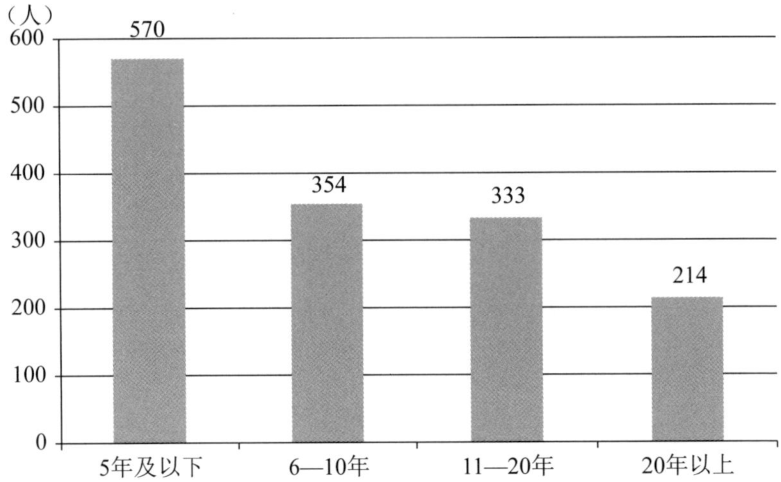

图 A-6　问卷答复者从事本专业年限分布

此次问卷答复者从事本专业年限的时长与人数呈反比，从事本专业年限在 5 年及以下的答复者所占比重最多，为 38.8%，从事本专业年限在 20 年以上的答复者所占比重最小，为 14.6%。从事本专业年限在 6—10 年的与 11—20 年的答复者所占比重差别不大，分别为 24.1%、22.6%。

3.7 职业身份分布

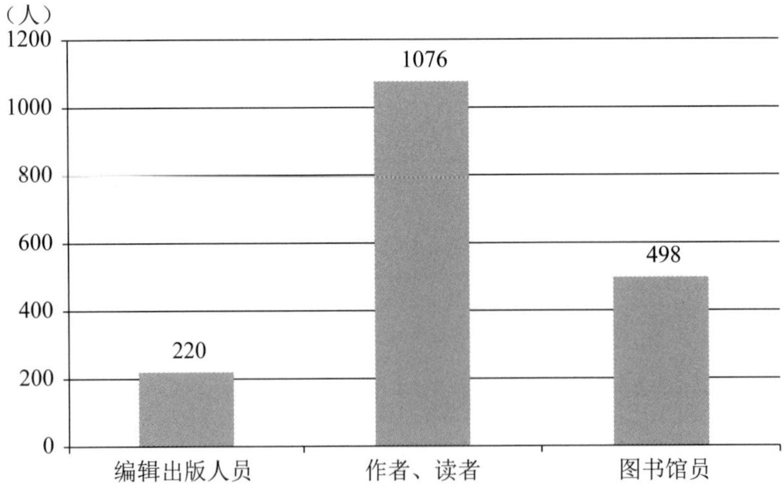

图 A-7　问卷答复者职业身份分布

在此次问卷答复者中，身份为作者、读者的答复者最多，占比 73.2%，图书馆员占比为 33.9%，占比最低的为编辑出版人员，为 15.0%。

附录 3　《新型出版模式对学术图书馆的影响研究》调查问卷报告

一、新型出版环境下对学术图书馆的认知

1. 您认为新型出版与学术图书馆之间的关系趋势是什么？［多选题］

选项	小计	比例
上下游关系	709	48.2%
一体化关系	1068	72.6%
替代关系	312	21.21%
没有关系	92	6.25%
不确定	151	10.27%
本题有效填写人次	1471	

2. 新型出版视角下学术图书馆的竞争力分析［多选题］

选项	小计	比例
有优势	787	53.5%
有劣势	285	19.37%
新型出版对学术图书馆有机遇	1041	70.77%
新型出版对学术图书馆有威胁	521	35.42%
不确定	98	6.66%
本题有效填写人次	1471	

二、新型出版的内涵、特征与趋势

3. 您是否知道新型出版这个概念？［单选题］

选项	小计	比例
是	909	61.79%
否	562	38.21%
本题有效填写人次	1471	

4. 按照您的理解，您觉得以下哪些出版方式可以称为“新型出版”？［多选题］

选项	小计	比例
数字出版	1111	75.53%
开放出版	1042	70.84%
语义出版	755	51.33%
增强出版	586	39.84%
数据出版	931	63.29%
优先出版（按篇出版）	551	37.46%
自出版	431	29.3%
其他，请说明	25	1.7%
本题有效填写人次	1471	

5. 您认为自己（所在的机构）在知识生产—知识传播—知识利用三个环节中，处于哪个环节？［多选题］

选项	小计	比例
知识生产	622	42.28%
知识传播	1137	77.29%
知识利用	889	60.44%

续表

选项	小计	比例
本题有效填写人次	1471	

6. 您认为新型出版对您所在环节是否影响最大？［单选题］

选项	小计	比例
是	998	67.85%
否	473	32.15%
本题有效填写人次	1471	

7. 那么您认为影响最大的环节是？［单选题］

选项	小计	比例
知识生产	103	21.78%
知识传播	198	41.86%
知识利用	167	35.31%
原因	5	1.06%
本题有效填写人次	473	

8. 您认为新型出版的哪些出版方式将会对未来社会发展产生影响？［多选题］

选项	小计	比例
数字出版	1026	69.75%
开放出版	990	67.3%
语义出版	663	45.07%
增强出版	510	34.67%
数据出版	801	54.45%

续表

选项	小计	比例
优先出版（按篇出版）	444	30.18%
自出版	429	29.16%
可视化出版	707	48.06%
其他，请说明	16	1.09%
本题有效填写人次	1471	

9. 您认为新型出版的这三个特征（内容要素、技术要素、传播要素）是否会对未来社会发展产生影响？［单选题］

选项	小计	比例
是	1361	92.52%
否	110	7.48%
本题有效填写人次	1471	

10. 那么您认为影响最大的特征是？［单选题］

选项	小计	比例
内容要素	419	30.79%
技术要素	414	30.42%
传播要素	528	38.8%
本题有效填写人次	1361	

三、数字出版对学术图书馆的影响（根据自己的身份选择）

11. 请问您是编辑出版人员吗？［单选题］

选项	小计	比例
是	220	14.96%

续表

选项	小计	比例
否	1251	85.04%
本题有效填写人次	1471	

出版商（编辑出版人员回答）

12. 贵单位提供哪些数字服务？［多选题］

选项	小计	比例
集成检索	141	64.09%
跨库检索	114	51.82%
在线培训	73	33.18%
信息推送	124	56.36%
其他，请说明	12	5.45%
本题有效填写人次	220	

13. 贵单位数字产品采用的长期保存方式？［多选题］

选项	小计	比例
加入 LOCKSS	135	61.36%
加入 Portico	76	34.55%
其他方式，请说明	70	31.82%
本题有效填写人次	220	

14. 数字出版时代出版商关注的核心 / 关键问题应该是什么？［多选题］

选项	小计	比例
丰富资源种类和数量	160	72.73%
提供高质量资源	153	69.55%

续表

选项	小计	比例
提供基于数字资源的深层次数字服务	154	70%
其他，请说明	11	5%
本题有效填写人次	220	

15. 请问您是作者或者读者吗？［单选题］

选项	小计	比例
是	1076	73.15%
否	395	26.85%
本题有效填写人次	1471	

作者、读者（作者、读者回答）

16. 您在科学研究和教学中需要使用文献时，优先选择以下哪种方式？［单选题］

选项	小计	比例
先在网上搜索	950	88.29%
先到图书馆查找印本	105	9.76%
其他方式，请说明	21	1.95%
本题有效填写人次	1076	

17. 您在科学研究和教学中使用下列数字资源的情况，按照图书馆获取的资源多少从高到低排序［排序题］

选项	平均综合得分
期刊论文	5.94
电子图书	4.69

续表

选项	平均综合得分
学位论文	4.52
会议论文	3.74
科技报告	3.07
社交媒体	2.53
其他	0.26

18. 您使用下列设备查看数字学术资源的频度？［矩阵单选题］

题目 / 选项	总是	经常	有时	偶尔	从来不用
台式电脑	380（35.32%）	349（32.43%）	127（11.8%）	175（16.26%）	45（4.18%）
笔记本电脑	297（27.6%）	353（32.81%）	220（20.45%）	182（16.91%）	24（2.23%）
平板	95（8.83%）	152（14.13%）	240（22.3%）	381（35.41%）	208（19.33%）
智能手机	287（26.67%）	307（28.53%）	249（23.14%）	197（18.31%）	36（3.35%）
其他	97（9.01%）	106（9.85%）	217（20.17%）	493（45.82%）	163（15.15%）

19. 您认为出版商提供的哪些数字服务满足您的需求？频次如何？［矩阵单选题］

题目 / 选项	总是	经常	有时	偶尔	从来不用
集成检索	354（32.9%）	432（40.15%）	190（17.66%）	91（8.46%）	9（0.84%）
在线培训	123（11.43%）	225（20.91%）	363（33.74%）	304（28.25%）	61（5.67%）
原文传递	191（17.75%）	264（24.54%）	319（29.65%）	249（23.14%）	53（4.93%）
电子通报（E-Alert）	118（10.97%）	209（19.42%）	337（31.32%）	329（30.58%）	83（7.71%）
其他经常使用的服务	89（8.27%）	132（12.27%）	285（26.49%）	451（41.91%）	119（11.06%）

20. 您认为图书馆提供的哪些数字服务满足您的需求？频次如何？［矩阵单选题］

题目选项	总是	经常	有时	偶尔	从来不用
集成检索	369（34.29%）	378（35.13%）	217（20.17%）	102（9.48%）	10（0.93%）
在线培训	135（12.55%）	230（21.38%）	378（35.13%）	283（26.3%）	50（4.65%）
原文传递	195（18.12%）	277（25.74%）	334（31.04%）	233（21.65%）	37（3.44%）
电子通报（E-Alert）	121（11.25%）	211（19.61%）	296（27.51%）	363（33.74%）	85（7.9%）
其他经常使用的服务	83（7.71%）	146（13.57%）	284（26.39%）	447（41.54%）	116（10.78%）

21. 作为作者，对于科研成果，对您选择的发表渠道按照偏好进行排序？［排序题］

选项	平均综合得分
同行评议的学术期刊或专著	6.21
非同行评议的学术期刊	4.37
机构知识库	4.02
预印本数据库	3.75
个人网站	2.82
社交媒体（微信、微博、人人网等）	2.41
其他，请说明	0.24

22. 请问您是图书馆员吗？［单选题］

选项	小计	比例
是	498	33.85%
否	973	66.15%
本题有效填写人次	1471	

图书馆（图书馆员回答）

23. 贵馆 2017 年新购和续订的数字资源中各种类型资源经费的大致比例，以及使用量从高到低排序（大致估算）:［排序题］

选项	平均综合得分
图书（填写 0—1 之间的小数）	5.83
期刊（填写 0—1 之间的小数）	5.72
学位论文（填写 0—1 之间的小数）	3.66
会议论文（填写 0—1 之间的小数）	3.63
研究报告（填写 0—1 之间的小数）	2.26
二次文献（填写 0—1 之间的小数）	2.02
其他（填写 0—1 之间的小数）	1.05

24. 贵馆是否提供以下基于数字资源的服务？［矩阵单选题］

题目选项	是	否
集成检索（对不同来源、不同类型数字资源的一站式检索）	396（79.52%）	102（20.48%）
片段 / 知识元检索（对资源中的知识点、知识元、内容片段如图、表、公式等进行检索）	288（57.83%）	210（42.17%）
定制服务（根据用户需求提供个性化的服务）	307（61.65%）	191（38.35%）
新增资源推送服务	390（78.31%）	108（21.69%）
文献传递服务	436（87.55%）	62（12.45%）
其他服务	321（64.46%）	177（35.54%）

四、开放出版（OA publishing）对学术图书馆的影响

25. 您是否了解开放出版？［单选题］

选项	小计	比例
是	755	51.33%

续表

选项	小计	比例
否	716	48.67%
本题有效填写人次	1471	

26. 您认为开放出版对学术图书馆是否有影响？［单选题］

选项	小计	比例
有很大影响	507	34.47%
有一定的影响	754	51.26%
没有多少影响	101	6.87%
不确定	109	7.41%
本题有效填写人次	1471	

27. 您认为学术图书馆在开放出版时代的定位与功能是：［矩阵单选题］

题目选项	是	否
知识库建设者	1320（89.73%）	151（10.27%）
开放出版者	1063（72.26%）	408（27.74%）
开放知识服务者	1324（90.01%）	147（9.99%）
其他	800（54.38%）	671（45.62%）

28. 学术图书馆如何参与开放出版？［矩阵单选题］

题目选项	是	否
提供图书馆出版（library publishing）	1194（81.17%）	277（18.83%）
提供出版服务（出版咨询等）	1222（83.07%）	249（16.93%）
提供数字资源整合与服务平台	1334（90.69%）	137（9.31%）

29. 在开放出版时代，学术图书馆需要重构哪些能力？［矩阵单选题］

题目选项	是	否
提供开放知识服务	1340（91.09%）	131（8.91%）
开展开放资源建设	1328（90.28%）	143（9.72%）
加强技术的引入和应用	1338（90.96%）	133（9.04%）
打造知识基础设施	1297（88.17%）	174（11.83%）

五、数据出版与数据管理（data publishing and management）对学术图书馆的影响

30. 您在科研过程中所产生的科研数据是否进行公开发布？［单选题］

选项	小计	比例
是	736	50.03%
否	735	49.97%
本题有效填写人次	1471	

31. 通过何种渠道进行公开发布？［多选题］

选项	小计	比例
提交机构仓储	444	60.33%
发表数据论文	626	85.05%
其他，请填写	42	5.71%
本题有效填写人次	736	

32. 您是否发表过科学数据论文？［单选题］

选项	小计	比例
是	483	32.83%
否	988	67.17%

续表

选项	小计	比例
本题有效填写人次	1471	

33. 数据论文成果是否纳入贵单位的科研评价体系？［单选题］

选项	小计	比例
是	690	46.91%
否	781	53.09%
本题有效填写人次	1471	

34. 贵单位是否开展科研数据管理服务？［单选题］

选项	小计	比例
是	639	43.44%
否	832	56.56%
本题有效填写人次	1471	

35. 贵单位开展科研数据管理服务目前存在的主要问题是什么？［多选题］

选项	小计	比例
领导层意见未完全统一	258	40.38%
经费不足	356	55.71%
缺乏技术骨干	363	56.81%
标准不统一	360	56.34%
传播渠道不完善	307	48.04%
版权问题	255	39.91%
网络基础设施不完善	227	35.52%

续表

选项	小计	比例
科研人员缺乏数据管理的共享意愿	296	46.32%
担心数据共享影响其成果发表	224	35.05%
其他，请填写	17	2.66%
本题有效填写人次	639	

36. 贵馆是否提供数据出版服务？［单选题］

选项	小计	比例
是	377	25.63%
否	1094	74.37%
本题有效填写人次	1471	

37. 数据出版的主要文献类型有什么？［多选题］

选项	小计	比例
图书	275	72.94%
期刊	277	73.47%
会议论文	225	59.68%
学位论文	216	57.29%
研究报告	196	51.99%
其他，请填写	25	6.63%
本题有效填写人次	377	

38. 您认为在“数据出版”环境下，贵单位面临的主要挑战是什么？请排序［排序题］

选项	平均综合得分
馆藏资源重构与融合	3.38
科研数据管理与服务	3.37
数据密集型知识服务	2.83
数据素养教育	2.27
数据馆员及其能力建设	2.11

六、语义出版（semantic publishing）对学术图书馆的影响

语义出版定义：借助自然语言处理技术、语义技术等技术，对数字资源及其内容（概念、属性、实体、主题、对象、事件等）进行语义化抽取和标注，建立科学结构的语义关系与知识结构网络。

39. 贵图书馆是否开展语义出版服务？［多选题］

选项	小计	比例
图书馆以语义方式进行出版活动	534	36.3%
图书馆构建以语义为核心的知识组织体系	589	40.04%
否	746	50.71%
本题有效填写人次	1471	

40. 您认为图书馆开展语义出版服务的基础，按照重要性进行排序［排序题］

选项	平均综合得分
技术基础	3.57
发展理念	3.5
资金基础	2.9
人员安排	2.17

续表

选项	平均综合得分
管理模式	2.04

41. 建立语义知识组织体系需要解决的关键性问题，按照重要性排序［排序题］

选项	平均综合得分
技术发展和需求不匹配	2.95
语义技术与图书馆业务的融合问题	2.81
功能不完善	2.6
其他，请填写	0.29

42. 语义出版与学术图书馆融合发展的必要性［多选题］

选项	小计	比例
语义出版与图书馆知识组织体系需要有机融合	1203	81.78%
图书馆需要更多地应用语义出版技术	1023	69.54%
语义出版利于图书馆建立以语义技术为核心的技术网络	1119	76.07%
语义出版是智慧图书馆的组成部分	886	60.23%
本题有效填写人次	1471	

43. 学术图书馆语义技术融合发展最需要解决的问题，按照重要性排序［排序题］

选项	平均综合得分
基于用户的语义知识服务系统	4.34
个性化定制集成	3.6
嵌入用户环境	3.58
提供知识解决方案	3.34

续表

选项	平均综合得分
多种场景的应用融合	2.53
推动图书馆的新型功能实现	1.92

七、图书馆出版（library publishing）及其运营模式与能力

44. 学术图书馆参与出版的目的［多选题］

选项	小计	比例
图书馆功能定位中的出版角色	1019	69.27%
学术图书馆面向出版的新能力	1062	72.2%
学术图书馆与出版的一体化态势	1109	75.39%
在转型变革中寻求新的发展机会	1055	71.72%
其他，请填写	64	4.35%
本题有效填写人次	1471	

45. 图书馆参与出版并提供服务需要解决哪些问题？［多选题］

选项	小计	比例
图书馆出版服务对象与相应内容分析	1071	72.81%
图书馆出版的出版服务平台	1104	75.05%
图书馆出版的商业与传播模式	1129	76.75%
图书馆出版服务的途径与方法	1031	70.09%
其他，请填写	69	4.69%
本题有效填写人次	1471	

46. 学术图书馆出版服务能力建设策略［多选题］

选项	小计	比例
加强图书馆出版服务的规划与设计	1046	71.11%
将出版服务纳入图书馆业务体系	1075	73.08%
培养专业的出版馆员并设置出版馆员岗位	1136	77.23%
加强图书馆与出版部门的整合	989	67.23%
提供图书馆出版及出版服务	708	48.13%
本题有效填写人次	1471	

八、新型出版模式对学术图书馆的重构与能力再造

47. 新型出版模式对学术图书馆最主要的影响体现在哪些方面？请排序［排序题］

选项	平均综合得分
对资源建设的模式具有影响	2.75
对图书馆服务模式具有影响	2.69
对图书馆业务布局与管理结构具有影响	2.27
对图书馆核心能力具有影响	1.71

48. 新型出版模式影响下，学术图书馆资源建设工作面临的最主要的挑战是什么？请排序［排序题］

选项	平均综合得分
新型资源体系的重新构建	3.58
资源建设业务布局的重新构建	3.3
资源建设业务交互模式的重新定义	3.07
资源建设人员角色的重新定位	2.49
资源建设预算结构的重新配置	1.71

49. 新型出版模式影响下，图书馆工作人员以下哪些能力的转型最为重要？请排序［排序题］

选项	平均综合得分
从文献服务能力到知识服务能力	3.3
从文献管理能力到数据治理能力	3.07
从资源能力到服务能力	3
从信息采集能力到内容出版能力	2.63
从信息服务能力到智慧服务能力	2.14

九、构建学术图书馆与新型出版新的学术生态

50. 以下说法您是否认同？［矩阵单选题］

题目\选项	是	否	不知道
你是否认同图书馆（包括学术图书馆）被边缘化	646（43.92%）	714（48.54%）	111（7.55%）
你是否认同当前的图书馆已经进入新时代	1024（69.61%）	365（24.81%）	82（5.57%）
图书馆是否存在“空壳化”现象	699（47.52%）	626（42.56%）	146（9.93%）
图书馆自身能力是否存在弱化趋势	928（63.09%）	460（31.27%）	83（5.64%）
学术图书馆与新型出版是否应该实现生态系统的平衡	1150（78.18%）	215（14.62%）	106（7.21%）

十、您的基本信息

51. 您的年龄段:［单选题］

选项	小计	比例
20 岁及以下	54	3.67%
21—30 岁	427	29.03%

续表

选项	小计	比例
31—40 岁	542	36.85%
41—50 岁	313	21.28%
51 岁及以上	135	9.18%
本题有效填写人次	1471	

52. 您的学历：[单选题]

选项	小计	比例
专科及以下	272	18.49%
本科	468	31.82%
硕士研究生	516	35.08%
博士研究生	215	14.62%
本题有效填写人次	1471	

53. 您从事本专业年限：[单选题]

选项	小计	比例
5 年及以下	570	38.75%
6—10 年	354	24.07%
11—20 年	333	22.64%
20 年以上	214	14.55%
本题有效填写人次	1471	

54. 您的性别：[单选题]

选项	小计	比例
男	550	37.39%
女	921	62.61%
本题有效填写人次	1471	

55. 您的主要学科：[单选题]

选项	小计	比例
图书馆学情报学	629	42.76%
自然科学与技术学科	342	23.25%
社科与人文科学	266	18.08%
管理科学	234	15.91%
本题有效填写人次	1471	